"十三五"普通高等教育本科规划教材

高等院校电子商务专业"互联网+"创新规划教材

电子商务法
（第2版）

主　编　郭　鹏
主　审　周庆山　秦成德

北京大学出版社
PEKING UNIVERSITY PRESS

内 容 简 介

本书是北京大学出版社"互联网+"数字化系列教材,系统、全面地介绍了电子商务法概论、电子商务法律关系、电子合同、电子签名与电子认证法律制度、电子支付的法律规范、电子商务物流配送的法律规范、网络人格权的法律保护、网络知识产权的法律保护、网络游戏中的法律问题、电子商务市场秩序规制、电子商务税收法律制度、电子商务安全法律制度、网络犯罪、电子证据及电子商务诉讼管辖及非诉纠纷解决等内容,具有电子商务相关法律问题的涵盖性,形成了完整的体系。

本书力求反映电子商务法律领域发展的最新成果,根据当前电子商务专业人才和行业的相关法律教育需求而编写,强调前沿性、现实性和实用性,注重基本理论的简明化和系统化,力求提高教材案例化程度,在第 1 版教材基础上,更新和增加了 40 多个案例,教材中包含导入案例、节内案例、章后案例、习题案例讨论等 60 余个,50 余项二维码富媒体资源,并附有章后自测题,在体例和内容上均有所突破,旨在为电子商务及相关专业的学生提供一本理论深入、内容新颖、条理清晰、适合教学的专业性教材。

本书既可作为电子商务专业及相关专业本、专科各类教育开设的电子商务法及网络法律课程的教材,也可供 MBA 学生、研究生选用阅读,还可作为读者了解、学习运用电子商务法律知识的参考书。

图书在版编目 (CIP) 数据

电子商务法/郭鹏主编. —2 版. —北京:北京大学出版社,2017.9
(高等院校电子商务专业"互联网+"创新规划教材)
ISBN 978-7-301-28616-6

Ⅰ. ①电… Ⅱ. ①郭… Ⅲ. ①电子商务—法规—中国—高等学校—教材 Ⅳ. ① D922.294

中国版本图书馆 CIP 数据核字(2017) 第 194201 号

书　　　名	电子商务法(第 2 版) DIANZI SHANGWU FA
著作责任者	郭　鹏　主编
策划编辑	刘　丽
责任编辑	李瑞芳
数字编辑	陈颖颖
标准书号	ISBN 978-7-301-28616-6
出版发行	北京大学出版社
地　　　址	北京市海淀区成府路 205 号　100871
网　　　址	http://www.pup.cn　新浪微博:@北京大学出版社
电子信箱	pup_6@163.com
电　　　话	邮购部 62752015　发行部 62750672　编辑部 62750667
印 刷 者	北京富生印刷厂
经 销 者	新华书店
	787 毫米×1092 毫米　16 开本　20.25 印张　471 千字 2013 年 4 月第 1 版 2017 年 9 月第 2 版　2020 年 1 月第 3 次印刷
定　　　价	45.00 元

未经许可,不得以任何方式复制或抄袭本书之部分或全部内容。
版权所有,侵权必究
举报电话: 010-62752024　电子信箱: fd@pup.pku.edu.cn
图书如有印装质量问题,请与出版部联系,电话: 010-62756370

编者名单

主　编　郭　鹏（西安科技大学）
主　审　周庆山（北京大学）
　　　　秦成德（西安邮电大学）

第 2 版前言

本书自 2013 年出版以来，先后印刷 6 次，受到全国许多院校的好评与选用，也收到了一些使用过程中的反馈信息。

仅仅四年时间，电子商务领域发展日新月异，发生了很多重要的变化，电子商务法律法规的法律运行也随之有了新的发展，相关研究与实践也在不断走向深入。这就要求教材的编写必须与时俱进，随着新的规范性法律文件的更新而进行内容修改，并引入更新的法律实践案例，保持教材内容与时代发展要求的内在统一。因此我们决定对该教材进行修改。

第 2 版教材在电子签名及电子认证、网络人格权、信息网络传播权、物流配送、第三方支付、网络广告、电商税收等方面进行了修改与完善。在保持经典案例的同时，更新和增加了 40 余个案例，进一步提高了教材的案例化程度，以适应电子商务法律法规案例化、实践化教学的要求。

数字出版教材是高等学校教学改革发展的客观需要，北京大学出版社在全国数字化教材方面走在前列，有着对传统教材进行数字化改造的成熟方案和经验。

本书在第 1 版传统教材的基础上进行了"互联网+"数字化教材编写的尝试，利用二维码的方式，增加拓展内容、拓展阅读资料、案例、法律文件文本、视频、音频等富媒体形式，以增强教材的可读性和趣味性，从而增强教材的创新性。

在第 2 版教材的编写过程中，北京大学出版社第六事业部刘丽、李瑞芳、陈颖颖编辑给予了大力支持和帮助，同时也参考了一些国内外媒体和学者的文献、著作、资料，在此一并致谢！

由于编者水平有限，不当之处，恳请广大专家、教师和读者批评指正。

编　者

2017 年 3 月

【资源索引】

第 1 版前言

电子商务法是专科、本科电子商务专业的一门专业主干基础课程，也是国际贸易、经济管理、信息技术、法学等专业的选修课程。自 20 世纪末 21 世纪初以来，我国电子商务的发展和法律环境都发生了变化，因此需要根据当前电子商务专业人才和行业的相关法律教育需求，开发新一代实用性教材，对课程内容及教学大纲进行调整，以课程教育为阵地，把法律知识与实践能力融入教学中。本书强调前沿性、现实性和实用性，系统、全面地介绍了电子商务的相关法律问题，具有较为全面的涵盖性，形成了完整的体系。

教材案例化是教材的发展趋势。近年来国内教育界对此十分关注，教材中的案例化程度是"应用型"教材的重要标志。本书充分重视各种类型的案例在教学中的应用，每章均设有案例导航和经典案例，章节内部穿插微型案例，自测题中设置案例讨论，将相关内容的经典案例和反映时代特征的新案例结合起来，将真实案例与虚拟案例结合起来，既有案情的介绍，也有酌情进行的评析，还有简单案例的讨论习题，充分满足了"应用型"案例教学的需要。

由于电子商务相关专业的学生缺乏对法学前置性课程的学习，在学习时可能存在一定程度的困难。与此同时，电子商务专业分为文、理两个专业方向，文科学生对于涉法技术性知识相对缺乏，也给其学习和理解相关内容带来了一定的限制。本书以适应非法学专业学生学习为重点，在讲解具体内容时注意介绍相关的实体法和程序法基础知识，也在涉及技术性知识时进行简单说明，帮助不同专业方向的学生进行学习和理解。

在体例上，本书将各章教学要点表格化，明确了具体的知识要点、能力要求和相关知识，并以此进行章内节点的设置。与此同时，本书设置了一定数量的图片和列表，缩减单纯的理论讲解，因此可读性更高。www.pup6.com 所提供的附录中，去繁就简，将《联合国国际贸易法委员会电子商务示范法》《中华人民共和国电子签名法》这一国内首例电子商务专业立法，以及国务院颁布的 3 个重要行政法规的文本或者节选一并予以列明，以方便教学及学习过程中的法条讲解和查阅。

由于我国电子商务及信息网络相关立法正在逐步制定之中，尚需一个克服法律滞后于现实发展的立法过程，因此本书以现颁法律、行政规章等规范性法律文件为基本依据，参考国际组织和先进国家及地区的相关立法规范，并适当参考相关学者的前沿研究结果，以反映电子商务法律领域发展的最新成果。

本书建议总授课为 40 学时，各章建议授课分学时见下表。

分章内容	学时	分章内容	学时
第 1 章　电子商务法概论	2 学时	第 4 章　电子签名与电子认证法律制度	4 学时
第 2 章　电子商务法律关系	2 学时	第 5 章　电子支付的法律规范	2 学时
第 3 章　电子合同	4 学时	第 6 章　电子商务物流配送的法律规范	2 学时
第 7 章　网络人格权的法律保护	4 学时	第 12 章　电子商务安全法律制度	2 学时

续表

分章内容	学时	分章内容	学时
第8章 网络知识产权的法律保护	4学时	第13章 网络犯罪	2学时
第9章 网络游戏中的法律问题	2学时	第14章 电子证据	2学时
第10章 电子商务市场秩序规制	2学时	第15章 电子商务诉讼管辖及非诉纠纷解决	2学时
第11章 电子商务税收法律制度	2学时	课程总结	2学时

  本书由西安科技大学郭鹏负责编写和定稿，由北京大学周庆山和西安邮电大学秦成德审定。

  在本书的撰写过程中，编者得到了中国电子商务协会移动商务专家咨询委员会和北京大学出版社第六事业部的大力支持，同时也参考了许多国内外学者的文献、著作和资料，在此一并致谢！

  由于电子商务法是一个日新月异的研究领域，许多问题亟待探讨，观点的不同和体系的差异在所难免。由于编者水平有限，书中如有不当之处，恳请专家及读者批评指正。

编 者

2013年1月

目 录

第1章 电子商务法概论 ………………… 1
1.1 电子商务法的基本范畴 ………………… 3
 1.1.1 电子商务法的概念与性质 ………………… 3
 1.1.2 电子商务法的地位 ………… 4
 1.1.3 电子商务法的基本原则 …… 4
 1.1.4 电子商务法的法律渊源 …… 6
 1.1.5 电子商务法的作用 ………… 8
1.2 国内外电子商务立法 …………………… 9
 1.2.1 国际电子商务立法的特征 ………………… 9
 1.2.2 国际组织的电子商务立法 ………………… 10
 1.2.3 欧洲联盟电子商务立法 … 12
 1.2.4 美国的电子商务立法 …… 13
 1.2.5 新加坡的电子商务立法 … 14
 1.2.6 我国的电子商务立法 …… 14
本章小结 ………………………………………… 16
自测题 …………………………………………… 18

第2章 电子商务法律关系 ……………… 19
2.1 电子商务法律关系的概念与特征 …… 21
 2.1.1 电子商务法律关系的概念 ………………… 21
 2.1.2 电子商务法律关系的特征 ………………… 21
2.2 电子商务法律关系的主体 …………… 22
 2.2.1 电子商务交易主体的概念 ………………… 22
 2.2.2 电子商务企业及其设立 … 22
 2.2.3 在线个人用户 …………… 26
 2.2.4 网络服务提供商的概念 … 27
2.3 电子商务法律关系的客体 …………… 28
 2.3.1 物 ………………………… 28
 2.3.2 行为结果 ………………… 29
 2.3.3 精神产品 ………………… 29
 2.3.4 信息 ……………………… 29

2.4 电子商务法律关系的内容 …………… 30
 2.4.1 网络交易双方的权利和义务 ………………… 30
 2.4.2 电子商务企业的权利和义务 ………………… 31
 2.4.3 网络内容提供商的侵权行为及归责原则 …………… 36
 2.4.4 网络服务提供商的权利、义务和责任 ……………… 37
本章小结 ………………………………………… 40
自测题 …………………………………………… 42

第3章 电子合同 ………………………… 44
3.1 电子合同概述 ………………………… 45
 3.1.1 电子合同的概念与特征 … 45
 3.1.2 电子合同的性质及其分类 ………………… 47
 3.1.3 电子合同在电子商务中的地位 ………………… 48
 3.1.4 电子合同的法律关系 …… 49
3.2 电子合同的订立 ……………………… 52
 3.2.1 电子合同的书面形式 …… 52
 3.2.2 电子合同形式问题的解决 ………………… 53
 3.2.3 电子合同订立的程序 …… 54
3.3 电子合同的效力与履行 ……………… 58
 3.3.1 电子合同的法律效力 …… 58
 3.3.2 电子合同中格式条款的法律效力 ………………… 59
 3.3.3 电子合同的履行 ………… 60
本章小结 ………………………………………… 62
自测题 …………………………………………… 67

第4章 电子签名与电子认证法律制度 …………………………… 69
4.1 电子签名概述 ………………………… 71
 4.1.1 传统签名的法律内涵与性质 ……………………… 71
 4.1.2 电子签名与数字签名 …… 71

4.1.3　数字签名的技术环境 ………… 73
4.2　数字签名过程与规则 ……………… 75
　　4.2.1　数字签名的特征 ………… 75
　　4.2.2　非对称密钥系统框架及
　　　　　X.509证书 …………… 75
　　4.2.3　数字签名应用步骤 ………… 76
4.3　电子签名的法律要求 ……………… 77
　　4.3.1　电子签名的基本要求 …… 77
　　4.3.2　电子签名的法律效力 …… 78
　　4.3.3　电子签名的适用范围 …… 78
　　4.3.4　电子签名的各方当事人的
　　　　　基本行为规范 ………… 79
4.4　电子认证概述 ……………………… 80
　　4.4.1　电子认证的概念及
　　　　　操作程序 ……………… 80
　　4.4.2　电子认证的分类与作用 … 81
4.5　认证机构与数字证书 ……………… 82
　　4.5.1　认证机构的设立 ………… 82
　　4.5.2　认证机构的管理模式 …… 84
　　4.5.3　认证机构的证书业务
　　　　　规范 …………………… 84
4.6　电子认证活动中的法律问题 ……… 86
　　4.6.1　认证机构与证书持有人之间的
　　　　　关系 …………………… 86
　　4.6.2　认证机构与证书信赖人之间的
　　　　　关系 …………………… 86
　　4.6.3　认证机构的法律责任 …… 87
本章小结 …………………………………… 87
自测题 ……………………………………… 87

第5章　电子支付的法律规范 ……… 90

5.1　电子支付概述 ……………………… 92
　　5.1.1　电子支付的概念与特征 … 92
　　5.1.2　电子支付的形式及安全交易
　　　　　标准 …………………… 92
　　5.1.3　电子支付的流程及当事人的
　　　　　法律关系 ……………… 94
5.2　电子货币与网上银行的法律问题 … 96
　　5.2.1　电子货币的法律问题 …… 96
　　5.2.2　网上银行的法律问题 …… 99
5.3　电子支付(电子资金划拨)中的
　　　法律问题 …………………………… 101
　　5.3.1　电子支付当事人及其权利和
　　　　　义务 …………………… 101

　　5.3.2　电子支付执行过程中的
　　　　　法律问题 ……………… 103
5.4　"第三方支付"的法律问题 ……… 104
　　5.4.1　国内"第三方支付"发展
　　　　　现状 …………………… 104
　　5.4.2　国内外"第三方支付"监管
　　　　　现状 …………………… 105
　　5.4.3　我国对"第三方支付"的
　　　　　监管规定 ……………… 106
5.5　电子支付中的法律责任 …………… 110
　　5.5.1　电子支付中的民事法律
　　　　　责任 …………………… 110
　　5.5.2　电子支付中的刑事法律
　　　　　责任 …………………… 110
本章小结 …………………………………… 111
自测题 ……………………………………… 112

第6章　电子商务物流配送的法律规范 ……………………………… 113

6.1　电子商务物流法律制度概述 ……… 114
　　6.1.1　电子商务物流的
　　　　　相关概念 ……………… 114
　　6.1.2　我国物流配送法律体系的
　　　　　构成 …………………… 114
6.2　运输法律制度 ……………………… 115
　　6.2.1　运输合同概述 …………… 115
　　6.2.2　运输合同的种类 ………… 116
　　6.2.3　货运合同 ………………… 117
　　6.2.4　货运合同的内容 ………… 117
　　6.2.5　货运合同当事人的权利和
　　　　　义务 …………………… 118
　　6.2.6　违反货运合同的责任 …… 119
　　6.2.7　多式联运合同与海上货物运输
　　　　　合同 …………………… 120
6.3　仓储法律制度 ……………………… 121
　　6.3.1　仓储的概念 ……………… 121
　　6.3.2　仓储合同 ………………… 121
　　6.3.3　仓储合同当事人的义务和
　　　　　责任 …………………… 122
6.4　配送法律制度 ……………………… 122
　　6.4.1　配送的概念 ……………… 122
　　6.4.2　第三方物流 ……………… 123
　　6.4.3　第三方物流实名收寄制 … 124

6.5 国际物流法律制度 ………… 125
  6.5.1 国际物流概述 …………… 125
  6.5.2 国际物流法律制度概述 …… 125
  6.5.3 国际海运的规则 ………… 125
本章小结 ………………………………… 128
自测题 …………………………………… 128

第7章 网络人格权的法律保护 ……… 132
7.1 网络隐私权概述 ………………… 133
  7.1.1 网络隐私权的概念 ……… 133
  7.1.2 网络隐私权的法律性质 …… 134
  7.1.3 网络隐私权的隐私范围 …… 135
  7.1.4 网络隐私权的侵权方式 …… 136
7.2 网络隐私权保护的法律制度 ……… 136
  7.2.1 国际网络隐私权立法保护
     比较 ……………………… 136
  7.2.2 网络隐私权保护模式 …… 138
  7.2.3 我国网络隐私立法体系的
     基本结构 ………………… 139
7.3 个人信息的法律保护 ……………… 140
  7.3.1 个人信息的含义 ………… 140
  7.3.2 个人信息保护的法律
     原则 ……………………… 141
  7.3.3 个人信息保护的义务
     规范 ……………………… 143
  7.3.4 个人信息的法律保护
     模式 ……………………… 144
  7.3.5 侵犯个人信息权的
     法律责任 ………………… 145
7.4 网络名誉权概述 ………………… 148
  7.4.1 名誉权的基本内容 ……… 148
  7.4.2 网络名誉权侵权 ………… 149
  7.4.3 我国网络名誉权的
     保护现状 ………………… 151
本章小结 ………………………………… 152
自测题 …………………………………… 154

第8章 网络知识产权的法律保护 …… 156
8.1 网络知识产权概述 ……………… 157
8.2 网络著作权的规范与实施 ……… 158
  8.2.1 网络著作权及其
     法律关系 ………………… 158
  8.2.2 网络著作权的法律保护 …… 159

8.3 网络工业产权的规范与实施 ……… 166
  8.3.1 专利权法律关系 ………… 166
  8.3.2 网络商标权的法律保护 …… 167
8.4 网络域名权的规范 ……………… 168
  8.4.1 域名及其特征 …………… 168
  8.4.2 域名的国际保护 ………… 169
  8.4.3 域名的国内保护 ………… 170
8.5 信息网络传播权的规范与实施 …… 172
  8.5.1 信息网络传播权的概念 …… 172
  8.5.2 信息网络传播权的权利
     内容 ……………………… 173
  8.5.3 信息网络传播权的限制 …… 173
  8.5.4 信息网络传播权的侵权
     免责 ……………………… 174
本章小结 ………………………………… 175
自测题 …………………………………… 176

第9章 网络游戏中的法律问题 ……… 178
9.1 网络游戏中的虚拟财产权 ……… 179
  9.1.1 网络游戏虚拟财产的概念与
     特征 ……………………… 179
  9.1.2 网络游戏虚拟财产的法律
     性质 ……………………… 180
  9.1.3 网络游戏虚拟财产侵权的
     法律保护 ………………… 181
  9.1.4 网络游戏虚拟货币的
     行政监管 ………………… 182
9.2 网络游戏中的私服与外挂 ……… 183
  9.2.1 网络游戏中的私服 ……… 183
  9.2.2 网络游戏中的外挂 ……… 186
9.3 网络游戏权利的法律保护制度 …… 190
  9.3.1 加强网络游戏产品内容
     审查 ……………………… 190
  9.3.2 网络游戏立法 …………… 190
  9.3.3 网络游戏市场的执法 …… 191
本章小结 ………………………………… 191
自测题 …………………………………… 193

第10章 电子商务市场秩序规制 …… 194
10.1 电子商务不正当竞争的
    法律规制 ………………………… 195
  10.1.1 电子商务不正当竞争的特点与
      种类 …………………… 195

10.1.2 电子商务不正当竞争的
　　　　　法律规制 …………… 197
10.2 电子商务的反垄断法律问题 ……… 199
　　10.2.1 电子商务中的垄断行为 …… 199
　　10.2.2 电子商务中滥用市场支配
　　　　　地位的法律规制 ……… 199
　　10.2.3 经营者集中的法律规制 …… 200
　　10.2.4 限制竞争的法律规制 …… 200
10.3 网络广告及其法律规制 ………… 201
　　10.3.1 网络广告的概念与
　　　　　特点 …………………… 201
　　10.3.2 网络虚假广告及网络广告的
　　　　　不正当竞争 …………… 202
　　10.3.3 网络广告的监管 ………… 203
10.4 电子商务消费者权益的保护 ……… 204
　　10.4.1 电子商务消费者权益的
　　　　　特点 …………………… 204
　　10.4.2 电子商务消费者权益的
　　　　　法律保护 ……………… 207
10.5 电子商务的行业管理 …………… 209
　　10.5.1 网络服务提供商、网络
　　　　　内容服务提供商和电子商务
　　　　　经营者的管理 ………… 209
　　10.5.2 我国加入WTO与电子商务
　　　　　市场 …………………… 210
本章小结 ……………………………… 210
自测题 ………………………………… 212

第11章 电子商务税收法律制度 ……… 214

11.1 电子商务税收概述 ……………… 215
　　11.1.1 电子商务与税收 ………… 215
　　11.1.2 电子商务税收的特点 …… 217
　　11.1.3 电子商务税收的原则 …… 217
11.2 电子商务的税收征管 …………… 219
　　11.2.1 电子商务税收管辖权
　　　　　模式 …………………… 219
　　11.2.2 电子商务的税收征管与
　　　　　税源监控 ……………… 220
　　11.2.3 电子商务的税务稽查 …… 223
11.3 电子商务的国际税收 …………… 224
　　11.3.1 电子商务与国际避税 …… 224
　　11.3.2 电子商务的国际税收的
　　　　　法律问题 ……………… 226

　　11.3.3 我国对电子商务税收
　　　　　规则 …………………… 228
本章小结 ……………………………… 230
自测题 ………………………………… 231

第12章 电子商务安全法律制度 ……… 233

12.1 电子商务安全概述 ……………… 235
　　12.1.1 电子商务安全存在的
　　　　　问题 …………………… 235
　　12.1.2 电子商务安全的主要技术
　　　　　措施 …………………… 236
　　12.1.3 我国电子商务安全的
　　　　　法律制度建设 ………… 237
12.2 计算机信息系统安全保护制度 …… 239
　　12.2.1 计算机信息系统安全的
　　　　　行政管理机构 ………… 239
　　12.2.2 计算机信息系统安全的
　　　　　等级保护 ……………… 239
　　12.2.3 计算机信息系统安全专用
　　　　　产品的销售许可证制度 … 240
　　12.2.4 计算机信息系统安全的
　　　　　行政法律责任 ………… 241
12.3 国际联网安全保护管理制度 ……… 241
12.4 通信网络安全防护管理制度 ……… 243
　　12.4.1 通信网络单元的
　　　　　分级保护制度 ………… 243
　　12.4.2 通信网络安全检查
　　　　　制度 …………………… 244
12.5 信息保密管理制度 ……………… 244
　　12.5.1 计算机信息系统保密
　　　　　管理制度 ……………… 244
　　12.5.2 联网保密管理制度 ……… 245
本章小结 ……………………………… 247
自测题 ………………………………… 248

第13章 网络犯罪 ……………………… 250

13.1 网络犯罪概述 …………………… 252
　　13.1.1 犯罪和网络犯罪的
　　　　　概念 …………………… 252
　　13.1.2 网络犯罪刑法规制的
　　　　　必要性 ………………… 253
　　13.1.3 网络犯罪的现状及
　　　　　构成特征 ……………… 254

13.2 以网络为对象内容的网络犯罪形态 ……………………… 255
    13.2.1 非法侵入计算机信息系统罪 ………………… 255
    13.2.2 破坏计算机信息系统罪 ……………………… 256
    13.2.3 出售或者非法提供公民个人信息罪 ………… 259
13.3 以网络为工具的网络犯罪形态 …… 259
    13.3.1 经济类工具型网络犯罪 ……………………… 259
    13.3.2 信息传播类工具型网络犯罪 ………………… 260
    13.3.3 非法占有信息类工具型网络犯罪 …………… 262
    13.3.4 知识产权类工具型网络犯罪 ………………… 263
13.4 网络犯罪的发展趋势 ……………… 264
本章小结 …………………………………… 265
自测题 ……………………………………… 266

第14章 电子证据 ……………………… 268

14.1 电子证据概述 ……………………… 269
    14.1.1 电子证据的概念 …………… 270
    14.1.2 电子证据的法律地位 ……… 271
    14.1.3 电子证据的分类 …………… 273
14.2 电子证据的收集 …………………… 276
14.3 电子证据的审查 …………………… 277
    14.3.1 电子证据相关性的审查 …… 278
    14.3.2 电子证据客观性的审查 …… 278
    14.3.3 电子证据合法性的审查 …… 279
    14.3.4 电子证据的审查方法 ……… 280

14.4 证据规则 …………………………… 281
    14.4.1 采纳证据规则 ……………… 281
    14.4.2 采信证据规则 ……………… 282
14.5 电子证据的保全 …………………… 282
    14.5.1 电子证据保全的概念及意义 ……………………… 282
    14.5.2 电子证据保全的原则 ……… 283
    14.5.3 电子证据保全的措施 ……… 283
本章小结 …………………………………… 285
自测题 ……………………………………… 286

第15章 电子商务诉讼管辖及非诉纠纷解决 ……………… 288

15.1 电子商务诉讼管辖 ………………… 289
    15.1.1 概述 ………………………… 289
    15.1.2 传统诉讼管辖权的相关规定 ……………………… 290
    15.1.3 电子商务环境下传统诉讼管辖理论面临的困境 …… 291
    15.1.4 对几种管辖权新理论的评述 ……………………… 292
    15.1.5 管辖权的重构 ……………… 294
15.2 电子商务的非诉纠纷解决机制 …… 295
    15.2.1 ODR 的发展回顾 …………… 296
    15.2.2 ODR 的服务内容 …………… 297
    15.2.3 处理争议的类型及效果 …… 298
    15.2.4 ODR 面临的主要法律问题 ……………………… 299
    15.2.5 我国发展 ODR 争议解决模式的必要性及存在的问题 ……………………… 303
本章小结 …………………………………… 304
自测题 ……………………………………… 306

参考文献 ………………………………… 308

第1章 电子商务法概论

教学目标

通过本章内容的学习,应掌握电子商务法的基本范畴;了解国际组织和世界各国电子商务立法的趋势,尤其是联合国国际贸易法委员会、世界贸易组织、欧洲联盟等国际组织和美国等发达国家的相关立法;掌握我国电子商务立法现状;了解移动商务法的发展趋势。

教学要求

知识要点	能力要求	相关知识
电子商务法的基本范畴	正确理解电子商务法的基本概念、性质、地位、原则、渊源及所起到的作用	(1) 电子商务法的概念 (2) 数据电文的概念 (3) 电子商务法的性质和地位 (4) 电子商务法的基本原则 (5) 我国电子商务法的立法渊源 (6) 电子商务法的作用
国内外电子商务立法	(1) 了解国际电子商务立法的特征,联合国国际贸易法委员会、WTO、WIPO 等国际组织及欧盟、美国等国家的电子商务相关立法现状 (2) 分析理解我国电子商务立法现状	(1) 国际电子商务立法的特征 (2)《联合国国际贸易法委员会电子商务示范法》 (3) 欧盟、美国、新加坡电子商务立法进程 (4) 我国电子商务立法现状 (5) 国外立法的借鉴意义

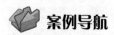 **案例导航**

2014—2015 年度、2015—2016 年度十大电子商务领域典型法律案例

中国电子商务研究中心《2014—2015 年度中国电子商务法律报告》发布了"年度十大电子商务领域典型法律案例":滴滴提供专车服务行政处罚案、阿里巴巴侵犯知识产权案、当当网网购进口巧克力无中文说明诉讼获赔 7 万元案、美团与大众点评互诉图片侵权案、阿里巴巴起诉自媒体人葛甲恶意诋毁案、浙江省第一起利用微信平台售假入刑案、"滴滴打车"和"滴滴"的商标诉讼案、易到用车举报滴滴快的合并涉嫌违规及行业垄断案、天搜科技股份假借论坛营销兜售 APP 涉嫌欺诈败诉案、网站称操作失误拒兑现美团"零元餐"惹官司。报告还统计发布了包括电商立法、"微商"营销机制、电商征税、信息泄露、电商售假、商标抢注、不正当竞争、网络实名制、虚假交易、P2P 跑路在内的"2014—2015 年度十大电商法律关键词"。

中国电子商务研究中心《2015—2016 年中国互联网+法律报告》发布了"年度十大互联网+领域典型法律案例":首例微信传销案、南京网络恶意刷单第一案、聪明狗告淘宝、天猫屏蔽索赔百万、乐视 9·19 发货门事件、全国首例众筹融资案、浙江首例 P2P 被判集资诈骗案、短融网诉融 360 不正当竞争案、大众点评状告百度侵权案、上海消保委告三星手机预装 44 个软件案、酷派奇酷"撕逼"大战是"2015—2016 年十大互联网+领域典型法律案例"。

"首例微信传销案"扒开了微信传销的真面目,自称"亚洲催眠大师"的陈某也被绳之以法。

微商游离于法律界定之外,当消费者与微商运营者产生消费纠纷、产生质量问题,会出现投诉无门,维权成本过高。

2016 年"央视 3·15 晚会"曝光了网络刷单的黑幕,其中淘宝、大众点评、美丽说、百度钱包等是刷单滋生地,而近日挂牌新三板的爱尚鲜花竟自曝刷单,刷单已成为行业从业者众所周知的潜规则。"南京网络恶意刷单第一案"作为典型案例入选。一名淘宝店主为打击竞争对手,雇人疯狂购买对方产品,恶意"刷单"1 500 多次,最终触发淘宝自动处罚机制,造成对手蒙受损失 19 万余元。

"乐视 9·19 发货门"事件为电商行业典型的促销欺诈案,乐视商城开展"黑色 9·19 乐迷节",因认为乐视未按约定履行合同、其行为构成欺诈,33 名消费者对乐视提起诉讼。

在十大典型案例中,仅互联网金融类案例就有 3 例,众筹、P2P 均被点名。近年互联网金融跑路等问题频发,其中"浙江首例 P2P 被判集资诈骗案"为典型的非法集资案,翁某、杨某通过"雨滴财富"P2P 平台发布虚假的借款标的,以月息 2~3 分的高息为诱饵,吸引全国各地网民参与"投资",截至案发,"雨滴财富"P2P 平台共注册账户 565 个,吸收资金达 5 100 余万元。

由此而见,面对着狂澜猛进般的信息技术发展所衍生而来的众多信息服务与商务领域,以及由此而引发的海量涉法纠纷,各方当事人在各种纠纷中的复杂的权利、义务关系和法律责任,与传统法律领域相比,均发生了巨大的变化。在主流媒体和新媒体的推动下,各国立法机构、司法部门和执法机关均面临着巨大的挑战,即想方设法来解决和处理相关问题。然而,法律的滞后性特征致使法律的推进和发展必然落后于信息技术及信息商务领域的革新和发展。因此,每个身处信息时代的现代人,尤其是相关从业者,均需掌握一定的电子商务法律知识。电子商务相关法律的研究和实践的重要性和迫切性从未有过地摆在人们面前,这也是全球法律工作者及研究者无法回避的时代主题。

第 1 章 电子商务法概论

1.1 电子商务法的基本范畴

1.1.1 电子商务法的概念与性质

电子商务法是一个新兴的综合法律领域,是调整以数据电文为交易手段进行的商务活动中所产生的社会关系的法律规范的总称。

1. 电子商务法的概念

电子商务法的调整对象是以数据电文为交易手段进行的商务活动中所产生的社会关系的规范体系。其中,在《联合国国际贸易法委员会电子商务示范法》(以下简称《示范法》)中所给的数据电文的定义是"数据电文指以电子手段、光学手段或类似手段生成、储存或者传递的信息,这些手段包括但不限于电子数据交换(Electronic Data Interchange,EDI)、电子邮件、电报、电传或者传真。"

2. 电子商务法的性质

1) 电子商务法是私法和公法融合的产物

电子商务法是私法和公法融合的产物,因而电子商务法既具有任意性,又具有强制性。

任意性规范主要体现在电子商务法给予交易主体的意思自治以充分的选择权,体现了当事人的意愿;而强制性规范表现为电子商务法要求当事人必须在法律规定的范围内为或不为,违反这种规定就要受到国家强制的制裁。违反电子商务法不但需承担民事责任,而且还有可能承担行政责任乃至刑事责任。

电子商务法还可细分为电子商务交易法和电子商务安全法等分支。电子商务交易法主要是规范平等主体的公民、法人之间通过互联网络进行交易的商业行为的法律规范的总称,它属于私法范畴;而电子商务安全法是关于电子商务信息系统安全的法律规范的总称,它属于公法范畴。

2) 电子商务法是具有国际性的内国法

"网络无国界",电子商务是一种世界性的经济活动,其法律框架也不应只局限在一国范围内,而应适用于国际经济往来,得到各国的认可和遵守。只有当各国政府、各种公司和其他经济组织都认为电子商务与其目前进行的面对面的或纸上的交易具有同样的确定性时,全球电子商务才能发挥其全部潜能。因此,电子商务法具有国际性。

然而,要实现电子商务法的通用法律规则,需要世界各国多年的共同努力,需要建立良好的、稳定的、公平的世界经济新秩序。联合国国际贸易法委员会制定的《示范法》只能起到示范的作用,不具有强制性,只供各国选择使用,并且它本身还有许多不完善的地方,需要在以后进一步修改和完善。

在这种情况下,各国先制定其关于电子商务的内国法显得尤为重要。这样可以解决电子商务领域中的部分法律问题,使其国内电子商务活动做到有法可依,保证国内电子商务活动的顺利进行。各国在制定其电子商务法时应该参照联合国国际贸易法委员会、世界贸易组织(World Trade Organization,WTO)、欧洲联盟(以下简称"欧盟")等国际组织的相关立法及政策建议,参考先进国家及地区的立法经验,同时结合本国国情制定出具有国际性的内国法,这样制定的电子商务法将有利于与国际接轨,有利于网络世界商务活动的统一规制。

1.1.2 电子商务法的地位

电子商务法的地位,指电子商务法在整个法律体系中所处的位置,即它应归属于哪一个法律部门。关于这个问题主要有以下4种观点。

1. 电子商务法归于民法

电子商务法调整的是在互联网上进行的商品交易活动,它以当事人的意思自治为原则,主要体现的是当事人之间的财产关系,而民法是调整平等主体之间的财产关系和人身关系的法律。因此,电子商务法应归属于民法法律部门。

2. 电子商务法归于商法

电子商务法应该属于商法的一部分。理由是,电子商务法主要规范的是交易主体从事的商事活动。这种观点与第一种观点的主要区别在于,是民商合一还是民商分立。

3. 电子商务法归于经济法

大经济法的观点包罗万象,可以将不属于传统民商法的内容统统纳入经济法的范畴。电子商务法中有国家干预的成分,也有经济主体的经济行为,体现了国家对经济行为的干预。因此,这种观点认为电子商务法属于经济法。

4. 电子商务法属于独立的法律部门

电子商务法应该是在新形势下产生的一个新的法律部门。电子商务法的内容涉及社会生活的各个领域,绝非任何一个现有的法律部门可以容纳得下。判断一个法律部门存在与否的标准,就是看它是否有特定的调整对象。要使电子商务法成为一个新的法律部门,就要考察电子商务法是否有其特定的调整对象。电子商务的3个环节——信息流、物质流和货币流所产生的社会关系就是电子商务法特有的调整对象。电子商务法调整对象的共性在于,它们都是通过计算机网络进行的活动,其他法律部门均不以电子商务各个环节活动中所产生的社会关系作为调整对象,而电子商务法则是以电子商务活动所产生的社会关系为调整对象。因此,电子商务法是一个全新的、独立的法律部门。

1.1.3 电子商务法的基本原则

1. 意思自治原则

允许当事人以协议方式订立相互之间的交易规则,是民商事法律的基本原则。在电子商务法的立法与司法过程中,都要以自治原则为指导,为当事人全面表达与实现自己的意愿,预留充分的空间,并提供确实的保障。

例如,《示范法》第4条就规定了当事人可以协议变更的条款,电子商务主体有权决定自己是否进行交易、和谁交易及如何进行交易。这完全体现了电子商务主体的意思自治。任何单位和个人利用强迫、利诱等手段进行违背当事人真实意思的交易活动都是无效的。

2．证据平等原则

电子签名和文件应当与书面签名和书面文件具有同等的法律地位。各国法律中都逐渐加入了有关电子证据的规定，运用各种法律和技术上的手段使电子证据取得与传统书面证据同样的法律地位。

电子商务的电子文件包括以数据电文形式存在的合同、单据及票证等。书面文件长久以来被各国法律认可为可被采纳的证据。在电子商务中，贸易合同、提单、保险单、发票等书面文件将被储存于计算机内的相应的电子文件代替，这些电子文件就应当是证据法中的电子证据。

3．中立原则

电子商务法的基本目标，归结起来就是要在电子商务活动中建立公平的交易规则，这是商法的交易安全原则在电子商务法上的必然反映。而要达到交易和参与各方利益的平衡，实现公平的目标，就有必要做到以下4点。

1）技术中立

新的法律框架在技术上必须是中性的、强大的。电子商务法必须允许使用技术来解决诸如电子签名之类的问题，还必须能够采用新技术。电子商务法对传统的口令法与非对称性公开密钥法，以及生物鉴别法等安全技术方法，都不应产生任何歧视性要求。同时，还要给未来技术的发展留下法律空间。例如，分子计算机的问世、新一代高速网络的出现等，都将考验电子商务法的中立性，这是在总结了传统书面法律要求的经验、教训而得出的方针。美国一些州所建议和待定的联邦数字签名法明确规定，任何保密的、可接受的技术都可制作出有效的数字签名。由于使用的技术规范不统一，许多公司拥有各不相同的数字签名技术。当然最终应制定统一的规范标准，以便在电子商务中大规模地运用。

2）媒介中立

媒介中立与技术中立紧密联系，二者都具有较强的客观性，并且一定的传输技术与相应的媒介是互为前提的。媒介中立，是中立原则在各种通信媒体上的具体表现。二者的区别在于，技术中立侧重于信息的控制和利用手段，而媒介中立则着重信息依赖的不同载体及媒体，如无线通信、有线通信、电视、广播、信息网络等。而电子商务法，则应用中立的原则来对待这些媒介，允许各种媒介根据技术和市场的发展规律而互相融合、互相促进。

3）实施中立

实施中立指执法机构和司法机关在电子商务法与其他相关法律的实施上不可偏废，在本国电子商务活动与国际性电子商务活动的法律待遇上，应一视同仁。特别是不能将传统书面法律文件（即书证）的证明效力置于数据电文形式的证据证明力之上，而应中立对待，根据具体环境特征的需求来决定法律的实施。

4）同等保护

同等保护是实施中立原则在电子商务交易主体上的延伸。由于电子商务市场本身是国际性的，在现代通信技术条件下，封闭的电子商务市场是不可能存在的。电子商务法对商家与消费者、国内当事人与国外当事人等都应尽量做到同等保护。

总之，电子商务法上的中立原则，着重反映了商事交易的公平理念，其具体实施将全面展现在当事人所依托于具有开放性、兼容性、国际性的网络与协议而进行的商事交易之中。

4. 消费者权益保护原则

在信息经济环境中，经营者和消费者之间的信息、权利的不对称性使经营者越来越处于优势地位，消费者的正当权益越来越得不到合理的保护。为此，各国先后都制定了有关消费者权益保护的法律，努力实现对交易双方的均衡保护。

电子商务活动的新特点要求对消费者的权益进行更为有力的保护，还需要制定出具有预见性的法规，以便明确解决争端的方式及负责部门。

5. 安全性原则

保障电子商务活动的安全，既是电子商务法的重要任务，又是其基本原则之一。电子商务必须以安全为其前提，这不仅需要技术上的安全措施，同时也离不开法律上的安全规范。例如，电子商务法确认强化安全电子签名的标准，规定认证机构的资格及其职责等具体的制度，都是为了在电子商务条件下形成一个较为安全的环境，至少其安全程序应与传统书面形式相同。电子商务法从对数据电讯效力的承认，以消除电子商务运行方式的法律上的不确定性，以至于根据电子商务活动中现代电子技术方案应用的成熟经验，而建立起反映其特点的操作性规范，其中都贯穿了安全原则和理念。

1.1.4 电子商务法的法律渊源

法律渊源，简称法源。一般认为，法律渊源是法的各种具体表现形式，是法的效力来源。电子商务法的法律渊源是指因法的来源不同，而具有不同的法律效力和作用的电子商务法的外在表现形式。

法律渊源可以分为正式的和非正式的渊源。正式的渊源是具有法律拘束力的、由国家制定、认可的、已经上升为国家意志的规范；非正式的渊源指对指导法律的制定具有参考、指引作用，可以援引用作规范社会生活秩序，调控社会关系具有一定法律意义的规范、原则、政策、习惯惯例、行业规定、价值理念等。

目前，《中华人民共和国电子商务法（草案）》已形成，并被列入十二届全国人大常委会五年立法规划。可以预见，在不远的将来，我国电子商务法将形成统一的法律文本，成为我国电子商务立法最为重要的正式法律渊源。然而，现行的电子商务相关法律及其他规范性法律文件以问题为导向，正式电子商务法律渊源尚不能形成较为完整严密的法律体系的情况下，将《电子商务示范法》等非正式法律渊源纳入我国的法律渊源体系当中去，对弥补法律的漏洞，提高立法质量都具有重大的意义。

【法律法规】

1. 联合国贸易法委员会《电子商务示范法》

《示范法》虽然并非一部具有法律效力的国际法规文件，但是它为虚拟环境下国际商事交易的规范和统一提供了难能可贵的蓝本，对世界各国的电子商务立法均产生了深远的影响，因而具有特殊的示范意义。

第 1 章　电子商务法概论

互联网的蓬勃发展，从根本上改变了传统的产业结构和市场的运作形式。电子商务随之出现并得到了前所未有的迅猛发展，但是电子商务的发展也带给传统法律前所未有的新挑战。传统的法律解决不了电子商务无纸化、数据化的新交易方式所带来的问题。因此联合国贸法会根据发展的需求，于1996年6月通过了《示范法》。

《示范法》的目的主要在于促成和便利电子商务的应用，并且为基于纸面的文件与基于计算机信息的应用者提供同等的法律待遇，这对于促进经济与国际贸易的有效进行，是必不可少的。应用电子商务的国家，通过将《示范法》规定的程序纳入该国立法，有利于创造沟通内外的立法环境和中立及安全的实施环境。为了促进国际贸易法的协调与统一，《示范法》排除了由于不适当或不统一的法律对国际贸易的不必要的障碍。总之，《示范法》是适应当事人之间因使用计算机或其他现代技术，引起贸易通信方式上的较大变化而起草的。它旨在为一些国家对因使用计算机或其他现代信息技术而涉及的某些商事关系领域的法律进行评估时树立模板，从而建立一个新的法律环境。

《示范法》对于我国的电子商务立法起到重要的示范和引导作用，我国目前的电子商务法专家立法草案和人大立法草案都不同程度地借鉴《示范法》的立法经验，受到《示范法》的影响。例如，由武汉大学网络经济与法律研究中心发起，联合中国人民大学民商法律研究中心、北京邮电大学信息法律研究中心和暨南大学法律系，以黄进教授为召集人成立了中国电子商务示范法起草小组，于2002年产生的《中华人民共和国电子商务法》初稿在我国电子商务领域为行为主体援引示范法来调控双方商事活动提供了依据。齐爱民教授等的电子商务法草案专家建议稿，在构建电子商务法框架体系和基本制度确立衔接等方面，也受到了《示范法》的影响。

2. 《中华人民共和国电子签名法》

2004年颁布《电子签名法》是目前我国电子商务领域唯一一部人大立法。一般情况下，以数据电文形式存在的电子合同是合同的重要表现形式，电子合同是电子商务法律活动的基础，没有包括电子合同在内的合同法律关系，也就不可能存在电子商务法律活动。与传统书面形式的合同相比较，其法律关系不同。电子签名可以被称为电子合同的基础，电子签名和电子认证法律关系是电子合同最为迫切需要进行补充性立法的法律领域。因而，《电子签名法》最早成为我国电子商务立法领域的关键性法律文本，以《电子签名法》为核心的电子商务立法到目前为止，仍然是我国电子商务立法最为重要的法律渊源。

然而，但正如《电子签名法》的法律名称显示，其调整范围主要是电子签名和电子认证法律问题。而关于电子合同、网络支付、电子商务个人信息保护以及电子商务消费者权益保护等传统的电子商务法律关系这些电子商务开展所必备的内容都几乎没有涉及；对于电子交易信息保护、跨境电商、电子商务税收、电商物流等较为敏感而重要的电子商务法律问题也未规定。因而我国亟需统一的电子商务立法，构建电子商务法律渊源体系。

3. 联合国、WTO、WIPO等国际组织的国际条约

经全国人大常委会批准签署的国际条约，其法律地位和效力等同于国内法。我国缔结并未声明保留的国际条约，是我国电子商务立法的法律渊源。

自1996年6月联合国贸法会通过了《示范法》之后，贸法会考虑到虽然《联合国国

际货物销售合同公约》在一般的情况下也适合于电子订约所达成的合同,但由于电子订约与传统的订约方式在手段上存在巨大差异,《联合国销售公约》的许多规则在适用于电子订约时尚存在很多不足,决定拟定一项关于电子订约的国际条约,由贸法会电子商务工作组开始起草和审议《国际合同使用电子通信公约》。《国际合同使用电子通信公约》是国际社会有关电子商务的第一个专门性国际公约。

世界贸易组织(WTO)就有关电子商务方面通过了三大突破性协议。1986年开始的关贸总协定乌拉圭回合谈判最终制定了《服务贸易总协定》。《服务贸易总协定》的谈判产生了一个"电信业附录"。该附录的制定开始了全球范围内电信市场的开放。WTO建立后,立即开展了信息技术的谈判,并先后达成了三大协议:①《全球基础电信协议》,该协议于1997年2月15日达成,主要内容是要求各成员方向外国公司开放其电信市场并结束垄断行为。②《信息技术协议(Information Technology Agreement,ITA)》,该协议于1997年3月26日达成,协议要求所有参加方自1997年7月1日起至2000年月1月1日将主要的信息技术产品的关税降为零。③《开放全球金融服务市场协议》,该协议于1997年12月31日达成,协议要求成员方对外开放银行、保险、证券和金融信息市场。

1996年12月20日,世界知识产权组织(World Intellectual Property Organization,WIPO)通过《版权条约》和《表演与录音制品条约》统称为《Internet条约》。

4. 电子商务相关的国内规范性法律文件

我国电子商务的发展是随着互联网在我国的迅速发展而蓬勃发展起来的。由于电子商务的迅速发展,同时冲击到传统的各个部门法,我国关于电子商务的立法主要是针对互联网络的管理、安全和经营。

目前在统一电子商务法还未审议通过的情况下,国内电子商务的相关立法和行政性规范法律文件采取的是化整为零,尽量在现有立法基础上进行增补,不适合补充的特殊领域进行专门立法。因此,电子商务的相关立法散见于近40部法律、30余部法规,以及近200部规章之中。

1.1.5 电子商务法的作用

电子商务法在现代经济社会中发挥着重要作用,其主要表现在以下4个方面。

1. 市场经济健康发展的需要

电子商务在全世界范围内的蓬勃发展,为我国企业带来了机遇和挑战。市场经济是法制经济,对电子商务这一市场经济的主要贸易形式加以法律规范,是市场经济的必然要求。电子商务法正是在这种要求下产生的。它的出现将有助于电子商务活动的顺利进行,同时,更能为市场经济的健康发展提供有力的法律保障。

2. 科学技术顺利发展的需要

目前,计算机网络黑客和其他计算机犯罪人员事实上都是具有极高的计算机和网络知识水平的科技人员。他们利用自己的知识和聪明才智进行计算机犯罪活动,破坏电子商务活动的顺利进行,这实际上是一种社会科技资源的极大浪费。电子商务法中有关法律责任的规定对这些人有极大的威慑力,使他们因惧怕实施违法犯罪行为所承担的法律后果而对网络违法犯罪行为望而却步，转而将其聪明才智应用到健康的科学研究上去，这对促进科学技术的发展具有一定的作用。因此，电子商务法是科学技术顺利发展的需要。

3. 规范电子商务活动的需要

传统民商法对有纸贸易的过程、交易双方的权利和义务及违约的法律后果都作出了较为详尽的规定。电子商务活动的出现打破了之前有纸贸易一统天下的局面，使贸易形式发生了巨大变革。传统民商法的很多规定都不适用于电子商务这种具有极强技术性的全新的贸易方式，这就要求有一种能适应这种变革的全新的法律制度的出现。电子商务法就是在这种要求下产生的，它对在网上进行交易的过程、双方的权利和义务都按照电子商务的特点作出了全新的规定，并对一些技术性问题加以规范，使电子商务活动可以按照法律规定的程序进行，另外，明确了双方的责任，在双方发生纠纷时可以按照电子商务法的有关规定加以解决。

4. 保护计算机信息系统安全和电子商务交易主体合法权益的需要

随着经济信息化进程的加快，计算机网络上的黑客破坏活动也随之猖獗起来。黑客及黑客行为已经对经济秩序、经济建设和国家信息安全构成了严重威胁。同时，这也会泄露电子商务交易主体的一些不能公开的秘密信息，给交易主体造成不可估量的经济损失。各国政府和各种国际组织也都通过法律手段保护计算机网络信息系统的安全。电子商务安全法的产生能直接、有效地打击各种危害电子商务安全的违法犯罪行为，规范电子商务主体的行为，保护电子商务交易主体的合法权益不受侵害，同时也能起到保护整个计算机信息系统的作用，为科学技术的顺利发展提供一个良好的法律环境。

1.2 国内外电子商务立法

1.2.1 国际电子商务立法的特征

电子商务立法，是近10余年世界商事立法的重点。早期电子商务立法的核心，主要围绕电子签名、电子合同、电子记录的法律效力展开。从1995年美国犹他州颁布《数字签名法》至今，已有几十个国家、组织和地区颁布了与电子商务相关的立法。其中，较重要或影响较大的有联合国国际贸易法委员会1996年颁布的《电子商务示范法》和2000年颁布的《电子签名统一规则》，欧盟颁布的《关于内部市场中与电子商务有关的若干法律问题的指令》和《电子签名统一框架指令》，德国1997年颁布的《信息与通用服务法》，俄罗斯1995年颁布的《联邦信息、信息化和信息保护法》，新加坡1998年颁布的《电子交易法》，美国2000年颁布的《国际与国内商务电子签章法》等。

总体来看，各国的电子商务立法有3个共同特征。

1. 迅速

从1995年俄罗斯制定《联邦信息、信息化和信息保护法》及美国犹他州出台《数字签名法》至今，在短短十几年的时间里，已有几十个国家、组织和地区制定了电子商务的相关法律或草案，无论是美国、德国等发达国家，还是马来西亚等发展中国家，对此反应都极为迅速。尤其是联合国贸易法委员会，更起到了先锋与表率的作用，及时引导了世界各国的电子商务立法。这种高效的立法，在世界立法史上是罕见的。

2. 兼容

在电子商务高速发展并逐步打破国界的大趋势下，电子商务立法中的任何闭门造车不仅是画地为牢，更会严重阻碍电子商务与相关产业的发展。因此，各国在进行电子商务立法时，兼容性是首先考虑的指标之一。另外，也正是这种兼容性的要求造就了电子商务立法中先有国际条约、后有国内法的奇特现象。联合国贸易法委员会在其《电子签名统一规则指南》中就曾指出："电子商务内在的国际性要求建立统一的法律体系，而目前各国分别立法的现状可能会产生阻碍其发展的危险。"

3. 软硬并举

除了各国立法机构和国际组织的大量立法外，行政机构、行业组织和领先企业等对电子商务及网络的规范化治理进行了相当多的努力。在立法相对缺位的时代条件下，网络规范的软硬并举，无疑是电子商务立法的基本思路之一。

此外，在这些国际电子商务立法中，电子商务国际立法还具有边制定边完善、重点在于使过去制定的法律具有适用性、发达国家在电子商务国际立法中居主导地位、工商垄断企业在电子商务技术标准和制定上起主要作用等。

1.2.2 国际组织的电子商务立法

1. 联合国国际贸易法委员会的《示范法》

《示范法》分为两个部分，共17条。第一部分涉及电子商务总的方面；第二部分涉及特定领域的电子商务。

《示范法》"对数据电文适用的法律要求"，包括对数据电文的法律承认、书面形式、签字、原件、数据电文的可接受性和证据力、数据电文的留存、合同的订立和有效性、当事人各方对数据电文的承认、数据电文的归属、确认收讫、发出和收到数据电文的时间和地点等作了详细规定。

关于《示范法》的性质，联合国贸易法委员会在《电子商务示范法的颁布指南》中指出：《示范法》的目的是要向各国立法提供一套国际公认的规则，说明怎样消除此类法律障碍，如何为所谓的"电子商务"创造一种比较可靠的法律环境。《示范法》中表述的原则还可供电子商务的用户个人用来拟定为克服进一步使用电子商务所遇到的法律障碍所必需的某些合理解决方法。

可见，对于各国而言，《示范法》仅仅是起到示范作用的有关电子商务的法规，只可帮助那些有关传递和存储信息的现行法规不够完备或已经过时的国家完善其法律和惯例。

总之，《示范法》的出台，确实使电子商务的一些法律问题得到了很好的解决。但是人们在看到它不可低估的作用的同时，还要看到它的缺陷。《示范法》毕竟只起到示范的作用，它不具有强制性，只供各国参考。并且由于各国法律制度的差异性，《示范法》在许多方面都没有作出具体详细的规定，有的只提出一项总原则，有待各国根据本国实际情况在国内法中予以规范。

2. WTO 的电子商务立法

1)《全球基础电信协议》

《全球基础电信协议》（WTA）于 1997 年 2 月 15 日达成，主要内容是要求各成员方向外国公司开放其电信市场并结束垄断行为。基础电信指电信传输网络和服务，它与增值电信共同构成完整意义上的电信服务。

WTA 由占全球电信市场 91% 份额的 69 个 WTO 成员达成，涉及语音电话、数据传输、电传、电报、文传、专线、移动电话、移动数据传输和个人通信等方面的短途、长途和国际电信服务，占据了当时电信市场的 93%。部分缔约方也提供了增值电信领域的承诺，主要涉及在线数据处理、电子数据交换、电子邮件、在线数据库存取和话音邮件等。

WTA 的关键条款是市场准入。其规定主要包括，缔约方应确保外国电信服务提供者在跨境提供基础电信的相关服务时享受最惠国待遇；缔约方应允许外国电信服务提供者在其境内建立能够提供各种基础电信服务的经营实体或商业机构；缔约方应准许在其境内设立机构的外国电信服务提供者拥有和经营其独立的电信网络基础设施。

2)《信息技术协议》

《信息技术协议》（ITA）于 1997 年 3 月 26 日达成，协议要求所有参加方于 1997 年 7 月 1 日至 2000 年 1 月 1 日将主要的信息技术产品的关税降为零。

有关国家和地区承诺在 2000 年 1 月 1 日前取消包括计算机、软件、通信设备、半导体及其制造设备、科学仪器等六大类约 270 多种信息技术产品的关税，实现零关税，真正达到自由贸易的目的。

印度、印度尼西亚、韩国、马来西亚、泰国等 7 个代表方获准推迟到 2005 年前取消信息技术产品关税。

3)《开放全球金融服务市场协议》

《开放全球金融服务市场协议》（AFS）于 1997 年 12 月 31 日达成，协议要求成员方对外开放银行、保险、证券和金融信息市场。

《开放全球金融服务市场协议》主要包括一份核心文件及各成员提交的承诺表和豁免清单。其承诺主要包括以下内容。

(1) 关于国民待遇和市场准入。发达国家因其金融业的高度发达而普遍愿意开放金融服务市场，只对国民待遇和市场准入规定极少的限制。发展中国家虽然也保证给予外国金融机构以国民待遇，但仍对市场准入规定了很多条件和限制。

(2) 关于提供服务的方式。发达国家允许其他国家以一切可能的方式在本国设立金融机构和向本国消费者提供跨境金融服务，同时也保障本国公民在境外消费金融服务。发展中国家以保护本国消费者为由，在许多部门禁止或严格限制外国金融机构跨境提供金融服务，而只允许其以在国内设立分支机构的方式提供服务，以更利于监管和控制。

(3) 关于开放的具体金融部门。绝大多数国家愿意开放再保险服务和银行业中的存款与贷款业务，而对于保险业中的人寿保险、银行业中的清算和票据交换、证券业中的衍生金融产品交易等，许多发展中国家不作出具体承诺或加以严格限制。

在 WTO 历史上，一年内制定 3 项重要协议是史无前例的，这 3 项协议为电子商务和信息技术稳步有序地发展确立了新的法律基础。除了以上三大协议外，WTO 还试图就包括另外一些信息技术产品的后续服务协议《第二代信息技术协议》进行谈判。

3. 世界知识产权组织的"Internet 条约"

1996 年 12 月 23 日 WIPO 提出网络域名程序的报告，就域名与商标的冲突法律问题提出初步建议，倾向"尤意将域名创设成一种新知识产权，将现有知识产权适用到虚拟网空间，赋予著名商标权人排除他人以其著名商标登记为网络域名的权利，目前正领导建立域名注册的国际机制，规范域名抢注"。

WIPO 提出《互联网名称和地址管理及其知识产权问题》的报告，建立了全球性的有效解决域名纠纷的机制，域名注册规范程序和域名排分等程序，处理好域名与驰名商标保护的关系问题。

4. 国际商会

国际商会 1997 年 11 月 6 日通过的《国际数字保证商务通则》（*General Usage for International Digitally Ensured Commerce*，GUIDEC），试图平衡不同法律体系的原则，为国际贸易领域的电子商务活动提供指导性政策，是由一系列在因特网上进行可靠的数字化交易的方针构成的，其中包括了公开密钥加密的数字签名和可靠第三方的认证等。并统一了有关术语。国际商会目前制定的还有《电子贸易和结算规则》等交易规则。

5. 联合国《电子通信使用国际合同公约》

《电子通信使用国际合同公约》在《联合国销售公约》《电子商务示范法》《电子签名示范法》的基础上起草，更具科学性。它坚持了功能等同、技术中立、意思自治等被普遍被认可的电子商务立法原则，成功解决了国际合同使用电子通信中的重要法律问题，增强了国际电子商务的法律确定性和商业上的可预见性。

《公约》为电子商务提供了一个协调统一的全球法律框架。它阐明了国际电子商务交易的法律效力，这是电子商务立法需要阐明的最基本和基础的问题。《公约》也为电子商务立法建立了一个国际性标准。缔约国将被要求修改国内电子商务法以使之与《公约》的规则保持一致。《公约》是国际社会在电子商务领域达成的第一个专门性国际公约，具有里程碑意义。

1.2.3 欧洲联盟电子商务立法

欧盟成员国范围内规范电子商务活动，始终是欧洲联盟在电子商务发展战略中的一项重要目标。这一内容体现在欧盟及其成员国自 1995 年以来所制定的一系列电子商务发展规划和具体的立法实践中。

1997 年 4 月 15 日，欧盟委员会提出了著名的《欧洲电子商务行动方案》，为规范欧洲电子商务活动制定了框架。欧洲电子商务立法的宗旨必须确立为实现两个互补的目标：一是建立起消费者和企业对电子商务的信任和信心；二是保证电子商务充分进入单一市场。本着上述宗旨，行动方案确定了建立电子商务法律框架的四项原则：①根据实际需要立法；②确保单一市场的自由原则；③立法必须考虑经营现实；④有效地满足公共利益目标。

1998 年欧盟发布《欧盟电子签名法律框架指南》。1999 年欧盟发布《数字签名统一规则草案》。2000 年欧洲委员会通过决议，在 2000 年年底通过所有立法，包括对版权的规定、远程金融服务的规定、电子银行的规定、电子商务的规定、网上合同法、网上争端解决办法等。

2015年5月，为了打破欧盟境内的数字市场壁垒，欧盟委员会公布了"欧洲数字一体化市场（Digital Single Market）"战略的详细规划，该战略包括三大支柱：为个人和企业提供更好的数字产品和服务，创造有利于数字网络和服务繁荣发展的环境，以及最大化地实现数字经济的增长潜力。通过数字一体化市场战略，欧盟意在加强电信基础设施的投资和建设、促进市场竞争、激励创新以及保护消费者权益，抢占信息通信技术变革所带动的经济增长方式转型的制高点。原先由于欧盟各成员国电信市场管理措施不统一，导致欧盟境内市场分割现象严重，各成员国通过协调统一电信市场规制水平，有利于打破不同国家之间的数字壁垒，促进欧盟境内电信市场的竞争。

2015年10月，欧洲议会投票通过了欧盟理事会一项有关确立互联网接入服务的"网络中立原则"的提案，意味着"网络中立"原则已在欧盟层面以法律形式确立。

从欧盟电子商务立法的程序上看，通常由欧盟最高决策机构——欧盟首脑会议通过文件确定立法范畴和方针目标，之后进入法律制定程序。欧盟委员会提出立法议案，经由欧盟理事会审议通过，之后付诸实施。

1.2.4 美国的电子商务立法

20世纪90年代中期以来，美国大力推广以因特网为运行平台的电子商务这种新的交易形式，使之成为国民经济增长的重要支点。为了促进和保障电子商务的全面发展，美国的大多数州都制定了电子商务法，美国国会也正在就全国性的电子商务法案进行审议。

1997年7月1日，美国政府正式颁布了《全球电子商务政策框架》，从此形成了美国政府系统化的电子商务发展政策。

1997年9月颁布的《全球电子商务纲要》是全球第一份官方正式发表关于电子商务立场的文件，提出了关于电子商务发展的一系列原则，系统阐述了一系列政策，旨在为电子商务的国际讨论与签订国际协议建立框架，美国将积极地通过WTO、OECD、APEC等国际组织，纲要中提出的原则与政策，由于美国在网络发展的主导地位与其经济实力的强大，《全球电子商务纲要》已成为主导电子商务发展的宪章性文件。

2015年6月，在智利、荷兰、欧盟等通过网络中立有关的原则性立法之后，美国《网络开放指令》所有条款如期生效，被视为最严网络中立规则。

2015年6月，美国总统奥巴马签署《美国自由法案》，替代之前颇具争议的《爱国者法案》，该法案允许美国政府继续监控，但需满足法院许可等多项新增限制。

美国的电子商务法立法，是以各州的立法行动为先导的。尤他州1995年颁布的《数字签名法》，是美国乃至全世界范围的第一部全面确立电子商务运行规范的法律文件。从数量上看，美国州一级关于电子商务的法律文件有近百部之多。其原因在于有些州在主干电子商务法之外，还有些配套的法规。例如伊利诺斯州除了《电子商务安全法》，还有《金融机构数字签名法》；佛罗里达州在《电子签名法》之外，另有《数字签名与电子公证法》。这些仅是正式制定、颁布的法律。而目前各州已经提交审议的有关电子商务的法律文件的数目，加起来有数百个之多。

美国各州的电子商务立法，不仅名称多样化，而且其内容差别也非常大。有些州的立法内容比较详细，涉及电子商务的各个主要方面：从对计算机网络通信记录的法律效力的确认，到电子签名的基本标难的确定，以及认证机构的建立等都包括在内，例如尤他州、伊利诺斯州就采取了这种对电子商务进行全面调整的方法；而有些州的电子商务法却规定的非常原则，具有对电子商务的宣言性认可的性质，如加利福尼亚州便采用了这种方式。

另外，从调整范围上讲，美国有些州的电子商务法只限于调整与州政府相关的诸如公司注册、税务申报等商务活动，与我国目前在信息化建设中的政府上网工程有些类似。例如，美国马里兰、阿拉斯加等州的电子商务法就是这样。而有些州的电子商务法则不仅调整与商务有关的政府管理活动，而且调整私法主体之间的在线商事交易关系，其目的是为电子商务的活动提供一个全方位的规范系统。譬如华盛顿州即属此类。

1.2.5 新加坡的电子商务立法

新加坡是世界上积极致力于推广电子商务的国家之一，将新加坡建设为高度发达的信息港，是其发展战略之一。

与美国不同的是，新加坡很重视政府在电子商务中的作用，认为没有一定程度上的政府管理，电子商务不可能得到长足的发展，没有规则的交易是危险的。但是在电子商务发展问题上，新加坡政府并没有进行垄断式管理，而是转向提供服务方面，认为网络空间的政府不再是一个固定的实体，而是竞争中的服务提供实体。

1998年6月29日通过《电子交易法》，使新加坡成为一个以整体立法规范电子交易的国家。新加坡1998年的电子交易法，是一部综合性的调整电子商务活动的法律，内容比较全面。该法不仅在条文中对"电子签名"和"安全电子签名"都给出了定义，从法律上承认了电子签名、数字签名，以及电子记录的效力，而且还规定了认证机构及其限定性责任。认证机构的许可证，由指定的管理机关颁发，可以自愿申请。由取得许可的认证机构核发的认证证书，具有较强的证据效力。1999年制定了"新加坡电子交易（认证机构）规则"和"新加坡认证机构安全方针"。

1999年颁布的新加坡"电子交易（认证机构）规则"，是其《电子交易法》的配套法律。它任命了认证机构的管理署，规定国家计算委员会是认证管理署的主管机关。该规则规定了认证机构的内部管理结构、评估标准、申请费用、证书的证据推定效力，以及限定性责任等，其目的是在新加坡建立一个符合国际水准的市场型认证服务体系。

2010年，新加坡对《电子交易法》和"电子交易（认证机构）规则"进行了重大修正，以使其立法能够适应电子商务发展的需要。新修正的《电子交易法》不仅对原有法律的体例结构进行了优化，而且对法律内容进行了重大的修改。将文内内容精简为7部分39节，内容包括：序言、电子记录、签名和合同、安全电子记录和签名、指定安全程序规范和指定安全程序提供者规则、公共机构使用电子记录和签名、网络服务提供者的责任、一般规定。除正文外，修正的《电子交易法》还有4个附件，作为对法律条文的补充。

1.2.6 我国的电子商务立法

1. 我国的电子商务立法现状

我国电子商务的发展是随着互联网在我国的迅速发展而蓬勃发展起来的。由于电子商务的迅速发展，同时冲击到传统的各个部门法，我国关于电子商务的立法主要是针对互联网络的管理、安全和经营。我国目前电子商务的相关立法内容较为分散，法律法规层级偏低，难以满足电子商务迅猛发展的现实需求。

2016年3月，全国人大财政经济委员会副主任委员乌日图在十二届全国人大四次会议记者会上宣布，电子商务立法已经列入了十二届全国人大常委会五年立法规划，已经由全国人大财经委牵头组织起草。目前已形成了法律草案稿，争取尽早提请财经委全体会议审议后报请全国人大常委会审议。这意味着《电子商务法（草案）》已经形成，10余年以来，我国启动统一电子商务法立法工作取得实质性发展。《电子商务法（草案）》坚持问题导向，对于电子商务经营的主体责任、交易与服务安全、数据信息保护、维护消费者权益以及市场秩序、公平竞争，以及准入机制、电子合同、电子支付、在线知识产权保护、电子商务税收、纠纷解决机制、电子商务物流等内容都进行了规范。

2. 最具代表性的全国人大立法层面的与电子商务相关的立法

2005年4月1日起《中华人民共和国电子签名法》正式实施，这是我国第一部真正电子商务领域的人大立法。

另外，在《中华人民共和国刑法》中增加了相关条款，《刑法修正案（七）》对《刑法》第285条和第286条"非法侵入计算机信息系统罪"以及"破坏计算机信息系统罪"的补充规定。

在1999年3月15日颁布的《中华人民共和国合同法》第11条和第16条第2款承认了数据电文的书面效力，确定了到达主义的要约和承诺生效时间。

2010年7月1日起开始实施的《中华人民共和国侵权责任法》第36条对网络主体"人肉搜索"信息的民事侵权责任进行规定。

另外，2015年6月，全国人大常委会初审了《网络安全法（草案）》。信息网络安全是与电子商务环境密切相关的重要立法领域，《网络安全法（草案）》以总体国家安全观为指导，就网络数据和信息安全的保障等问题制定具体规则，构建我国网络安全基本制度。

与此同时，《计算机信息系统安全保护条例》《计算机信息网络国际联网管理暂行规定实施办法》《网络域名注册暂行规定》《中国互联网络域名注册实施细则》《计算机信息网络国际联网安全保护管理办法》《中国公用计算机互联网国际联网管理办法》《计算机信息网络国际联网出入口信息管理办法》《计算机软件保护条例》《互联网上网服务营业场所管理条例》《信息网络传播权保护条例》《互联网著作权行政保护办法》《互联网信息服务管理办法》《电子银行业务管理办法》《中国人民银行〈电子支付指引（第一号）〉》《互联网安全保护技术措施规定》《互联网络信息中心域名争议解决办法》《互联网电子邮件服务管理办法》《电子认证服务管理办法》《关于促进互联网金融健康发展的指导意见》等行政法规和部门规章相继出台。《中华人民共和国电信法（草案）》《商务部网上交易管理办法（草案）》《网上商业数据保护办法（草案）》《互联网等信息网络传播视听节目管理办法（草案）》等已经进入公众视野。与此同时，以北京、上海、杭州等为代表的地方政府出台了数量庞大的电子商务政策规定。

这些为适应电子商务及其相关行业发展的法律措施虽然从很大程度上结束了我国电子商务领域无法可依的现状，但是存在的立法层次不高、系统性不强、主动前瞻性立法缺失、缺乏可操作性等问题亟待解决。

本章小结

通过本章内容的学习，应了解电子商务法的基本范畴。电子商务法是一个新兴的综合法律领域，指调整以数据电文为交易手段进行的商务活动中所产生的社会关系的法律规范的总称。电子商务法是公法和私法融合的产物，是具有国际性的内国法。电子商务法的基本原则包括意思自治、证据平等、中立原则、消费者权益保护和安全性原则。电子商务示范法、WTO三大电信协议、WIPO"Internet条约"及电子商务相关的国内规范性法律文件是我国电子商务法的直接法律渊源。了解国际组织和世界各国电子商务立法的趋势，尤其是联合国贸易法委员会、世界贸易组织、欧盟等国际组织和美国等发达国家的相关立法。我国的电子商务发展还处于初级阶段，通过学习我国对电子商务不同领域的各层次立法和规定，加深对我国电子商务法律体系的理解。

经典案例

【拓展视频】

李某诉北京北极冰科技发展有限公司娱乐服务纠纷案

案情介绍

2003年12月18日，李某诉北京北极冰科技发展有限公司（以下简称"北极冰公司"）娱乐服务纠纷案，在北京市朝阳区人民法院开庭审理。法院判决被告北极冰公司恢复原告李某在网络游戏"红月"中丢失的虚拟装备，并返还原告购买105张爆吉卡的价款420元，赔偿交通费等各种费用1 140元，驳回原告李某的其他诉讼请求。

李某是北极冰公司所经营的大型多人网络游戏——"红月"的玩家。该游戏的主要产品有获得游戏时间的数种充值卡，以及"生化盾牌""生命水"等虚拟装备。在过去的两年时间里，李某花费了几千个小时的精力和上万元现金，在名为"国家主席"的ID（identity，身份标识号码）中积累和购买了几十种虚拟"生化武器"，这些装备使他一度在虚拟世界里所向披靡，成为拥有934级高级别的"魔法师"（玩家在游戏中所扮角色的地位）。

2003年2月17日，当李某再次进入游戏时，却发现自己在"红月"优雅处女服务器的ID内所有的虚拟装备全部"蒸发"。李某迅速向游戏的代理商——北极冰公司询问。经查询，他的装备全部莫名其妙地被一个名为"SHUILIU0011"的玩家盗走了，李某要求北极冰公司查封那个玩家的账号，但北极冰公司称："玩家的账号我们无权处理，必须由公安机关出面。"

在承德市公安机关，李某却得到了这样的答复：网络世界的装备完全是虚拟的，无法定价，也无法调查取证，并且没有实际财产损失，因此无法立案。

更让李某恼火的是，没过多久，北极冰公司又擅自将他的两个账号中的所有装备删除，理由是这些设备是复制品。一怒之下，李某只身来到北京市朝阳区人民法院，对北极冰公司提起诉讼，要求其公开道歉并赔偿自己的损失。这也就成为我国首例游戏玩家因虚拟设备丢失而起诉游戏公司的案件。

朝阳区人民法院在受理了李某的诉讼请求后，先后两次开庭对此案进行了公开审理。

法院经审理查明，李某发现在其"国家主席"ID中所拥有的虚拟设备不翼而飞后随即与北极冰公司联系，但北极冰公司拒绝协助找回其所丢失的虚拟设备，声称游戏规则——"红月法规"中已有规定，"玩家ID账号应由玩家自己妥善保管和维护，玩家账号被盗用期间所发生的损失应由玩家自己负责，本公司不承担任何责任"。李某认为被告行为侵犯了消费者的知情权及人身、财产安全保障权，要求被告承担损失赔偿责任。

第1章 电子商务法概论

另外,李某称"红月"游戏发行一种名为爆吉卡的变相彩票,每张3元,与宠物卡一同销售时,每张2元,只用于兑奖,被告宣传此卡充值后可能获得虚拟装备和最多3小时游戏时间。原告以每张4元的价格购买宠物卡105张,共计420元,但充值后仅获得数十小时游戏时间。而正常的游戏时间购买金额为3小时1元。原告认为被告发行的爆吉卡内容涉嫌欺诈,且发行行为本身违反我国有关彩票管理的规定。故要求法院勒令被告停止发行爆吉卡,并赔偿自己购卡花费的420元。

庭审中虚拟装备是否为财产成为法庭辩论的焦点。李某坚持认为,这些丢失或被删除的虚拟装备,是他在现实交易中以现金的形式购得的私人财产。对此被告并不认同,称游戏装备是"一堆计算机数据",本身不具有价值,国家也没有明确的法律规定。

法院经审理认为,被告经营网络游戏,原告是参与该游戏的玩家之一,双方形成消费者与服务者的关系。但"红月法规"不能确认为双方之间签订的合同。由于被告无法证明原告在ID"国家主席"内装备丢失的原因,也没有证据表明原告的密码有证人之外的其他人员知道,因此可以认定被告在安全保障方面存在欠缺,应对原告物品的丢失承担保障不利的责任。关于丢失装备的价值,虽然虚拟装备是无形的,但并不影响虚拟物品作为无形财产的一种获得法律上的适当评价和救济。因此法院认为,原告主张的丢失物品可由被告通过技术操作对已查实的物品进行回档。

被告发行的爆吉卡实质上是一种博彩中奖的凭证,而发行此种凭证应当经过相关机关的批准,但被告在未取得合法资质的情况下公开发行爆吉卡,此行为已构成违法,应认定无效。法院将向有关部门提出司法建议,由有关部门对被告的此种行为进行查处。

案例分析

本案的焦点之一在于虚拟装备的法律性质问题。原告认为,虚拟装备是他在现实交易中以现金的形式购得的私人财产,属于虚拟财产。对此被告并不认同,称游戏装备是"一堆计算机数据",把虚拟装备当做不具备交换价值的"数据电文"来看待。

凡是玩过网络游戏的人都知道,网络中的虚拟财产主要有两个来源。一是玩家投入大量时间、精力和金钱从游戏中获得。许多玩家耗费了大量时间泡在游戏里,靠不停"修炼"提高自己的等级,获得自己心仪的武器,以达到在游戏中"叱咤风云"的目的。二是游戏玩家用现实中的货币购买。在许多游戏交易网站上,各类游戏装备都有明码标价,玩家可以自发地在线下交易。其他像QQ号码、电子邮箱账号、网络实名等,自从实行收费注册之后,也可以进行现实的货币交易。

因而虚拟装备因其本身成为凝结玩家劳动价值或者交换价值的体现形式,有别于一般意义上的"数据电文",不仅具有实用价值,而且具有交换价值。虚拟装备应该被认为是以"数据电文"形式存在的玩家私人财产,而得到法律的保护。

本案的焦点之二在于,被告辩称的"红月法规"游戏规则中所规定的"玩家ID账号应由玩家自己妥善保管和维护,玩家账号被盗用期间所发生的损失应由玩家自己负责,本公司不承担任何责任"的免责条款,能否被认为是原被告双方所签订的服务合同的一部分,使被告因此而免予被追究责任。

法院的审判支持了原告的观点,确认被告作为经营网络游戏的网络服务提供商(Internet Service Provider, ISP),与原告之间形成消费者与服务者的关系。但是"红月法规"不能确认为是双方之间签订的合同的一部分,因而不具备当事人意思自治为基础的对原告的约束力。由于被告无法证明原告在ID"国家主席"内装备丢失的原因,也没有证据表明原告的密码有证人之外的其他人员知道,因此可以认定被告在安全保障方面存在欠缺,应对原告物品的丢失承担保障不利的责任。

(资料来源:张博,李思. 国内首例虚拟财产失窃案宣判[EB/OL]. (2003-12-19). [2011-06-06]. http://court.gmw.cn/html/article/200312/19/8722.shtml)

自 测 题

一、多项选择题

1. 数据电文包括（　　）所传递的信息。
   A. 电子数据交换　　B. E-mail　　C. 传真　　D. 电话
2. 下列属于 WTO 达成协议的有（　　）。
   A. 国际数据保证商务通则　　　　B. 信息技术协议
   C. 开放全球金融服务市场协议　　D. 全球基础电信协议
3. 电子商务法的中立原则包括（　　）。
   A. 技术中立　　B. 媒介中立　　C. 立法中立　　D. 实施中立
4. 下列属于联合国国际贸易法委员会组织颁布的法律文件有（　　）。
   A.《统一电子交易法》　　　　B.《电子签名统一规则》
   C.《欧洲电子商务行动方案》　D.《电子商务示范法》

二、名词解释

1. 电子商务法　　2. 数据电文　　3. 电子商务示范法
4. WIPO "Internet 条约"　　5. 欧洲电子商务行动方案

三、案例讨论

2000 年 10 月，翻译作家刘某在上网访问搜狐公司的搜狐网站时，发现通过单击该网站"文学"栏目下的"小说"，即进入搜索引擎页面。根据页面提示顺序单击"外国小说""经典作品""堂吉诃德"后，可在页面上看到其翻译的作品《堂吉诃德》，而此前对于其译作的网上刊载并不知情。于是，刘某申请对以上上网的操作过程、路径和终端监视器上显示的页面内容进行公证，后据此于 10 月 24 日向法院提起诉讼。要求搜狐公司承担相应的法律责任。11 月 6 日，被告向北京市公证处申请按照原告上网的过程、路径进行公证。搜狐公司辩解如下。

（1）翻译作家刘某的作品不是其搜狐网站上传，亦不在搜狐网站的网页上，而是通过搜狐网站的搜索引擎进入他人的网页后才看到该作品。

（2）直接访问 www.yifan.net、www.cj888.com、www.chenqinmyrice.com 网站，即可看见载有刘某翻译作品的网页。

（3）由于搜狐网站与上述 3 个网站有链接关系，所以能通过搜狐网站访问这 3 个网站载有刘某翻译作品的网页。3 个网站未经刘某同意擅自上传其译作的行为与搜狐网站无关。

11 月 23 日，法院开庭审理时，刘某当庭明确要求搜狐网站断开与上传其翻译作品的网站的链接。搜狐网站以法律未规定链接是侵权为由拒绝。直至 30 日，搜狐网站才断开链接。

（资料来源：2006 年浙江省自考电子商务法概论试题）

根据案例讨论以下问题：

（1）3 个网站上刊载刘某译作的行为是否构成侵权？为什么？
（2）搜狐网站的行为是否构成侵权？为什么？

第 2 章　电子商务法律关系

教学目标

通过本章内容的学习,了解在电子商务的交易过程中,买卖双方之间的法律关系及电子商务交易主体的概念与设立条件,以及电子商务企业的网络权利和电子商务交易主体的法律关系;掌握网络服务提供商的责任;区别网站经营者、网络服务提供商、网络中介服务商及在线个人用户的概念及有关能力制度和身份制度。

教学要求

知识要点	能力要求	相关知识
电子商务法律关系的概念与特征	掌握电子商务法律关系的概念与基本特征	(1) 电子商务法律关系的概念 (2) 电子商务法律关系的三要素 (3) 电子商务法律关系的特征
电子商务法律关系主体	(1) 掌握电子商务交易主体的概念和基本构成 (2) 了解电子商务企业及其设立的相关规定 (3) 掌握在线个人用户的概念及其身份制度和能力制度 (4) 掌握网络服务提供商的概念和分类	(1) 电子商务交易主体及其分类 (2) 电子商务企业分类及其设立制度和程序 (3) 个人用户民事权利和行为能力制度,在线个人用户的身份制度 (4) 网络服务供应商,网络内容服务供应商、网络中介服务供应商的概念
电子商务法律关系客体	掌握电子商务法律关系的客体	物、行为结果、精神产品、信息
电子商务法律关系的内容	(1) 了解网络交易双方的权利和义务 (2) 掌握电子商务企业的权利和义务 (3) 掌握网络内容提供商的侵权行为及归责原则 (4) 熟悉掌握并运用网络服务提供商的权利义务和责任	(1) 网络交易双方的权利和义务 (2) 电子商务企业的权利和义务 (3) 网络内容提供商的侵权行为及归责原则 (4) 网络服务提供商的权利,监控义务和协助调查义务以及违反义务所应承担的法律责任

案例导航

卡通肖像成广告，赵本山告"天涯"获赔12万元

图2.1 赵本山的卡通肖像成广告

由于未经许可擅自在"天涯社区"网站发布带有赵本山的卡通肖像的Flash广告（如图2.1所示），推广谷歌公司推出的产品"天涯问答"，赵本山遂将海南天涯在线网络科技有限公司（以下简称"海南天涯公司"）、谷歌信息技术（中国）有限公司（以下简称"谷歌公司"）以侵犯肖像权为由，将二公司诉至法院要求索赔。2010年9月28日，北京市海淀区人民法院一审判决海南天涯公司在"天涯社区"网站主页上持续登载致歉声明，并向赵本山赔偿经济损失12万元。

赵本山诉称，自2009年5月起，海南天涯公司及谷歌公司为宣传其共同开发的互动问答产品"天涯问答"，在未经许可的情况下，擅自在"天涯社区"网站中的多个页面中发布带有自己卡通肖像的Flash广告。赵本山认为，二公司置法律规定于不顾，未经自己同意，在网站广告中以卡通形式使用自己的肖像宣传推广其产品，严重侵犯了自己的肖像权，于是要求该二公司承担共同侵权责任，请求判令二公司立即停止侵权、赔礼道歉并进行经济赔偿。

在庭审中，海南天涯公司辩称，卡通图片不是肖像，不属于我国民法肖像权的保护范围；公司使用卡通图片没有赢利目的，没有侵犯赵本山的肖像权，该卡通图片是用来宣传天涯问答的"答题送话费"活动，该活动并未用来宣传任何赢利产品。海南天涯公司认为，公司的行为不构成对赵本山肖像权的侵犯，赵本山的诉讼请求没有法律依据。

谷歌公司辩称，涉诉图片只是一个角色形象，不能等同于赵本山的肖像，赵本山不能通过肖像权保护角色形象；公司的经营范围不包括经营网站，公司也没有参与创作、制作涉案图片，也不参与涉案网站的经营。

法院经审理后认为，肖像权是自然人对自己的肖像享有利益并有权排除他人侵害的人格权利。具体包括以下观点。

第一，肖像是自然人面部形象的外在标志，肖像的概念强调的是自然人的面部形象相较于其他自然人所具有的可识别性。本案中的卡通人物形象以该特殊识别性为特征，并且将"您有才"及"咱不差钱"等赵本山在春节文艺晚会上表演的《策划》及《不差钱》两部小品节目中的经典台词作为旁白表述，使涉诉卡通形象的整体认知明确指向公众印象中的赵本山个人肖像。再则，卡通漫画属于绘画艺术的一种特定形式，同样可以作为再现肖像的造型艺术手段。只要卡通漫画所反映的是具有可识别性的自然人形象，该卡通形象就可以归属于肖像概念的范畴，从而成为我国肖像权法律保护的对象。涉诉卡通形象确系通过卡通漫画手段再现了赵本山肖像，赵本山系涉诉卡通形象的肖像权人。

第二，《民法通则》第一百条规定："公民享有肖像权，未经本人同意，不得以营利为目的使用公民的肖像。"海南天涯公司的"天涯社区"网站系营利性网站，其开发的"天涯问答"产品中制作并使用赵本山的卡通肖像存在利用赵本山的名人效应增加网页点击率进行赢利的目的，上述制作、使用的行为侵犯了赵本山的肖像权。

第三，海南天涯公司作为"天涯社区"网站的所有者及经营者，在经营网络业务的过程中，自行制作赵本山的卡通形象，并向谷歌公司提供非法制作的卡通形象素材以开发"天涯问答"产品，其行为具有过错，构成对赵本山肖像权的直接侵犯，属于直接侵权行为人，应当承担因此产生的侵权民事责任。谷歌公司作为网页制作的技术提供者，依照与网站所有者的约定提供网页技术支持，法律亦不应课以网

第 2 章 电子商务法律关系

络技术提供者过于严格的审查责任,其提供技术支持的行为并无过错,网页内容的合法性应由网站所有者或经营者负责,故谷歌公司不承担连带的侵权民事责任。

第四,《民法通则》规定,停止侵害、赔礼道歉、赔偿损失承系责任的几种主要方式之一,以上承担民事责任的方式,可以单独适用,也可以合并适用。肖像权虽属于人格权范畴,但肖像的商品化使用使其亦具有一定财产权利的属性,故对侵犯肖像权的救济亦应综合考虑上述属性给予全面的民事责任救济。在本案中,海南天涯公司未经赵本山同意而制作、使用赵本山肖像的行为侵犯了赵本山的肖像权,应当由海南天涯公司及时停止侵害、赔礼道歉并予以赔偿,方可使侵权行为不再继续、负面影响得以消除、经济损失得以赔偿,从而使赵本山受到的侵权损害获得全面救济。因此,赵本山请求海南天涯公司承担停止侵害、赔礼道歉、赔偿经济损失 3 种方式的民事责任于法有据,理由正当。

最后,法院判决海南天涯公司在"天涯社区"网站主页上持续登载致歉声明 30 日,向原告赵本山赔礼道歉,并向赵本山赔偿经济损失 12 万元。

宣判后,双方均未表示上诉。

(资料来源:陈昶屹,王墨雪.卡通肖像成广告赵本山告"天涯"获赔 12 万元[EB/OL].(2010-09-28).[2011-06-20].http://news.sina.com.cn/o/2010-09-28/150918172442s.shtml)

2.1 电子商务法律关系的概念与特征

2.1.1 电子商务法律关系的概念

电子商务法律关系指电子商务法律规范确认和调整的以电子商务活动参与人的权利和义务为内容的社会关系。例如,网络服务提供商和网站用户之间,就构成了双方的网络服务合同法律关系。

电子商务法律关系由三要素构成,即电子商务法律关系的主体、电子商务法律关系的客体和电子商务法律关系的内容。例如,在导航案例中,赵本山和海南天涯公司分别作为自然人主体和企业主体,就卡通图片是否侵犯赵本山肖像权及卡通图片的利用问题产生了相应的法律关系。

2.1.2 电子商务法律关系的特征

电子商务法律关系是调整电子商务活动过程中特殊类型的法律关系,因而具备了法律关系的一般特征。

(1) 电子商务法律关系是电子商务法律规范调整的一定社会关系的结果,具有合法性。法律规范是法律关系产生的前提。如果没有相应的法律规范存在,就不可能产生法律关系。

法律关系不同于法律规范调整或保护的社会关系本身。社会关系中的有些领域是法律所调整的,也有些是不属于法律调整或法律不宜调整的,还有些是法律所保护的对象,这些被保护的社会关系不属于法律关系本身。即使那些受法律法规调整的社会关系,也并不能完全被视为法律关系。例如,民事关系(财产关系和身份关系)也只有经过民法的调整(即立法、执法和守法的运行机制)之后,才具有了法律的性质,成为一类法律关系(民事法律关系)。

法律关系是法律规范的实现形式,是法律规范的内容在现实社会生活中得到的具体贯彻。

(2) 电子商务法律关系是体现意志性的特种社会关系。

从实质上看，法律关系作为一定社会关系的特殊形式，正在于它体现国家的意志。这是因为，法律关系是根据法律规范有目的、有意识地建立的。所以，法律关系像法律规范一样必然体现国家的意志。在这个意义上，破坏了法律关系，其实也违背了国家意志。

(3) 电子商务法律关系是参与电子商务活动的法律关系主体之间的权利和义务关系。

法律关系是以法律上的权利、义务为纽带而形成的社会关系，它是法律规范的规定在事实社会关系中的体现。没有特定法律关系主体的实际法律权利和法律义务，就不可能有法律关系的存在。因此，法律权利和法律义务的内容是法律关系区别于其他社会关系的重要标志。

2.2 电子商务法律关系的主体

2.2.1 电子商务交易主体的概念

所谓电子商务交易主体，就是通过电子方式进行商业交易的企业、个人和其他组织。

电子商务交易主体可以分为电子商务交易的当事人及网络服务提供商，而电子商务交易的当事人则包括电子商务企业和个人用户。

在典型的商家对消费者（Business to Customer，B2C）的交易形态中，则涉及电子商务企业、个人用户和网络服务供应商三方当事人。而消费者之间（Customer to Customer，C2C）形态中，则由双方的个人用户和网络服务供应商构成基本的法律关系。而在某些情况下，政府可以成为特殊的法律关系主体。

事实上，互联网只是一种工具，是一种高级形态的信息存储、处理、传递的工具。只要有接入互联网的设备（如计算机和手机），就可以成为网络用户，就有可能发生商业交易。因此，在一定意义上，所有的网络用户都是电子商务的交易主体。

2.2.2 电子商务企业及其设立

1. 电子商务企业的概念与特征

广义的电子商务企业指通过电子化手段来完成各项商务活动（包括广告、交易、支付、服务等活动）的企业；狭义的电子商务企业指以互联网为基础，以网站或网页形态出现的虚拟企业。本章主要从狭义的角度来理解电子商务企业。

电子商务企业具有以下两个特征。

(1) 主体表现虚拟性。在网络环境下，网络用户（个人、企业等）以数字或网页等电子化方式表现出来，其主体是否真实存在、主体是谁或是否为数码信息指示的真正用户，并不能直观地判断出来。在网络环境下，有的企业以网站形式出现，通过计算机软、硬件构筑网络平台，形成一个电子营业场所；有的企业通过页面形式设立在线窗口进行交易。

(2) 主体属性不易判断。网络具有开放性、无国界性，因此电子商务的主体的国别、住所地、企业资信等情形，不易立即确定。

第 2 章 电子商务法律关系

2. 电子商务企业的分类

电子商务企业大致可以分为企业网站、在线商店和在线交易中心 3 类。

1）企业网站

有条件的企业可以建立自己的网站，进行企业形象和产品宣传并进行在线销售。传统企业往往需要遍及全国甚至世界各地的经销商或代理商销售其产品，而互联网为传统企业销售产品提供直接面向用户的渠道，这便是建立自己的网站，运用电子商务应用系统，直接销售其产品，如各种品牌的官方网站。

2）在线商店

在线商店可分为在线超市和在线专卖店。

（1）在线超市又称为网上超市或网上商场，指由公司或个人建立的，直接销售有形商品的在线企业。在线超市主要采取 B2C 交易模式。

（2）在线专卖店是"租用"某个购物平台或在线商城网络空间而开设的商品专卖店或特色商店。它与在线超市的重要区别，不仅在于它门面小、规模小、产品少且专业化，而且在于它是存在于一个在线商城中的，与其他专卖店共同构筑了一个虚拟的市场。专卖店只是在在线商城开设的在线商店，是在线商城中独立的销售单位或服务提供者。尽管在线专卖店也是以自己的名义直接与消费者交易的，但是它必须以在线商城或网站的服务为前提。在线专卖店适合生产厂商通过网络平台直接销售自己的产品，也适合经销商、零售商或专营店销售所经营的商品。

在线超市或在线专卖店均可能销售实物类产品，也可能销售或许可使用信息产品，如软件、多媒体作品、数字化文字作品等数字产品。因这些数字产品具有不可消耗性、使用的非排他性，所以均可通过网络传输、下载实现买卖标的物的"交付"或实现在线阅读、欣赏。这使信息产品交易成为电子商务中最核心和最活跃的领域，且只有信息产品的交易才能完成信息流、物流和资金流的一体化，如京东（http：//www.jd.com/）、1 号店（http：//www.yihaodian.com/）、国美电器网上商城（http：//www.gome.com.cn/ec/homeus/index.html）等。

3）在线交易中心

在线交易中心专用于商品交易，类似于现实中出租摊位或店面而形成的商城，只是它是由专业的网络公司为商家或个人提供的虚拟经营场所。在线交易中心的设立者（网络公司）只是向专卖店或其他人提供"店面"服务的企业，而不是直接与消费者（购买人或接受服务者）交易的主体，其从事的营业本质上是网络服务。

在线交易中心与会员模式一般适合商家之间（Business to Business，B2B）的交易模式，交易中心一般是由行业协会、大型企业设立，以吸引该行业的企业"入驻"交易中心，建立虚拟的交易市场，实现该行业产品的交易。阿里巴巴网（http：//china.alibaba.com/）就属于这种类型的网上交易模式。

在线交易中心与会员模式也适合 C2C 交易和其他网上中介服务。有些中介性网络服务公司所建的平台提供网上竞拍服务或 C2C 交易服务，实质上也是提供网上交易中介服务。这类中介服务的一个非常重要的特点是，网络公司为会员发布交易信息（出售或求购信息），会员通过网络公司交易平台达成交易（缔结合同）并履行交易（目前也可以在线下达成交易)。例如,易趣网即为个人会员提供网上出售或求购服务,个人会员可以在网上发布求购或售卖信息,供其他会员或网民与其交易。淘宝网(http://www.taobao.com/)、易趣网(http://www.eachnet.com/)、拍拍网(http://www.paipai.com/)均属于在线交易中介模式。另外,在线房屋中介、职业中介等服务基本上也属于这种交易模式。

3. 电子商务企业的设立

网络是电子商务运行的平台,而网络运行离不开分布于世界各地的站点,站点构成网络运营的基础,构成电子商务运营的基础。尽管设立网站并不是一般民事主体从事电子商务的前提条件,但电子商务却离不开网站。可以说没有网站就没有电子商务企业。

1) 我国对网站的管制政策

【法律法规】

《互联网信息服务管理办法》(以下简称《办法》)规定的互联网信息服务指通过互联网向上网用户提供信息服务。上网用户包括个人、企业、社会组织等。信息服务既包括应用户请求的信息服务,也包括主动提供的信息服务;既包括一般信息服务,也包括提供交易平台、进行网上交易等电子商务服务。

我国对提供互联网信息服务实行管制制度。不过因信息服务种类和性质不同采取不同的管制,这些管制实际上构成网站设立的条件,因为如果网站要从事某种服务就必须办理某种手续或取得许可。这种管制和许可大致可以分为以下4种情况。

(1) 经营性行为许可制度。经营性互联网信息服务,指通过互联网向上网用户有偿提供信息或者网页制作等服务活动。

从事经营性互联网信息服务,应当向省、自治区、直辖市电信管理机构或者国务院信息产业主管部门申请办理互联网信息服务增值电信业务经营许可证(以下简称"经营许可证")。

省、自治区、直辖市电信管理机构或者国务院信息产业主管部门应当自收到申请之日起60日内审查完毕,作出批准或者不予批准的决定。予以批准的,颁发经营许可证;不予批准的,应当书面通知申请人并说明理由。

(2) 非经营性行为备案制度。非经营性互联网信息服务,指通过互联网向上网用户无偿提供具有公开性、共享性信息的服务活动。

《办法》第四条明确规定:"国家对经营性互联网信息服务实行许可制度;对非经营性互联网信息服务实行备案制度。未取得许可或未履行备案手续的,不得从事互联网信息服务。"这就是说,从事非经营性的网络服务的网站只需要到主管部门备案,即可以开站运营。根据第八条的规定,从事非经营性互联网信息服务,应向省、自治区、直辖市电信管理机构(有的在信息化办公室)或者国务院信息产业主管部门办理备案手续。

办理备案时,应当提交的材料主要有主办单位和网站负责人的基本情况、网站网址和服务项目。

(3) 特种行业信息服务审批制度。《办法》第五条规定,从事新闻、出版、医疗保健、药品和医疗器械等互联网信息服务的,如果法律、法规规定必须经有关部门审批的,必须在申请办理网站设立备案或经营许可前办理必要的审核批准手续,也就是实行前置审批程序制度。

(4) 从事特殊信息服务专项备案制度。《办法》第九条规定,从事互联网信息服务,拟开办电子公告服务的,应当在申请经营性互联网信息服务许可或者办理非经营性互联网信息服务备案时，按照国家有关规定提出专项申请或者专项备案。电子公告板(Bulletin Board System，BBS)，是供公众自由发表言论的地方。所有网站如要开办这项服务，要到有关部门办理专项申请或备案。

2）经营性网站设立的条件和程序

(1) 设立的条件。

经营性互联网信息服务在《中华人民共和国电信条例》(以下简称《电信条例》)中被划分为基础电信业务与增值电信业务。

从是否从事经营或营利性活动的角度看，网站可以区分为经营性网站和公益性网站。但从任何网站上均存在公共信息的角度看，所有的网站都具有公益性。另外，政府或社会组织举办的网站如果也进行商业广告或其他有偿提供信息的行为，也很难说它纯粹是公益性网站。因此，网站很难从经营性和公益性的角度加以区分。

(2) 设立的程序。

根据《办法》第七条的规定，包含经营性信息服务内容的网站的设立应包括以下程序要件。

(1) 办理经营许可证。省、自治区、直辖市电信管理机构或者国务院信息产业主管部门应当自收到申请之日起60日内审查完毕，作出批准或者不予批准的决定。予以批准的，颁发经营许可证；不予批准的，应当书面通知申请人并说明理由。

(2) 办理企业登记。经营性网站是作为企业或公司来进行登记的。因此，取得经营许可证后，还应当持经营许可证向企业登记机关即工商行政管理机关办理登记手续。一般来说，经营许可即成为设立电子商务企业的前置条件。

电子商务企业是一种企业，因此应当按照一般企业设立程序，由工商行政管理部门办理登记手续。这种登记包括企业名称、注册资本、办公地点等事项。

在现阶段，企业登记大致可以分为独资企业登记、合伙企业登记和公司企业登记，而公司又有有限责任公司和无限责任公司之分。这些不同主要是设立的实质条件的不同，而不是程序上的不同。企业登记的通常程序可分为以下两个阶段。

第一阶段是名称登记，包括"申请—受理—审核—核准—签发名称核准通知书"5个步骤。

第二阶段是企业设立登记，大致也要经过"申请→受理→审核→核准→发照→公告"6个步骤。

实际上，上述两个过程还不能使企业运营，一个企业成立的全部流程应当是"企业名称预先核准—设立登记—核准登记—颁发《企业法人营业执照》—刻制印章—银行开户—企业代码—税务登记—购买发票"。

如果作为有限责任公司，那么设立登记主要应提交以下文件。

(1) 设立登记申请书：董事长、执行董事签署。

(2) 全体股东委托代理人证明。

(3) 公司章程。

(4) 名称核准通知书。

(5) 自然人身份证明或法人资格证明。

(6) 载明公司董事、监事、经理的姓名、住所的文件及有关委派、选举或者聘用的证明。

（7）法定代表人的任职文件和身份证明。
（8）会计师事务所验资证明书。
（9）公司住所证明。
（10）特殊行业许可证明。

2.2.3 在线个人用户

1. 在线个人用户的概念

在线个人用户指通过向网站经营者申请注册登记，付费或免费获得网站提供的信息或信息传输服务的个人。每个具有完全民事行为能力的自然人均可以从事电子商务，在线个人用户是构成电子商务交易活动的重要主体之一。

自然人是与法人相对的法律概念。每个生物学意义上的个人都是自然人。只有自然人才有资格享有基本人权。某些权利，如选举权和被选举权，也只有自然人才有资格享有。

2. 在线个人用户的能力制度

在线个人用户本来就是现实生活中的自然人，因而在线个人用户的能力制度等同于自然人的能力制度。例如，淘宝网在用户注册时要求其用户必须是具备完全民事行为能力的自然人，或者是具有合法经营资格的实体组织。淘宝网用户因进行交易、获取有偿服务或接触淘宝网服务器而发生的所有应纳税赋，以及一切硬件、软件、服务及其他方面的费用均由用户负责支付。淘宝网站仅作为用户物色交易对象，就货物和服务的交易进行协商，以及获取各类与贸易相关的服务的交易信息的平台。

1）民事权利能力

民事权利能力，指国家通过法律赋予的民事主体享有权利和承担义务的地位和资格，即享有民事权利能力就可以参加民事活动，享有民事权利，承担民事义务。民事权利能力始于出生，终于死亡。

2）民事行为能力

民事行为能力，指民事主体能够以自己的行为参加民事活动，享有民事权利，承担民事义务的地位和资格。自然人民事行为能力的有无，是自然人是否承担民事责任的前提。

各国民法典都根据一个人是否具有正常的认识及判断能力，以及丧失这种能力的程度，把自然人分为完全行为能力人、无行为能力人和限制行为能力人。

（1）《民法通则》规定，18周岁以上的公民是成年人，具有完全民事行为能力，可以独立进行民事活动，是完全民事行为能力人。16周岁以上不满18周岁的公民，以自己的劳动收入为主要生活来源的，视为完全民事行为能力人。

（2）无行为能力人指不能为有效法律行为的人，他们不能因其所为法律行为取得权利和承担义务。《民法通则》规定，不满10周岁的未成年人及不能辨认自己行为的精神病人为无民事行为能力人，由他的法定代理人代理民事活动。同时规定，无行为能力人的监护人是他的法定代理人。

（3）限制行为能力人只有部分的行为能力。公民已达到一定年龄而未达法定成年年龄，或者公民虽达法定成年年龄但患有不能完全辨认自己行为的精神病，不能独立进行全部民事活动，只能进行部分民事活动的能力。上述两种人，统称为限制民事行为能力人。

《民法通则》规定，10周岁以上的未成年人是限制民事行为能力人，可以进行与他的年龄、智力相适应的民事活动；其他民事活动由他的法定代理人代理，或者征得他的法定代理人的同意。不能完全辨认自己行为的精神病人是限制民事行为能力人，可以进行与他的精神状况相适应的民事活动；其他民事活动由他的法定代理人代理进行，或需征得他的法定代理人的同意。

3. 在线个人用户的身份制度

在线交易主体与传统交易主体的显著区别在于在线用户的身份虚拟化。身份的虚拟化建立在身份信息数码化的基础之上，反映主体的信息通过编码处理成为计算机识别、表现、传输的个人数据。在线个人用户在网络中的用户名、密码口令及E-mail、博客、个人网站、上网的IP地址等构成了一个自然用户在网络中身份的标志信息。由于在线个人用户亦是现实中的自然人，因而对在线个人用户的身份登记和认证制度也可以适用关于传统民法自然人身份认证的身份真实原则和主体公示原则进行规范。

另外，"虚拟社会"所带来的安全与诚信问题对现实社会产生了深层次的负面影响，安全威胁、身份盗取和滥用等问题亟待解决，构建可信任的网络空间已成为电子政务、电子商务和各类在线应用的基石。与此同时，互联网电子身份管理（Electronic Identity Management，EIDM）在增加资源的更好利用、促进创新和经济增长、提升用户便利、加强信息安全、提高用户隐私保护和构建可信任的网络空间环境等方面具有明显的优势，这使得EIDM制度管理模式及法律保障的探索和研究成为必然。为适应互联网的发展，一些主要发达国家已签发电子身份标识（Electronic Identity，EID），积极推行电子身份证计划，并通过制定或完善EIDM的法律制度、管理机制甚至国家战略，探索身份认证的顶层管理机制，实现虚拟社会的真实身份管理。

2.2.4 网络服务提供商的概念

国际互联网是由不同层次的大大小小的网络互联而成。应当说每个网站或主机本身都是互联网的组成部分。但是在国际互联网中，有一些网站是专门为他人网络用户提供诸如网络连接、访问及信息服务活动，这些网站的经营者就被统称为网络服务提供商。

广义上的网络服务提供商与在线交易当事人相区别，是为促成双方当事人达成网络交易的服务平台，以及提供网络技术服务、提供内容信息服务和其他在线服务的依赖网络生存发展的在线企业，包括网络内容服务提供商（Internet Content Provider，ICP）和网络中介服务提供商（狭义的网络服务提供商）等。实际上，在线交易中心、在线网络技术服务公司和信息服务公司均可称为网络服务供应商。

1. 网络内容服务提供商

从一定程度上说，任何人都能成为网络内容提供者，无论是普通的个人还是企业用户，无论是否设立或经营网站，只要通过接入设备和特定服务器发布某种信息，就是在向网络提供"内容"，就属于内容提供者。但是，这些内容提供者要在网站上发布内容有两种渠道：一是提供给网络服务提供商，经其审查后上传，这相当于过去的投稿；二是利用网络的开放性特性，通过网站上开通的BBS或类似可以直接发布信息的渠道发布某种信息。在前一种情形下，尽管是由他人提供的信息，但该信息仍然被视为网络服务经营者发布的，因此没有多大影响；而在后一种情形下，应当说，内容提供者也是发布者（不过，一般不会将 BBS 上发布信息的人视为内容提供商），而提供这种服务的经营者不属于内容服务提供商，而属于主机服务提供商。

因此，网络内容服务提供商专指领有网络信息服务许可证和营业执照的网络服务经营者，如新浪、网易等综合性网络公司，其中一些服务即内容服务。另外，还有大量的专门从事在线视听、在线影院、在线阅读服务的网站属于专门的内容服务提供商。

网络内容服务提供商主要是提供各种信息，以供消费者浏览、访问、下载、阅读、欣赏等。一般来说，提供商即这些信息的直接发布者，在信息传播中充当了发布者的角色。发布者即以自己的名义向他人发布信息的主体，如出版社、报社、杂志社、广播电台、电视台等。网络经营者，如果自己上传了某种信息（无论是依合同，还是经营需要），那么它就成为信息的发布者地位。

2. 网络中介服务提供商

网络中介服务提供商又称狭义的网络服务提供商，有时又称服务提供商，指为网络提供信息传输中介服务的主体，又可以分为接入服务提供商和主机服务提供商。

（1）接入服务提供商（Internet Access Provider，IAP），狭义的网络服务提供商，指为个人和组织进入并使用网络提供服务的组织，尤其指向广大用户综合提供互联网接入业务、基础电信业务和增值电信业务的电信运营商。接入服务提供商对网上信息所起的作用仅仅相当于一个传输管道，无论是信息提供者发送信息，还是信息获取者访问信息，均通过接入服务提供商提供的设施或计算机系统，经过自动的技术处理过程实现信息内容的传输。在技术上，接入服务提供者无法编辑信息，也不能对特定信息进行控制。

（2）主机服务提供商指为用户提供服务器空间，供用户阅读他人上传的信息或自己发送的信息，甚至进行实时信息交流，或使用超文本链接等方式的搜索引擎，为用户提供在网络上搜索信息服务的主体。例如，电子布告板系统经营者、邮件新闻组及聊天室经营者等就属于这一类。虽然主机服务提供商一般是按照用户的选择传输或接收信息，本身并不组织所传播的信息，但其对网上的信息所担当的角色已不仅限于"传输管道"，在技术上，主机服务提供商可以对信息进行编辑控制。

虽然上述两类网络中介服务提供商在网络信息传播中均处于媒介地位，不属于信息的发布者，但二者对所被动传输的信息控制能力却不尽相同。正是基于此，接入服务提供商在信息传输中的地位被认为是"类似但不完全等同于普通电信业者"；而主机服务提供商的地位显然不是信息发布者，同时也不是纯粹的信息传播者。

2.3 电子商务法律关系的客体

2.3.1 物

法律意义上的物指法律关系主体支配的、在生产上和生活上所需要的客观实体。它既可以是天然物，也可以是生产物；既可以是活动物，也可以是不活动物。作为法律关系客体的物，与物理意义上的物既有联系，又有不同，它不仅具有物理属性，而且应具有法律属性。物理意义上的物要成为法律关系客体,须具备以下条件。

(1) 应得到法律的认可。

(2) 应为人类所认识和控制。不可认识和控制之物(如地球以外的天体)不能成为法律关系客体。

(3) 能够给人们带来某种物质利益,具有经济价值。

(4) 须具有独立性。不可分离之物(如道路上的沥青、桥梁的构造物、房屋的门窗)一般不能脱离主物,故不能单独作为法律关系的客体存在。至于哪些物可以作为法律关系的客体或可以作为哪些法律关系的客体,应由法律予以具体规定。

在我国,大部分天然物和生产物可以成为法律关系的客体。但有以下几种物不得进入国内商品流通领域,不得成为私人法律关系的客体。

(1) 人类公共之物或国家专有之物,如海洋、山川、水流、空气。

(2) 文物。

(3) 军事设施、武器(枪支、弹药等)。

(4) 危害人类之物(如毒品、假药、淫秽书籍等)。

2.3.2 行为结果

作为法律关系客体的行为结果是特定的,即义务人完成其行为所产生的能够满足权利人利益要求的结果。这种结果一般分为以下两种。

(1) 物化结果,即义务人的行为(劳动)凝结于一定的物体,产生一定的物化产品或营建物(房屋、道路、桥梁等)。

(2) 非物化结果,即义务人的行为没有转化为物化实体,而仅表现为一定的行为过程,直至终了,最后产生权利人所期望的结果(或效果)。例如,权利人在义务人完成一定行为后,得到了某种精神享受或物质享受,增长了知识和能力等。

在此意义上,作为法律关系客体的行为结果不完全等同于义务人的义务,但又与义务人履行义务的过程紧密相关。义务正是根据权利人对这一行为结果的要求而设定的。

2.3.3 精神产品

精神产品是人通过某种物体(如书本、砖石、纸张、胶片、磁盘)或大脑记载下来并加以流传的思维成果。精神产品不同于有体物,其价值和利益在于物中所承载的信息、知识、技术、标志(符号)和其他精神文化;同时它又不同于人的主观精神活动本身,是精神活动的物化、固定化。精神产品属于非物质财富,西方学者称之为"无体(形)物",我国法学界常称之为"智力成果"或"无体财产"。

2.3.4 信息

信息,又称资讯,普遍存在于自然界和人类社会活动中,其表现形式远远比物质和能量复杂,但又远比他们简单。其实信息就是物质和能量,及其自身"信息"与其属性的标志、表现。随着社会的发展和科学技术的进步,人类对信息的认识和利用日趋深入和广泛,信息资源的地位与作用日益凸显,信息已成为社会发展中的一个主导因素,是客观世界不可或缺的行为客体。

信息不是物质运动本身，而是物质的运动变化及相互作用、相互联系的一种特定表现形式，是以物质载体为媒介的物质运动状态的再现。世界上没有游离于物质载体之外的信息，而载体也不能决定和影响信息所要表达的内容。

信息不是物质，只是物质的产物，即先有信息反映的对象，然后才有信息。无论借助于哪种载体，信息都不会改变其所反映对象的属性，因此，信息具有客观性。例如，气象预报无论是通过广播、电视、报纸，还是通过其他载体，反映的都是自然世界的客观变化。

2.4 电子商务法律关系的内容

2.4.1 网络交易双方的权利和义务

买卖双方之间的法律关系实质上表现为双方当事人的权利和义务。买卖双方的权利和义务是对等的。卖方的义务就是买方的权利，反之亦然。

1. 卖方的义务

在电子商务条件下，卖方应当承担以下3项义务。

（1）按照合同的规定提交标的物及单据。提交标的物和单据是电子商务中卖方的一项主要义务。为划清双方的责任，标的物实物交付的时间、地点和方法应当明确规定。如果合同中对标的物的交付时间、地点和方法未做明确规定的，应按照有关合同法或国际公约的规定办理。

（2）对标的物的权利承担担保义务。与传统的买卖交易相同，卖方仍然应当是标的物的所有人或经营管理人，以保证将标的物的所有权或经营管理权转移给买方。

（3）卖方应保障对其所出售的标的物享有合法的权利，承担保障标的物的权利不被第三人追索的义务，以保护买方的权益。

如果第三人提出对标的物的权利，并向买方提出收回该物时，卖方有义务证明第三人无权追索，必要时应当参加诉讼，出庭作证。

对标的物的质量承担担保义务。卖方应保证标的物质量符合规定。卖方交付的标的物的质量应符合国家规定的质量标准或双方约定的质量标准，不应存在不符合质量标准的瑕疵，也不应出现与网络广告相悖的情况。卖方在网络上出售有瑕疵的物品，应当向买方说明。卖方隐瞒标的物的瑕疵，应承担责任。买方明知标的物有瑕疵而购买的，卖方对瑕疵不负责任。

2. 买方的义务

在电子商务条件下，买方应当承担以下3项义务。

（1）买方应承担按照网络交易规定方式支付价款的义务。由于电子商务的特殊性，网络购买一般没有时间、地点的限制，支付价款通常采用信用卡、智能卡、电子钱包或电子支付等方式，这与传统的支付方式也是有区别的。但在电子交易合同中，采用哪种支付方式应明确规定。

（2）买方应承担按照合同规定的时间、地点和方式接受标的物的义务。由买方自提标的物的，买方应在卖方通知的时间内到预定的地点提取。由卖方代为托运的，买方应按照承运人通知的期限提取。由卖方运送的，买方应做好接受标的物的准备，及时接受标的物。买方迟延接受时，应负迟延责任。

（3）买方应当承担对标的物验收的义务。买方接受标的物后，应及时验收。规定有验收期限的，对表面瑕疵应在规定的期限内提出。发现标的物的表面瑕疵时，应立即通知卖方，瑕疵由卖方负责。买方不及时验收，事后又提出表面瑕疵，卖方不负责任。对隐蔽瑕疵和卖方故意隐瞒的瑕疵，买方发现后，应立即通知卖方，追究卖方的责任。

3. 对买卖双方不履行合同义务的救济

卖方不履行合同义务主要指卖方不交付标的物或单据或交付迟延，交付的标的物不符合合同规定，以及第三者对交付的标的物存在权利或权利主张等。当发生上述违约行为时，买方可以选择以下救济方法。

（1）要求卖方实际履行合同义务，交付替代物或对标的物进行修理、补救。

（2）减少支付价款。

（3）对迟延或不履行合同要求损失赔偿。

（4）解除合同，并要求损害赔偿。

（5）买方不履行合同义务，包括买方不按合同规定支付货款和收取货物。在这种情况下，卖方可选择以下救济方法：①要求买方支付价款、收取货物或履行其他义务，并为此可以规定一段合理、额外的延长期限，以便买方履行义务；②损害赔偿，要求买方支付合同价格与转售价之间的差额；③解除合同。

2.4.2 电子商务企业的权利和义务

1. 电子商务企业的基本权利

电子商务企业基本的网络权利至少应包括网络接入权和域名专有权。

1）网络接入权

电子商务企业接入互联网的方式包括直接接入和间接接入。

（1）直接接入。企业可以通过专线或通过公用电信交换网接入网络。我国关于互联网接入的法规主要有国务院在1996年颁布的《计算机信息网络国际联网管理暂行规定》，以及当时的邮电部根据该规定制定的《中国公用计算机互联网国际联网管理办法》等。根据这些法规和规章，计算机信息网络进入国际互联网，必须使用邮电部（现在为工业和信息化部）国家公用电信网提供的国际出入口信道，任何单位和个人不得自行建立或者使用其他信道进行国际联网。

（2）间接接入。设立网站并不都需要办理接入手续。只有互联网接入服务提供商和大型网站需要直接接入互联网才需要办理接入手续。对于一般的网站而言，只需通过互联网服务提供商连接到因特网的服务器上。实际上是，这些网络服务提供商为一般网站提供虚拟空间和其他技术服务，达成直接接入的同样效果。可供选择的方式有3种：虚拟主机服务(Web Hosting Service)、服务器租用服务(Hosting Service)及主机托管服务(Co-location Service)。较为常用的是虚拟主机服务，包括主页空间出租、数据库空间出租及相关系统维护管理服务。虚拟主机服务可以将企业上网成本降低到最低。

2) 域名专有权

互联网是由无数个站点互联形成的,这些站点由一台主机(服务器)等设备构成,其内容表现为该主机提供的信息服务。为了区分每个站点,以及为了使整个站点联为一个整体,每个网络和每台服务器主机都分配了一个地址,这便是互联网协议地址(Internet Protocol Address),简称 IP 地址。

IP 地址构成计算机通往互联网的必经之路,要进入某个网站或访问某人的计算机,必须使用这个 IP 地址。由于互联网上有大量的计算机,也就有大量的 IP 地址。而这种地址又是数字型的,使用起来不方便,记忆起来更困难。于是又发明了另一套字符型的地址,用英文字母来表示站点地址(现在也有了中文域名、数字域名等),这便是域名(Domain Name)。域名有语词意义,易于理解和记忆。因此,从技术角度讲,域名是"互联网上的电子地址",是用于解决互联网上 IP 地址对应的一种方法。

域名作为一种地址,在全世界具有唯一性,其目的在于保障在一台计算机上搜索而不发生重复。这种唯一性实际上使得域名在全世界具有排他效力,只要一个域名被注册,就排除了全球范围内其他相同域名的可能性。由于域名本身具有"专有"特性,而每个域名对应于一个网站或公司,这就使本来只是一种虚拟世界(网络)中的地址的域名具有了识别或标志现实中的企业的功能或作用。因此,域名就构成了电子商务企业享有的又一基本网络权利。

(1) 域名命名的规则。域名命名规则主要针对三级域名。三级域名由字母、数字和连接符组成,各级域名之间用实点(.)连接。为了强化域名在虚拟世界中标志现实企业的作用,也基于现行惯例,申请者一般采用本单位名称的中文的汉语拼音全称或缩写、英文全称或缩写,以及本单位商品或服务商标等享有专有权的字符。域名长度不超过 20 个字符,且不能与已注册域名、行业名称、地名、二级域名、专用术语等冲突。也就是说,单位名称、商标等并不当然地能够注册为域名,因为有时单位名称缩写或专有权利与已有域名完全一致。另外,单位选择域名不能违反以下规定。

未经国家有关部门的正式批准,不得使用含有"China""Chinese""cn""National"等字样的域名。

不得使用公众知晓的其他国家或地区名称、外国地名、国际组织名称。未经各级地方政府批准,不得使用县级以下(含县级)行政区划名称的全称或缩写。

不得使用行业名称或商品的通用名称。

不得使用他人已在中国注册过的企业名称或商标名称。

不得使用对国家、社会或公共利益有损害的名称。

(2) 域名的申请和注册。域名申请的途径有两种:一种是到美国国家科学基金会委托美国网络解决方案公司(Network Solution Incorporation,NSI)或其授权的代理机构注册国际通用域名,如.com、.net、.org、.edu、.gov;另一种是在中国政府指定的中国互联网络信息中心(China Internet Network Information Center,CNNIC)注册 cn 顶级域名下的域名。

NSI 对域名注册主要审查:域名是否已经发放,即是否与已经注册的域名重复;域名是否明显含有法律禁止的内容。

NSI 要求不与他人域名、商标相同或混淆性相似,但并不主动审查域名是否侵害他人权利(包括侵害商标权等在先权利),而是要求申请人向 NSI 保证所注册域名不侵害他人商

第 2 章　电子商务法律关系

标权等权益，允许商标权人和其他享有在先权利人向 NSI 或法院提出异议或诉讼；NSI 自己或依据法院判决决定注册人是否有权继续使用争议域名。

根据《中国互联网络域名注册暂行管理办法》，在这些机构注册的域名(顶级域名不为.cn)且在中国接入互联网的，必须在 CNNIC 备案，以保证其合理而有效地运行。

中国国家代码域名(.cn，也称国内域名)由中国科学院计算机网络信息中心承担 CNNIC 具体的运行和管理工作。相关的域名规范《中国互联网络域名注册暂行管理办法》和《中国互联网络域名注册实施细则》等对.cn 下的域名注册有详细的规定。

根据《中国互联网络域名注册暂行管理办法》，在注册登记程序上，我国基本上采纳了国际上通行的"先申请先注册原则"和"由申请人选择和负责原则"。这两项原则概括起来就是，遇到相同域名申请注册，那么先申请者获得注册，后申请的人不能获得注册；申请注册的域名由申请者自己自由命名，域名注册机构只审查域名命名是否规范和与在先域名是否重复，而对域名是否侵犯了他人的在先权利(商标权、商号权或其他无形财产权)注册登记机构并不做实质审查，因而对因侵犯他人在先权利的域名注册所产生的一切法律责任和经济纠纷均与各级域名管理单位无关。

在我国，域名的申请者必须是法人单位而不能是个人；外国企业或机构要在 cn 的二级域名下注册域名，必须在中国境内设有分支机构或办事处，并且其主域名的服多器在中国境内。

知识链接

IPv4 和 IPv6 协议

IPv6 是"Internet Protocol Version 6"的缩写，它是互联网工程任务组(Internet Engineering Task Force，IETF)设计的用于替代现行版本 IP 协议"IPv4"的下一代 IP 协议。目前使用的 IPv4 技术最大的问题是网络地址资源有限，现在 com 下的国际域名资源已经枯竭。

IPv4 和 IPv6 协议的相对差异可以通过表 2-1 体现。

表 2-1　IPv4 和 IPv6 协议比较

IPv4	IPv6
地址长度 32 位	地址长度 128 位
IPsec 为可选扩展协议	IPsec 成为 IPv6 的组成部分，对 IPsec 的支持是必需的
包头中没有支持 QoS 的数据流识别项	包头中的流标识字段提供数据流识别功能，支持不同 QoS 要求
由路由器和发送主机两者完成分段	路由器不再做分段工作，分段仅由发送主机进行
包头包括完整性检查和反重播保护	包头中不包括完整性检查和反重播保护
包头中包含可选项	所有可选内容全部移至扩展包头中
ARP 协议使用广播 ARP 请求帧对 IPv4 地址进行解析	组播邻居请求报文替代 ARP 请求帧

续表

IPv4	IPv6
IGMP 协议用于管理本地子网成员	由 MLD 报文替代 IGMP 管理本地子网
ICMP 路由器发现为可选协议，用于确定最佳默认网关的 IPv4 地址	ICMPv6 路由器请求和路由器发布报文为必选协议
使用广播地址发送数据流至子网所有节点	IPv6 不再有广播地址，而是使用面向链路局部范围内所有节点的组播地址
地址配置方式为手工操作或通过 DHCP 协议	地址自动配置
在 DNS 服务器中，IPv4 主机名称与地址的映射使用 A 资源记录类型来建立	IPv6 主机名称与地址的映射使用新的 AAAA 资源记录类型来建立
IN-ADDR. ARPA 域提供 IPv4 地址—主机名解析服务	IP6. INT 域提供 IPv6 的地址—主机名解析服务
支持 576 字节数据包(可能经过分段)	支持 1 280 字节数据包(不分段)

与 IPv4 相比，IPv6 具有以下优势。

(1) IPv6 具有更大的地址空间。IPv4 中规定 IP 地址长度为 32，即有 $2^{32}-1$ 个地址；而 IPv6 中 IP 地址的长度为 128，即有 $2^{128}-1$ 个地址。

(2) IPv6 使用更小的路由表。IPv6 的地址分配一开始就遵循聚类(Aggregation)的原则，这使得路由器能在路由表中用一条记录(Entry)表示一片子网，大大减小了路由器中路由表的长度，提高了路由器转发数据包的速度。

(3) IPv6 增加了增强的组播(Multicast)支持及对流的支持(Flow Control)，这使网络上的多媒体应用有了长足发展的机会，为服务质量(Quality of Service, QoS)控制提供了良好的网络平台。

(4) IPv6 加入了对自动配置(Auto Configuration)的支持。这是对动态主机设置协议(Dynamic Host Configuration Protocol, DHCP)的改进和扩展，使网络(尤其是局域网)的管理更加方便和快捷。

(5) IPv6 具有更高的安全性。在使用 IPv6 网络过程中，用户可以对网络层的数据进行加密，并对 IP 报文进行校验，极大地增强了网络的安全性。

以下是用来将 IPv6 地址表示为文本字符串的 3 种常规形式。

(1) 冒号十六进制形式。这是首选形式 n：n：n：n：n：n。每个 n 都表示 4 个 16 位地址元素之一的十六进制值。例如，3FFE：FFFF：7654：FEDA：1245：BA98：3210：4562。

(2) 压缩形式。由于地址长度要求，地址包含由 0 组成的长字符串的情况十分常见。为了简化对这些地址的写入，可以使用压缩形式，在这一压缩形式中，多个 0 块的单个连续序列由双冒号符号(::)表示，此符号只能在地址中出现一次。具体表示如下。

多路广播地址 FFED：0：0：0：0：BA98：3210：4562 的压缩形式为 FFED：：BA98：3210：4562。

单播地址 3FFE：FFFF：0：0：8：800：20C4：0 的压缩形式为 3FFE：FFFF：：8：800：20C4：0。

环回地址 0：0：0：0：0：0：0：1 的压缩形式为：：1。

未指定的地址 0：0：0：0：0：0：0：0 的压缩形式为：：。

(3) 混合形式。此形式组合了 IPv4 和 IPv6 地址。在此情况下，地址格式为 n：n：n：n：n：n：d.d.d.d，其中每个 n 都表示 6 个 IPv6 高序位 16 位地址元素之一的十六进制值，每个 d 都表示 IPv4 地址的十进制值。

(资料来源：佚名. IPv6 地址格式简介[EB/OL]. [2011-08-30]. http：//www.isc.org.cn/hdzt/qqsgipv6r/listinfo-15679.html)

2. 电子商务企业的基本义务

根据《互联网信息服务管理办法》(以下简称《办法》)的规定，电子商务企业的基本义务大致可分为两方面：一是服务行为合法义务；二是保证信息内容合法义务。

1) 服务行为合法义务

首先，网站经营者应当按照经营许可范围提供服务，不得超出经许可或者备案的项目提供服务。这是我国对网络服务提供商实行管制的必然结果。这意味着网站服务内容必须依照许可证上列明的服务事项从事活动，特别是非经营性互联网信息服务提供者不得从事有偿服务。

其次，互联网信息服务提供者应当在其网站主页的显著位置标明其经营许可证编号或者备案编号。这一规定实际上要求网站公示其服务身份的合法性。如果没有这样的公示，那么其身份就不合法，消费者不宜接受这些网站的服务，否则正当的权益可能得不到法律的保护。

最后，网站在从事特殊服务项目中要求登记备案的义务。从事新闻、出版及电子公告等服务项目的互联网信息服务提供者，应当记录提供的信息内容及其发布的时间、互联网地址或者域名；互联网接入服务提供者应当记录上网用户的上网时间、用户账号、互联网地址或者域名、主叫电话号码等信息。

2) 保证信息内容合法义务

《办法》第十三条规定："互联网信息服务提供者应当向上网用户提供良好的服务，并保证所提供的信息内容合法。"这一条有两层含义。一层含义是规定信息服务提供者应当履行的一般性义务，即提供良好的服务。至于什么是良好的服务，需要根据具体情况具体分析，至少要包括在现有技术范围内一般网站所具有的功能。另一层含义是网站应保证提供的信息内容的合法性。

《办法》第十五条规定了9种不合法的信息。因此，保证提供信息的合法性义务至少要求服务提供者提供的信息不包含以下9种不合法信息。

(1) 反对宪法所确定的基本原则的。

(2) 危害国家安全，泄露国家秘密，颠覆国家政权，破坏国家统一的。

(3) 损害国家荣誉和利益的。

(4) 煽动民族仇恨、民族歧视，破坏民族团结的。

(5) 破坏国家宗教政策，宣扬邪教和封建迷信的。

(6) 散布谣言，扰乱社会秩序，破坏社会稳定的。

(7) 散布淫秽、色情、赌博、暴力、凶杀、恐怖或者教唆犯罪的。

(8) 侮辱或者诽谤他人，侵害他人合法权益的。

(9) 含有法律、行政法规禁止的其他内容的。

3) 网站的注意义务及其相应的责任

(1) 传播有害信息者的责任。网络空间并不是法律真空，不仅网站经营者自己不能利用网络传播法律禁止的信息，而且其他人也不能利用网络的开放性传播有害信息。一旦认定网站或第三人上网传播法律禁止的信息，根据法律的一般原理，这属于对公共利益或社会利益的侵犯，其责任形式可分为两种：一种是行政责任；另一种是刑事责任。

《中华人民共和国计算机信息系统安全保护条例》第二十三条规定了故意传播有害信息的行政责任:"故意输入计算机病毒以及其他有害数据危害计算信息系统安全的,或者未经许可出售计算机信息系统安全专用产品的,由公安机关处以警告或者对个人处以 5 000 元以下的罚款、对单位处以 15 000 元以下的罚款;有违法所得的,除予以没收外,可以处以违法所得 1 至 3 倍的罚款。"

根据公安部《关于对〈中华人民共和国计算机信息系统安全保护条例〉中涉及的"有害数据"问题的批复》(公复字〔1996〕8 号),"有害数据"指计算机信息系统及其存储介质中存在、出现的,以计算机程序、图像、文字、声音等多种形式表示的,含有攻击人民民主专政、社会主义制度,攻击党和国家领导人,破坏民族团结等危害国家安全内容的信息;含有宣扬封建迷信、淫秽色情、凶杀、教唆犯罪等危害社会治安秩序内容的信息,以及危害计算机信息系统运行和功能发挥,应用软件、数据可靠性、完整性和保密性,用于违法活动的计算机程序(含计算机病毒)。

因此,任何传播有害信息者均适用《中华人民共和国计算机信息系统安全保护条例》等相关法规,公安机关可以对违反人进行行政处罚。

至于刑事责任,视传播内容和情节,可能涉及危害国家安全罪,扰乱公共秩序罪,制作、贩卖、传播淫秽物品罪等。

(2) 网站的注意义务和责任。网站经营者自己传播有害信息的责任是确定的,但在他人传播有害信息的情形下,网站经营者应当承担什么责任,目前并不明朗。《办法》第十六条规定,互联网信息提供者发现其网站传输的信息明显属于上述 9 种内容之一的(有害信息),应当立即停止传输,保存有关记录,并向国家有关机关报告。也就是说,网站经营者不仅自己不能发布这些不合法的内容,也负有禁止他人在网上传播不合法的信息的义务。该条规定互联网服务提供商有发现后停止继续传输义务和向国家有关机关报告义务,但没有明确网络服务提供商是否有监控其所传输的内容是否合法的义务,更没有规定注意到什么程度。这些尚需要今后立法加以明确或由司法判例加以解释。

对于提供内容服务的网络公司,上述义务的履行和责任承担是明确的,但是对于提供中介服务的网络服务提供商,情形较为复杂。在这一点上,需要根据中介服务提供者的服务内容及其对被动上传的信息的监控能力来确定。

2.4.3 网络内容提供商的侵权行为及归责原则

网络作为一种新型的信息传播媒体,在其上可能发生多种侵权或违法行为。这些侵权行为大多以传播的信息违法或侵犯他人权利为特征。这些违法或侵权行为包括以下 5 种。

(1) 侵犯他人的著作权(如未经著作权人许可将其作品上传到网络)。

(2) 发布侵害他人人格权的信息,如在网络上散布不实信息侮辱、诽谤他人,侵害他人的名誉权;将他人的个人资料、隐私上传,侵害他人的隐私权。

(3) 发布虚假广告、误导消费者的信息导致的侵权,如发布不实商品信息,侵害消费者的权益。

(4) 发布信息侵犯他人商业秘密,如擅自在网上披露他人的商业秘密。

(5) 传播非法或有害信息,即违反《办法》第十五条所列举的信息的行为,如色情信息或图片等。

第 2 章　电子商务法律关系

一旦网络中存在上述违法和侵权信息，首先应当澄清的是，网络服务提供商虽然是在虚拟世界中提供有关服务，但其行为也应遵守真实世界里的法律规定，并对侵权行为承担相应的法律责任。

利用网络侵权仍然应当适用传统民法中"谁侵权，谁担责"的过错原则。谁在网上发布的侵犯他人权益的信息，就由谁来承担由此而引起的侵权责任。

2.4.4　网络服务提供商的权利、义务和责任

1. 网络服务提供商的监控义务

民事责任是以民事义务为前提的，因此要确定网络服务供应商的民事责任，必须先明确网络服务供应商负有哪些民事义务。总结各国经验，网络服务供应商的义务主要有两个：监控义务和协助调查义务。其中，协助调查义务是辅助性义务，而监控义务是主要义务。

【推荐书籍】

网络中介服务商的监控义务应当包括两个方面：其一，事先审查义务，即在被明确告知侵权信息存在之前，主动对其系统或网络中信息的合法性进行审查；其二，事后控制义务，即在知道侵权信息的存在后及时采取删节、移除等措施阻止侵权信息继续传播。

网络服务供应商知道侵权一般有 3 种情况：经事先审查或其他方式得知；接到权利人确有证据的通知；权利人向法院起诉。

在为网络服务供应商设定监控义务时，首先不能脱离其实际监控能力，包括技术可行性、法律判断力和经济承受能力等，同时还应当作出有利于平衡社会公共利益的考虑。正如前文指出，接入服务提供商与主机服务提供商对网络信息的编辑能力和对特定信息的控制能力有很大不同，因此，其监控义务也有很大区别。

1）接入服务提供商的监控义务

接入服务提供商的地位类似于邮电、电信等电信业者，只是为信息在网络上传播提供"传输管道"，不能对信息进行编辑，因此要求接入服务提供商履行事先审查义务在技术上是不可能的，故法律不应要求其进行事先审查。同时，由于接入服务提供商对网络信息传播的控制能力也是有限的，一般只能采取封锁网络上某个特定站点或特定用户，甚至关闭整个系统的方法来达到停止侵权信息传播的目的，不能就某条特定信息采取控制措施。因此，接入服务提供商事后监控能力也有限，即使要求承担事后监控义务，也只是在负有技术可能、经济许可的范围内采取阻止违法、侵权信息继续传播的义务。

2）主机服务提供商的监控义务

主机服务提供商的法律地位介于发布者和传播者之间，故不能简单地适用发布者或传播者的责任标准，对于其监控义务的设定主要针对什么时段对传输信息具有监控能力。

在用户信息发布（上传）之前，主机服务提供商在技术上无法获悉该信息的内容，无法行使编辑控制权，主机服务不负有任何事先监控的义务。

在用户信息发布（上传）之后，主机服务提供商在技术上具备了编辑控制能力，因此，主机服务者负有两项监控义务：一项是主动审查义务；另一项是应请求中止传播义务。

（1）主动审查义务。由于网络信息数量巨大，以及主机服务提供商的法律判断能力有限，主机服务提供商的主动审查义务只能限定在合理限度之内。所谓合理限度，指"合理时间内"和"表面合理标准"。

① 合理时间指用户信息发布后至信息依据表面合理标准被删节或删除之间的时段。合理时间是供主机服务提供商主动发现违法或侵权信息的时间,它既不能规定太长,因为时间太长信息已被广泛阅读或转载,再删除也不能有效地保护权利人的合法权益;但也不能太短,因为时间太短会迫使主机服务提供者运用过多的人力、物力进行审查工作,增加经营成本,妨碍网络服务业的发展,也会影响审查的质量。

② 表面合理标准指主机服务提供者只负有对信息表面依据常理进行审查的义务。它包括两层含义:其一,应当删除明显违法、含有侮辱或诽谤等给社会或他人造成不良后果的字句、段落,即审查的主要对象是用语而非内容本身;其二,判断标准是一般公众识别能力,而非专业编辑或专家的鉴别能力。

(2) 应请求中止传播义务。在接到权利人确有证据的通知时,主机服务提供商负有立即中止违法或侵权信息传播的义务,这称为应请求中止传播义务。当有人提供充分的证据表明主机服务器上传播的某条信息违法或侵权时,应当视主机服务提供商知道其侵权或违法,因此,网络中介服务商负有中止继续传播的义务。但是,对于权利人通知的程序、条件和效力同样也应当加以合理地界定,否则就会使网络服务商陷入两难境地:一方面,如果网络中介服务商得到了权利人关于侵权信息存在的通知,而不立即采取措施控制该信息在其系统或网络中继续传播,就会面临承担侵权责任的风险;另一方面,如果网络中介服务商收到通知后,不对通知的侵权指控做法律上的分析判断即采取控制措施或披露被控侵权人的情况,则一旦侵权指控不能成立,擅自清除用户上传的信息或披露用户资料,可能要承担合同责任甚至侵权责任的风险。

为解决这一问题,美国《数字千年版权法》对权利人的通知要件、通知的程序、用户针对指控的反通知及其各自在各种情形下的责任作出了详尽的规范,可为我国所借鉴。比如对通知的形式要件做了以下规范:其一,通知必须是书面的,不能采用电话、电子邮件等方式;其二,通知必须具备以下3项内容。

① 身份证明,即权利人的身份证、法人执照、营业执照等有效身份证件及其住址、电话等联系方式。

② 权利证明,即权利人享有其所主张的权利证明,如有关著作权登记证书、创作手稿等。

③ 侵权情况证明,即在网络服务供应商所运营的系统或网络上确实发生了侵权事件的证明,包括被控侵权信息的内容、所在位置等。

只要权利人或经其授权的人发出的通知符合上述形式要件,就应当视为权利人已发出了确有证据的通知,即为有效的通知。网络服务供应商在接到这样的通知后,应当采取相应的措施阻止被控侵权信息的继续传播。如果权利人的侵权指控实际并不成立,因网络服务供应商采取措施而引起的有关法律责任应当由权利人承担;反之,如果权利人的通知不符合上述形式要件,并且没有说明正当理由的,应当视为未发出通知,网络中介服务商可以置之不理。

2. 网络服务供应商的协助调查义务

网络服务供应商的协助调查义务指网络服务供应商负有协助权利人或有关机关收集侵权行为证据的义务。直接实施侵权行为的人一般就是网络中介服务提供商的注册用户,在

第2章 电子商务法律关系

一般情况下，用户信息及其一定时段的读写记录等会储存于网络中介服务提供商的服务器中。一旦发生侵权行为，网络服务提供商一般掌握有关侵权行为的直接证据。因此，要求网络服务供应商履行协助调查义务是合理的，也是可行的。现在有些网络服务提供商并不要求注册用户提供真实的身份资料，并且读写记录的储存也不规范，因此施加协助调查义务，不但有利于查清侵权事实，而且也有利于促使网络服务供应商规范对其用户及服务的管理，使网络服务业走向规范化。

网络服务供应商协助提供的证据一般应当包括被控侵权人身份情况的证明材料，以及上传、下载情况记录等有关侵权行为的证明材料。网络服务供应商的协助调查义务具体表现为，在用户信息发表后的任何时间，服务商明知某信息为侵权信息或经权利人发出了确有证据的通知后，或者经法院等权威机构发出调查令，服务商在技术可能、经济许可的范围内负有向权利人或有关机关提供上述证据的义务。

在协助义务方面，美国《数字千年版权法》也对网络服务供应商协助调查义务作出了规定，设计了一套在网络中介服务商协助下收集侵权行为证据的程序，值得我国立法借鉴。例如，该法授予版权人请求美国联邦地区法院向网络服务供应商发出"证人传票"，令网络服务供应商提供被指控为在其系统或网络中直接实施侵权行为的人的证明材料，无论网络中介服务提供商是否已按照版权人的通知采取措施，都应当立即按照"证人传票"的要求行事。这种赋予法院调查令用以弥补权利人通知力度的不足，对于证据收集是非常重要的。

3. 网络服务供应商违反义务的责任

由于网络服务供应商并非属于传统法意义上的信息发布者角色，因此，在其所经营的服务器上传到网络中的信息被认定为违法或侵权时，服务商并非当然地承担责任，即承担出版者的严格责任；而只有违背其应当承担的义务时，也就是存在过错时才应当承担相应的责任。根据不同情形，网络服务供应商的责任主要有以下两种情形。

1）直接侵权责任

（1）接入服务提供商负有在技术可能、经济许可的范围内阻止侵权信息继续传播的义务。如果接入服务提供商明知某信息为侵权信息或接到权利人发出确有证据的通知后，在技术可能、经济许可的范围内不采取必要措施阻止该信息继续传播的，则主观上具有过错，客观上实施了不作为的侵权行为，根据《民法通则》第一百零六条第二款的规定，应当在其责任范围内承担侵权的民事责任。

（2）主机服务提供商负有在用户信息发布之后的合理时间内依据表面合理标准审查信息合法性的义务。如果服务商怠于履行主动审查义务或根据表面合理标准应该发现并删除侵权信息却因忽略没有发现并删除，则主观上具有过失，客观上实施了不作为的侵权行为，应当在其责任范围内承担侵权的民事责任。

（3）网络服务供应商在接到权利人发出确有证据的通知以及提供有关侵权证据的要求后，不履行上述义务，致使权利人无法向直接实施侵权行为的网络内容提供者寻求救济的，应当承担直接侵权责任；造成权利人其他损害的，应当在其责任范围内承担相应的侵权责任。

2) 共同侵权责任

在下列情形下，网络服务供应商与网络内容提供商承担共同侵权的连带责任。

（1）如果网络中介服务提供商通过网络参与实施侵权行为，或通过网络教唆、帮助他人实施侵权行为，应当与直接实施侵权行为的网络内容提供商一起承担共同侵权的连带责任。

（2）主机服务提供商在明知某信息为侵权信息或接到权利人发出的确有证据的通知后，在技术可能、经济许可的范围内不采取必要措施阻止该信息继续传播的，则主观上具有侵权故意，客观上实施了不作为的侵权行为，因此，构成共同侵权，应当承担连带责任。

上述两种侵权责任的法律依据是《民法通则》第一百三十条，即二人以上共同侵权造成他人损害的，应当承担连带责任。

【拓展案例】

网络服务供应商的责任确定，关系到社会公共利益和整个网络通信的发展，立法既不能对服务商课以超过其实际能力的义务，以免妨碍网络服务业的发展，进而损害用户的利益，又不能让其在侵权、违法行为面前袖手旁观、听之任之，以免损害权利主体的合法权益，从而危及公共秩序与公共安全。合理的选择应当是，让网络中介服务提供商承担其力所能及的监督和协助义务，采取措施防止危害结果进一步扩大义务，并在违反这些义务时承担相应的民事责任。

中介服务提供商的义务和责任设计具有一定合理性，它符合网络中介服务提供商在网络信息传播中的作用和角色，同时也与它们对于信息控制的能力相适应，并且按照过错责任原则确定其是否承担责任。

本 章 小 结

电子商务法律关系指电子商务法律规范确认和调整的以电子商务活动过程中的权利义务关系，具有合法性、体现意志性和社会关系性的基本特征。电子商务法律关系由三要素构成，即电子商务法律关系的主体、电子商务法律关系的客体和电子商务法律关系的内容。电子商务的参与主体一般包括电子商务企业、在线个人用户和网络服务提供商。电子商务法律关系客体包括物、行为结果、精神产品、信息。网络交易双方均有相应的权利和义务，其主要包括网络内容提供商的侵权行为及归责原则，以及网络服务提供商的权利、监控义务和协助调查义务及违反义务所应承担的法律责任。

经典案例

《大学生》杂志社诉李某、首都在线案

案情介绍

原告：北京《大学生》杂志社

被告：北京京讯公众技术信息有限公司（以下简称"京讯公司"）及其开办的"263首都在线"网站

　　　李某，天津南开大学企业管理系99级硕士研究生

第 2 章　电子商务法律关系

审理法院：北京市第二中级人民法院

原告诉称：

1998 年 9 月，我社出版了《大学生》杂志特刊，标题为《考研胜经》。特刊发行后，我社发现特刊中的核心内容部分在被告京讯公司开办的"263 首都在线"网站中的某个人网站上刊载。京讯公司在接到我社的律师函后，未能尽快关闭该侵权个人主页，使侵权行为又延长了一个月。

后经查，在个人网站上传特刊内容者为李某。两位被告未经许可，擅自使用我社享有整体著作权的作品，共同侵犯了我社对《考研胜经》这一汇编作品所享有的使用权和获报酬权。同时，两被告还以不署名的方式使用作品，并擅自进行修改，其行为破坏了作品的完整性，侵犯了我社对该作品所享有的署名权、修改权和保护作品完整权。

原告诉至法院，请求法院判令：两被告停止在互联网上传播《考研胜经》；在《中国青年报》上公开赔礼道歉，并在"263 首都在线"网站上的显著位置连续 30 天公布道歉声明；连带赔偿经济损失 10 万元人民币；承担因证据全面支付的公证费 1 010 元；承担本案全部的诉讼费用。

第一被告辩称：

首先，"263 首都在线"免费空间是我公司免费向个人提供的个人网站系统服务，其内容由个人自行上传。我公司为公众提供免费个人站点服务，不以赢利为目的，并且对申请个人网站者已经明确要求其承诺不得侵犯他人版权，因此侵权行为与我公司无关。

其次，在接获原告的律师函后，我公司已经立即核实并采取技术措施，遮挡了该网站复习指导栏目，使该主页无法继续上传，同时在该个人主页上放置声明，敦促该个人网站申请人在规定的期限内与我公司联系，否则将关闭该网站。在采取上述措施后，该个人网站所有者李某自行删除了该网站中的有关内容。据此，我公司已履行了有关行政管理部分规定的义务，对禁止传播的信息内容进行过滤，故我公司不应对个人网站所有人侵犯他人著作权的行为承担侵权责任。

最后，原告对《大学生》杂志及其《考研胜经》只享有装潢和版式设计的专有使用权，其中的署名文章著作权属于作者个人所有，因我公司未使用原告所特有的装帧和版式设计，故未侵害原告的版权。

第二被告则辩称：原告出版发行的《考研胜经》与出版主管机关的有关批件内容不符，且未能提供所有原作者许可其使用作品的证据，因此，原告对该书不享有著作权，其请求没有合法的权利基础，据此请求法院依法驳回原告的诉讼请求。

法院认为：《考研胜经》是一部在整体结构、选材、编排上体现了《大学生》杂志社创意的编辑作品。根据《中华人民共和国著作权法》（以下简称《著作权法》）的界定，编辑作品指根据特定要求选择若干作品或者作品的片断汇集编排而成的作品。《大学生》杂志社对该编辑作品内容的选择与编排构成了智力性创作，其依法对该编辑作品享有著作权。原告享有的是编辑作品的编辑权，至于原告在编辑过程中是否侵害了他人的权利，属另外一个法律关系的内容，第二被告并非原创作品的权利人，其所提抗辩理由缺乏事实和法律依据，故法院不予支持。

2000 年 11 月 28 日，北京市第二中级人民法院作出判决认为，《大学生》杂志社对《考研胜经》这部编辑作品享有著作权，李某未经杂志社许可，在个人网站上传《考研胜经》的主要内容的行为，构成了对《大学生》杂志社著作权的侵害。判决李某不得未经许可在其个人网站上传与《考研胜经》选材、编排相同的内容；在"263 首都在线"个人主页频道的首页上发表致歉声明；赔偿《大学生》杂志社经济损失人民币 5 000 元。

案例分析

第一被告在其网站上设置免费个人空间，向网络用户提供服务器空间，其技术功能在于给网络用户提供及时地传输或接受信息的通道。作为网络服务提供商，其向公众提供的仅是网络的技术和物质设备条件，除对法律、法规明令禁止传播的信息进行必要的过滤外，对所传输的信息并无义务进行组织和筛选。另外，基于计算机系统的技术特点，网络服务提供商对所传输的信息内容的复制和传播是被动的和无选择的，上述技术特点及行为人应对自己的行为后果承担责任的法律原则，对于仅提供网络技术和设施的网络服务提供商，一般不应对网络使用者的侵权行为承担法律责任。

但是，当网络上所传播的信息存在侵权内容时，由于网络服务提供商对网络上信息传递最具技术上的控制力，如其不采取某种技术措施，制止侵权结果的扩大，则对权利人是极为不公平的。因此提供物质设备的网络服务提供商有责任及时对出现在网络上的侵权内容采取技术措施，以制止侵权内容的存在和传播。当权利人提出合理请求时，网络服务提供商应当及时采取技术措施消除侵权信息，否则就要承担相应的侵权赔偿责任。

就本案情况而言，作为网络服务提供商的第一被告，在接到原告的律师函后，立即采取了核实侵权措施、遮盖侵权网站目录、查找侵权人和删除所上传的侵权内容等一系列积极行为，制止了侵权内容的继续存在和传播，故不应对第二被告的侵权行为承担连带责任。

（资料来源：北京市第二中级人民法院(2000)二中知初字第18号一审判决书）

自 测 题

一、单项选择题

1. 网络内容服务提供商在经营活动中，侵权责任分担的原则是（   ）。
   A. 无过错责任   B. 部分过错责任   C. 主观过错责任   D. 过错责任
2. 我国对非经营性互联网信息服务实行（   ）制度。
   A. 许可   B. 备案   C. 注册   D. 登记
3. 国家对经营性互联网信息服务实行（   ）制度。
   A. 备案   B. 登记   C. 注册   D. 许可
4. （   ）将我国互联网服务商分为经营性和非经营性两类分别加以规范。
   A. 《互联网电子公告服务管理规定》
   B. 《互联网信息服务管理办法》
   C. 《中华人民共和国计算机信息网络国际联网管理暂行规定》
   D. 《电信条例》
5. 我国域名注册实行的原则是（   ）。
   A. 优先注册   B. 先申请，先注册   C. 商标注册   D. 自动注册
6. 与其所负担的业务相联系，网络服务提供商所承担的责任内容不仅有侵权责任，而且有（   ）责任。
   A. 服务质量   B. 连带   C. 产品质量   D. 权利担保

二、简答题

1. 简述电子商务法律关系及其构成要素。
2. 试述注册域名时应特别注意的条款。
3. 简述网络服务提供商的基本义务。
4. 《互联网信息服务管理办法》中规定的对网站管制的政策有哪些？

三、案例讨论

某网站是一家提供网络商品拍卖的电子商务公司。小丽在该网站"好美化妆品"卖家处发现，其出售的某化妆品比她在商店里购买的同一品牌的商品便宜4成。在仔细核对了

第 2 章 电子商务法律关系

网上商品介绍及相关图片后,小丽按既定购物流程购买了该化妆品。随后,小丽发现网上购得的化妆品属于假货。在与卖家协商退货不成又无法获知卖家详细联系方式的情况下,小丽将该网站告上了法庭。要求法院根据消费者权益保护的相关规定,维护其合法权益,判决该网站赔偿损失。但是,法院并没有采纳小丽的诉求,因为"好美化妆品"据该网站的服务协议开设的网店,该网站仅提供买卖双方的交易平台,并在网页上提示,并不保证卖家所卖商品的真伪。在小丽寻找卖家时,该网站也尽其所能地提供了卖家注册时的联系方式。

(资料来源:2009 年陕西省自学考试电子商务法概论试题)

根据案例讨论以下问题:
(1) 根据案例引发的事实,网络服务商的责任规范应有哪些基本要求?
(2) 在怎样的情况下,该网站可能要承担法律责任?

第3章 电子合同

教学目标

通过本章内容的学习,应当掌握合同及电子合同的概念,了解电子合同与传统合同的联系与区别;掌握电子合同的分类;掌握电子合同法律关系及其主体、内容与客体三要素的相关内容;了解电子代理人的概念;熟悉电子合同的订立及承认,掌握电子合同的法律效力及其履行中的法律问题。

教学要求

知识要点	能力要求	相关知识
电子合同概述	(1) 掌握合同及电子合同的概念、特征、性质及分类 (2) 掌握电子合同法律关系及其主体、内容与客体三要素的相关内容	(1) 合同及电子合同的概念 (2) 电子合同与传统合同的联系与区别 (3) 电子合同的分类 (4) 电子合同法律关系及其主体、内容与客体三要素的相关内容
电子合同的订立	(1) 了解电子合同的书面形式及电子合同形式问题的解决 (2) 熟悉掌握电子合同订立的程序	(1) 合同的书面形式 (2) 扩大解释法及功能等同法 (3) 合同订立程序 (4) 要约、要约邀请、承诺及相关内容
电子合同的效力与履行	(1) 掌握电子合同的法律效力 (2) 了解电子合同中格式条款的法律效力 (3) 掌握电子合同的履行	(1) 电子合同法律效力的概念及内容 (2) 电子合同的生效要件 (3) 电子合同中格式条款的法律效力 (4) 电子合同履行的概念及基本原则 (5) 电子合同履行的基本方式 (6) 以信息产品为标的的电子合同的履行

第 3 章 电子合同

案例导航

京东商城与上海某律师事务所电子合同纠纷案

上海的一家律师事务所通过京东商城订购了一台165元的电风扇。收货后发现,电风扇的撑杆存在缺陷,导致电风扇整体没办法安装。在距离订货期约20天的时候,该单位向京东商城提出换货申请,却被拒绝。

京东商城拒绝的理由是:当初在订购电风扇时,由其自行在网络表单中填写的发票明细中,记载的内容是"办公用品",而不是这款电风扇的品牌、型号。上海的这家律师事务所麾下有一群精研民商事法的律师,大家认为京东商城没道理,要求它不仅承担电风扇的质保责任,还要法院认定该网站的相关条款无效。京东商城解释,他们只有拿到列清商品明细的发票,才能从供货商处得到保修等售后支持,所以事先建议客户购物时把发票填写清楚,并提示了不如此操作,可能无法享受正常质保的后果。如今,明明是律师事务所自己没有开对发票,京东商城据此不为其提供换货服务,完全是合法有据的。为此,这家律师事务所将京东商城告上法庭。

法院一审判决京东商城应当向律师事务所提供故障风扇的换货服务。可律师事务所并不满足,因为一审没有明确京东商城的退货条款无效。于是,他们又提起上诉。

二审中,法官亲自对京东商城的购物流程进行了操作。发现被质疑的退货条款,是该网站主页下方"售后服务"|"退换货说明"|"特殊说明"中的第一条,该条款针对不特定消费者而制订,且对条款的内容不能协商,属于格式条款。

法官还发现,客户在购物时,对发票内容是可以自行选择的,这也是京东商城为了迎合部分消费者报销等需求,特别设立的流程。而按照国家有关规定,销售方应当向消费者出具内容真实的购物凭证或者服务单据,可京东商城制订的在线购物流程中,使购物者可以不按实际购买货物的品名选择填写发票内容,双方的行为均有违发票管理办法的规定,税务部门对此可予以处理。

法院认为,虽然双方均未按规定如实开具发票,但买卖合同关系依然有效成立。既然电扇属于"三包规定"范围之内,京东商城就有义务修理、换货或退货。至于发票的内容的可选择性,是由京东商城向消费者提供选择所致,所以就不应以此为由,免除其应承担的义务。

3.1 电子合同概述

3.1.1 电子合同的概念与特征

1. 合同及电子合同的概念

1)合同的概念

合同是民商法中使用较为广泛的概念。但是关于合同的概念,大陆法系与英美法系一直存在不同的理解:大陆法系认为,合同是一种协议或合意,即采取"协议说"解释合同的概念;英美法系传统理论认为,合同是一种允诺,即采取"允诺说"解释合同的概念。

关于合同的概念,我国《民法通则》第八十五条规定:"合同是当事人之间设立、变更、终止民事关系的协议。"我国《合同法》第二条则更明确地规定:"本法所称合同是平等主体的自然人、法人、其他组织之间设立、变更、终止民事权利义务关系的协议。婚姻、收养、监护等有关身份关系的协议,适用其他法律的规定。"根据这一规定,合同的概念可以确定为，合同指平等主体之间设立、变更、终止民事权利义务关系的协议。这一合同概念有以下3层含义。

（1）合同是一种协议。协议是两个以上当事人对于过去或将来的某种事实或行为，在有关权利和责任的理解和认识上相一致。合同就是当事人之间为实现一定的目的而协商的结果，是经过协商而取得的认识上的一致。

（2）合同是平等民事主体的协议。任何人之间都可能通过协商而取得认识上的一致，但只有平等民事主体之间的协议，才能称为合同。根据《合同法》的规定，平等主体包括自然人、法人及其他组织。

（3）合同是设立、变更、终止民事权利义务关系的协议。协议的内容多种多样，涉及政治、法律、道德等各个方面内容。只有平等主体之间达成的以设立、变更、终止民事权利义务为内容的协议，才是合同。

2）电子合同概念的发展历程

国内学者对电子合同的概念表述不一。随着对电子合同研究的深入，我国电子合同的概念经历了发展、演变的过程。

电子商务发展的最初阶段，以互联网作为交易平台进行电子商务活动还未普及，而以电子数据交换系统为基础所进行的数据电文形式所订立的电子合同是电子合同的主要形式。

但是随着电子商务的发展，当事人之间并不完全采用电子数交换系统订立合同，原来广泛应用于个人之间的文件通信方式的电子邮件，现在已经用来传递商务信息、订立合同。

电子合同，是当事人之间通过信息网络以电子形式达成的设立、变更、终止财产性民事权利义务关系的协议。

一方面，这一概念使用了"通过信息网络以电子形式达成的"较为简单明晰的表达方式；另一方面，"财产性民事权利义务关系的协议"将电子合同的范畴限定到"财产性民事权利义务关系"，这也符合电子合同的现状。

欧盟《关于内部市场中与电子商务有关的若干法律问题的指令（草案）》对电子合同做了限制，即电子合同"不适用于以下合同：a. 需经公证始得生效的合同；b. 需经政府部门的登记备案始得生效的合同；c. 属于婚姻家庭法律范畴的合同；d. 属于继承法律范畴的合同"。《中华人民共和国电子签名法》第三条也规定，电子签名"不适用下列文书：（一）涉及婚姻、收养、继承等人身关系的；（二）涉及土地、房屋等不动产权益转让的；（三）涉及停止供水、供热、供气、供电等公用事业服务的；（四）法律、行政法规规定的不适用电子文书的其他情形"。因此，将电子合同限定到财产性民事权利义务关系的范畴内，突出强调电子合同仅规范财产性交易而不涉及身份关系，仅涉及私人财产性交易关系而不适用于公共服务关系的合同性质。

2. 电子合同的特征

由于电子合同是合同的一种特殊形式，电子合同除具备传统合同的特点外，还应具有与传统合同相区别的特征，因而对于电子合同的特征，一般而言，指其与传统合同比较而言的比较特征。

（1）电子合同对主体的认定与传统合同不同。在任何法律关系中，对当事人的身份认定都是非常重要的。在传统的合同订立过程中，由于当事人可以面对面进行磋商，因此，对对方的行为能力可以有直观的了解；而电子合同是以电子意思表示的传送作为合同订立的方式，一切都是在一种虚拟状态中进行的，合同双方当事人缺乏面对面的洽谈，合同当事人对对方的行为能力无从知晓。无论是国际贸易还是国内贸易，传统书面合同一般需要双方当事人签字、签名或盖章，合同才有效；而电子合同中的电子签名是一组与数据电文有联系的电子数据，用该数据来证明当事人的主体身份和文件的归属。

（2）电子合同的订立过程与传统合同不同。电子合同的订立一般是通过计算机互联网进行的；传统合同的订立过程一般需要当事人面对面进行谈判协商而缔结合同。而电子合同的签订一般是当事人通过网上邮件或电子数据交换协商达成的，无须面对面谈判，因此也被称为"无纸贸易"。甚至在没有人工干预的情况下，当事人可以通过预先编制或设定的程序作出意思表示。这些计算机程序或自动化手段，也被称为"电子代理人"。电子要约和电子承诺的生效、撤回及撤销方面也存在其特殊性。

（3）电子合同成立的时间和地点与传统合同不同。在传统合同中，承诺生效的时间和地点就是合同成立的时间和地点。对承诺生效的时间和地点，英美法系采用"投邮生效原则"，大陆法系采用"到达生效原则"。对于电子合同而言，由于采用数据交换或电子邮件等电子手段或类似手段发送承诺，传输速度极快，在发送或到达之间，几乎没有时间差。这使得电子合同成立的时间和地点十分难以确定。承诺发出地可以是发送人拥有计算机的任何地点，如果固守"投邮生效原则"，将可能使合同成立的地点与合同失去有实质意义的联系。同时，该原则在数据电文丢失或变为垃圾数据时，如何确定电子合同成立的时间也变得十分困难。因此，需要重新建立确定电子合同成立的时间和地点的规则。

（4）电子合同的交易具有不稳定性。电子数据的传播是以计算机程序的分解、转化为基础的，在传播的路径上易被截取、修改并重新传播；而电子数据是以磁性介质保存时，其被截取、修改往往不留痕迹。在电子数据形成、传输的过程中，计算机硬件、网络等的损坏可能会造成电子合同错误。因此，电子合同所依赖的电子数据具有易消失性和易改动性，其传输和保存容易出错，需要建立完善的网络安全系统，以保证电子合同的交易安全。

3.1.2 电子合同的性质及其分类

1. 电子合同的性质

电子合同是合同的一种特殊形式。其特殊性表现为订立合同的手段或形式发生了变化，即订立合同的手段或形式被电子化了。虽然电子合同与一般合同存在许多共性，但同时也存在明显的区别。电子合同与传统合同的根本区别，不仅在于通过互联网络网通信手段订立合同，而且在于记载合同内容的形式发生了变化。因此，合同法必须适应这一变化，确立通过互联网缔结合同的一些特殊规则，解决因意思表示手段的改变而产生的特殊问题。在适用法律方面，由于电子数据交换和 E-mail 等电子形式的广泛应用，因此在合同的订立、合同的形式、合同成立的时间和地点、合同内容的确定及签字等方面都和传统的合同规则有所不同，逐渐形成了一套特殊的法律规则。当然，从总体上说，采用电子合同主要是在订约的方式上发生了变化，但合同法所规定的有关订立合同的基本规则，如合同的变更、排除、履行、违约责任等规则，对电子合同仍然适用。换句话说，电子合同仍然应当适用合同法的规定。

2. 电子合同的分类

可以依据不同的标准，对电子合同进行分类。

1) 按电子合同的标的分类

根据电子合同的标的不同为标准，可以将电子合同分为三大类：电子买卖合同、电子信息许可使用合同及电子信息服务合同。

(1) 电子买卖合同指买卖双方通过电子手段达成的出卖人将有形商品交付给买受人，由买受人支付货款的协议。电子买卖合同与传统的货物买卖合同并无实质上的区别，只不过是缔约的手段发生了变化。此类合同的内容和履行与传统的货物买卖合同并无多大差别。

(2) 电子信息许可使用合同指网络经营者与终端用户（消费者）达成的由网络经营者将信息产品许可消费者使用，由消费者支付使用费的协议。

(3) 电子信息服务合同指网络经营者与终端用户（消费者）达成的由网络经营者有偿或无偿地向消费者提供房屋租赁信息、法律咨询信息等其他信息服务的协议。

2) 按合同的缔结和履行是否完全通过电子方式完成分类

根据合同的缔结和履行是否完全通过电子方式完成为标准，可以将电子合同分为完全电子合同和不完全电子合同。

(1) 完全电子合同指缔结和履行均通过电子方式完成的合同。例如，通过计算机网络发生的计算机信息交易。

(2) 不完全电子合同指合同的缔结或者履行是用传统的方式来完成的合同。一类是通过电子方式订立依靠传统方式履行的合同，大多数不完全电子合同属于此类，如网上购物；另一类是利用传统方式订立但是通过电子方式履行的合同，如订立合同购买 CD 唱片，然后到指定的网站下载。

3.1.3 电子合同在电子商务中的地位

电子合同是整个电子商务交易流程中最重要的组成部分，因而与电子合同相关的法律问题是电子商务法律体系中的核心内容之一。

电子商务的一般交易过程可以分为 4 个阶段：第一，交易前的准备工作；第二，交易谈判和签订合同；第三，办理交易前的手续；第四，交易合同的履行和索赔。

在一般电子商务交易过程中，买卖双方之间，买卖双方与提供交易平台的网络务提供商之间，买卖双方与开户银行、收单银行和中介金融机构之间，买卖双方、银行与认证机构之间都彼此发生合同法律关系。买卖双方利用交易平台以电子形式发出要约和承诺，经过电子磋商，双方订立电子合同，认证机构对其中涉及的电子签名的真实有效性进行认证。合同成立后，卖方根据合同规定交付标的物，买方则通过开户银行支付价款，卖方通过收单银行收取价款，认证机构对电子支付中的有关信息和数据进行认证。在这一过程中的每个步骤，都有不同的当事人之间的不同合同关系作为订立买卖双方之间的电子交易合同基础，没有基础性的电子合同关

【拓展案例】

系及电子贸易合同的订立和履行,就没有电子商务交易的过程。

3.1.4 电子合同的法律关系

1. 电子合同法律关系的概念

电子合同法律关系指由民事法律规范确认的通过信息网络,以电子手段签订的具有合同权利和合同义务为内容的财产性民事关系。

由于电子合同法律关系是人与人之间为了实现一定的物质和精神利益而发生的具有合同权利和合同义务内容的社会关系,因此,任何一种电子合同法律关系的构成,都必须包括主体、内容、客体这 3 个不可缺少的基本要素。

2. 电子合同法律关系的主体

电子合同法律关系的主体指在电子合同法律关系中享受权利、承担义务的人。电子合同法律关系既然是一种人与人之间的社会关系,就至少必须有作为该法律关系主体的双方当事人参加。例如,电子合同法律关系的发生,必须有买方和卖方当事人参加。

由于电子合同是合同的一种特殊形式,因此,可以作为电子合同法律关系的主体,同样包括公民(自然人)、法人或其他组织。此外,国家在特殊情况下是电子合同法律关系的主体,外国人和无国籍人也可以作为电子合同法律关系的主体。只是这些主体必须借助网络进入互联网缔结合同。

电子合同法律关系的主体作为合同权利和义务的享有者与承担者,直接影响合同的效力与履行。在任何法律关系中,对当事人身份的认定,都非常重要,而电子合同法律关系主体的身份认证则显得尤为重要。由于电子合同是在虚拟世界中进行的,合同双方当事人缺乏面对面的洽谈,也就是说合同双方当事人对对方的年龄、精神状态等与行为能力密切相关的因素无从知晓,当通过电子交易方式订立合同时,在大多数情况下,数字信息上显示出的发信人,与实际制作并发出信息者是否同一,并无法按传统书面交易方式以对照印鉴或署名来确认,取而代之的是电子签名与电子认证。

"电子代理人"的法律性质问题也可以归入电子合同法律关系主体的讨论范畴。"电子代理人"指不需要人的审查或操作,而能用于独立地发出、回应电子记录,以及部分或全部的履行合同的计算机程序、电子的,或其他自动化手段。在电子商务中,商家采用智能化交易系统,自动发送、接收,或处理交易订单。具有按照预定程序审单判断的功能,不仅可执行数据电讯发送、接收、确认等任务,完成合同订立的全过程,而且在许多情况下可自动履行合同,较少、甚至不需要人工的介入。许多合同已经履行,通常到当事人盘点时,才知道这些合同的详细发生情况。

"电子代理人"的本质,并非具有法律人格的主体,只是一种能执行人的意思的智能化的交易工具。一般的应用工具,只是人体部分功能的复制或延伸,而"电子代理人"则不同,它是商事交易人的脑与手功能的结合与延伸。从其构成上看,它是具有自动化功能的软件、硬件或其结合;从其商业用途看,可用于搜索某一商品或服务的价格,完成在线买卖,或对交易发出授权。虽然"电子代理人"不具有法律人格,但它执行的却是商人的意思表示,或根据其意思而履行合同,因此它与当事人的权利义务有十分密切的联系。但它作为一种交易工具,

【拓展案例】

被预先设置了常用的商事意思表示的模式,能够代替"电子被代理人"发出或接受要约,从而具有辅助当事人订立、履行合同的能力,因此它发送、接收、处理信息实际上就是当事人在发送、接收和处理信息。虽然根据我国《合同法》第十一条、第十六条、第二十六条的规定,允许采用根据电文形式订立合同,但并未明确规定通过"电子代理人"订立合同的效力。从以上分析可知,应承认"电子代理人"订立合同与履行合同的效力。如果不承认其效力,一方面等于否认了电子合同;另一方面等于否认了市场主体的民事能力。

3. 电子合同法律关系的内容

电子合同法律关系的内容,指电子合同法律关系的主体所享有的权利和所承担的义务。因电子合同的种类不同,电子合同法律关系的内容也各异。在此重点阐述电子信息许可使用合同双方的权利与义务。

1)经营者的权利与义务

(1)经营者的权利。电子合同涉及两方当事人,即经营者和终端用户。经营者就是合同的提供方,其权利主要包括以下4个方面。

① 有限的电子监控权。所谓电子监控权,指经营者对许可使用的有关信息进行监督控制的权利。但这项权利必须是有限的,不得侵害被许可方的个人隐私权等私人权利。

② 有限的电子自助权。电子自助权,是在被许可方违约而使电子合同被取消后,法律赋予许可方利用电子的方式进行自我救济的权利。它不适用于依据合同本身条款的规定而到期或其他没有违约的情况。电子自助的规定目的是限制许可方以电子的方式对阻止使用权和占有权的行使。这项权利一直具有极大的争议,因为它严重威胁到消费者的利益。直到现在,美国统一州法委员会还对电子自助权进行不断的修订,作出更严格的限制措施。

③ 对协议的修改权和终止权。经营者是格式合同的提供者,有格式合同的制定权,而修改权事实上是制定权的进一步延伸,因而经营者应当享有对协议的修改权和终止权。尽管经营者有修改权和终止权,但是这种权利的行使应受到程序的限制,不应当为所欲为,如应在合理的期间前通知用户。

④ 对游戏规则的制定权。除了对许可使用合同享有制定权外,信息系统中还设有各种社区和其他平台,如拍卖平台,经营者有权对拍卖制定规则。

(2)经营者的义务。经营者的主要义务应包括以下4个方面。

① 提供安全的信息运行平台。这应是经营者最主要的义务,因为电子信息许可使用合同的本质就是给被许可方提供安全的信息使用系统。

② 对客户的注册资料和交易信息负有保密的义务。这是尊重个人隐私权的要求。开放的网络时代,更需要人文关怀,尊重隐私权是人文关怀最基本的要求。

③ 对由于经营者的原因,尤其是故意或重大的疏忽,而导致的用户直接和间接的损失,负有限赔偿责任。经营者在提供格式合同时总是尽可能地免除自己的责任,即使是重大疏忽,甚至是故意造成的损失,这对被许可方极其不公平。另外,从法律最基本的原则来讲,经营者也应对此负责。

④ 在做与用户利益有重大影响的改变时,负有提前告知的义务。经营者享有制定、修改、终止协议和游戏规则的权利,这是无疑的,但不应该为所欲为;否则,被许可方的

权利会置于极其危险的境地。因此，经营者至少在作出改变前应负有通知的义务，以给许可方一个合理的准备期间。

2）终端用户的权利与义务

（1）终端用户的权利。终端用户，指以有形介质的形式从经营者处取得信息的拷贝，并供其自己使用，而不是供销售、许可、传输给第三方或有偿公开展示或演示之用的被许可方。终端用户的主要权利应包括以下4个方面。

① 系统使用权和获取适当信息的权利。这是用户最基本的权利，也是其他权利最基本的保障。

② 修改个人资料、密码、账号和保护个人信息不受侵犯的权利。这些既是个人隐私的一部分，也是进行电子交易所必需的最基本的安全的需要。

③ 对不合格产品的退还使用权。对于不合格产品，用户既有要求修补的权利，同时在合理的期间和次数内没能修补好的，用户也应享有退还请求权。

④ 对经营者不适当的电子监控和电子自助及故意或重大疏忽导致的直接和间接损失的有限求偿权。这一项权利是对经营者和出版商的电子监控权和电子自助权的有力制约，让他们慎重使用这一具有巨大潜在危害性的权利。

（2）终端用户的义务。终端用户的主要义务应包括以下4个方面。

① 按照协议约定遵守网络规则的义务。

② 不得在未经许可的情况下，擅自对所使用系统再次转让许可、复制或转交所使用系统的全部或部分。几乎所有的经营者为保护自己的利益，在协议中都约定这一条款，这是理所当然的，也是经营者的正当权益，是用户依靠高度自觉性所遵守的义务。

③ 不得对所使用系统进行逆向工程、反汇编或解体拆卸。

④ 不得将信息使用权用于非法用途。例如，传播黄色、淫秽的内容，利用网络进行诈骗等。

4. 电子合同法律关系的客体

电子合同法律关系的客体指电子合同法律关系的主体享有的权利和承担义务所共同指向的对象。电子合同的客体包括有形商品、数字化商品或信息商品及在线服务。

（1）有形商品。从理论上来说，现实世界中的所有货物都可以通过网络进行交易，几乎不存在任何障碍。例如，网上书店可以像现实世界中的书店一样售书，网上超市可以将所有的日用消费品陈列于网上供消费者选购。即使是不动产，如房屋，也可以在网上缔结合同，在网下履行必要的手续。因此，凡是可以转让的商品均可以通过网络缔结买卖合同进行交易。不过，有形商品的买卖，还必须依赖传统的手段完成配送或交付。

（2）数字化商品或信息产品。数字化商品是以0或1构成的二进制数字形成存在的无形商品。这种无形商品的使用是以电子信息许可使用合同的方式进行的，在法律性质上表现为著作权、专利权、商标权等的许可使用。消费者在经许可后，可通过网络直接下载信息化商品或信息，如电子书刊、影音资料、电脑软件、游戏等，不再需要邮寄或专人配送。

（3）在线服务。在线服务是通过网络向消费者提供某种信息或其他服务，如房屋租赁信息、法律咨询、财经咨询、健康咨询、远程教育等。

3.2 电子合同的订立

【法律法规】

3.2.1 电子合同的书面形式

订立电子合同,首先在法律上遇到的是形式上的效力问题,即电子合同是否为书面形式,它是否具有纸张文书所具有的证据功能和文书功能等。如果不承认其为书面形式,而事实上它又不是口头形式,则电子合同作为一类特殊合同的存在将没有意义。

1. 书面形式的普通含义

《现代汉语词典》对书面的定义是"以文字表达的(区别于'口头')"。词典从人类书写行为所隐含的内容推论出了文字的表达形式。从用法来讲,"书面"是一个修饰词,很少单独使用,常用的搭配有书面材料、书面通知、书面语音等。可见,书面是以固体物质为介质,作用于人的视觉器官的;而口头则是以声波为介质,作用于人的听觉器官的。这便是书面与口头二者在客观方面的区别。

2. 法律对合同订立书面形式的要求

合同的订立方式符合法律的规定是一个合同在法律上有效的必要条件,这在大陆法系和英国法系的法律中都有相应的规定。

1)英美法系关于书面形式的要求

英美契约法理论将合同分为两大类,即签字蜡封合同(Contract Under Seal)和简式(Simple Contract)理论。对于前者,法律要求其订立必须遵守特定的形式,主要是必须以书面形式订立,当事人签名、加盖印戳并将文书交给对方当事人。这类合同即使没有对价的支持,也视为有效。

商事交易中的合同多为简式合同。英美法系对简式合同一般不要求使用特定的形式,即依据当事人的意愿而定。但是对于特定的简式合同,法律有书面形式的要求。

2)大陆法系关于书面形式的要求

大陆法系一般以法国法和德国法为代表。但这两个国家的法律对合同订立书面要求的规定不尽相同。

德国在合同形式上,一般以不要式为原则。根据《德国民法典》的规定,必须以书面形式为有效要件的合同,仅仅是一种例外,只限于赠与合同、保证合同、土地买卖、遗产买卖等少数几种,至于其他大多数合同,都可依当事人的意愿而为之。

在书面形式问题上,德国视之为合同有效的基本要件,而法国强调其作为合同存在及其内容的证据价值。法国以书面形式为有效要件的合同,仅限于赠与、夫妻财产、协议抵押等少数几种。但关于证据意义上的书面形式要求,在法国则适用广泛。

3)我国法律关于书面形式的要求

我国《民法通则》第五十六条规定:"民事法律行为可以采用书面形式、口头形式或者其他形式。法律规定用特定形式的,应当依照法律规定。"

我国《合同法》第十条:"当事人订立合同,有书面形式、口头形式和其他形式。法律、行政法规规定采用书面形式的,应当采用书面形式。当事人约定采用书面形式的,应当采用书面形式。"第十一条："书面形式是指合同书、信件和数据电文（包括电报、电传、传真、电子数据交换和电子邮件）等可以有形地表现所载内容的形式。"虽然做此规定，但并未从根本上改变以书面形式进行重大交易行为的规范体系，尽管如此，其明显的进步性是不能否认的。

3. 电子合同对传统的书面形式提出的挑战

订立电子合同，实际上是在计算机中传送电子媒介上的信息，这些信息可以通过纸张打印出来，但毕竟不同于纸张文书。电子合同以其特有的电子形态而存在，本身并不具有实在的可接触性，与传统意义上的书面形式不可同日而语。尤其是电子信息各终端客户也未必将之以书面形式打印出来，保存为人们常说的书面形式。

电子合同本身具有无纸化的特点。电子合同的内容是储存在计算机中的，需要借助于计算机来阅读。至于输出来下载在计算机中的信息，尽管与储存在计算机中的信息是一致的，但严格来讲，它和计算机中的信息不能完全等同。也就是说，它与传统的书面形式仍然是有区别的，或者说这种书面形式仍然具有其固有的缺陷。一方面是现有的技术尚不能解决签字问题，这就使其作为证据使用遇到极大障碍；另一方面是这种形式并不存在原件，从计算机中下载的内容并不是真正的原件。

3.2.2 电子合同形式问题的解决

由于电子商务的迅速发展和电子合同的广泛采用，虽然人们肯定了电子合同的书面性，但它与传统的书面形式还有相当大的区别，因而，在司法实践中也会使电子合同很难作为书面证据被采用，这阻碍了电子商务的发展。

基于民事法律的当事人意思自治原则的合同双方当事人协议解决，在缺乏明确立法的情况下对于解决电子合同书面形式问题有重要意义。当事人通过约定将数据电文视同"书面"或者由当事人在协议中作出声明，放弃他们根据应适用的法律对数据电文的有效性和强制执行力提出异议的权利。

相对协议解决的方法，法律解决方法是更为彻底地解决电子形式法律地位的途径，即通过立法明确规定数据电文和书面形式具有相同的法律效力，而不再需要当事人的特别约定。很多国家和国际组织的立法都不约而同地采取了法律途径来解决电子形式的效力问题，但是采取的方法并不相同。

较早出现的方法是扩大解释的方法，即扩大"书面形式"的外延，从而将电子形式直接纳入书面形式的范畴。在1980年订立的《联合国国际货物销售合同公约》第十三条就规定："为本公约的目的，'书面'包括电报和电传。"而在1985年制定的《联合国国际贸易法委员会国际商事仲裁示范法》第七条，则进一步把书面的概念扩展到书信、电传或提供协议记录的其他电讯手段。但是由于这种方法过于简单，通常采取列举的方法就把各种新出现的合同形式纳入书面形式，而实际上这些新形式与传统的书面形式的确存在明显的不同之处，这样也会使书面形式本身的内涵一直处于不确定的状态。

随着联合国国际贸易法委员会于1996年通过《示范法》，"功能等同法"开始成为新的立法技术。所谓功能等同法，就是立足于分析传统的书面要求的目的和作用，从中抽象出功能标准，进而确定如何通过电子技术达到这些目的和作用，一旦数据电文达到这些标准，法律就确认数据电文的效力并给予其和书面文件同等程度的保护。

功能等同法是一种将数据电讯的效用，与纸面形式的功能进行类比的方法。其目的是摆脱在传统书面这一单一媒介条件下产生的僵硬规范的束缚，为电子商务创造一个富于弹性的、开放的规范体系，以利于多媒体、多元化技术方案的应用。其具体操作是将传统书面规范体系分层剖析，从中抽象出功能标准，再从电子商务交易形式中找出具有相应效果的手段，以确定其效力。从表面上看，该方法是一种类似功能的传递，实质上它是传统商法价值在网络环境中的嫁接。它既适应了电子商务灵活多变的特性，又满足了商法价值的平衡，是功能转换与价值保留的枢纽。因此，功能等价法既是《示范法》的认识论工具，同时又是《示范法》的立法与执法的指导方针之一。

虽然《示范法》只是向各国提供一套国际公认的规则，并不具有直接法律效力，但该立法原则由于其科学性而被很多国家在制定电子商务法时所采纳。

我国的《合同法》第十一条规定："书面形式是指合同书、信件和数据电文（包括电报、电传、传真、电子数据交换和电子邮件）等可以有形地表现所载内容的形式。"《合同法》的这一规定，采取的就是对书面形式进行扩大解释的方法。

我国的《电子签名法》第三条规定："民事活动中的合同或者其他文件、单证等文书，当事人可以约定使用或者不使用电子签名、数据电文。当事人约定使用电子签名、数据电文的文书，不得仅因为其采用电子签名、数据电文的形式而否定其法律效力。"

与合同法不同的是，《电子签名法》中"当事人可以约定使用或者不使用电子签名、数据电文"是对当事人协商解决方法的确认，另外，"不得仅因为其采用电子签名、数据电文的形式而否定其法律效力"的禁止性的规定是对《示范法》"功能等同"原则的具体适用。

3.2.3 电子合同订立的程序

电子合同是合同的一种特殊形式，电子合同的订立仍然遵循合同订立的基本程序，如图3.1所示。

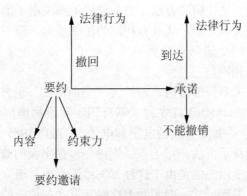

图3.1 合同订立的程序

1. 要约

我国《合同法》第十四条规定："要约是希望和他人订立合同的意思表示。"

第3章 电子合同

在要约关系中,发出要约的人被称为要约人;接受要约的人被称为受要约人。要约是一种意思表示,应当具有一定条件才能成立,才具有法律效力。要约程序如图3.2所示。

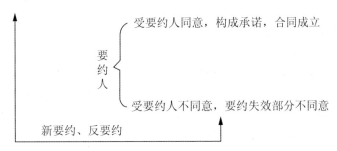

图3.2 要约程序

要约的条件包括以下4项。

1) 要约必须是以订立合同为目的的意思表示

要约人发出要约的目的在于订立合同。因此,只有以订立合同为目的的意思表示,才能构成要约。如果一方向他方发出提议,但该提议并不欲发生订立合同的法律后果,该提议就不是要约。

2) 要约必须是特定人的意思表示

要约的目的在于订立合同,而合同的订立必须有双方当事人参加。因此,尽管要约人可以是未来合同的任何一方当事人,但要约人必须是特定的,即必须在客观上是可以确定的。只有这样,受要约人才能对之承诺而成立合同。如果要约人不特定,受要约人就无法对要约作出承诺,合同也就无法订立。

要约人的特定有两种表现形式:一是通过表明要约人的身份而确定,如说明公民的姓名、住址、身份证明等,或者向他人说明法人的情况等;二是通过无须要约人表明身份的订约行为而确定。

3) 要约必须是向受要约人发出的意思表示

要约人订立合同的目的,只有通过受要约人对要约表示承诺才能实现。因此,要约人只有向受要约人发出承诺时,合同才能成立。

4) 要约的内容具体确定

要约的内容具体确定包括两个方面的内容。

(1) 要约的内容必须具体,即要约必须包括能够决定合同成立的主要内容。由于要约具有一经受要约人的承诺合同即告成立的效力,因而合同的成立必须具备得以履行的主要内容,即通常所称的主要条款。

(2) 要约的内容必须确定,即要约所包括的合同的主要条款必须是明确的;否则,受要约人也无法对之作出承诺。

要约的法律效力是要约生效后所发生的法律后果。我国《合同法》第十六条第一款规定:"要约到达受要约人时生效。"根据电子交易的特殊性,《合同法》第十六条第二款规定:"采用数据电文形式订立合同,收件人指定特定系统接收数据电文的,该数据电文进入该特定系统的时间,视为到达时间;未指定特定系统的,该数据电文进入收件人的任何系统的首次时间,视为到达时间。"

要约对于要约人和受要约人均具有拘束力。要约对要约人的拘束力表现为要约人不得随意撤销或变更要约;要约对受要约人的拘束力表现为要约生效后,受要约人取得承诺的资格。

在要约的撤回和撤销方面,联合国《示范法》没有涉及,而我国《合同法》却规定得相当清楚。我国《合同法》第十七条规定:"要约可以撤回。撤回要约的通知应当在要约到达受要约人之前或者与要约同时到达受要约人。"第十八条规定:"要约可以撤销。撤销要约的通知应当在受要约人发出承诺通知之前到达受要约人。"第十九条规定:"有下列情形之一的,要约不得撤销:(一)要约人确定了承诺期限或者以其他形式明示要约不可撤销;(二)受要约人有理由认为要约是不可撤销的,并已经为履行合同作了准备工作。"

要约的消灭,指要约丧失其法律效力,要约人和受要约人均不再受其约束。根据我国《合同法》第二十条的规定,有下列情形之一的,要约失效:①拒绝要约的通知到达要约人;②要约人依法撤销要约;③承诺期限届满,受要约人未作出承诺;④受要约人对要约的内容作出实质性变更。

2. 承诺

《合同法》第二十一条规定:"承诺是受要约人同意约的意思表示。"关于承诺,必须具备下列条件。

1)承诺必须由受要约人向要约人作出

受要约人是由要约人所选定的,是要约人准备订立合同的对方当事人。同时,要约也仅使受要约人取得承诺的资格。因此,只有受要约人才有权作出承诺,无论受要约人是特定的人,还是不特定的人。受要约人之外的第三人不具有承诺资格,不能对要约作出承诺。即使第三人向要约人作出同意要约的意思表示,也不是承诺,而是一种要约。受要约人作出的承诺,可以由其本人进行,也可以授权其代理人进行。

受要约人作出的承诺必须向要约人为之。如果受要约人向要约人以外的其他人作出同意要约的表示,则不是承诺,不产生承诺的效力,而只能视为一种新的要约。

2)承诺的内容必须与要约的内容相一致

承诺是对要约的同意,非对要约的同意不构成承诺。承诺人对要约表示同意,即意味着受要约人具有与要约人订立合同的意思表示。但承诺人对要约的同意必须是完全同意,即承诺的内容必须与要约的内容相一致。如果受要约人对要约的内容并非完全同意,而是对要约的内容有所变更,如扩张或限制要约的内容,则这种意思表示不构成承诺,而应视为一种新的要约,或称为反要约。

3)承诺必须在要约的有效期限内作出

要约的有效期限是要约效力的存续期间,也就是承诺的期限。超过了要约的有效期限,要约即失去效力,要约人不再受要约的拘束。

如果要约规定了承诺的期限,则承诺必须在规定的期限内作出;如果要约没有规定承诺的期限,则承诺应当在合理期限内作出。受要约人在要约的有效期限届满后所作出的对要约同意的意思表示,不成立承诺,而只是一种新要约。

我国《合同法》第二十四条也规定:"要约以信件或者电报作出的,承诺期限自信件载明的日期或者电报交发之日开始计算。信件未载明日期的,自投寄该信件的邮戳日期开始计算。要约以电话、传真等快速通讯方式作出的,承诺期限自要约到达受要约人时开始计算。"

我国《合同法》第二十三条规定:"承诺应当在要约确定的期限内到达要约人。要约没有确定承诺期限的,承诺应当依照下列规定到达:(一)要约以对话方式作出的,应当即时作出承诺,但当事人另有约定的除外;(二)要约以非对话方式作出的,承诺应当在合理期限内到达。"

我国《合同法》第二十五条明确规定:"承诺生效时合同成立。"可见,承诺的生效时间直接决定着合同成立的时间。一般情况下,承诺生效之时就是合同成立之时。同时,承诺的生效的地点也往往与合同成立的地点联系在一起。因此,确定承诺的生效时间具有重要意义。关于承诺的生效时间,各国法律存在截然不同的规定。

我国《合同法》采取了到达主义。《合同法》第二十六条规定:"承诺通知到达要约人时生效。承诺不需要通知的,根据交易习惯或者要约的要求作出承诺的作为时生效。"当事人如果采用数据电文形式订立合同,承诺到达的时间按下列标准确定:收件人指定特定系统接收数据电文的,该数据电文进入该特定系统的时间,视为承诺到达时间;未指定特定系统的,该数据电文进入收件人的任何系统的首次时间,视为承诺到达时间。

关于承诺的撤回问题:我国《合同法》第二十七条规定:"承诺可以撤回。撤回承诺的通知应当在承诺通知到达要约人之前或者与承诺通知同时到达要约人。"采取电子数据交换、电子邮件等方式作出的承诺能否撤回,这是一个很有争议的问题,电子信息在现实生活中存在迟延到达和中途丢失的可能性,既然如此,以电子数据交换、电子邮件等方式所作出的承诺,就存在撤回的可能性和必要性。

3. 要约与要约邀请

要约邀请又称为邀请要约或要约引诱,是与要约紧密相连的一个概念,是合同的订立中需要特别注意的一个问题。我国《合同法》第十五条规定:"要约邀请是希望他人向自己发出要约的意思表示。"可见,要约邀请是指向对方发出的希望其向自己提出要约的一种提议,即一方邀请对方向自己发出要约。

一般而言,区分要约与要约邀请可以根据以下标准进行。

(1) 法律的规定。如果法律对某种行为是要约或邀请要约作出了明确的规定,则应依法律的规定确定行为的性质。我国《合同法》第十五条规定:"寄送的价目表、拍卖公告、招标公告、招股说明书、商业广告等为要约邀请。商业广告的内容符合要约规定的,视为要约。"

(2) 交易习惯。某种行为是要约还是要约邀请,可以通过交易习惯加以区分。

(3) 当事人的提议内容。当事人的提议是否包括了合同成立的主要条款,是区分要约和要约邀请的主要标准。如果提议中包括了合同成立的主要条款,则该提议可视为要约,反之则为要约邀请。

(4) 当事人的意愿。应当说,上述前3个标准都属于客观标准的范畴,而当事人的意愿则属于主观标准的范畴。从当事人的意愿考虑,如果当事人事先声明其提议为要约或要约邀请的,则应以其声明的内容予以确定。例如,尽管提议中包括了合同的主要条款,但如行为人明确表示不受此拘束的,则该提议也只能是要约邀请。总之,区分要约与要约邀请，应当考虑多种因素，综合加以分析，以期作出符合当事人意旨的判断，维护当事人的利益。

3.3 电子合同的效力与履行

3.3.1 电子合同的法律效力

1. 电子合同法律效力的概念

关于电子合同法律效力的概念，可以从广义与狭义两个方面理解。广义的电子合同的法律效力指已经成立的电子合同所发生的法律后果；狭义的电子合同的法律效力指依法成立的电子合同所发生的法律约束力。

就已经成立的电子合同而言，符合法律规定的条件的，为有效的电子合同，即发生电子合同的法律效力。欠缺法律规定的有效要件的电子合同，依其欠缺有效要件的情况不同，又有不同的法律后果：有的自始就不能生效，此为无效合同；有的成立后为有效的，但当事人可以撤销而使之无效，此为可撤销的合同。因此，确定合同的法律效力就是要确定某一电子合同属于哪种，从而才能确定该电子合同会发生哪种特殊后果。基于以上认识，电子合同的生效不但需要具备一般的生效要件，如主体合格、意思表示真实、不违反法律、法规与公众利益等，而且在法律有特别规定或当事人之间有特别约定生效条件的，也应一并满足，方能生效。

2. 电子合同法律效力的内容

《民法通则》第八十五条规定："依法成立的合同，受法律保护。"受法律保护，也就意味着当事人依合同设定的权利义务关系受法律保护，这也就是通常所说的对合同双方当事人的拘束力。我国《合同法》第四十四条规定："依法成立的合同，自成立时生效。法律、行政法规规定应当办理批准、登记等手续生效的，依照其规定。"电子合同是合同的一种特殊形式，电子合同法律效力的内容表现在以下几个方面。

1）在当事人之间产生合同之债

电子合同虽为当事人之间的约定，是当事人自愿作出的意思表示，但因其约定是符合法律规定的，因而，当事人依电子合同约定的权利义务也就成为法律上的权利义务，当事人之间产生合同债权债务。

2）当事人不得随意变更、解除电子合同

电子合同既为法律所确认，遵守合同就是遵守法律，在电子合同成立之后任何一方都须受其一致的意思表示的约束，不得随意变更、解除电子合同。只有在当事人双方协商一致，或出现当事人约定的或法律规定的可变更、解除电子合同的事由时，才可变更、解除电子合同。

3）当事人须履行电子合同

依法成立合同，受法律保护。这就意味着合同中设定的权利受法律保护。合同债权的实现，依赖于合同债务的履行。因此，合同债的当事人必须履行自己的义务，这是合同效力的必然要求。我国《合同法》第六十条规定："当事人应当按照约定全面履行自己的义务。"任何一方违反合同的约定，不履行合同债务或履行债务不符合要求，都应承担相应的民事责任即违约责任。

4）电子合同是处理当事人纠纷的依据

电子合同既是合同债权债务发生的法律事实，也就是处理当事人之间纠纷的事实根据。按照合同确定当事人之间的权利义务，按照合同确定当事人的责任，是承认合同法律效力的必然结果，也是"私法自治原则"的主要体现。

3. 电子合同的生效要件

已经成立的电子合同，只有具备法律规定的条件才能发生法律效力，这些要件就是合同有效的要件。

根据《民法通则》第五十五条和《合同法》第四十四条的规定，电子合同的生效要件包括：合同当事人应具有相应的民事行为能力、意思表示真实、不违反法律或者社会公共利益。

1）合同当事人应具有相应的民事行为能力

民事行为能力是民事主体以自己的行为设定民事权利义务的资格，合同作为民事法律行为，只有具备相应的民事行为能力的人才有资格订立，不具有相应民事行为能力的所订立的合同不能生效。但不具有相应民事行为能力的人可以通过其法定代理人订立合同。

2）意思表示真实

订约当事人双方的意思表示一致，合同即可成立，但只有当事人的意思表示是真实的，合同才能有效。所谓意思表示真实，指行为人表示于外部的意思与其内在意志是一致的。

在电子合同中，电子意思表示是否真实，同样也是判断电子合同是否有效的一个核心要件。电子意思表示，指利用资讯处理系统成电脑而为的意思表示的情形。对于电子意思表示，一个重要问题是，计算机是否可以真实地"代理"合同当事各方的意愿，即计算机能否取得适当的"人格"。对于电子传达的意思表示，不难认定其附属特定人的意思表示，因为它只不过是特定人做成意思表示后，再利用计算机经由网络予以表达，电子媒体只不过是一种传达工具而已。

3）不违反法律或者社会公共利益

所谓不违反法律或者社会公共利益，指合同的目的和内容不违反法律、法规的强制性或禁止性规定，不损害社会公共利益和国家利益。

3.3.2 电子合同中格式条款的法律效力

格式合同又称为定式合同、标准合同。

格式合同的特点是合同条款由当事人一方预先拟订，对方只能表示全部同意或者不同意，即对方当事人要么从整体上接受合同条件，要么不订立合同。

我国《合同法》对格式合同的概念，有效条件和解释原则等内容都作了明确的规定。

第三十九条规定："采用格式条款订立合同的，提供格式条款的一方应当遵循公平原则确定当事人之间的权利和义务，并采取合理的方式提请对方注意免除或者限制其责任的条款，按照对方的要求，对该条款予以说明。"

第四十条规定："提供格式条款一方免除其责任、加重对方责任、排除对方主要权利的，该条款无效。"

第四十一条规定了对格式条款的解释:"对格式条款的理解发生争议的,应当按照通常理解予以解释。对格式条款有两种以上解释的,应当作出不利于提供格式条款一方的解释。格式条款和非格式条款不一致的,应当采用非格式条款。"

3.3.3 电子合同的履行

由于电子合同与传统合同的区别在于缔结合同手段和形式,因此,电子合同的履行基本上可以直接适用我国《合同法》关于合同履行的规定。

1. 电子合同履行的概念

我国《合同法》第六十条第一款规定:"当事人应当按照约定全面履行自己的义务。"可见,合同的履行是指债务人按照合同的约定或法律规定,全面地、正确地履行自己所承担的义务。合同履行是合同效力的重要表现,是当事人订立合同追求的目的。

2. 电子合同履行的基本原则

合同履行的原则是当事人在履行合同的过程中所应遵循的基本规则。

1)实际履行原则

实际履行原则指当事人应当按照合同的标的履行合同义务,即合同标的是什么,当事人就应当履行什么,不能任意用其他标的所代替。

2)适当履行原则

【拓展知识】

适当履行原则又称正确履行原则或全面履行原则,指当事人按照合同规定的标的及其质量、数量,由适当的主体在适当的履行期限、履行地点,以适当的履行方式,全面完成合同义务的履行原则。

3)协作履行原则

协作履行原则贯穿于合同的整个履行过程中,指合同双方当事人不仅应履行自己的义务,而且还应当协助对方履行义务。协作履行原则是诚实信用原则在合同履行方面的具体体现。合同的履行虽然是债务人履行义务的行为,但因债权与债务是相互对应的,因此,债务人在履行义务时,就需要债权人予以协助。如果只有债务人履行债务,而没有债权人接受履行,则合同的履行目的就难以达到。

4)经济合理原则

经济合理原则要求履行合同时,讲求经济效益,付出最小的成本,取得最佳的效益。

5)情势变更原则

情势变更原则指合同依法成立后,因不可归责于双方当事人的原因发生了不可预见的情势变更,致使合同的基础丧失或动摇,若继续维持合同的原有效力则显失公平,应允许变更或解除合同的原则。合同依法成立之时,有其信赖的客观环境,当事人在合同中约定的权利义务应与这种客观环境相适应。权利义务的对等,是就该环境而言的。在合同成立之后,若该客观环境发生改变或不复存在,则原来约定的权利义务与新形成的客观环境即不适应,不再公平合理。只有将合同加以改变乃至解除,才符合适应性原则,符合诚实信用原则的要求,实现实质的公平。

第 3 章　电子合同

3. 电子合同履行的基本方式

尽管电子合同的履行要遵循传统合同的履行原则，但是由于电子合同的表现形式和订立方式与传统合同的不同，使之与传统合同在合同的履行方式上又有所不同。

完全的电子商务从电子合同的订立到履行，其商品或服务的完整交易过程都可以通过信息网络完成；而另外很多的电子合同，其要约承诺的过程主要通过网络等现代化通信手段完成，但合同的履行却不能完全依靠网络，完全一致电子的方式并不能实现整个交易过程。

从我国目前电子商务活动的总体情况看，电子商务合同基本上有 3 种履行方式：第一种是网络在线付款，此类合同交易的标的物只能是信息产品，如音乐的下载；第二种是网络在线付款，离线交货；第三种是离线付款，离线交货。后两种合同交易的标的物可以是信息产品也可以是非信息产品。对于信息产品而言，既可以选择在线下载的方式，也可以选择离线交货的方式。

4. 以信息产品为标的的电子合同的履行

由于电子合同的标的可以是信息产品，也可以是非信息产品。对于非信息产品，由于具有一定的物理载体，其履行方式与传统履行并无大的差异；而信息产品，由于其特殊性，在履行上也体现出较多的不同之处。因此，在此多重探讨电子信息合同的履行问题。

1）电子信息合同履行的方式与地点

（1）以有形媒介为载体的电子信息合同的交付方式与地点。电子信息合同的标的是信息，就其标的性质而言，信息可作为动产来对待，在确定其交付时可参照传统民法关于动产的规定。

（2）以电子传输的方式交付信息的方式与地点。以电子传输的方式交付电子信息，是电子交易独具特点的方式。美国《统一计算机信息交易法》第 606 条第 1 款（2）规定："副本的电子交付地，是许可人指定或使用的信息处理系统。"由此可以看出，它与数据电讯的发送、接收时间的确定方式是一致的，即以信息系统作为其参照标准。

2）电子信息交付的附随义务

电子信息交付的附随义务指为了使所交付的信息达到"商业适用性"，交付方所承担的是为完成合同义务而必须履行的，不是出于合同规定的义务；接受方承担的则是合理提供适合于接收履行的设施的义务。即为了使所交付的信息副本达到"商业适用性"，也就是实现其有效的交付，在交付之中往往还附随着一定的义务。

3）电子信息合同信息使用费的支付

根据传统民法的理论，合同当事人享有同时履行抗辩权。在一般情形下，合同双方当事人应同时履行合同义务。由于电子信息在返还上存在困难，因此，在电子信息合同的履行中，只有确立同时履行原则，才能有效保障提供信息方的合法权利，这是由信息的共享性所决定的。

4）电子信息合同履行中的验收

电子信息合同履行中的验收，是合同履行中的主要环节。验收包括检验和接收两个方面，这两个方面在信息交易中事关重大。

（1）电子信息的检验。电子信息涉及的范围极广，其检验方式需根据不同的要求而有所不同,具体可以分为两种类型。一是立即履行的电子信息的检验。这类电子信息的交付,包括在线交易的电子信息和有形复本的交付,都属于大众市场许可交易。一般而言,这种信息检验方式,通常表现为从包装、标志等方面检验是正版即可。二是特定电子信息的检验,这类主要指非大众市场的信息复本,一般为按接收方的要求制作并提供的软件。

(2) 电子信息的接收。电子信息的接收,实际上是当事人对合同标的质量、数量的一种同意的表示。

① 电子信息接收的一般条件。美国《统一计算机信息交易法》,对接收的一般条件作了规定:"副本的接收发生于向接收方提交副本之时:a. 对履行,或对副本以行为方式表示,是符合合同的,或该当事人愿意接收保留副本,尽管不相符;b. 没有作出有效的拒绝;c. 将副本或信息混合的方式,而使拒绝后再遵守义务成为不可能;d. 从该副本得到了实质的利益并无法返回该利益;e. 以不符合许可人所有权的方式行事,而该行为只有在许可人将其选择为接收来对待,并认可该行为在合同使用条款范围内,才能作为接收。"

② 由多个副本构成的电子信息的接收。上面所提到的接收,是在整体情况下进行的。如果电子信息分为几次或几部分提交,其情况将不同。这一般发生于对由多个复本构成的一套电子信息制品接收的情况。鉴于整个电子信息复本必须协同使用,从形式上看虽然分为多个,但实际上应将多个复本视为一个整体。

美国《统一计算机信息交易法》第 609 条规定:"如果协议要求分部分交付,而各部分结合起来才构成信息的整体,每一部分的接收,都以整体接收为条件。"换言之,只有接收人对整体进行接收,才能使各部分的接收有效,而部分接收并不构成有效的接收。

本 章 小 结

本章首先讨论了电子合同的概念与特征。电子合同是合同的一种特殊形式,其特殊性表现为订立合同的手段或形式被电子化,但合同法所规定的有关订立合同的基本规则对电子合同仍然适用。电子合同法律关系的要素指构成一种电子合同法律关系必不可少的基本因素。任何一种电子合同法律关系的构成,都必须包括主体、内容、客体这3个不可缺少的基本要素。关于电子合同的订立,仍然遵循合同订立的基本程序——要约和承诺。

关于电子合同法律效力的概念,指依法成立的电子合同即有效电子合同的法律效力。电子合同法律效力的内容:在当事人之间产生合同之债;当事人不得随意变更、解除电子合同;当事人须履行电子合同;电子合同是处理当事人纠纷的依据。

经典案例

广州中院发布十大电子商务合同纠纷典型案例

案例一 刘某与某信息公司、某通信公司服务合同纠纷案
　　　　——未如实告知服务内容导致消费者产生重大误解可致合同被撤销

1. 基本案情

某信息公司通过电话邀请刘某参加关于3G网址的营销活动,刘某在营销活动上听到专家介绍3G网址极具投资前景,有高额回报,便与信息公司、通信公司在活动地点签订了《中国3G网址服务合同》。

第3章 电子合同

刘某交纳 96 000 元服务费用后,才发现所谓的 3G 网址是指通信公司在其营运的网址 http：//www.3Gxxx.com 上为刘某注册了一个名为"小家电"的网页,而不是一个独立的网址,因此起诉请求撤销《中国 3G 网址服务合同》,信息公司、通信公司退还刘某支付的服务费 96 000 元。

2. 裁判结果

法院经审理认为,刘某作为非 3G 行业的专业人士,其签订合同是基于信息公司宣传的"3G 网址"具有唯一性、稀缺性和增值性,但两公司所提供的服务实际上只能在特定网站输入关键字才能搜索到,显然并不具有以上特性,两公司利用"3G 网址"称谓使刘某误以为自己购买的是具有唯一性的网址,刘某的签约行为属于重大误解,依法可请求撤销合同。两公司作为专业性强的网络服务提供者,未对服务内容进行充分说明,应当承担不利后果。据此判决撤销《中国 3G 网址服务合同》;某信息公司向刘某返还服务费 96 000 元,某通信公司对此承担连带清偿责任。

3. 法官点评

诚实信用是经营行为的第一要义和根本准则,作为具有较强技术性的网络服务的提供者,应当如实全面向消费者说明其服务的性质和内容,而不是通过虚假宣传诱使消费者作出与真实意愿不符的消费行为;否则,消费者可以重大误解等法定情形为由请求撤销合同。

案例二　卢某与腾讯公司、某电子商务公司买卖合同纠纷案
——网购须防"抱大腿",新旧消法有区别

1. 基本案情

2012 年 6 月 19 日,卢某在腾讯公司经营的"QQ 网购"网站上购买了四款贝佳斯品牌的化妆品,化妆品由某电子商务公司开具发票。卢某向贝佳斯公司咨询后认为"QQ 网购"上销售的贝佳斯是假货,故起诉腾讯公司、某电子商务公司,要求两公司共同赔偿卢某货款损失。

2. 裁判结果

法院经审理认为,在"QQ 网购"中涉案四种商品的详情页面均载明"本商品由天天网提供",而腾讯公司的经营范围并无销售普通商品的项目。从而认定,某电子商务公司是商品的销售者,腾讯公司实为提供"QQ 网购"网络交易平台服务的经营者,腾讯公司与卢小姐构成服务合同关系而非买卖合同关系,故判决驳回卢小姐对腾讯公司的诉讼请求。

3. 法官点评

消费者在网购过程中往往忽视一个重要问题,购物网站平台的运营商不一定是买卖合同的相对方。一般情况下,网络平台与消费者之间不构成买卖合同关系,不承担相应的赔偿责任。消费者在网上消费时,不宜抱有"在大网站购物质量有保证"的观念,大型网站有可能仅为交易平台的提供者,就像消费者在菜市场买菜,菜市场再大,关键还是要看卖菜的菜农。但值得注意的是,新修订的《中华人民共和国消费者权益保护法》第四十四条规定了网络交易平台提供者承责的几种情形:不能提供销售者或者服务者的真实名称、地址和有效联系方式的;网络交易平台提供者作出更有利于消费者的承诺的;网络交易平台提供者明知或者应知销售者或者服务者利用其平台侵害消费者合法权益,未采取必要措施的。据此,网络交易平台提供者在审核销售者或服务者准入其交易平台时,应更为审慎,并应加强对在其交易平台上经营的商家的监督管理;否则,交易平台提供者亦将面临承担责任的风险。

案例三　刘某与纳纳购公司买卖合同纠纷案
——"秒杀"网购违约责任的赔偿标准认定

1. 基本案情

2011 年 8 月 3 日,纳纳购公司在互联网上发布广告,进行音箱促销活动,商品名称为海尔音箱 H97,价格为 0.01 元,并宣称市场价为 500 元,同时网页界面上显示有限购数量。刘某发现上述信息后,立即下单购买了 100 台,查询得知下单成功后,刘某即通过支付宝将货款 1 元转给纳纳购公司。后因纳纳购公司未向刘某交付货物而发生纠纷,刘某起诉至法院要求纳纳购公司赔偿其损失 9 900 元(按每台 100 元计算 99 台的损失)。

2. 裁判结果

法院经审理认为，纳纳购公司在网上发布促销活动信息，信息内容明确具体，并提供下单服务，刘某下单成功并付款，故双方之间的买卖合同关系成立。纳纳购公司在收到刘某的货款后，本应依约交付货物，但纳纳购公司至今未交货，已构成违约。在违约责任的认定问题上，按常理，合同双方对"秒杀"的预期应为购买一台音箱，以极低价格购买100台的情形已超出合同当事人的合理预期，现刘某起诉要求纳纳购公司按每台100元的价格进行赔偿，对刘某的损失应按照购买一台音箱的索赔数额确定为宜，故纳纳购公司应向刘某支付赔偿款100元。

3. 法官点评

如今网络上"秒杀"盛行，实际上是商家的一种广告促销手段，通过明显低于成本的价格吸引消费者浏览其网页，达到广告宣传效应。因此，基于诚实信用原则和现代契约精神，若双方当事人均已依约履行合同，经营者事后不得以显失公平为由请求撤销合同。但本案的特殊性在于，"秒杀"的数量不是1台而是100台，明显不符合一般人对"秒杀"的理解，也过分超出了当事人对合同履行的预期。在商家尚未实际交付货物、消费者仅仅支付了1元作为合同对价的情况下，根据公平原则，不宜对经营者苛以过重的责任，赔偿100元损失基本符合双方当事人对合同实际履行可得利益的预期，是双方都可以接受的结果，因此本案判后双方当事人均服判未再上诉。

案例四 王某与当当网买卖合同纠纷案
——网站用户注册界面的用户协议属格式合同，不得不合理限制消费者权利

1. 基本案情

王某在当当网购买商品，因不满意商品质量，遂向合同履行地广州市白云区人民法院起诉当当网。当当网提出管辖权异议，称其已在官方网站上的交易条款中载明"所有争端将诉诸于北京某某网所在地的人民法院"，因此案件应当由当当网所在地北京市东城区人民法院管辖。

2. 裁判结果

法院经审理认为，案件属于买卖合同纠纷，当当网提出管辖权异议的主要依据是王某完成在当当网上的用户注册后即知悉并同意该网站的《当当网交易条款》，即应遵循条款内的协议管辖条款。但是，当消费者进入该网注册页面时，已经默认选定为"同意"《当当网交易条款》，同时，网站没有通过合理、明确的方式让消费者注意到该协议管辖条款，消费者难以注意到该格式条款的具体内容。而且，网上购物往往具有买卖双方地理位置相距较远的特征，该条款使得当当网所在地以外的所有消费者负担大量额外的、相比购物价格明显不合理的差旅和时间花费，导致消费者的诉讼权利无法正常实现。因该条款对消费者作出不合理限制，故裁定驳回当当网提出的管辖权异议。

3. 法官点评

消费者在网站上注册时，经常遇到只有选择"同意"若干"服务协议""服务条款"才可能进入网站进行消费的情况，如果网站经营者在其中设置一些不利于消费者的条款，消费者一是难以发现，二是即使发现也无法拒绝(除非不享受网站服务)，对于这类限制消费者权利、免除经营者义务的格式条款，既不利于经营者社会声誉的塑造，更有被法院认定为无效条款的风险，应当慎重为之。

案例五 乐视网与某广告公司广告合同纠纷案
——广告发布情况应做好证据保全，否则易承担举证不能后果

1. 基本案情

2011年11月16日乐视网和广告公司签订《乐视网络广告发布协议》，约定广告公司在乐视网及其客户端上发布广告。乐视网称其发布广告后，广告公司未在协议约定期限内付款，已构成严重违约，故起诉至法院请求广告公司立即支付乐视网广告费400 000元，并承担约定的违约金。广告公司辩称乐视网没有按照协议的要求为其发布广告信息，因此其无须支付广告费和承担违约金。

2. 裁判结果

法院经审理认为，虽然在2012年8月29日，乐视网的代理人向公证处申请对相关网页进行保全证

据公证,公证处亦将网站发布广告情况截图并出具《公证书》,但《公证书》只能证实乐视网于 8 月 29 日当天在其网站上发布了涉案广告,并不能证明其按照合同约定的时间和数量履行了合同义务。乐视网为证明其履行了合同义务,又提供自行打印的排期表、电子邮件及投放报告,但这些证据均为乐视网单方制作,难以采信。由于乐视网无法证实其按照合同约定履行了合同义务,因此驳回乐视网的全部诉讼请求,二审调解结案。

3. 法官点评

根据广告合同的性质,广告发布方应当对其依约全面履行广告发布义务承担举证责任,网络广告与实体广告发布有所不同,前者更具有时效性和易变性,因此,网站为证明其已依约履行合同,应当及时取得对方的确认,或者合理地进行多次证据固定,否则很容易陷入无法自证的困境。

案例六 某贸易公司与贾某买卖合同纠纷案
——网络宣传有风险,加盟经销需谨慎

1. 基本案情

2010 年,贾某在网络上看到某贸易公司的广告宣传,轻信宣传称投资开办其某服饰折扣店,"用最省钱的投资方式,开最赚钱的服装店",便于 2010 年 12 月 18 日与贸易公司签订了《总经销商合同》。贾某依约交纳了品牌运营费后,多次向贸易公司订货累计 62 000 元,但收到的货均为无法销售的货品,大量存货堆积在贾某家中。贾某因此起诉要求解除合同并退还货款等相关费用。

2. 裁判结果

法院经审理认为,贸易公司在其网络宣传及合同内均对货物质量作出承诺,而在实际履行合同过程中,贸易公司所交货物存在货不对板的问题,导致贾某无法销售,后又拒绝贾某退货请求,贸易公司的行为已构成违约,贾某可解除合同。同时货物存在问题责任在于贸易公司,因此应返还营运费、货款给贾某。据此,法院判决解除《总经销商合同》;贸易公司返还贾某品牌营运费 5 万元、货款 62 000 元并赔偿贾某经济损失 51 752 元。

3. 法官点评

网络广告宣传往往具有夸大成分,市民在投资经营时应慎重考虑其中存在的商业风险。本案中的广告宣传实际上并不是合同的一部分,贾某的诉讼请求大部分得到支持的原因在于合同中有具体的违约责任约定,因此,在趋利动机的驱使下,仍应理智审查合同条款,维护自身合法权益。

案例七 某电子公司与某网络公司承揽合同纠纷案
——电子证据"QQ 聊天记录"的效力认定

1. 基本案情

2010 年 12 月 21 日,某电子公司与某网络公司签订《外贸网络营销服务合同》,约定电子公司购买一套外贸营销系统,由网络公司负责服务平台的搭建及推广,电子公司分期向网络公司支付货款。电子公司称网络公司未能按约依期履行合同,起诉请求网络公司返还已付合同款项。网络公司提交 QQ 聊天记录,以证明双方通过 QQ 聊天平台协商变更了合同内容,辩称其不存在违约事实。

2. 裁判结果

法院经审理认为,电子公司认为网络公司没有完成平台搭建及推广的义务,网络公司提交 QQ 聊天记录证明双方仍在交流和协商过程。电子公司否认 QQ 聊天记录的证据效力,但同时又引用聊天记录的部分内容作为网络公司违约的证据,故可以确认 QQ 聊天记录内容的真实性。从聊天记录的内容看,直到 2011 年 6 月初双方仍在就网络平台的建立沟通交流和更正、调整有关数据资料,可见双方在履行合同中以实际行为对合同约定的网络平台建立期限作出了变更,因此电子公司主张网络公司迟延履行合同义务与事实不符,故判决驳回电子公司的诉讼请求。

3. 法官点评

QQ 聊天记录作为电子证据的具体形式,具有易更改性,因此在司法实践中对其证据效力的认定一般比较慎重,一般需要结合案件事实、当事人陈述及其他证据综合认定。在本案中,由于电子公司逻辑上

自相矛盾,一方面否认电子证据的证明力,另一方面又引用电子证据印证己方观点,相当于确认了电子证据的效力,因此,对于双方当事人均确认的电子证据,法院对电子证据的真实性予以确认。

案例八 林某与北京某网络公司网络服务合同纠纷案
——合同权利义务应以当事人协商一致的合同为依据

1. 基本案情

2011年12月27日,林某与北京某网络公司签订《"行业门户"产品及服务合同》,约定由网络公司为林某建立"www.zhongxxx.net/国际文化网",合同履行过程中林某认为网络公司存在以下违约情形:网络公司没有为其建立3G手机互联网网站;没有在8个城市做公交广告;没有给林某1 000个会员会籍;点击率没有达到前十位;没有协助办理WAP经营性许可和备案;没有如约对林某进行重点扶持。故向法院起诉请求确认涉案合同已经解除,并判令网络公司向其全额退款60 000元及利息。

2. 裁判结果

法院经审理认为,合同主要内容为建立"www.zhongxxx.net/国际文化网",网络公司已履行该义务。关于建立3G手机互联网,是因林某未取得行政许可并备案导致网页最终无法通过WAP接入互联网,故网络公司不构成违约;关于没有做公交广告、没有给林某会员会籍、点击率没有达到前十位等的问题,双方并没有在合同中具体约定;关于对林某的"重点扶持"问题,只有合同上的手写字迹,不能视为双方已达成一致意见。因此驳回林某全部诉讼请求。

3. 法官点评

涉案合同为商事合同,当事人从事商事行为应依法依约履行义务、行使权利,林某败诉的主要原因在于其没有将双方协商过程中的口头约定、承诺通过书面形式固定下来,又没有相应证据证实其要求已得到对方确认,在对方已履行合同主要义务的情况下,林某行使解除权没有法律依据,自然得不到法院支持。

案例九 某顾问公司与某广告公司、某信息网合作协议纠纷案
——网络病毒引发的合同撤销之争

1. 基本案情

2011年5月9日,顾问公司与信息网、广告公司分别签订合同,约定信息网、广告公司在其经营的某某网首页开设股票频道,该频道由顾问公司运营内容,但所有内容由某某网监督和审核。2011年7月,顾问公司的网页出现木马病毒,信息网遂撤下顾问公司在其网页的链接。顾问公司因此起诉至法院,称木马病毒属不可抗力,广告公司与信息网撤下其网页链接的行为已构成违约,并认为签订合同时信息网与广告公司存在欺诈行为,起诉请求撤销其与广告公司签订的《专栏年度合作协议书》,并由信息网、广告公司对退还协议款和赔偿损失承担连带责任。

2. 裁判结果

法院经审理认为,在履行协议过程中,因顾问公司的广告代码出现木马病毒引致信息网撤下其广告链接,其中涉及双方各自的原因和问题。鉴于合同中就病毒出现及处理问题没有明确的约定,对于该纠纷双方当事人应当遵循平等公平原则协商解决,该事实与顾问公司请求撤销合同的诉讼请求并没有因果关系,故判决驳回顾问公司的诉讼请求。

3. 法官点评

网络病毒是网络交易风险防范的技术保障难点及要点,网络病毒对于电子商务和网络服务的负面影响显而易见,无论是消费者还是经营者,在使用网络时均应尽合理的谨慎义务,采取适当措施对网络病毒加以防范。

案例十 张某与某酒店、五八公司餐饮服务合同纠纷案
——团购服务不能免除经营者开具发票的法定义务

1. 基本案情

2011年11月11日,张某通过某信息公司的团购网上团购了位于某酒店的"粤菜8人套餐",张某

第 3 章 电子合同

团购成功后到酒店用餐。用餐完毕后,张某要求酒店开具与团购价相符的发票,遭到酒店拒绝。张某认为开具发票属于酒店的法定义务,故向法院起诉请求判令酒店为其开具发票。

2. 裁判结果

法院经审理认为,张某与酒店之间构成餐饮服务合同。酒店作为商品服务的提供者,向来店消费的消费者出具消费发票是其应尽的义务,酒店应当向其补开消费发票。

3. 法官点评

消费者要求经营者开具足额发票,既是消费者的权利,也是经营者的义务,不因其提供服务的价格、渠道不同而有所区别。

(来源:广州中院商事审判庭)

自 测 题

一、单项选择题

1. 合同的成立(   )。
   A. 指订约当事人就合同的主要条款达成合意,即双方当事人意思表示一致
   B. 指受要约人同意要约的全部条件以缔结合同的意思表示
   C. 即合同的生效
   D. 指合同的内容和形式合法

2. 我国最早确认电子合同的合法性的法律是(   )。
   A.《计算机软件保护条例》   B.《电子签名法》
   C. 1999 年的《合同法》   D.《电子商务示范法》

3. 依据《合同法》,收件人未指定特定系统接收数据电文的,(   )视为到达时间。
   A. 收件人检索到该数据电文的时间
   B. 收件人回复该数据电文的时间
   C. 该数据电文进入收件人任何系统的首次时间
   D. 收件人回复发送人收到该数据电文的时间

4. 如果一则网络信息,介绍了某种商品的基本信息、价格、数量等情况,并明示购物者单击即可购买,则该信息应被视为(   )。
   A. 合同   B. 承诺
   C. 要约邀请   D. 要约

5. 下列不属于要约邀请的是(   )。
   A. 寄送的价目表   B. 网络广告
   C. 拍卖公告   D. 投标

二、简答题

1. 什么是电子合同?电子合同和书面合同的区别与联系有哪些?
2. 简述电子合同订立的程序。
3. 简述要约与要约邀请的区别。
4. 什么是电子合同履行?电子合同履行的基本原则有哪些?

三、案例讨论

1. 某出口公司于 10 月 14 日对某外商发盘，限 20 日复到。16 日接到对方来电："接受你方 14 日的致电，但请降价 15%，即复。"我方正在研究如何答复时，又在 18 日接到对方来电："经重新考虑，接受你方 14 日的发盘，我方将按时开证，请及时备货发运，致谢。"但事过一个月之后，该商品行情大幅下跌，该外商在 11 月 15 日向我方来电："因故，撤销我方 10 月 18 日致电的购买，致歉。"

(1) 分析 10 月 16 日外商来电的法律性质。
(2) 分析 10 月 18 日外商来电的法律性质。
(3) 分析 11 月 15 日外商来电的法律性质。
(4) 分析哪方应对本案承担违约责任，并说明原因。

2. 2011 年 1 月，王某在某网站订购了一项数码相片冲洗服务，委托该网站将自己数码相机内的相片进行冲洗，支付方式为网上电子支付。王某选择了该网站指定的中国建设银行网上银行安全支付方式，支付了全部款项 103.5 元，操作结束后屏幕显示交易成功。事后王某在建设银行打印的对账单也表明当日在其银行账户确实发生了该笔款项的支出。根据该网站交易规则，建设银行网上划款为实时，该网站应在客户支付款项到账后 36 小时内向客户提供服务。然而王某一直未能如愿。4 月 14 日，王某为此纠纷与一家律师事务所签订了委托代理合同并支付了律师费。16 日，该网站向王某表示同意提供服务，由于此时原告已发生了律师费用，故原告要求该网站承担其损失，即已发生的律师费用，但遭到该网站拒绝。

试分析本案中数码冲印服务合同是否成立，并说明原因。

第4章 电子签名与电子认证法律制度

教学目标

通过本章内容的学习，了解电子签名与电子认证的基本概念、数字签名过程与规则及电子认证的操作程序，掌握电子签名的法律要求、认证机构与数字证书的相关内容，能够运用电子签名和电子认证法律规范解决实际问题。

教学要求

知识要点	能力要求	相关知识
电子签名概述	能够正确理解电子签名的基本概念和基础知识	(1) 传统签名的法律内涵与性质 (2) 电子签名的含义 (3) 数字签名的技术环境
数字签名过程与规则	(1) 了解数字签名的基本知识 (2) 理解掌握数字签名过程及其应用规则	(1) 数字签名的概念及特征 (2) 非对称密钥系统(PKI)框架 (3) X.509证书 (4) 数字签名的应用步骤
电子签名的法律要求	(1) 能够正确理解电子签名的法律规范 (2) 能够正确理解电子签名当事人的法律规范	(1) 电子签名的基本要求 (2) 电子签名的法律效力 (3) 电子签名的适用范围 (4) 电子签名的各方当事人的基本行为规范
电子认证概述	能够正确理解电子认证的基本概念和基础知识	(1) 电子认证的概念及操作程序 (2) 电子认证的分类与作用
认证机构与数字证书	(1) 掌握认证机构的设立与管理模式 (2) 掌握数字证书颁发、接受、中止、撤销、届满及保存的业务规范	(1) 认证机构的设立条件 (2) 认证机构的管理模式 (3) 认证机构的证书业务规范
电子认证活动中的法律问题	(1) 能够正确理解电子认证各方当事人之间的法律关系 (2) 掌握认证机构的法律责任	(1) 认证机构与证书持有人之间的关系 (2) 认证机构与证书信赖人之间的关系 (3) 认证机构的法律责任

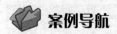 **案例导航**

《电子签名法》全国第一案

2004年1月,杨先生结识了女孩韩女士。同年8月27日,韩女士发短信给杨先生,向他借钱应急,短信中说:"我需要5 000元,刚回北京做了眼睛手术,不能出门,你汇到我卡里。"杨先生随即将钱汇给了韩女士。一个多星期后,杨先生再次收到韩女士的短信,又借给韩女士6 000元。因为都是短信来往,两次汇款杨先生都没有索要借据。此后,因韩女士一直没提过借款的事,并且又向杨先生借款,杨先生因而产生了警惕,于是向韩女士催要,但一直索要无果,随后将韩女士起诉至北京市海淀区人民法院,要求韩女士归还其11 000元。

在庭审中,杨先生在向法院提交了两张银行汇款存单,但韩女士却称这是杨先生归还以前欠她的欠款。此外,杨先生还提交了自己使用的号码为"1391166××××"的移动电话一部,其中记载了部分短信内容。例如,2004年8月27日15:05,"那就借点资金援助吧。"2004年8月27日15:13,"你怎么这么实在!我需要5 000元,这个数目不大也不小,另外我昨天刚回北京做了一个眼睛手术,现在根本出不了门口,都没有办法见人,你要是资助就得汇到我卡里!"等韩女士发来的18条短信内容。后经法官核实,杨先生提供的发送短信的手机号码拨打后接听者是韩女士本人。而韩女士本人也承认,自己从去年七八月份开始使用这个手机号码。

法庭调查及判决:

法院经审理认为,依据《最高人民法院关于民事诉讼证据的若干规定》中的关于承认的相关规定,"1391173××××"的移动电话号码是否由韩女士使用,韩女士在第一次庭审中明确表示承认;在第二次法庭辩论终结前,韩女士委托代理人撤回承认,但其变更意思表示未经杨先生同意,亦未有充分证据证明其承认行为是在受胁迫或者重大误解情况下作出;原告杨先生对该手机号码是否为被告所使用不再承担举证责任,而应由被告对该手机其没有使用过承担举证责任,而被告未能提供相关证据,故法院确认该号码是韩女士使用。

依据2005年4月1日起施行的《电子签名法》中的规定,电子签名指数据电文中以电子形式所含、所附用于识别签名人身份并表明签名人认可其中内容的数据;数据电文指以电子、光学、磁或者类似手段生成、发送、接收或者储存的信息。移动电话短信息即符合电子签名、数据电文的形式。同时移动电话短信息能够有效地表现所载内容并可供随时调取查用;能够识别数据电文的发件人、收件人,以及发送、接收的时间。经法院对杨先生提供的移动电话短信息生成、储存、传递数据电文方法的可靠性,保持内容完整性方法的可靠性,用以鉴别发件人方法的可靠性进行审查,可以认定该移动电话短信息内容作为证据的真实性。

通过韩女士向杨先生发送的移动电话短信息内容中可以看出:2004年8月27日,韩女士提出借款5 000元的请求并要求杨先生将款项汇入其卡中;2004年8月29日,韩女士向杨先生询问款项是否存入;2004年8月29日,中国工商银行个人业务凭证中显示杨先生给韩女士汇款5 000元;2004年9月7日,韩女士提出借款6 000元的请求;2004年8月29日,韩女士向杨先生询问款项是否汇入;2004年9月8日,中国工商银行个人业务凭证中显示杨先生给韩女士汇款6 000元;2004年9月15日至2005年1月,韩女士屡次向杨先生承诺还款。

杨先生提供的通过韩女士使用的号码发送的移动电话短信息内容中载明的款项来往金额、时间与中国工商银行个人业务凭证中体现的杨先生给韩女士汇款的金额、时间相符,且移动电话短信息内容中亦载明了韩女士偿还借款的意思表示,两份证据之间相互印证,可以认定韩女士向杨先生借款的事实。据此,杨先生所提供的手机短信息可以认定为真实有效的证据,可以证明事实真相,法院对此予以采纳,对杨先生要求韩女士偿还借款的诉讼请求予以支持。

(资料来源:佚名.《电子签名法》全国第一案信息化新法付诸实践[EB/OL].(2006-05-23).[2012-07-03].http://www.lusin.cn/ebjichu/law/2006-05-23/k9666.htm)

该案是《电子签名法》实施后首次被运用到司法审判的实践之中，对于《电子签名法》所规定的核心内容，将在本章各节中进行系统讲述。

4.1 电子签名概述

4.1.1 传统签名的法律内涵与性质

我国《辞海》对签名的解释是"在文件上亲笔署名或画押"。

签名，一般是具有法律意义的行为。其一，签名是一种证明行为，签署者可借以证明物品、行为或意思的归属；其二，在文件上签名，表明对其内容的同意。当法律规定或当事人约定，以签名作为法律行为的生效要件时，签名就成了该法律行为的决定因素之一。

签名具有标示当事人身份及其对内容的承认、认可的作用。传统民商事法律之所以要对合同书提出签名的要求，是因为电子签名具有多种重要功能。

（1）确定签名人的身份。

（2）确定是当事人自己的签名，使该人与合同内容发生联系。

（3）表明签名人同意合同内容并同意受其拘束。

一个较完善的签名，一般应满足以下3个条件。

（1）签名者事后不否认自己签署的事实。

（2）任何其他人均不能伪造该签名。

（3）如果当事人双方关于签名的真伪发生争执，能够由公正的第三方仲裁者，通过验证签名来确认其真伪。

手签、印章、指印等传统书面签名，基本上满足了以上条件。而能够达到这些功能的电子技术手段，一般都可称之为电子签名。事实上并不是所有的电子签名，都能达到与传统签名一样的功能。目前IT界所说的诸如口令、密码、数字加密等电子签名形式，并不一定都能达到上述要求，有些只是在某些方面实现了其功能，它们可以被包含在最广义的电子签名概念之中。

传统签名的局限性是：首先，传统签名必须以纸面为介质，成本较高；其次，传统签名必须由个人亲笔书写，由于受书写人的精力、时间及行动空间的约束，不适合大规模的交易行为的进行；最后，传统签名存在相当大的被假冒的可能性。

由于传统签名自身存在的缺陷，以及电子通信技术的迅速发展和日益成熟，电子签名成为签名的一种重要形式，并成为文件认证的主要手段就是不可避免的。

4.1.2 电子签名与数字签名

1. 电子签名的定义

2001年12月，联合国第56届会议第85次全体会议正式通过了《联合国国际贸易法委员会电子签名示范法》（以下简称《电子签名示范法》），该法给出了电子签名及其相关概念："电子签名"（Electronic Signature）指以电子形式所含、所附或在逻辑上与数据电文有联系的数据，可用于鉴别与数据电文相关的签名人和表明签名人认可的包含在数据电文中的信息。

《联合国国际贸易法委员会电子商务示范法颁布指南》对数据电文做了更为详细的解释。第一,"数据电文"的概念并不仅限于通信方面,还应包括计算机产生的并非用于通信的记录。"电文"这一概念应包括"记录"这一概念。第二,所谓类似手段,并不仅指现有的通信技术,还包括未来可预料的各种技术。"数据电文"定义的目的是要包括所有以无纸形式生成、储存或传输的各类电文。为此,所有信息的通信与储存方式,只要可用于实现与定义内所列举的方式相同的功能,都应当包括在类似手段中。第三,"数据电文"的定义还包括其废除或修改的情况。

我国的《电子签名法》基本上沿用了这一定义,将电子签名定义为"数据电文中以电子形式所含、所附用于识别签名人身份并表明签名人认可其中内容的数据"。

【法律法规】

根据我国《电子签名法》的规定,数据电文的概念包含两层意思:第一,数据电文使用的是电子、光、磁手段或者其他具有类似功能的手段;第二,数据电文的实质是各种形式的信息。

与此同时,《电子签名法》还对数据电文进行了解释:"本法所称数据电文,是指以电子、光学、磁或者类似手段生成、发送、接收或者储存的信息。"

对于电子签名概念的定义主要包括以下3个方面的考虑。

(1)概念的广泛性。要定义电子签名的概念,首先考虑到该概念使用范围较广,应有较大的涵盖面和较为灵活的解释,故将电子商务活动中的数据签名、电子签名、电子签章等具有相同内容的不同表述统一起来,使这一概念可以被世界各国接受。

(2)不偏重任何技术的原则。综合考虑公钥加密技术的替代问题,并考虑其他电子签名方式的发展问题,如使用生物测定法或其他一些此类技术,因此,没有片面地强调某一技术。

(3)电子签名的实质。要区别"签名"的法律概念和"电子签名"的技术概念,应将电子签名看作一种与数据电文相关联的电子数据,而这一数据是在制作电子签名的过程形成的,并产生了对签名人和相关信息的核证作用,从本质上揭示了电子签名的内涵,而没有简单地将其看做一种方法或一种结果。

2. 数字签名的概念

数字签名(Digital Signature)是电子签名广义概念中所包含的狭义概念,指以非对称密钥加密方法(Public Key Infrastructure,PKI,公钥基础设施)产生的电子签名。数字签名是只有信息发送者才能生成而别人无法伪造的一段数字串,这一段数字串同时也是对发送者发送的信息的真实性的一种证明。

【拓展知识】

数字签名的概念建立在对现有电子签名的技术方法的考察的基础上。其基本思路是,在现行的电子认证技术中,计算机口令容易被破获,其安全系数不足;对称密钥加密不适应开放型市场的需要;而指纹、眼虹膜网等以生物特征作为鉴别依据的辨别技术的应用成本过高,只有非对称密钥加密(即数字签名)方法,既安全可靠,又能适应开放型市场密钥分发的需要,并且成本也不太高,是较为理想的电子签名技术方案。

目前,数字签名已经被广泛应用于电子支付和电子金融等领域,成为最重要的电子签名表现形式。

4.1.3 数字签名的技术环境

1. 密钥原理

数字签名的安全性必须依赖必要的技术环境。

数字签名是通过加密技术生成和确认的。它基于一种被称为"公钥"的密钥技术,建立在可以产生两组不同的但有数学关系的"密钥"的算法(使用一组数学公式,用质数得到大量数值)上。用一个这样的密钥来生成数字签名或将数据转化为无法理解的形式,另一个则用来确认数字签名或将信息还原为原形式。

被用于数字签名的补充密钥被称为"私钥"(私密钥),只能由签名者用来生成电子签名;而为公众所知悉的"公钥"(公共密钥),则主要是被相对方用于确认数据签名。密钥用户必须对其私钥保密,一般个人用户并不需要知道私钥,它可能保存于智能卡中,或是通过个人身份号码,最好是使用诸如指纹辨别的仿生识别设施来查取。如果需要确认签署者的数字签名的人数众多,那么其公钥必须让所有需要的人能够查取,或者分发给他们。例如,将其放在网上数据库,或放在其他容易查取的公开目录中。尽管这些密钥对在数学上是相关的,但要根据已知的公钥来推导出私钥,几乎是不可能的。

在通过公钥和私钥进行加密的过程中,最常见的算法是根据许多质数所具有的重要特征:一旦它们相乘,将产生一个新的数字,要想弄清这个新的、非常巨大的数字是由哪两个质数产生的,是极其困难且耗神费力的。因此,尽管许多人可能知道签署者的公钥,并用来确认所签之名,但根本不可能发现签署者的私钥,更谈不上用来伪造数字签名。然而,公钥编码技术并不一定要使用上述基于质数的算术法。目前也使用或正在开发其他算术法,如使用椭圆曲线的密钥系统等,该技术能够通过很短的密钥,达到更高的安全度。

计算机设备和使用这两组密钥的软件被统称为"密钥系统",更具体地说,是"非对称密钥系统"(PKI),因为它们依赖于使用不对称的算法。

密钥体系是一种提供信任的方式,其作用在于保证用户的公钥未曾受到损害,并在事实上与其私钥相符;保证所使用的加密技术运行良好;保证发放密钥的实体可以受托保有或重新生成公钥和私钥,在有权范围内,密钥用于保密性编码;使不同的密钥系统可以兼容。

为使网络交易各方相互信任,PKI 可提供以下多种服务。

(1) 管理为数字签名使用的加密密钥。
(2) 确认公钥与私钥相符。
(3) 为最终用户提供密钥。
(4) 决定用户在系统上享有哪种特权。
(5) 公布可靠的公钥或证书目录。
(6) 管理能以独特的个人身份信息识别用户或能生成和储存私钥的个人标志。
(7) 检查最终用户身份,并提供相关服务。
(8) 提供"不得否认"服务。
(9) 提供时间记录服务。
(10) 在为保密而被授权使用密钥技术的场合,管理加密密钥。

2. 加密技术

加密（Encryption），是通过数字密码算法，将数据转换为局外人不可读取的形式。加密后的数据成为似乎完全随机产生的没有任何意义的字符串，以达到保密的效果。加密用的密码被称为密钥，密钥的长度决定加密性的强度，密钥的长度越长越难被解密，在数字技术发展的今天，40 位长度的密钥在 4 个小时内就可被破译，因而已实际失去加密性能，而长度为 128 位的密钥实际上几乎不可被破译。目前实际应用的密钥长度一般都在 56 位以上。加密措施大致有 5 种：对称加密、非对称加密、散列函数算法、数字签名、混合加密。

3. 数字签名技术

数字签名在技术上体现为加密后的信息摘要，是保障信息安全的一种技术方法。签署文件或其他条款时，签署者首先须准确界定要签署内容的范围，再用签名软件中的散列函数功能，计算出被签署信息唯一的哈希函数（Hash Function，又称为散列函数）值。然后使用其私钥，将哈希函数值转化为数字签名。换句话说，为保证数据传输的完整性，以实现交易安全的目标，人们将散列函数与非对称加密两种方法结合起来，推出了数字签名。

通常，数字签名被附在信息之后，并随同信息一起储存和传送。然而，只要能保持与相应信息之间联系的可靠性，也可作为单独的数据元被存储和传送，因为数字签名与所签署的信息之间具有唯一联系。

4. 数字签名的运行系统

为了确认数字签名，信息接收方必须取得签署者的公钥，并且保证其与签署者的私钥相匹配。然而，某一组公私钥对并不天然地与任何人相联系，它只是一组数字而已。因此，需要一种组织机制，可靠地将这组公私钥对与某个特定的人或实体联系起来。如果要使公钥执行其应有的作用，则需要一种渠道向公众发送该密钥。对发送人而言，需要公钥的，多是陌生人，事先并不与其存在信任关系。为了达到确认的目的，相关当事人必须完全信任发出的公钥及私钥。

上述信任可能产生于有信任关系的当事人之间。他们可能经过了长时间的交往，可能在封闭的社区里有所交往，也可能在封闭的团体里共事，或者有合同关系对之约束，如贸易伙伴协议等。在仅涉及两方当事人的场合，每方当事人只需交换其密钥对中的公钥。

然而，同样的信任却很难在未建立经常交往关系的当事人之间产生。他们不在同一集团内共事，没有贸易伙伴协议或其他法律来约束其间的关系，只能通过开放性系统进行交流。

在开放性系统中，通过一个或几个值得信赖的第三方，将被认定的签名或签署者的姓名与特定的公钥联系起来。可信赖的第三方在多数技术标准中，被称为"认证机构""证书服务供给者"或"证书服务提供者"。

4.2 数字签名过程与规则

4.2.1 数字签名的特征

数字签名具有以下 3 个特征。

(1) 确认主体身份。在电子签名过程中，私钥只能为发文者独自所有，正常情况下，其他人不可以拥有和使用。

(2) 确认内容的完整和准确性。由于原文的资料经过多次加密及解密，以及公钥与私钥的完全对应性特征，经电子签名的文件资料内容不能轻易被篡改。

(3) 收件方的验证过程是公开的。验证方在验证文件时使用的是发件方提供的公钥，任何人都可以验证。

4.2.2 非对称密钥系统框架及 X.509 证书

数字签名以"非对称密钥系统"技术为基础。

PKI 是一种网络基础设施，其目标是向网络用户和应用程序提供公钥的管理服务。为了使用户在不可靠的网络环境中获得真实的公开密钥，PKI 引入公认可信的第三方；同时避免在线查询集中存放的公开密钥产生的瓶颈。可信的第三方是 PKI 的核心部件，正是由于其中介作用，系统中任意两个实体才能建立安全联系。

PKI 框架有 3 类主体：PKI 服务的提供者(管理实体)、PKI 服务的使用者(终端实体)及用于证书/CRL 存放和检索分布式数据库(证书库)。证书签发机构(CA)和注册机构(Registration Authority，RA)是两种管理实体。CA 是 PKI 框架中唯一能够发布和撤销证书的实体，以维护证书的生命周期。RA 负责处理用户请求，在验证了请求的有效性后，代替用户向 CA 提交。RA 可以单独实现，也可以合并在 CA 中实现。作为管理实体，CA/RA 以证书方式向终端实体提供公开密钥的分发服务。CA 认证中心结构如图 4.1 所示。

证书库可由 Web、FTP 或 X.500 目录来实现。由于证书库中的存取对象是证书和 CRL，其完整性由数字签名保证，因此对证书库的操作可在无特殊安全保护的信道上传输。

目前所普遍采用的 X.509 标准对电子证书进行了定义，对 X.509 证书和 CRL 做了标准化工作。X.509 证书适用于大规模网络环境，其灵活性和扩展性能够满足各种应用系统不同类型的安全要求。

X.509 证书具有以下 5 个特性。

(1) 支持多种算法。X.509 证书独立于算法，CA 根据需要选择证书的签名和摘要算法，以及终端实体所拥有密钥对的类型。

(2) 支持多种命名机制。X.509 证书除了使用 X.500 名称机制标志持证者和验证者，还支持 E-mail 地址、IP 地址、域名系统(Domain Name System，DNS)名和微处理器接口(UPI)。

(3) 限制证书(公开密钥)的用途。CA 能够规定证书的使用范围，如签名、不可否认、密钥加密、数据加密、密钥协商、证书签发和 CRL 签发等。

（4）定义证书遵循的策略。每个 CA 都定义了一定的安全策略，以规范证书的操作过程。这些策略包括 CA 的命名空间、身份验证、撤销机制、法律责任和收费等。

（5）控制信任关系的传递。建立 CA 体系跨域认证，使每个 CA 除负责本域的证书管理任务外，还要维护与其他 CA 间的信任关系。X.509 证书定义若干字段用于控制信任关系的传递，使 CA 能够将自己管理域的安全策略体现在信任关系中。

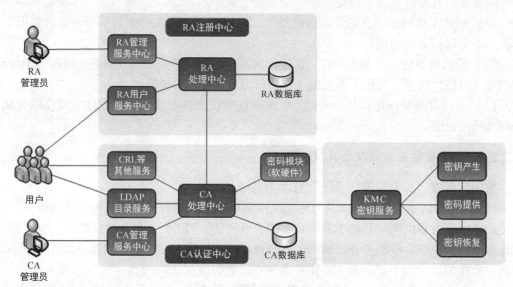

图 4.1　CA 认证中心结构

4.2.3　数字签名应用步骤

数字签名应用步骤包括在写好信息后，签名人先划定要签名的内容，然后用哈希函数软件为要签名的信息计算出其独有的散列值，最后，签名人的软件用私钥将散列值转变为数字签名。这个数字签名对这份信息和签名人的私钥而言是独一无二的。

签名人一般将数字签名附在数据电文之后并随电文一起发送出去，签名的过程就完成了。验证数据电文的接收人在收到信息后，可以对原文是否被篡改和签名的真实性进行核查。接收人通过参照原文用同一哈希函数计算出新的散列值，再用签名人的公钥解开数字签名得出散列值，核对这两者是否相同。如果相同，就表明签名是真实的，原文没有被改动过。

具体而言，数字签名的使用一般经过以下 10 个步骤。这些步骤既可由签署者完成，也可由被签署信息的接收者完成。这一过程如图 4.2 所示。

（1）用户生成或得到独特的加密密钥对。

（2）发件人在计算机上准备拟发送的信息，如电子邮件。

（3）发件人用安全的哈希函数算法准备好信息摘要。数字签名由一个哈希函数值生成。该函数值由被签署的信息和一个给定的私密钥生成，并对该信息是独特的。该哈希函数值的安全性，表现为通过任意信息和私钥的组合，生成同样数字签名的可能性为零。

（4）发件人通过使用私钥将信息摘要加密。私钥通过使用一种数学算法被应用在信息摘要文本中。数字签名包含被加密的信息摘要。

第4章 电子签名与电子认证法律制度

(5) 发件人将数字签名附在信息之后。

(6) 发件人将数字签名和信息(加密或未加密)发送给电子收件人。

(7) 收件人使用发件人的公钥确认发件人的电子签名。使用发件人的公钥进行的认证,可证明信息排他性地来自发件人。

(8) 收件人使用同样安全的哈希函数算法生成信息的信息摘要。

(9) 收件人比较两个信息摘要。假如两者相同,则收件人可以确信信息在签发后并未做任何改变。信息被签发后即使有一个字节的改变,收件人生成的数据摘要与发件人的数据摘要都会有所不同。

(10) 收件人从认证机构或信息发件人获得认证证书,用以确认发件人所发信息上数字签名的真实性。该证书包含发件人的公钥和姓名以及其他附加信息,并有认证机构的数字签名。在数字签名系统中,认证机构是专门从事管理证书业务的可信赖的第三方。

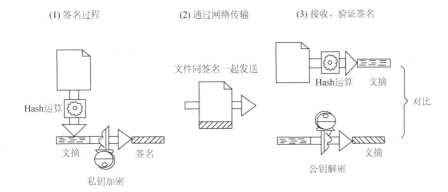

图 4.2 数字签名基本应用步骤

4.3 电子签名的法律要求

4.3.1 电子签名的基本要求

可靠性是电子签名的最基本要求。电子签名的可靠性要求的目的是确保可靠的电子签名,具有与手写签名同样的法律效果。

参照《签名示范法》的相关规定,我国《电子签名法》在第十四条中规定:"可靠的电子签名与手写签名或者盖章具有同等的法律效力。"

符合下列 4 个要件的电子签名可以视为可靠的电子签名。

(1) 电子签名制作数据用于电子签名时,属于电子签名人专有。这是电子签名人对电子签名专有性的要求。

(2) 签署时电子签名制作数据仅由电子签名人控制。在任何情况下,由电子签名人本人或经过其授权的代理人在使用电子签名的过程中,要求电子签名人能够完全控制电子签名制作数据。

(3) 签署后对电子签名的任何改动能够被发现。要求任何对电子签名的篡改都是有迹可查的。

（4）签署后对数据电文内容和形式的任何改动能够被发现。要求保证与电子签名相关信息的完整性，任何对电子签名签署后的篡改都是有迹可查的。

4.3.2 电子签名的法律效力

电子签名合法使用的效力包括以下 3 个方面。

1. 对签署人的效力

交易当事人以合法的方式签署了电子签名，将从法律上对签署人产生以下约束。

（1）签署人不可否认地承认自己是数据电文的发送人。如果该数据电文构成了一项法律文件，签署人就是该文件的发送人。

（2）签署人承认、认可、证实了数据电文的内容。如果该数据电文构成了一项法律文件，签署人就不能对该文件内容否认其所做出的承诺、认可或证实。

2. 对数据电文内容的效力

以电子签名签署的数据电文，在交易当事人之间应作为原件对待，尽管在传输或系统服务中可能有所变化。例如，认证机构可能根据数据发送人的要求，对该数据电文打上时间戳，以证明其发送时间。如果该数据电文构成了一项法律文件，那么经过当事人以电子签名签署后，不仅在当事人之间作为原件，也可以符合证据法上原件的要求，作为原始证据向法庭提交。关于证据法上的效力，《电子签名示范法》在其第 9 条"数据电文的可接受性和证据力"中作了规定。

3. 对法律行为的效力

电子签名的使用，是开放网络环境中商事交易法律行为的事实构成要素之一。当法律规定某种法律行为必须以书面签名形式作出时，以电子签名对数据电讯的签署，就充分地满足了这一要求。

4.3.3 电子签名的适用范围

我国《电子签名法》第三条有以下规定。

民事活动中的合同或者其他文件、单证等文书，当事人可以约定使用或者不使用电子签名、数据电文。

当事人约定使用电子签名、数据电文的文书，不得仅因为其采用电子签名、数据电文的形式而否定其法律效力。

前款规定不适用下列文书。

（1）涉及婚姻、收养、继承等人身关系的。

（2）涉及土地、房屋等不动产权益转让的。

（3）涉及停止供水、供热、供气、供电等公用事业服务的。

（4）法律、行政法规规定的不适用电子文书的其他情形。

因此，目前电子签名主要受到以下局限。

（1）与身份关系相关的场合。所谓"与身份关系相关"，指根据婚姻法、继承法、收养法等调整人身关系的法律的规定，确立、废止或变更人身关系的场合。因为人身关系具

第4章 电子签名与电子认证法律制度

有天然的伦理性,具有特定的人身关系是当事人从事一定的法律行为的前提,所以在法律上,涉及人身关系的行为均要求当事人亲自为之,以考察各方当事人真实的意思。例如,我国《电子签名法》第三条第三款第二项规定:以电子签名、数据电文形式订立的涉及婚姻、收养、继承等人身关系的法律文书并不具有法律效力。另外,美国《国际与国内商务电子签名法》第 103 条也规定:在受到法律调整的遗嘱方面,与之相关的法律文书不适用电子签名;与收养、离婚或家庭法相关的法律文件也不适用。

(2) 与诉讼程序相关的场合。诉讼是当事人权利救济的最后保障,诉讼的结果对当事人甚至对社会的利益都会发生重大影响。在诉讼程序法上,起诉状、传票等涉及当事人诉讼权利的文书均要求手书签名,只是在极少数情况下例外。

(3) 法律有特别规定的事项。有些部门法和法规对签名有特别规定,而有些涉及消费者或公众人身利益的行为也不适宜采用电子签名,如权利登记、社会福利事业、公用服务的取消与中止等。

4.3.4 电子签名的各方当事人的基本行为规范

参与电子签名活动包括签名人、验证服务提供商和依赖方。我国的《电子签名法》未对电子签名的各方当事人的基本行为规范作出明确而集中的表述;而《电子签名示范法》制定了这些当事人(签名人、依赖方和验证服务提供商等)的行为规范。

1. 电子签名人的行为

电子签名人,指持有电子签名制作数据并以本人身份或者以其所代表的人的名义实施电子签名的人。《电子签名示范法》第 8 条规定,签名制作数据可用于制作具有法律效力的签名,各签名人应当做到以下几点。

(1) 采取合理的谨慎措施,避免他人未经授权使用其签名制作数据。

(2) 签名人知悉签名制作数据已经失密,或签名人知悉签名制作数据可能已经失密的重大风险情况,应毫无迟延,利用认证服务提供人依照本法第 9 条提供的手段,或作出合理的努力,向签名人可以合理预计的依赖电子签名或提供支持电子签名服务的任何人发出通知。

(3) 在使用证书支持电子签名时,采取合理的谨慎措施,确保签名人作出的关于证书整个有效期的或需要列入证书内的所有实质性表述均精确无误和完整无缺。

2. 认证服务提供人的行为

《电子签名示范法》第 9 条有以下规定。

认证服务提供人提供服务,以支持可用做具有法律效力的签名而使用电子签名的,应当作到以下规定,否则应对未满足规定要求而承担法律责任:按其所作出的关于其政策和做法的表述行事。

采取合理的谨慎措施,确保其作出的关于证书整个有效期的或需要列入证书内的所有实质性表述均精确无误和完整无缺。

提供合理可及的手段,使依赖方得以从证书中证实认证服务提供人的身份、证书中所指明的签名人在签发证书时拥有对签名制作数据的控制、在证书签发之时或之前签名制作数据有效。

提供合理可及的手段，使依赖方得以在适当情况下从证书或其他方面证实用以鉴别签名人的方法、签名制作数据或证书的可能用途或使用金额上的任何限制、签名制作数据有效且未发生失密、认证服务提供人规定的责任范围或程度上的任何限制、是否存在签名人依照本法第8条发出通知的途径、是否提供了及时的撤销服务；确保提供及时的撤销服务；使用可信赖的系统、程序和人力资源提供其服务。

3. 电子签名依赖方的行为

电子签名依赖方，指基于对电子签名认证证书或者电子签名的信赖从事有关活动的人。《电子签名示范法》第11条规定依赖方应当对其未能做到以下两项承担法律后果。

(1) 采取合理的步骤查验电子签名的可靠性。

(2) 在电子签名有证书支持时，采取合理的步骤，包括查验证书的有效性、证书的暂停或撤销，以及遵守对证书的任何限制。

4.4 电子认证概述

4.4.1 电子认证的概念及操作程序

认证指权威的、中立的、没有直接利害关系的第三人或机构，对当事人提出的包括文件、身份、物品及其产地、品质等具有法律意义的事实与资格，经审查属实后作出的证明。认证包括广义认证和狭义认证。

广义认证(Authentication)即鉴别，主要包含对事物真伪的辨识的意思，它既可能是第三人的鉴别，也可能是当事人之间的相互鉴别；狭义认证，特指由从事认证服务的第三方机构所进行的鉴别。

电子认证，是以特定的机构，对电子签名及其签署者的真实性，进行验证的具有法律意义的服务。电子认证是电子鉴别技术在商事交易关系中的一种具体应用，指后一种由特定认证机构在电子商务中所做的认证，即狭义认证。

在电子认证与电子签名的关系上，电子认证虽然与电子签名一样，都是电子商务中的安全保障机制，但二者的具体功能和应用范围，却有一定的差异。

纸面交易环境下的书面文件与其认证手段——签名，通常是紧密结合，甚至是合二为一的。在开放型的网络交易环境下，不仅"书面"和"签名"已变得无形，而且二者的联系有了间隙和分离。电子签名是一种技术手段上的保证法律规范对之所做的调整，主要表现为对符合签名基本功能的电子签名技术予以认定，从而确立其法律效力。这实际上是对技术标准的认定，具有较强的客观性；而电子认证，则是一种组织制度上的保证，更侧重于对交易人的品行方面的考察。

电子认证的具体操作程序为，发件人在做电子签名前，签署者必须将其公钥送到一个经合法注册，具有从事电子认证服务许可证的第三方，即CA(Certificate Authority)认证中心，登记并由该认证中心签发电子印鉴证明(Certificate)。随后，发件人将电子签名文件同电子印鉴证明一并发送给对方，收件方经由电子印鉴佐证及电子签名的验证，即可确信电子签名文件的真实性和可信性。

CA认证中心在这一过程中起到行使具有权威性公证的第三人的作用。而经CA认证机关颁发的电子印鉴证明就是证明两者之间的对应关系的一种电子资料,该资料指明及确认使用者名称及其公钥。使用者从公开地方取得证明后,只要查验证明书内容确实是由 CA 机关所发,即可推断证明书内的公开密钥确实为该证明书内相对应的使用者本人所拥有。如此,该公钥持有人无法否认与之相对应的该密钥为其所有,进而亦无法否认经该密钥所验证通过的电子签名不为其所签署。

4.4.2 电子认证的分类与作用

1. 电子认证的分类

可以按照不同标准对电子认证进行分类。

1) 按认证的对象不同分类

(1) 站点认证。为了确保通信安全,在正式传送数据电文之前,应首先认证通信是否是在指定的站点之间进行,这一过程被称为站点认证。这是通过验证加密的数据能否成功地在两个站点间进行传送来实现的。

(2) 数据电文认证。数据电文认证,必须允许接收方能够确定:该电文是由确认的发送方发出的;该电文的内容没有被篡改或发生错误;该电文按确定的次序接收;该电文传送给确定的收方。经过站点认证后,接收和发送双方便可进行电文通信、而电文认证使每个通信者能够验证每份电文的来源、内容、时间和目的地的真实性。

(3) 电文源的认证。有两种基本的方法实现电文源的认证:第一,以收发双方共享的保密的数据加密密钥来认证电文源;第二,以收发双方共享的保密的通行字为基础来认证电文源。

(4) 身份认证。交易人的身份认证,是许多应用系统的第一道防线,其目的在于识别合法用户和非法用户,从而阻止非法用户访问系统,这对确保系统和数据的安全保密是极为重要的。

2) 按认证的主体不同分类

(1) 双方认证。双方认证又称交叉认证,一般在封闭型的网络通信中进行,因为在此种情况下,通信各方相互了解,认证比较容易,因而无需第三方的参与,双方当事人可以互为认证。

(2) 第三方认证。第三方认证即由交易当事人之外的、共同接受的、可信赖的第三方进行的认证,一般用于开放性的网络通信或大规模的封闭型网络通信。这里所讨论的认证,主要指可信赖的第三方,即认证机构对交易双方或多方当事人身份的认证,同时,它还能提供一些对交易有参考作用的信用信息。

认证机构通过向其用户提供可靠的目录,保证证书名单上的用户名称与公开密钥是正确的,从而解决了可能被欺骗的问题。如果甲与乙都是用户,认证机构的在线目录就将同时包含两者的证书。该证书是包括用户名称、公开密钥、电子邮件地址及其他信息的数字化的文件。认证机构还对每个证书都附加数字签名,以此证明证书的内容是可靠的。然而,无论用户多么小心谨慎,其私钥都有丢失或被盗的可能。一旦该类事件发生,遭受危险的私钥和与其相应的公钥,就不能再用来加密信息。为了应付这种危险状况,大多数认证机构将提供证书撤销列表(Certificate Revocation List,CRL),以列举那些失效的密钥。证书撤销列表的内容,是经常更新的,广大用户很容易利用。

2. 电子认证的作用

认证作为一种特殊服务，其作用可表现在两个方面：对外防止欺诈、对内防止否认。

防止欺诈，是防范交易当事人以外的人故意入侵而造成风险所必需的；而防止否认，则是针对交易当事人之间可能产生的误解或抵赖而设置的，以便在电子商务交易当事人之间预防纠纷。其目的都是降低交易风险。

1）对外防止欺诈的作用

在开放型电子商务环境下，交易双方可能是跨越国境、从未谋面的当事人，其间不仅缺少封闭型社区交易群体的道德约束力，而且发生欺诈事件后的救济方法也非常有限，即使有救济的可能，其成本也往往要超过损失本身。因此，只有事先对各种欺诈予以全面防范，才是最佳的选择。

2）对外防止否认的作用

电子商务中的不得否认（non-repudiation），既是一项技术要求，也是交易当事人的行为规范。这是民商法的诚实信用原则在电子交易领域的具体反映。

技术上的不得否认，可定义为一种通信的属性，以防止通信的一方对已发生的通信予以否认的情况。其具体形式包括：数据信息的发送、接收及其内容的不得否认。通过认证，则可达到这种效果。而行为规范上的不得否认，是以一定的组织保障和法律责任为基础的，其作用的全面实现，既依赖于合同条款、技术手段或协议的支持，也依赖于认证机构所提供的服务。

4.5 认证机构与数字证书

4.5.1 认证机构的设立

认证机构是对电子商务交易当事人提供信用服务的受信赖的第三方。认证机构的主要任务是受理数字凭证的申请、签发数字证书，以及对数字证书进行管理。

1. 认证机构应具备的特点

1）独立的法律实体

认证机构以自己的名义从事数字证书服务，以其自有财产提供担保，并承担一定的责任。

2）具有中立性与可靠性

认证机构一般并不直接与用户进行商事交易，而是在其交易中，以受信赖的中立机构的身份提供信用服务。它不代表交易任何一方的利益，仅发布公正的交易信息促成交易。

3）被交易的当事人接受

如果交易者不信赖认证机构，就不会接受其服务，而认证机构就不可能为其提供服务，当然也就无法参与其中。

4）其营业目标是提供公正的交易环境

从营业目标看，认证机构是非营利性公用企业。尽管认证机构也收取一定的服务费用，但该费用只能是微利性的。如果它以追求赢利为目标，就很可能损害其中立性与公正性。

第4章　电子签名与电子认证法律制度

2. 认证机构设立的条件

1) 从业人员

从业人员素质的好坏，关系着认证机构业务的成败。其从业条件一般分为积极条件与消极条件两个方面，前者是必须具备的，后者是必须禁止的条件。

从业人员的积极条件又分为信用服务与技术服务两个方面。信用服务人员，指审查客户资料并签发数字证书的业务人员。其素质与服务水准，对证书用户或信赖证书的交易人影响重大，应当有特定的要求。作为世界上第一部电子签名专门立法的美国犹他州《数字签名法》规定："有资格并持有公证人或至少被一个公证人雇佣的任命。"对于技术人员而言，其条件则侧重于认证系统的运用水平方面。美国犹他州法规定："仅雇佣那些达到了本章要求的知识与熟练的人员，作为经营人员。"我国《电子签名法》第十七条也规定：提供电子认证服务应该具有与提供电子认证服务相适应的专业技术人员和管理人员。

无论是信用服务人员，还是技术服务人员，都必须具有良好的个人品质。禁止雇佣那些犯过重罪或涉及欺诈、虚伪陈述或欺骗等刑事犯罪的人作为经营人员。需要指出的是，此点对信用服务人员与技术人员同等重要，不可偏废。

2) 设备

认证机构开展业务所必须具有的设备包括硬件与软件两个方面。但它是一个变量，不宜以法律形式规定得过于死板，其原因在于信息业的技术与产品升级很快。其具体标准，应由主管部门根据技术发展现状作出要求；美国犹他州《数字签名法》规定："已取得了适合于履行根据主管部门和本章的要求的硬件和软件。"这种授权主管部门具体规定的做法是符合实际的，但认证系统标准的制定，必须与国际电子商务标准相协调，以避免造成人为的障碍。

3) 担保

认证机构的财产，除了营业所需的设备等财产之外，主要表现在责任担保金方面，即根据其业务的规模和类型，向主管部门提供一定金额的担保。当认证机构因自身的过错，给用户或信赖证书的交易人造成损失时，应以此担保负担赔偿责任。美国犹他州《数字签名法》规定："私营认证机构必须向主管部门提交适当担保，除非认证机构是政府实体。"

4) 营业场所

认证机构的营业场所，一般与其业务开展地是一致的。但从业务性质上看，由于认证机构是一种在线信息服务，其场地可完全不在业务开展地，即认证机构可以跨地区，乃至跨国从事业务。从认证机构方面看，不在业务开展地设立营业所，可能会降低成本，但也有不利因素，即用户可能对其利益的保障产生怀疑。从法律辖区的政府部门看，一般都会允许这一营业所的存在，以便对之行使管辖权。

5) 信息公告栏

认证服务本身是一种以交易人的信用为内容的信息服务。因此，信息公告栏的设置与管理极其重要。认证机构必须自备信息公告栏，或加入某一权威的公告栏，以便开展认证业务。有效用户的名单和数字证书的颁发、中止、撤销等重要信息，都必须发布于其中。

4.5.2 认证机构的管理模式

电子商务认证是涉及公众交易利益的信用服务，并非纯粹的私营交易，其正常运行离不开行政部门的监督管理。

从目前世界各国的立法情况来看，认证机构的管理模式类型大致有以下3种。

1. 官方集中管理型

官方集中管理型认证机构是由美国犹他州率先采用的，不仅被美国其他许多州仿效，而且被其他一些国家借鉴。例如，新加坡、韩国、德国就在认证机构的管理与选任上，采取了此种做法。

2. 民间合同约束型

民间合同约束型认证机构是市场自由、技术中立原则的体现，澳大利亚、美国的加利福尼亚州是采用这种方法的典型代表，追随者也不在少数。其具体做法是，政府只宣布承认计算机网络通信记录的书面效力、认可电子签名与手书签名有同等的效力、说明电子签名安全性的原则性标准，至于采用哪种电子技术作出签名，由谁来充当网络交易中的认证人，政府一般不过问，可由交易当事人自己决定。

3. 行业自律型

认证机构的管理机关应当由政府主管部门（如财政部或商务部等）和全国认证机构协会来承担。后者是根据法律而成立的行业协会，并不具体从事认证业务。协会负责成立一个电子认证标准审查委员会，具体对适用于电子认证行业的标准负责开发、修订与确认，并且负责对其会员所采用的密码、标准的选定。任何官方的和非官方的实体，都可以成为认证机构，但必须是在全国认证协会登记的成员。

我国在《电子签名法》中明确了对认证机构的管理采取政府强制许可的官方集中管理模式，这也是由于我国目前市场经济体系尚不完善、第三方认证机制不健全及信用系统刚开始建立等原因造成的。

为了加强对国内电子商务认证机构的管理，我国原信息产业部于2002年1月决定成立国家电子商务认证机构管理中心。它负责统筹规划我国电子商务认证机构的总体布局，规范国内电子商务认证机构的建设；组织研究和提出有关电子商务认证的法规和技术标准，为制定电子商务认证法规和技术标准提出建议；组织和制定国内电子商务认证机构的有关管理、运行和安全等规章制度，管理和监督我国境内的电子商务认证机构；组织协调国内电子商务认证机构之间的交叉认证。原信息产业部信息化推进司负责对管理中心的业务指导和管理，中国电子商务协会具体承担管理中心的日常工作。这为我国认证机构的管理模式从政府强制许可的官方集中管理模式向官方指导下的行业自律模式过渡留下了发展空间。

4.5.3 认证机构的证书业务规范

数字证书又称为认证证书或身份证书。我国《电子签名法》中的认证证书"是指可证实电子签名人与电子签名制作数据有联系的数据电文或者其他电子记录"。电子认证服

第4章 电子签名与电子认证法律制度

务提供者签发的电子签名认证证书应当准确无误,并应当载明以下内容。

(1)电子认证服务提供者名称。

(2)证书持有人名称。

(3)证书序列号。

(4)证书有效期。

(5)证书持有人的电子签名验证数据。

(6)电子认证服务提供者的电子签名。

(7)国务院信息产业主管部门规定的其他内容。

陕西 CA 认证中心根证书详细信息列表如图 4.3 所示。

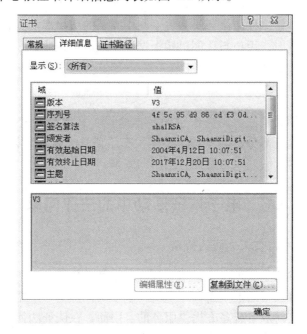

图 4.3　陕西 CA 认证中心根证书详细信息列表

1. 证书的颁发

证书的颁发,是直接向用户所作出的一种当事人之间的通知行为;而其发布,则是向全社会作出的一种公告行为,两者共同构成完整的证书颁发业务。证书应包括必发、选发、密存 3 种不同的内容,而各种内容的依据又有所不同。

2. 证书的接收

证书的接收是与证书颁发相对应的行为,它对与接收证书的用户来说,具有重要的法律意义。一方面,通过证书接收,用户对其证书享有了支配、使用权;另一方面,自接收时起,就要承担作为证书拥有人的法定义务。

3. 证书的中止

证书的中止是主要针对影响认证安全的紧急事件而采取的暂时性措施。它只暂时阻止证书的使用，待需要调查处理的事宜完毕后，再做决定。因此在证书中止期间，暂不涉及证书的最终命运。

4. 证书的撤销

证书颁发之后，在某些情况下，用户必须在有效期满之前停止对证书的使用。这些情况包括与其私钥相应的危险、主体名称或与认证机构关系的改变等。其危险既可以是已经发现的，也可以是正在发生的，或有足够的线索予以怀疑的。据此，认证机构可撤销证书。经由撤销，证书的有效期，将比通常预计的期限要短。

5. 证书的届满

证书的期限届满，是一种使认证服务关系归于完结的法律事实。它是证书关系正常了结的方式。当证书届满时，用户与认证机构根据法律规定停止业务，并且认证机构由于届满而解除了基于证书颁发而产生的义务。

6. 证书的保存

证书的保存与利用，是证书发挥作用的基本途径。其保存方式除了存放于数据库之外，对于证书资料的公开部分，其方式主要是发布于信息公告栏。如此，既可实时保存，又可让证书信赖人随时查阅，以达到充分利用的效果。

4.6 电子认证活动中的法律问题

4.6.1 认证机构与证书持有人之间的关系

电子商务认证提供的是一种在线信用服务，而这种服务的产生一般是以合同为基础而产生的服务关系。在开放型的电子商务环境下，电子认证机构一般是以中立的、可靠的第三方当事人出现，为交易双方或多方提供服务的。因而，在认证法律关系中至少有买卖双方，以及认证机构参与。换言之，认证法律关系一般涉及三方当事人；在有些复杂的交易或服务关系中，交易当事人可能会更多些。例如，在以信用卡在线电子支付的交易中，即以安全电子交易协议进行的交易中，认证机构不仅要向买卖双方相互之间提供身份认证服务，而且还要对发卡银行、收付机构四方当事人之间提供认证服务。

4.6.2 认证机构与证书信赖人之间的关系

证书信赖人本身可能是，也可能不是认证机构的用户。证书信赖人与认证机构，要比用户与认证机构之间的关系更为复杂。当证书信赖人不是认证机构的用户时，其与认证机构之间并无服务合同存在。但是，当证书信赖人利用证书与证书用户交易时，却又成了证书服务关系中的对象，并且认证机构在特定情况下还要对之承担责任。

证书信赖人对于交易相对人电子签名证书的使用，一般应在所建议的可靠程度内给予信任，并以此进行交易。但这只是一种任意选择权，作为证书信赖人的交易一方，可作出自己的判断，并承担相应的法律后果。

认证机构对于信赖证书的交易人，应承担公正信息发布的义务，而不因未接收其服务

第 4 章 电子签名与电子认证法律制度

报酬,而偏袒与之建立了服务合同关系的证书用户一方。任何一个认证机构都应当知道,证书信息的公正性是其业务存在的根本条件,舍弃此点,该机构就没有必要存在。

4.6.3 认证机构的法律责任

如何确定认证机构在认证服务关系中的责任,是有关电子商务立法的关键性问题,也是争论的焦点之一。这直接关系到认证机构与其用户,以及证书信赖人之间交易风险的分配,是各方当事人,乃至立法者极其关注的问题。

我国《电子签名法》对认证机构的法律责任作出以下规定。

未经许可提供电子认证服务的,由国务院信息产业主管部门责令停止违法行为;有违法所得的,没收违法所得;违法所得30万元以上的,处违法所得一倍以上3倍以下的罚款;没有违法所得或者违法所得不足30万元的,处10万元以上30万元以下的罚款。

电子认证服务提供者暂停或者终止电子认证服务,未在暂停或者终止服务60日前向国务院信息产业主管部门报告的,由国务院信息产业主管部门对其直接负责的主管人员处1万元以上5万元以下的罚款。

电子认证服务提供者不遵守认证业务规则、未妥善保存与认证相关的信息,或者有其他违法行为的,由国务院信息产业主管部门责令限期改正;逾期未改正的,吊销电子认证许可证书,其直接负责的主管人员和其他直接责任人员10年内不得从事电子认证服务。吊销电子认证许可证书的,应当予以公告并通知工商行政管理部门。

本 章 小 结

电子签名是电子商务中的安全保障机制,侧重于解决身份辨别与文件归属问题。广义的电子签名包括采用各种电子技术和手段形成的电子签名,具有手写签名的基本功能;狭义的电子签名即数字签名。

电子认证是以特定的机构,对电子签名及其签署者的真实性进行验证的具有法律意义的服务。电子认证与电子签名一样,都是电子商务中的安全保障机制,解决的是密钥及其持有人的可信度问题。其作用可表现在两个方面:对外防止欺诈、对内防止否认。

认证机构作为对电子商务交易当事人提供信用服务的受信赖的第三方,应具备以下特点:独立的法律实体、具有中立性与可靠性、被交易的当事人接受、其营业之目标是提供公正的交易环境。认证机构与证书信赖人之间的具体的权利义务关系,实际上是以证书的具体内容而决定的。认证机构是颁发电子签名证书的实体,它是防御电子交易风险的产物。

【拓展知识】

自 测 题

一、单项选择题

1. 我国首次承认电子签名法律效力的法律法规是(　　)。
   A.《电子签名法》　　　　　　B.《合同法》

C. 《电子签章条例》　　　　　D. 《电子签名示范法》

2. 以特定的机构，对电子签名及其签署者的真实性进行验证的具有法律意义的服务即（　　）。
   A. 认证　　　　　　　　　　B. 电子认证
   C. 交叉认证　　　　　　　　D. PKI 体系认证

3. 我国电子签名法所指的电子签名人指（　　）。
   A. 持有电子签名制作数据并以本人身份实施电子签名的人
   B. 电子认证服务提供者
   C. 电子签名依赖方
   D. 使用可靠电子签名的人

4. 证书持有人的义务，不包括（　　）。
   A. 真实陈述的义务　　　　　B. 私人密钥控制义务
   C. 私钥失密及时通知义务　　D. 证书暂停、撤销、终止义务

5. 电子认证机构的服务内容不包含（　　）。
   A. 提供电子签名认证证书私钥信息查询服务
   B. 确认签发的电子签名认证证书的真实性
   C. 制作、签发、管理电子签名认证证书
   D. 提供电子签名认证证书目录信息查询服务

6. 我国目前的电子认证管理模式是（　　）。
   A. 行政强制许可制度　　　　B. 注册制度
   C. 行业组织管理制度　　　　D. 民间自我约束制度

二、名词解释

1. 数字签名
2. 电子认证
3. PKI
4. 认证机构

三、简答题

1. 简述数字签名的基本原理。
2. 简述我国《电子签名法》规定的电子签名认证证书应当载明的内容。
3. 简述我国《电子签名法》规定的提供电子认证服务应当具备的条件。
4. 电子认证机构所提供的主要服务内容有哪些？

四、案例讨论

王某在一个网上商城浏览商品，对该商城展示的笔记本式计算机很感兴趣，于是采用公钥进行在线交易。他从在线目录上查询到商城的公钥，并以该公钥对自己的信用卡号码加密，再发送给商城。根据公钥加密理论，只有该商城可以阅读加密的信息，因为商城排他性地拥有与其公钥相对应的私有密钥。

然而在王某进行在线交易期间，李某以欺骗性的公钥，代替了商城的真实公钥，导致

第4章　电子签名与电子认证法律制度

王某以错误的公钥对其信用卡号码加密。由于李某拥有与欺骗性的公钥相对应的私有密钥，于是他便对王某的信息解密，就盗窃了王某的信用卡号码和密码，然后大肆挥霍消费。

更为严重的是，公钥加密使李某隐藏了其欺骗性的证据：在复制了王某的信用卡号码后李某以商城的真实公钥对王某信息加密，并将信用卡号码发给商城。这样商城和王某都不知道他们的交易通信被截获、篡改了。后来，王某在发现自己的信用卡号码被盗取后立即报案，才避免了进一步的损失。

（资料来源：全国2009年7月自考电子商务法概论试题）

根据案例回答以下问题。
（1）电子认证机构在避免此类事故发生上的作用是什么？
（2）电子认证机构是否应当对由李某欺骗行为造成的损失负责？为什么？

第5章 电子支付的法律规范

教学目标

通过本章内容的学习,应当了解电子支付、网上银行和电子货币的概念,了解安全电子支付标准和国际电子支付的立法情况;掌握电子支付流程和当事人的权利与义务;并能够运用电子支付的有关法律保障支付安全;熟悉电子支付风险的法律规制及其法律责任,预防电子支付中的经济纠纷和刑事犯罪。

教学要求

知识要点	能力要求	相关知识
电子支付概述	(1) 能够正确理解电子支付概念与特征 (2) 了解电子支付的形式及安全标准 (3) 掌握电子支付的流程及当事人的法律关系	(1) 电子支付概念与特征 (2) 电子支付的形式及安全标准 (3) SET协议电子支付的一般流程 (4) 电子支付当事人的法律关系
电子货币与网上银行的法律规范	(1) 掌握电子货币的相关法律问题 (2) 掌握网上银行的相关法律问题	(1) 电子货币的概念 (2) 电子货币的发行 (3) 电子货币的监管 (4) 网上银行的监管和支付服务问题 (5) 网上银行经营风险防范
电子支付(电子资金划拨)中法律问题	(1) 能够正确理解电子支付当事人及其权利义务 (2) 能够正确理解电子支付执行过程中的法律问题	(1) 指令人的权利和义务 (2) 接受银行的权利和义务 (3) 收款人的权利和义务 (4) 电子支付的无因性 (5) 指令人与接受银行之间的责任
第三方支付的法律问题	(1) 了解国内外第三方支付发展现状及监管现状 (2) 掌握我国对第三方支付的监管规定	(1) 第三方支付允许提供的支付服务 (2) 对第三方支付服务实行业务许可制度 (3) 第三方支付提供支付服务应具备的条件
电子支付中的法律责任	(1) 电子支付中的民事法律责任 (2) 电子支付中的刑事法律责任	(1) 电子支付的合同责任 (2) 电子支付违反《商业银行法》的民事责任 (3) 电子支付中的刑事法律责任

第5章 电子支付的法律规范

 案例导航

储户的银行卡在网上被人异地消费支出多笔，均为第三方快捷支付，银行该不该承担责任。近日，在新疆喀什市发生的一起案件中，一审法院判决银行承担赔偿责任，二审法院则依法改判银行不承担责任。

此案中，李某向喀什市人民法院提起诉讼，称其2016年1月15日发现银行卡里的资金55 148元不翼而飞，经银行查询是异地盗刷，而自己从未离开喀什，银行卡也一直未离身，李某认为银行未尽安全保障义务，请求某银行赔偿银行卡内资金损失55 148元及利息1 471元。

一审法院经审理认为，双方的储蓄合同关系成立，某银行对储户存款具有安全保障义务，防止储户信息、密码被盗。

本案中，李某的银行卡于2016年1月5日至19日在深圳通过网上银行、POS机交易方式转款55 148元，而李某的薪金卡在深圳发生交易的同时李某本人在喀什，其无法在喀什及深圳两地出现，亦不能同时在异地进行涉案交易，涉案交易应属犯罪嫌疑人利用伪造复制的卡片完成的操作。

据此一审法院判决某银行赔偿李某银行卡损失55 148元。

某银行不服，向喀什地区中级人民法院提起上诉称，李某的银行卡在2016年1月5日就发生了网上交易，银行就发送了短信提示，尽到告知义务，但李某不采取补救措施或拨打银行报案电话，放任后续损失发生，至15天后，连续发生38笔交易，卡内资金损失55 148元，经银行账单显示，涉案交易均为第三方快捷支付，有第三方支付公司的名称及账户，请求二审法院查明事实，依法改判。

二审法院在开庭审理时查明，2015年1月5日，李某的银行卡在网上消费支出八笔，从短信清单上可以证实银行在第一时间已经以短信方式通知到李某，但李某未在第一时间报案，也未及时通过银行办理挂失，以放任的态度致使损失继续发生，在2016年1月14日16点38分至18点32分，李某银行卡网上消费支出38笔，共计54 341元，虽然李某称其未收到上诉人的短信提示，但从银行提供的银行信息流水单可以证实银行对每笔收支信息全部以短信方式通知到李某，而李某未提供未收到短信提示的相关证据，银行已尽到告知提示的义务，李某在明知银行卡内的现金发生多次支取而未采取任何措施，对其放任的行为应承担不利后果。

其二，从李某提供的银行流水账单中反映，本案46笔支出款项均为第三方快捷支付，该种交易方式只要有互联网绑定银行卡，输入交易密码就能够实现，而不需实物银行卡为交易介质，银行密码具有秘密性、唯一性和专有性，银行交易系统中不会显示持卡人设定的密码，除非本人泄密或者被他人窃取。一审以储蓄合同关系，认定系伪卡复制完成属认定事实错误，李某的银行卡损失应由其本人自行承担。

喀什地区中级人民法院近日二审依法作出改判，撤销了一审判决，驳回李某的诉讼请求。

案件启示：

（1）在网络交易过程中，一定要保管好自己的银行卡支付密码，因银行密码具有秘密性、唯一性和专有性，银行交易系统中不会显示持卡人设定的密码，在收到非本人交易提示短信后，应立即采取措施，到附近的银行或者ATM存款机中存入一笔钱，来证明本人银行卡在持卡人自己手中。然后到附近银行对银行卡进行挂失并且报警，以避免损失扩大。

（2）在诉讼过程中，银行卡如持卡人不能举证证明是伪卡或银行存在不当行为，应承担举证不能的法律后果，自行承担责任。

（源自：法制网．http：//www.legaldaily.com.cn/legal_case/content/2016－08/30）.

该案所涉及的网上银行的法律问题是电子支付及其相关法律规范的重要问题之一，将在5.2节讲述。

5.1 电子支付概述

5.1.1 电子支付的概念与特征

电子支付是电子交易的当事人,包括消费者、厂商和金融机构,使用安全电子支付手段进行的货币支付或资金流转。具体地说,电子支付是支付命令发送方把存放于商业银行的资金,通过一条线路划入收益方开户银行,以支付给收益方的一系列转移过程。

与传统的支付方式相比,电子支付具有以下特点。

(1) 电子支付是采用先进的技术通过数字流转来完成信息传输的,其各种支付方式都是采用数字化的方式进行款项支付的;而传统的支付方式则是通过现金的流转、票据的转让及银行的汇兑等物理实体是流转来完成款项支付的。

(2) 电子支付的工作环境是基于开放的系统平台之中;而传统支付则是在较为封闭的系统中运作。

(3) 电子支付使用的是最先进的通信媒介,如 Internet、Extranet;而传统支付使用的则是传统的通信媒介。电子支付对软、硬件设施的要求很高,一般要求有联网的微机、相关的软件及其他一些配套设施;而传统支付则没有这么高的要求。

(4) 电子支付具有方便、快捷、高效、经济的优势。用户只要拥有一台上网的终端设备甚至是手机等移动终端,便可足不出户,在很短的时间内完成整个支付过程。支付费用仅相当于传统支付的几十分之一,甚至几百分之一。

5.1.2 电子支付的形式及安全交易标准

1. 电子支付的形式

在我国的传统商务活动中,支付的方式有 3 种:一是现金,常用于企业对个体消费者的商品零售过程;二是票据,多用于企业的商贸过程;三是信用卡,即银行或金融公司发行的,授权持卡人在指定的商店或场所进行记账消费的信用凭证。

在电子商务环境下,这些传统的支付方式已不适应商务活动电子化的要求,而必须由全新的电子支付方式来代替。随着计算机技术的发展,电子支付的方式越来越多。这些支付方式可以分为三大类:第一类是电子信用卡类,包括智能卡、借记卡、电话卡等;第二类是电子货币类,如电子现金、电子钱包等;第三类是电子支票类,如电子支票、电子汇款(Electronic Fund Transfer,EFT)、电子划款等。这些方式有各自的特点和运作模式,适用于不同的交易过程。

1) 智能卡

智能卡(Smart Card)也称 IC 卡(Integrated Circuit Card,集成电路卡),是一种内部嵌入集成电路芯片、能独立进行信息处理与交换的卡片式现代信息工具。

智能卡可分为存储型、带中央处理器(Central Processing Unit,CPU)型两种。智能存储器型卡中有硬件的逻辑保护,以密码加密的形式来保护其存储内容不被非法更改,较先进的存储卡中有读写的安全模块做算法的加密认证等。智能 CPU 型卡内安装了嵌入式微型控制器芯片,可储存并处理相关数据。卡上的价值受用户的个人识别码(Personal Identification Number，PIN)的保护，只有用户才能合法访问它。另外，超级智能 CPU 型卡不仅内嵌入高性能的 CPU 及相关硬件，而且配备独自的基本软件，能够如同个人电脑那样自由地增加和改变功能。这种智能卡还设有"自爆"装置，如果犯罪分子想打开智能卡非法获取信息，卡内软件上的内容将立即自动消失。

智能卡提供了一种简便快捷的支付方法，可用来存储和解释私人密钥与证书，并且非常容易携带。智能卡是目前最常用的电子货币，可在商场、饭店、车站、互联网等许多场所使用，可采用刷卡记账、销售终端(Point of Sale，POS)结账、ATM 提取现金、网上结算等方式进行支付。

2）电子现金与电子钱包

(1) 电子现金。电子现金(e-cash)又称为电子货币(e-money)或数字货币(Digital Cash)。电子现金是现实货币的电子或数字模拟，它把现金数值转换成为一系列的加密序列数，通过这些序列数来表示现实中各种金额的币值。电子现金以数字信息形式存在，存储于银行服务器和用户计算机终端上，通过因特网流通。

电子现金既具有现钞所拥有的基本特点，又由于和网络结合而具有互通性、多用途、快速简便等特点，已经在国内外的网上支付中广泛使用。数字签字技术的推广应用又使得电子现金的安全性大大提高。在网上交易中，电子现金主要用于小额零星的支付业务，使用起来要比借记卡、信用卡更为方便和节省。不同类型的电子现金都有其自己的协议，每个协议由后端服务器软件(电子现金支付系统)和客户端软件(电子现金软件)执行。

(2) 电子钱包。电子钱包(Electronic Purse)也是电子商务活动中购物顾客常用的一种支付工具，是一种客户端的小数据库，用于存放电子现金和电子信用卡，同时包含诸如信用卡账号、数字签字及身份验证等信息。目前世界上常用的电子钱包有 Visa Cash 和 Mondex(http：//www.mondex.com)两大软件，其他电子钱包软件还有 MasterCard Cash，Europay 的 Clip 和比利时的 Proton 等。一些软件公司正在创建电子钱包的应用程序接口以便多种电子现金都可以使用一个钱包。

使用电子钱包购物，通常需要在电子钱包服务系统中运行。电子钱包软件通常免费提供，顾客可以直接使用与自己银行账号相连接的电子商务系统服务器上的电子钱包软件，也可以采用各种保密方式调用因特网上的电子钱包软件。

3）电子支票

电子支票(Electronic Check，e-check)是一种借鉴纸张支票转移支付的优点，利用数字传递将钱款从一个账户转移到另一个账户的电子付款形式。这种电子支票的支付主要是通过专用网络及一套完整的用户识别、标准报文、数据验证等规范化协议完成数据传输，用电子支票支付，事务处理费用较低，并且银行也能为参与电子商务的客户提供标准化的资金信息，故而可能是目前最有效率的支付手段之一。

根据支票处理的类型，电子支票可以分为两类：一类是借记支票(Credit Check)，即债权人向银行发出支付指令，以向债务人收款的划拨；另一类是贷记支票(Debit Check)，即债务人向银行发出支付指令向债权人付款的划拨。

4）电子资金划拨

根据美国 1978 年《电子资金划拨法》，电子资金划拨(Electronic Fund Transfer)是不以支票、期票或其他类似票据的凭证，而是通过电子终端、电话、电传设施、计算机、磁盘等命令、指示或委托金融机构向某个账户付款或从某个账户提款；或通过零售商店的电子销售、银行的自动提款机等电子设施进行的直接消费、存款或提款等。

2. 电子支付的安全交易标准

电子支付的安全性要求主要包括3个方面：①数据的保密性；②数据的完整性；③数据的发送人和接收人身份的可鉴别性。

电子支付安全交易标准就是为满足电子支付的安全性要求而开发出的集加密技术、数字签名和信息摘要技术、安全认证技术于一体的安全技术措施或者安全技术协议。目前国际上常用的两种电子支付的安全交易标准是SSL和SET安全协议。

1) SSL协议

SSL(Secure Sockets Layer)协议，又称为安全套接层协议，是一种保护Web通信的工业标准，是基于强公钥加密技术及RSA的专用密钥序列密码，能够对信用卡和个人信息、电子商务提供较强的加密保护。

SSL协议运行的基点是商家对客户信息保密的承诺，客户的信息首先传到商家，商家阅读后再传到银行。这样，客户资料的安全性便受到威胁。而SSL协议的数据安全性是建立在RSA技术的安全性上，从本质上来讲，攻破RSA技术就等同于攻破此协议，即使新的SSL协议被命名为TLS(Transport Layer Security)协议，即安全传输层协议，安全性有所提高，但仍不能消除缺陷。另外，整个过程只有商家对客户的认证，缺少了客户对商家的认证。随着越来越多的商家或公司参与电子商务，以及SSL协议的广泛应用，SSL协议中的诸多缺点越来越明显，正在逐渐被新的SET协议所取代。目前，我国开发的电子支付系统，无论是中国银行的长城卡电子支付系统，还是上海长途电信局的网上支付系统，均因无法保证客户资金的安全性而未采用SSL协议。

2) SET协议

SET(Secure Electronic Transaction)协议，也称为安全电子交易协议，由两大信用卡组织Visa和MasterCard联合开发并于1997年6月1日正式发布。SET协议是一个能保证通过开放网络(包括因特网)进行安全资金支付的安全交易标准。SET协议在保留对客户信用卡认证的前提下，又增加了对商家身份的认证。由于SET协议提供商家和收单银行的认证，确保了交易数据的安全、完整可靠和交易的不可抵赖性，特别是具有保护持卡人的信用卡号不泄露给商家等优点，因此它成为目前公认的信用卡/借记卡的网上交易的国际标准。另外，SET协议采用了对称密钥和非对称密钥体制，把对称密钥的快速、低成本和非对称密钥的有效性结合在一起，保证交易信息在开放网络上传输的隐蔽性，较好地解决了安全性问题。

5.1.3 电子支付的流程及当事人的法律关系

1. 电子支付的一般运作流程

以下以较为普遍的SET协议为例，说明网上支付的流程和法律关系。SET协议的运作流程如图5.1所示。

根据SET协议的运作流程图，可将整个运作程序分为以下7个步骤。

(1) 消费者利用自己的计算机通过互联网选定所要购买的物品，并在计算机上输入订

第 5 章 电子支付的法律规范

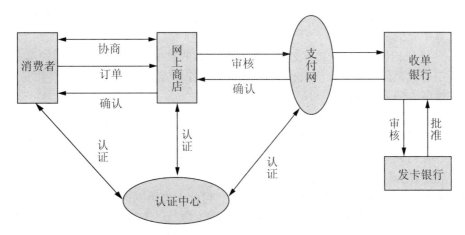

图 5.1 SET 协议的运作流程

货单,订货单上需包括网上商店、购买物品的名称、数量、交货时间及地点等相关信息。

(2) 通过电子商务服务器与有关网上商店联系,网上商店作出应答,告诉消费者所填订货单的货物单价、应付款数、交货方式等信息是否准确,是否有变化。

(3) 消费者选择付款方式,确认订单,签发付款指令。此时,SET 开始介入。

(4) 在 SET 中,消费者必须对订单和付款指令进行数字签名。同时,利用双重签名技术保证商家看不到消费者的账号信息。

(5) 网上商店接受订单后,向消费者所在银行请求支付认可。信息通过支付网关到收单银行,再到电子货币发行公司确认。批准交易后,给网上商店返回确认信息。

(6) 网上商店给消费者发送订单确认信息。消费者端软件可记录交易日志,以备将来查询。

(7) 网上商店发送货物,或提供服务,并通知收单银行将钱从消费者的账号转移到商店账号,或通知发卡银行请求支付。在认证操作和支付操作之间一般会有一定的时间间隔。例如,在每天的下班前请求银行结一天的账。

前两步与 SET 无关,从第 3 步开始一直到第 7 步,SET 都在起作用。在处理过程中,通信协议、请求信息的格式、数据类型的定义等,SET 都有明确的规定。在操作的每一步,消费者、网上商店、支付网关都通过 CA 来验证通信主体的身份,以确保通信的对方不是冒名顶替。因此,SET 协议能够充分发挥认证中心的作用,使电子商务的参与者在网络上传输的各种信息更加安全可靠。

2. 电子支付有关当事人的法律关系

1) 电子支付有关的当事人

从法律关系的角度来划分,电子支付的当事人可分为付款人和收款人。而付款人和收款人完成电子支付还必须有另外两个重要的人,即银行和认证机构。其中,认证机构是支付电子化、虚拟化的产物。因此,在广义上,电子支付涉及的当事人有以下 4 种。

(1) 付款人,即电子支付中的付款人,通常为消费者或买方。

(2) 收款人,即电子支付中的接收付款的人,通常为商家或卖方。

(3) 银行,即电子支付中的付款人和收款人之间的中介人,通常为网上银行或金融机构。在电子支付系统中,银行同时扮演发送银行和接收银行的角色,完成信用中介、支付中介和结算中介的金融服务。

(4) 认证机构(CA),即电子支付中的付款人、收款人和银行真实身份的鉴定人,通常为认证中心或验证机构。认证机构为参与电子商务各方的各种认证要求提供证书服务,以确认支付各方的真实身份。

2) 当事人之间的法律关系

在电子支付的实施过程中,虽然仅有4种当事人,但他们之间却有多种法律关系,如交易关系、合同关系、债权债务关系、借贷关系、委托代理关系、认证关系等,这些法律关系均是建立在合同关系的基础上。

(1) 付款人与收款人之间是买卖合同关系。付款人之所以进行电子支付,往往是付款人与收款人间存在买卖合同关系,最普遍的就是货物买卖合同的买方指示其开户银行发送货款以履行其货物买卖合同中的付款义务,且卖方同意买方以电子支付方式支付货款。

(2) 付款人和收款人与银行之间都是金融服务合同关系。银行之所以接收付款或收款指令以实施电子支付的付款或收款,是因为前者与银行间存在有关电子支付的合同。这是一种格式合同,通常由银行起草并作为开户的条件交给前者。

(3) 付款人、收款人和银行与认证机构之间均是证书服务合同关系。认证机构参与电子支付是付款人、收款人和银行能够安全顺利完成电子支付全过程的关键,它为前者各方提供身份认证是通过双方、有偿和格式合同实现的。前者各方申请证书是要约方,而承诺方一般是认证机构。另外,前者各方又有义务接受认证机构的监督管理。

5.2 电子货币与网上银行的法律问题

5.2.1 电子货币的法律问题

电子货币不同于网络游戏中的虚拟货币。目前存在的Q币、百度币、点卡等都不属于法律意义上的电子货币范畴。

电子货币的基本形态是电子货币的使用者以一定的现金或存款,从发行者处兑换并获得代表相同金额的数据,并以可读写的电子信息方式储存起来。当使用者需清偿债务时,就可以通过某些电子化媒介或方法,将该电子数据直接转移给支付对象。此种电子数据便可称为电子货币。

目前的电子货币只是将现金或者存款用电子化的方法转移、传递,以实现结算,而不是完全替代现金或者存款成为一种独立的支付手段。因此,在电子商务活动未成为经济社会的主流商业模式之前,电子货币只能作为一种辅助性的支付手段起作用。现有电子货币只是以既有货币为基础的电子化衍生物,不能作为一种完全独立的通货,不具备一般等价物的全部功能。

1. 电子货币的发行

1) 发行的主体

目前,各国在电子货币的发行主体问题上尚无统一的解决方案,而是根据具体国情而定。欧洲大陆国家接受这样的观点:电子货币的发行应该包含在现行金融机构的业务中,

第 5 章　电子支付的法律规范

其发行主体应属于金融监管的对象。而在美国和英国,对电子货币的发行主体是否应加以严格监管和限制,存在两种不同的观点,占上风的观点是,对电子货币的发行主体加以严格监管和限制,会损伤民间机构的技术开发和创新精神,现在就得出结论,将电子货币的发行主体限定于金融机构,尚为时过早。

在我国,根据《中华人民共和国中国人民银行法》的规定,人民币是我国的法定货币,人民币由中国人民银行统一印制、发行,其年度供应量由国务院批准。其第二十条特别规定:"任何单位和个人不得印制、发售代币票券,以代替人民币在市场上流通。"根据这些规定,显然只有中国人民银行或经人民银行的批准的金融机构,才有权发行电子货币。

2)发行的管理

电子货币的发行将减少法定货币的使用,将不可避免地影响中央银行的铸币税收入,影响国家货币政策的实施。另外,电子货币的安全使用也是一个重要的问题,包括限于合法人使用、避免重复使用等。对于无国界的电子商务应用来说,电子货币还存在税收、法律、外汇汇率、货币供应和金融危机等方面存在大量的潜在问题。为此,必须制定严格的电子货币的发行管理制度,以保证电子货币的正常运作。

现阶段,在我国没有实质意义上的电子货币出现。在政策层面,目前也不允许 Q 币、百度币等在某家公司内部使用的网络游戏币,泛化为可流通的电子货币。

参考国外的监管经验,为保证电子货币的发行人保持必要的流动性和安全性,银行可以采取以下措施实施管理。

(1)向所有的电子货币发行人提出储备要求和充足资本要求。大多数国家对电子货币发行机构的法定准备金要求和最低资本要求与一般信用机构相同。一些国家,如德国,则对纯粹发行电子货币机构的准备金要求进行了调整;在日本,受制于《预付试证票规制法》的发行机构必须存入不低于发行的电子货币余额 50% 的准备金。

(2)建立电子货币系统统计和信息披露制度、现场和非现场检查制度及信息安全审核制度等。

(3)建立安全保证体系。在市场经济中,电子货币发行人运营失败的可能性不可能完全消除。为了维护消费者和商家的利益及其对电子货币的信心,目前,许多国家正在考虑建立电子货币的担保、保险或者其他损失分担机制。其中,美国、德国、日本、加拿大和意大利等国家将电子货币纳入存款保险或者担保制度体系中。

3)发行人的义务

(1)电子货币的发行人和开发者在开发、发行电子货币之前要对技术、安全性、业务前景等进行可行性论证和成本与收益的比较分析,在电子货币发行方案中要考虑防范问题,如洗钱等犯罪活动,并采取适当的操作程序,有效地控制操作风险。

(2)为了保证在不利情况发生时仍然能够提供产品和服务,电子货币的发行人要实施应急措施和业务恢复计划。在实施时,应当考虑安全因素。而电子货币的发行机构还要有处理意外事故的紧急对策,以保证关键性操作的连续性。

(3)发行人必须在技术、组织和处理过程方面具备足够的安全性,以防止各种伪造和盗窃活动。为减少、限制伪币和欺诈风险的发生,电子货币发行人应具备监控和赎回电子货币余额的能力,其系统要具有交易明细记录、影子余额记录、交易限额规定、交易行为分析等功能。如果电子货币系统含有上述全部功能存在困难，可采取通过限制电子货币的交易额、保持最新几项记录等防范措施减少可能的风险。

（4）电子货币的发行人必须具有良好的预防、侦察和预测手段，保护其系统不受内部和外部的滥用。

（5）电子货币的发行人必须向国家中央银行汇报货币政策所要求的相关信息。电子货币发行者和技术开发者应澄清消费者、商家及系统参与者的权利、义务和各自承担的风险。在电子货币的交易中，货币发行者至少要告诉使用者可能发生的各种风险或者存在保险时被保险的范围。

2. 电子货币的监管问题

在电子货币的发展和应用过程中，为维护金融体系的稳定和安全，防止损害消费者利益的行为的发生，以及避免出现恶性竞争、无秩序的行为，政府适度监管是必要的。

1）监管框架的构建

电子货币对现行的金融监管制度会产生直接或者间接的影响。如果将电子货币作为一种科技产品来管理，一般会沿用统一、规范和标准化的原则，这与电子货币兴起进程中出现的产品多样化和技术、协议等的快速进化相矛盾，同时又形成一些业务领域的规则和管理的真空。统一规范的标准体系虽然可以避免竞争产生的重复投资和浪费，但也会限制竞争的发展。

总的看来，对电子货币的监管采用原有监管机构为主的方式，一般不建立新的监管机构，但由此加大了监管机构之间、监管机构和其他政府部门之间的协调难度。目前，监管部门普遍关注的问题还只限于为电子货币系统提供一个安全的环境，监管的出发点以保护消费者的利益为主。

2）监管职能的调整

在数字化、网络化时代，中央银行的金融监管职能应进行较大调整，适时地将监管重点转移到对电子货币的发行资格的认定、电子货币流通过程中安全支付标准的审查和监督、电子货币流通规则的制定、电子货币风险系统风险的控制和消费者保护等方面。中央银行应建立并完善信息报告与备案制度，制定外部审查评估原则和标准，修改相应的法律规范与规则。中央银行应及时地研究、制定和执行有效的电子货币政策，建立安全的电子货币发行和交易体系与标准，为网上电子资金的流动制定安全标准和程序，对电子货币的发行主体和网上电子支付结算中心进行资格认定，对电子货币产品开发人的科研技术实力和信誉进行资格认定。中央银行应研究制定相关制度和规则，防范电子货币支付系统可能出现的系统和非系统风险。

3）系统和非系统风险的控制

电子货币支付系统在整个运作过程中主要包含两大风险。第一，系统风险，包括系统故障、系统遭受外来攻击、伪币和欺诈等。不适当的操作、内部控制程序与信息系统失败和人工操作失误等都会使电子货币支付系统出现故障，甚至导致系统瘫痪。第二，非系统性风险。通常情况下，电子货币发行机构不需要也不可能保持用于赎回电子货币的100%的传统货币的准备。如果某种原因导致电子货币发行机构陷入财务危机或破产时，其发行的电子货币就会发生信用危机，发行机构可能就无法满足对货币的赎回要求而形成支付危机。

在国家层面上，应根据电子货币的发展而研究、制定和明确电子货币规范化运作的一系列相关法律法规，明确界定电子货币系统涉及的各方当事人的权利和义务的范围，规定争端解决机制，建立损失补偿和分担机制，限制电子货币被不法分子用以洗钱和逃税等风险；在行业层面上，主要是中央银行对电子货币系统的各种风险进行监管和控制。

4) 洗钱的防范

由于电子货币存在体积小、匿名性的特点，所以比较容易被犯罪分子利用，成为洗钱等犯罪活动的工具。犯罪分子可以将非法所得快速转移到法律薄弱的国家。电子货币系统是存在于某一特定的司法管辖权范围之内的，但当电子货币跨国界支付时，特别是在利用计算机在公用互联网上进行操作时，很难控制在某一范围内，使得对电子货币进行监控和约束具有相当的难度。因此，必须采取相应的措施解决电子货币存在的问题，实现对电子货币有效的金融监管，防止洗钱等犯罪行为的发生。

5.2.2 网上银行的法律问题

1. 网上银行的概念及其特征

网上银行指设在互联网上的以金融资产和负债为经营对象，一种以最大化或利润最大化为主要目标，提供多样化服务的信用中介机构，是商业性金融机构的现代化发展。它又可分为狭义的网上银行（Internet Banking）和广义的网上银行或网络银行（Internet Bank）。

狭义的网上银行属于传统银行业务的一种制度创新，实际上就是银行上网，即传统银行利用计算机和互联网技术突破传统银行业务模式，改革传统银行店堂服务流程，以原有传统业务为基础和依托，将原有业务推行到互联网上，为客户提供原来需要柜台操作的各种业务，实质上并没有脱离原有的银行形态。

而广义的网上银行，又称为"虚拟银行"（Virtual Bank），是银行业的一次革命，是使用电子工具通过互联网向客户提供银行的产品和服务的银行。它是银行体制的一种创新，没有银行大厅，没有营业网点，通过与国际因特网连线的计算机，进入网上银行的网站，就可以全天候在任何地方办理网络银行提供的各项银行业务。本节所谈的网上银行指广义的网上银行。

2. 网上银行的业务及功能

同传统商业银行类似，网上银行的主要业务仍可归纳为负债业务、资产业务和中间业务3类业务。目前，由于条件的限制，网上银行还没有将这3类业务全部展开。网上银行提供的产品和服务又可分为以下3种。

1) 基础网上银行业务

基础网上银行业务（Traditional Banking Online）一般分为3类：一是信息服务，包括公共信息发布、各种利率发布、投资理财咨询、最新市场行情等；二是客户交流服务，包括客户信箱服务、账户查询、贷款申请等；三是银行交易服务，包括转账业务、汇款业务、外汇买卖、住房按揭贷款等。

2) 网上银行拓展业务

网上银行拓展业务（New Banking Due to IT）指银行利用因特网的特点和优势设计和开发的全新的银行服务产品。例如，为各种电子商务提供的网上支付服务、代缴费用、移动电子支付、银证转账等。这类服务成为网上银行最具吸引力和体现特色的业务品种。

3）附属网上银行业务

附属网上银行业务（Electronic Activities Incidental to the Banking）指能够提供与银行业务相关的服务。例如，客户身份验证、交易双方资信认证、客户网上银行系统建设服务、网上募捐、ATM网络与因特网的整合等。

网上银行的业务系统包括企业银行、个人银行和网上支付3个系统。

企业银行包括以下主要功能。

（1）企业银行用户和用户权限管理功能。

（2）账务住处查询功能。

（3）企业内部之间调拨资金和向其他企业付款的支付功能。

（4）网上代发工资服务功能等。

个人银行为个人和家庭提供了方便、快捷、安全的账户服务功能；网上支付系统则为客户提供了便捷的网上消费支付结算服务，为真正实现网上购物的目的创造了条件。

3. 网上银行的相关法律问题

1）网上银行的监管问题

2001年6月，中国人民银行在总结中国商业银行网上银行业务实际发展情况的基础上，本着积极审慎发展原则、前瞻性原则和技术风险管理原则，制定颁布了《网上银行业务管理暂行办法》（以下简称《办法》），为我国网上银行业务的发展提供了基本的管理依据。

根据《办法》规定，人民银行对银行机构开办网上银行业务的市场准入，实行"一级监管"的原则，即各类银行机构首次开办网上银行业务，应由其总行向人民银行总行、分行或营业管理部申请。银行在获准开办网上银行业务后，如需要增加网上银行业务品种，应由其总行或主报告行向人民银行总行、分行或营业管理部申请。

审查银行机构开办网上银行业务的申请，人民银行监管部门应从风险管理能力、安全性评估、网上银行业务运行应急和业务连续性计划、内部监控能力4个方面重点掌握。网上银行业务申请机构应配备合格的管理人员和专业人员，应建立识别、监测、控制和管理网上银行业务风险的方法与管理制度。

网上银行业务运行应急和连续性计划至少应包括以下4个方面的内容，即系统的备份情况，包括软硬件的备份和数据的备份；对意外事故的处理；对非法侵入或攻击的处理；对业务运行应急计划和连续性计划的科学性和有效性进行定期测试的制度安排。

网上银行应制定并实施充分的物理安全措施，有效防范外部或内部非授权人员对关键设备的非法接触；应采用合适的加密技术和措施，以确认网上银行业务用户身份和授权，保证网上交易数据传输的保密性、真实性，保证通过网络传输信息的完整性和交易的不可否认性；应制定必要的系统运行考核指标，定期或不定期测试银行网络系统、业务操作系统的运作情况，保护网上银行业务交易系统不受计算机病毒侵袭，及时发现系统隐患和黑客对系统的入侵。

2）网上银行的支付服务问题

网上银行的支付服务的特殊问题主要指计算机系统出现错误或其他网络传输发生故

障,导致客户损失时,风险责任的承担问题。这一问题在法律没有明确作出规定之前,需要网上银行在开展支付服务时作出声明或约定。这种服务合同的主要内容包括定义条款、服务内容、网上银行的使用方法、免责条款和法律适用等,该合同条款往往是由银行事先拟定好后重复使用的,并递交给电子交易客户作为其设立账户的条件。如果客户需要正式申请网上银行服务,就必须接受该合同的所有内容,而不能做任何的修改,并经双方签字确认后生效,其实质是格式条款。在实践中,银行往往会加重客户的责任、减轻自身的责任,从而规定了很多免责条款。例如,免除因银行操作失误、错误执行客户电子指令而给客户造成损害的责任。这种做法显然对客户是不公平的,也违背合同签订的公平原则,需要依据我国《合同法》等法律的规定进行规范。

3)网上银行经营风险的防范问题

将银行业务移至网上的做法,将使银行面临更大的风险,对于银行自身而言,必须建立一套有效的风险防范机制,以减少网上银行业务的风险。

(1)开户审查和签约。对网上银行客户开设条件和程序应有一定的限制和规范。首先,对客户的经济收入、信用度应有一个最低准入标准;其次,开户时要核验开户人的身份证件和必要的法律文件;最后,签约时要对向客户提供客户须知的各类资料,使客户了解网上支付流程、规则和安全措施。

(2)建立身份认证制度。网上支付最大的风险是非真实所有人伪造相关证件、盗用真实所有人的密码或身份资料划拨资金。为防止此类事件的发生,网上银行必须建立身份认证制度,设计安全周密的身份核验、资金划拨流程,并经常对网上支付状况进行监督。

(3)建立安全内部运作和管理规章。网上银行应当管理和运用好自己的资金,防止客户透支或其他违法活动,为此必须制定相应的规章,规范网上银行资金划转的条件和程序,严格要求网上支付的工作按规章和流程操作。

(4)服务合同。网上银行在提供服务前应当与客户签订《网上银行服务协议》,对网上银行业务中可能产生的一系列权利、义务和责任事先予以明确约定,在不违反现行法律法规强制规定的前提下,合理分配风险和责任。一般而言,该服务协议至少应包括以下内容:支付指令的接受、安全程序的选定、网上资金划拨的终结点、银行和客户的责任、证据的存留与效力。

(5)建立纠纷解决机制。网上银行与客户可通过协议建立一套公平、高效的纠纷化解机制,以备在争议发生后,按前协议约定,查明事实,分清责任,公平合理地解决纠纷。为避免因协商不成而纠缠不清,最好在服务协议中明确约定合同成立地与生效时间,以及诉讼的协议管辖问题。

5.3 电子支付(电子资金划拨)中的法律问题

5.3.1 电子支付当事人及其权利和义务

【拓展知识】

从资金流的角度分类,电子资金划拨的当事人大致分为3种人:资金划拨人或发端人(Originator)、接受银行(Receiving Bank)、受益人(Beneficiary)。

其中,发端人指在一项资金划拨中第一项支付命令的指令人(Instructor),也称为付款人，一般是债务人；指令人指向接受银行发出指令之人；接受银行指指令人的指令发往的银行，而发端人银行、中介银行及受益人银行都可以是接受银行；受益人指受益人银行向其支付之人，也称为收款人。另外，指令人与接受银行的概念是相对而言的，发端人是发端人银行的指令人，发端人银行为接受银行；发端人银行又是中介银行的指令人，中介银行则是发端人银行的接收银行，依此类推，直至款项最终到达受益人，形成一条资金划拨链。

1. 指令人的权利和义务

1）指令人的权利

指令人有权要求接受银行按照指令的时间及时将指定的金额支付给指定的收款人，如果接受银行没有按指令完成义务，指令人有权要求其承担违约责任、赔偿因此造成损失。

2）指令人的义务

指令人的义务一般可以归纳为3点。

（1）一旦向接受银行发出指令后，自身也受其指令的约束，承担从其指定账户付款的义务。

（2）在需要的情况下，不仅接受核对签名，而且在符合商业惯例的情况下，接受认证机构的认证。

（3）按照接受银行的程序，检查指令有无错误和歧义；并有义务发出修正指令，修改错误或有歧义的指令。

2. 接受银行的权利和义务

1）接受银行的权利

接受银行主要享有以下权利。

（1）要求付款人或指令人支付所指令的资金并承担因支付而发生的费用。

（2）拒绝或要求指令人修正其发出的无法执行的、不符合规定程序和要求的指令。

（3）只要能证明由于指令人的过错而导致其他人，包括指令人的责任或前任雇员或其他与指令人有关系的当事人，假冒指令人通过了认证程序，就有权要求指令人承担指令引起的后果。

2）接受银行的义务

接受银行主要承担以下义务。

（1）按照指令人的指令完成资金支付。

（2）就其本身或后手的违约行为，向其前手和付款人承担法律责任。

3. 收款人的权利和义务

收款人具有特别的法律地位。在电子支付法律关系中，收款人虽然是一方当事人，但由于收款人与指令人、接受银行并不存在支付合同上的权利、义务关系，因此收款人不能基于电子支付行为向指令人或接受银行主张权利，收款人只是基于和付款人之间的基础法律关系与付款人存在电子支付的权利义务关系。这一点反映出电子支付与票据支付法律关系的类似。

5.3.2 电子支付执行过程中的法律问题

1. 电子支付的无因性

电子支付(或电子资金划拨)执行过程与票据交易类似,具有无因性,即无论某笔资金交易的基础原因的法律关系成立与否、合法与否,银行在按照客户以正常程序输入的指令操作后,一经支付即不可撤销,而无论交易的原因是否合法,哪怕是犯罪分子的洗钱活动,也不能否定电子支付行为本身的有效性。指令人不得以其支付指令有误或支付的原因不合法为由要求银行撤销已完成的支付行为,而只能向收款人就错收的款项主张不当得利返还。但须注意的是,这里的不当得利返还请求权只能向与自己有直接法律关系(债权债务关系)的收款人主张,而不能向没有因果法律关系的收款人主张。

【拓展视频】

2. 指令人与接受银行之间的责任

指令人与接受指令银行(接受银行)之间形成一种电子资金划拨业务的代理关系。这种关系可能因为指令人(付款人)开户、登记注册或委托合同而建立起来。与当事人之间建立代理关系的接受银行又称为当事人的代理银行。另外,在电子支付中存在一条指令链或委托支付链,因而就形成一条权利义务关系链。每一对当事人之间形成代理关系并受业务代理契约约束,而与其他当事人之间则因无契约约束而难以直接发生权利义务关系。代理银行就其后一系列的划款行为向指令人承担责任,如当付款人代理银行之后的划拨参与银行未履行、迟延履行或不当履行支付指令造成资金未能按指令到位时,付款人有权要求付款人代理银行承担违约责任。

1) 支付指令的要件及认证

电子资金划拨因债务人(指令人)资金划拨支付指令引起,该指令内容为要求其代理银行向特定的受益人支付一笔固定的或可确定数量的资金。根据电子资金划拨的无因性,要求在相关法律中对该指令的形式要件作出规定或者由银行与客户在网上服务协议中对该指令的形式要件作出明确的约定。

指令人代理银行接收到一项付款指令时,除了需审查该项支付指令是否具备形式要件、客户是否有足够的资金外,还须对该指令予以认证,鉴别发出支付指令客户的身份的真实性,以防止未经银行客户授权者伪装成客户,向其代理银行发出支付指令骗取划拨资金。

2) 支付指令有误

支付指令错误包括3种:支付指令表述有误、支付指令错误和支付指令执行错误。

(1) 支付指令表述有误。支付指令表述有误指支付指令中存在不一致的信息,如受益人名称有误、受益人名称和账号不符等。

(2) 支付指令错误。支付指令错误指支付指令的内容本身存在错误或在传输过程中产生错误。

(3) 支付指令执行错误。支付指令执行错误指支付指令本身并不无错误,但是接收指令一方却在执行该指令的过程中出现了差错。

当支付指令接收人不当履行支付指令造成划拨未能完成时,应适用退款保证原则解决此类法律问题。此原则的内容是，在资金划拨未能完成的情况下，该划拨行为所涉及的每一个指令发送方都有权得到相当于支付指令本金及其应计利息的退款。

3. 电子资金划拨的终结

电子资金划拨的终结指一项电子资金划拨何时可以认定业已完成。因为资金划拨参与行一旦按照指令人的支付指令完成了划拨，该划拨行为就不能撤回，故界定终结问题就显得非常重要。

认定指令人代理银行已完成了划拨指令，《联合国国际贸易法委员会电子资金划拨法律指南》提出了5种比较合理的方案。

(1) 指令人在其代理银行的账户被借记时视为划拨的终结点。
(2) 受益人银行接受划拨指令的时间。
(3) 受益人在其代理银行的账户被贷记时间。
(4) 受益人代理银行向受益发出其账户已被贷记的通知时。
(5) 划拨资金到达受益人账户时。

其中，第(1)种方案对指令人代理银行较为有利，第(2)、(3)种对受益人代理银行较为有利。银行在作为指令人代理银行时，一般将选第(1)种方案，一旦代理银行借记了指令人的账户，指令人代理银行对划拨指令的执行在理论上即告完成，指令人从此时起无权要求撤销其支付指令，也无权要求退回划拨的资金。

5.4 "第三方支付"的法律问题

5.4.1 国内"第三方支付"发展现状

随着网络信息、通信技术的快速发展和支付服务的不断细化分工，越来越多的非金融机构借助互联网、手机等信息技术广泛参与支付业务。非金融机构提供支付服务、与银行业既合作又竞争，已经成为一支重要的力量。传统的支付服务一般由银行部门承担，如现金服务、票据交换服务、直接转账服务等，而新兴的非金融机构介入到支付服务体系，运用电子化手段为市场交易者提供前台支付或后台操作服务，因而往往被称为"第三方支付机构"。

【拓展知识】
虽然第三方支付机构的支付服务主要集中在零售支付领域，但其服务对象非常多，主要是网络用户、手机用户、银行卡和预付卡持卡人等，其影响非常广泛。目前，共有260余家非金融支付机构获得《支付业务许可证》，并且央行已经暂停批准新设第三方支付机构。第三方支付服务规模近几年来迅速扩张，且呈现出激烈的竞争态势。根据艾瑞咨询统计数据显示，2015年第三季度中国第三方网上支付的交易规模达到3万亿元，交易规模几乎达到2011年同期的10倍。目前，国内交易规模排名较为领先的第三方支付平台包括银联商务、支付宝、微信支付、银联在线、快钱、汇付天下、易宝支付、联通支付、拉卡拉、百度钱包、环迅支付、易付宝等。国际著名的第三方支付平台包括Paypal、Money Gram、MONEY BOOKERs、Google Checout、GSPAY等。

第 5 章 电子支付的法律规范

随着第三方支付机构支付服务的业务范围、规模的不断扩大和新的支付工具的推广，以及市场竞争的日趋激烈，这个领域一些固有的问题逐渐暴露，新的风险隐患也相继产生。例如，客户备付金的权益保障问题、预付卡发行和受理业务中的违规问题、反洗钱义务的履行问题、支付服务相关的信息系统安全问题，以及违反市场竞争规则、无序从事支付服务问题等。这些问题仅仅依靠市场的力量难以解决，必须通过必要的法规制度和监管措施及时加以预防和纠正。

5.4.2 国内外"第三方支付"监管现状

在国际上，第三方支付服务市场发展较早、较快的一些国家，政府对这类市场的监管逐步从偏向于"自律的放任自流"向"强制的监督管理"转变。

美国、欧盟等多数经济体从维护客户合法权益的角度出发，要求具有资质的机构有序、规范地从事支付服务。其具体措施包括实行有针对性的业务许可、设置必要的准入门槛、建立检查和报告制度、通过资产担保等方式保护客户权益、加强机构终止退出及撤销等管理。

美国将类似机构（包括非金融机构和非银行金融机构）界定为货币服务机构。美国有40多个州参照《统一货币服务法案》制定法律对货币服务进行监管。欧盟就从事电子货币发行与清算的机构先后制定了《电子货币指令》和《内部市场支付服务指令》等，并于2009年再次对《电子货币指令》进行修订。这些法律强调欧盟各成员国应对电子货币机构及支付机构实行业务许可制度，确保只有遵守审慎监管原则的机构才能从事此类业务。韩国、马来西亚、印度尼西亚、新加坡、泰国等亚洲经济体先后颁布法律规章，要求电子货币发行人必须预先得到中央银行或金融监管当局的授权或许可，并对储值卡设置金额上限等。

我国的第三方支付服务起步较晚但发展迅速，相关问题随着业务的不断发展而逐步显现。根据《人民银行法》等法律法规，中国人民银行制定了《非金融机构支付服务管理办法》（以下简称《办法》），经2010年5月19日第7次行长办公会议通过，现予公布，自2010年9月1日起施行，并制定《非金融机构支付服务管理办法实施细则》予以贯彻执行。

近年来，支付机构大力发展网络支付服务，促进了电子商务和互联网金融的快速发展，对支持服务业转型升级、推动普惠金融纵深发展发挥了积极作用。与此同时，支付机构的网络支付业务也面临不少问题和风险，必须加以重视和规范：一是客户身份识别机制不够完善，为欺诈、套现、洗钱等风险提供了可乘之机；二是以支付账户为基础的跨市场业务快速发展，沉淀了大量客户资金，加大了资金流动性管理压力和跨市场交易风险；三是风险意识相对较弱，在客户资金安全和信息安全保障机制等方面存在欠缺；四是客户权益保护亟待加强，存在夸大宣传、虚假承诺、消费者维权难等问题。

因此，为了规范网络支付业务，防范支付风险，保护客户的合法权益，同时促进支付服务创新和支付市场健康发展，进一步发挥网络支付对互联网金融的基础作用，根据《中国人民银行法》和《非金融机构支付服务管理办法》，中国人民银行又于2015年12月28日发布，自2016年7月1日起施行被有的媒体称为"史上最严第三方支付管理规定"的《非银行支付机构网络支付业务管理办法》（以下简称《支付业务管理办法》）。

5.4.3 我国对"第三方支付"的监管规定

1. 第三方支付机构允许提供的支付服务

《支付业务管理办法》明确第三方支付机构支付服务指第三方机构在收、付款人之间作为中介机构提供的货币资金转移服务,包括网络支付、预付卡的发行与受理及银行卡收单等。

(1) 网络支付业务。《办法》所称网络支付指第三方机构依托公共网络或专用网络在收付款人之间转移货币资金的行为,包括货币汇兑、互联网支付、移动电话支付、固定电话支付、数字电视支付等。

(2) 预付卡发行与受理业务。《办法》所称预付卡指以营利为目的发行的、在发行机构之外购买商品或服务的预付价值,包括采取磁条、芯片等技术以卡片、密码等形式发行的预付卡。

(3) 银行卡收单业务。《办法》所称银行卡收单指通过销售点(POS)终端等为银行卡特约商户代收货币资金的行为。

(4) 中国人民银行根据支付服务市场的发展趋势等确定的其他支付业务。

2. 对第三方支付服务实行支付业务许可制度

根据国务院关于"建立公开平等规范的服务业准入制度,鼓励社会资本进入"等工作要求,中国人民银行依据《中华人民共和国中国人民银行法》等法律法规,经国家行政审批部门认定,对第三方支付实行支付业务许可制度。无论是国有资本还是民营资本的第三方机构,只要符合《办法》的规定,都可以取得《支付业务许可证》,如图5.2所示。

图5.2 支付业务许可证

《办法》旨在通过严格的资质条件要求,遴选具备良好资信水平、较强赢利能力和一定从业经验的第三方机构进入支付服务市场,在中国人民银行的监督管理下规范从事支付业务,切实维护社会公众的合法权益。未经中国人民银行批准,任何第三方机构和个人不得从事或变相从事支付业务。

2011年5月,中国人民银行正式对外公布首批《支付业务许可证》名单,包括支付宝(中国)网络技术有限公司、银联商务有限公司、深圳市财付通科技有限公司等在内的

第5章 电子支付的法律规范

27家公司获得许可证,未取得的企业将不得继续从事支付业务。

任何第三方机构和个人未经中国人民银行批准擅自从事或变相从事支付业务的,或者支付机构超出《支付业务许可证》有效期限继续从事支付业务的,均由中国人民银行及其分支机构责令其终止支付业务;涉嫌犯罪的,依法移送公安机关立案侦查;构成犯罪的,依法追究刑事责任。

3. 第三方机构提供支付服务应具备的条件

《办法》规定第三方机构提供支付服务应具备相应的资质条件,以此建立统一规范的第三方支付市场准入秩序,强化第三方支付的持续发展能力。第三方机构提供支付服务应具备的条件主要包括以下6个方面。

(1) 商业存在。申请人必须是在我国依法设立的有限责任公司或股份有限公司,且为第三方机构法人。

(2) 资本实力。申请人申请在全国范围内从事支付业务的,其注册资本至少为1亿元;申请在同一省(自治区、直辖市)范围内从事支付业务的,其注册资本至少为3 000万元人民币,且均须为实缴货币资本。

(3) 主要出资人。申请人的主要出资人(包括拥有其实际控制权和10%以上股权的出资人)均应符合关于公司制企业法人性质、相关领域从业经验、一定赢利能力等相关资质的要求。

(4) 反洗钱措施。申请人应具备国家反洗钱法律法规规定的反洗钱措施,并于申请时提交相应的验收材料。

(5) 支付业务设施。申请人应在申请时提交必要支付业务设施的技术安全检测认证证明。

(6) 资信要求。申请人及其高管人员和主要出资人应具备良好的资信状况,并出具相应的无犯罪证明材料。

考虑支付服务的专业性和安全性要求等,申请人还应符合组织机构、内控制度、风控措施、营业场所等方面的规定。中国人民银行将在《办法》实施细则中细化对反洗钱措施验收材料、技术安全检测认证证明和无犯罪证明材料的具体要求。

4. 《支付业务管理办法》的监管规定

1) 个人支付账户的分类管理

《支付业务管理办法》将个人支付账户分为三类。其中,Ⅰ类账户只需要一个外部渠道验证客户身份信息(例如联网核查居民身份证信息),账户余额可以用于消费和转账,主要适用于客户小额、临时支付,身份验证简单快捷。为了兼顾便捷性和安全性,Ⅰ类账户的交易限额相对较低,但支付机构可以通过强化客户身份验证,将Ⅰ类账户升级为Ⅱ类或Ⅲ类账户,提高交易限额。Ⅰ类支付账户,账户余额仅可用于消费和转账,余额付款交易自账户开立起累计不超过1 000元。Ⅱ类、Ⅲ类个人支付账户年累计10万元、20万元限额。

支付机构采用不包括数字证书、电子签名在内的两类以上有效要素进行验证的交易,单个客户所有支付账户单日累计金额应不超过5 000元,支付机构采用不足两类有效要素进行验证的交易，单个客户所有支付账户单日累计金额应不超过1 000元。综合评级较高且实名制落实较好的支付机构单日支付限额最高可提升到现有额度的2倍。

Ⅱ类和Ⅲ类账户的客户实名验证强度相对较高，能够在一定程度上防范假名、匿名支付账户问题，防止不法分子冒用他人身份开立支付账户并实施犯罪行为，因此具有较高的交易限额。鉴于投资理财业务的风险等级较高，仅实名验证强度最高的Ⅲ类账户可以使用余额购买投资理财等金融类产品，以保障客户资金安全。

上述分类方式及付款功能、交易限额管理措施仅针对支付账户，客户使用银行账户付款（例如银行网关支付、银行卡快捷支付等）不受上述功能和限额的约束。

支付账户必须实施实名制度。要求支付机构遵循"了解你的客户"原则，建立健全客户身份识别机制，并在与客户业务关系存续期间，采取持续的客户身份识别措施，确保有效核实客户身份及其真实意愿。要求支付机构在开立Ⅱ类、Ⅲ类支付账户时，分别通过至少三个、五个外部渠道验证客户身份信息。

2）支付机构的分类监管

人民银行按照"依法监管、适度监管、分类监管、协同监管、创新监管"原则，建立支付机构分类监管工作机制。根据支付机构分类评级情况，在业务监管标准、创新扶持力度、监管资源分配等方面，对支付机构实施差别化管理，以扶优限劣的激励和制约措施充分发挥分类监管对支付机构经营管理的正面引导和推动作用。对于综合评级较高的支付机构，制定弹性和灵活性较高的监管措施，为其业务和技术创新发展预留充足的空间；对于综合评级较低的支付机构，人民银行将集中监管资源依法重点监管，以加强风险防范、保障客户权益，维护市场稳定。

对于综合评级较高且实名制落实较好的支付机构，在客户身份验证方式、个人卖家管理方式、支付账户转账功能、支付账户单日交易限额、银行卡快捷支付验证方式等方面，提升了监管弹性和灵活性。

（1）支付机构在开立Ⅱ类、Ⅲ类支付账户时，既可以按照"三个""五个"外部渠道的方式进行客户身份核实，也可以运用各种安全、合法的技术手段灵活制定其他有效的身份核实方法，经评估认可后予以采用。

（2）对于从事电子商务经营活动、不具备工商登记注册条件的个人卖家，支付机构可以参照单位客户进行管理，以便更好地满足个人卖家的支付需求，进一步支持电子商务发展。

（3）支付机构可以扩充支付账户转账交易功能，可以同时办理支付账户与同名银行账户之间、支付账户与非同名银行账户之间的转账交易。

（4）支付机构可以根据客户实际需要，适度提高支付账户余额付款的单日交易限额。

（5）在银行卡快捷支付交易中，支付机构可以与银行自主约定由支付机构代替进行交易验证的具体情形。

同时，对综合评级较低、实名制落实较差、对零售支付体系或社会公众非现金支付信心产生重大影响的支付机构，增加了信息披露等义务，同时人民银行将依法对其重点加强监管。

3）网络支付风险的管理措施

网络支付业务因依托公共网络作为信息传输通道，不可避免地面临网络病毒、信息窃

第5章 电子支付的法律规范

取、信息篡改、网络钓鱼、网络异常中断等各种安全隐患，也面临欺诈、套现、洗钱等业务风险。为了加强风险防范，切实保障客户合法权益，《支付业务管理办法》从风险管理角度对支付机构提出了明确要求。

（1）综合客户类型、客户身份核实方式、交易行为特征、资信状况等因素，建立客户风险评级管理制度和机制，并动态调整客户风险评级及相关风险控制措施。

（2）建立交易风险管理制度和交易监测系统，对疑似风险和非法交易及时采取调查核实、延迟结算、终止服务等必要控制措施。

（3）向客户充分提示网络支付业务潜在风险，及时揭示不法分子新型作案手段，对客户进行必要的安全教育，在高风险业务操作前、操作中向客户进行风险警示。

（4）以"最小化"原则采集、使用、存储和传输客户信息，采取有效措施防范信息泄露风险。

（5）提高交易验证方式的安全级别，所采用的数字证书、电子签名、一次性密码、生理特征等验证要素应符合相关法律法规和技术安全要求。

（6）网络支付相关系统设施和技术，应当持续符合国家、金融行业标准和相关信息安全管理要求。

（7）确保网络支付业务系统及其备份系统的安全和规范，制定突发事件应急预案，保障系统安全性和业务连续性。

4）客户权益保护措施

鉴于客户在网络支付业务中可能面临资金被盗、信息泄露等风险隐患，在维权过程中往往处于相对弱势的地位，为保障客户合法权益，《支付业务管理办法》结合支付机构目前在客户权益保护方面存在的不足，明确了相关监管要求。

（1）知情权方面。要求支付机构以显著方式提示客户注意服务协议中与其有重大利害关系的事项，采取有效方式确认客户充分知晓并清晰理解相关权利、义务和责任；并要求支付机构增加信息透明度，定期公开披露风险事件、客户投诉等信息，加强客户和舆论监督。

（2）选择权方面。要求支付机构充分尊重客户的真实意愿，由客户自主选择提供网络支付服务的机构、资金收付方式等，不得以诱导、强迫等方式侵害客户自主选择权；支付机构变更协议条款、提高服务收费标准或者新设收费项目，应以客户知悉且自愿接受相关调整为前提。

（3）信息安全方面。要求支付机构制定客户信息保护措施和风险控制机制，确保自身及特约商户均不存储客户敏感信息，并依法承担因信息泄露造成的损失和责任。

（4）资金安全方面。要求支付机构及时处理客户提出的差错争议和投诉，并建立健全风险准备金和客户损失赔付机制，对不能有效证明因客户原因导致的资金损失及时先行赔付；要求支付机构对安全性较低的支付账户余额付款交易设置单日累计限额，并对采用不足两类要素进行验证的交易无条件全额承担客户风险损失赔付责任。

【法律法规】

5.5 电子支付中的法律责任

5.5.1 电子支付中的民事法律责任

1. 电子支付的合同责任

由于电子支付合同责任的归责原则采取严格责任归责原则,则电子支付的合同责任的构成要件只有一个,那就是违约行为,即只要电子支付过程中的合同当事人的行为违反合同的规定,就应当承担合同责任。即使因不可抗拒力造成违反合同规定的情形,违约方也负有及时通知对方和提供证据的义务。

违约行为指在电子支付过程中,合同的一方当事人或双方当事人不履行或履行不符合电子支付合同约定的义务的行为。其中,违约方当事人违反的合同义务不是一般的合同义务,而是在电子支付过程中双方所签订或约定的电子合同的义务。另外,依法成立的合同对当事人具有法律的约束力,当事人应该按合同的约定履行自己的义务,否则将承担违约责任。

承担电子支付的合同责任一般采取的主要方式有支付违约金、强制实际履行、赔偿损失和其他补救措施。

2. 电子支付违反《中华人民共和国商业银行法》的民事责任

根据《中华人民共和国商业银行法》第七十三条规定,商业银行有下列情形之一,对存款人或者其他客户造成财产损害的,应当承担支付迟延履行的利息及其他民事责任。

(1) 无故拖延、拒绝支付存款本金和利息的。

(2) 违反票据承兑等结算业务规定,不予兑现,不予收付入账,压票、压单或者违反规定退票的。

(3) 非法查询、冻结、扣划个人储蓄存款或者单位存款的。

(4) 违反本法规定对存款人或者其他客户造成损害的其他行为。

由于国内的网上银行可以理解为传统银行业务的上网,因而网上银行也应遵守以上条款,否则就应当承担民事责任。承担民事责任的主要方式有停止侵害、恢复原状、支付迟延支付的利息和赔偿损失等。

5.5.2 电子支付中的刑事法律责任

由于电子支付中的犯罪行为会严重损害国家的正常经济秩序和电子商务活动的顺利开展,因此必须采取措施严厉惩处电子支付过程中的各种犯罪行为。虽然我国的《刑法》中还未有为电子支付犯罪行为单列的惩罚条款,但是许多相关条款仍然是可以通用的。

(1) 电子支付过程中的计算机犯罪,可参照《刑法》第二百八十六、二百八十七条的规定进行处罚,包括破坏网上银行的计算机系统数据和应用程序的犯罪,制作、传播计算机破坏性程序的犯罪等。

(2) 与计算机犯罪有关的电子支付犯罪,可参照《刑法》第二百八十七、第二百二十四、第一百九十六、第二百六十六、第二百六十四条的规定进行处罚,包括利

第5章 电子支付的法律规范

用计算机实施网上金融诈骗、盗窃、贪污、挪用公款的犯罪,在履行电子合同过程中骗取当事人财物的犯罪,进行信用卡等电子货币诈骗犯罪等。

(3) 不涉及计算机技术的电子支付过程中的传统支付犯罪,这种犯罪涉及面广、危害性大,可参照《刑法》第二百六十四、第二百六十六、第一百七十四、第二百八十七条的规定进行处罚,以及借鉴《刑法》分则中第三章破坏社会主义市场经济秩序罪、第五章侵犯财产罪其他相应条款的规定进行处罚,即只要在电子支付过程中的犯罪行为符合《刑法》章节中的犯罪构成要件,则以刑法相关规定定罪处罚。

本 章 小 结

本章阐述了电子支付的概念及特征,探讨了电子支付的形式及安全标准,并分析了电子支付的流程及当事人的法律关系;深入探讨了电子货币与网上银行的法律规范问题,重点研究了电子支付(电子资金划拨)中的法律问题,包括国内外关于电子支付的立法问题、电子支付当事人及其权利和义务、电子支付执行过程中的法律问题等;最后讨论了电子支付中的法律责任问题,涉及电子支付中的民事责任问题和刑事责任问题等。

经典案例

信用卡非法套现案件时现甬城,集资需谨慎

案情介绍

2008年12月22日,吴某因急需现金,经朋友介绍结识了专门做"信用卡套现生意"的包某。包某向吴某推荐申请分期付款,称申请分期付款最长可以选择24期即两年内还清,每月还款金额较少,但是该笔生意要收取吴某手续费的20%。想到分期付款的还款压力较小,吴某听取了包某的意见。同时包某表示,申请分期付款的手续比较麻烦,需要等到第三天才能拿回信用卡,但4 500元现金可以当天先交给吴某(该卡本身就有4 500元的透支额度,但不能拿现金,只能去银行指定的商场刷卡消费,而吴某只想要现金)。吴某认为既然自己信用卡的透支额度4 500元已经刷完,现金也到手了,应该没有什么风险,于是就放心地将信用卡交给包某。第三天,包某将信用卡还给了吴某。但是在12月31日吴某收到银行账单时,发现该信用卡除正常透支额4 500元被全部透支外,另外又被消费了4 500元。吴某到银行查询后才知道,原来信用卡的分期付款额度与本卡正常透支额度是完全独立、互不影响的(也被称为"空卡贷")。也就是说,在吴某信用卡原定透支额4 500元被全部透支后,该卡仍可再以透支方式支付分期付款的其他业务。包某趁吴某不了解信用卡贷付款业务,偷偷地将信用卡的正常透支和分期付款两项业务"同步"开展,以牟取暴利。警方随即将犯罪嫌疑人包某抓捕归案。

案例分析

信用卡套现指持卡人不是通过正常合法手续(ATM或柜台)提取现金,而是通过其他手段将卡中信用额度内的资金以现金的方式套取,同时又不支付银行提现费用的行为。一般通过与商户协商以刷卡名义取现,具体做法由商户刷卡后将所得金额退还给持卡人,以达到从资金到现钞的转换。

信用卡空卡套现("空卡贷")指有些银行的信用卡有分期额度,这些信用卡的分期额度与信用卡本身的额度没有太大的关系,并且这些分期额度可以单独用来购买商品,即在信用卡内的原额度用完的情况下,还能用分期额度支付,这样就实现了信用卡空卡购物,然后将购买的商品又打折卖给商家,这样就实现了信用卡空卡套现了。

在本案中,包某实施了双重违法行为,即包某利用吴某想通过非正常手段信用卡套现,以及其不了

解信用卡空卡套现，既实施了非法信用卡套现行为，又对吴某进行了信用卡盗窃。

非法信用卡套现行为可以依据《最高人民法院、最高人民检察院关于办理妨害信用卡管理刑事案件具体应用法律若干问题的解释》第七条的规定进行处理，"违反国家规定，使用销售点终端机具（POS机）等方法，以虚构交易、虚开价格、现金退货等方式向信用卡持卡人直接支付现金，情节严重的，应当依据刑法第二百二十五条的规定，以非法经营罪定罪处罚"。套现数额在100万元以上的，应当认定为"情节严重"。包某虽实施了信用卡套现的非法行为，但由于数额较低，不构成非法经营罪。

但是，包某趁吴某不了解信用卡贷付款业务，偷偷地将信用卡的正常透支和分期付款两项业务"同步"开展，以牟取暴利的行为则应当依据盗窃罪的相关规定进行处罚。

（资料来源：喻岚，王肖刚，杨丹惠. 信用卡非法套现案件时现甬城，集资需谨慎[EB/OL]. (2009-03-23). [2011-08-08]. http://www.sina.com.cn/s/2009-03-23/125715353066s.shtml）

自 测 题

一、单项选择题

1. 下列关于 SET 协议说法错误的是（　　）。
   A. 订单信息和个人账号信息隔离
   B. 持卡人和商家相互认证
   C. 可以运行在不同的硬件和操作系统平台上
   D. 只能提供双方认证，无法协调多方面的安全传输和信任关系
2. 目前常用的电子支付安全交易标准主要有（　　）。
   A. Lamfalussy 标准　　　　　　B. SET 协议
   C. PKI 协议　　　　　　　　　D. TCP/IP 协议
3. 电子支付当事人不包括（　　）。
   A. 买方和卖方　　　　　　　　B. 银行
   C. 认证中心　　　　　　　　　D. 数据通信网络

二、名词解释

1. 电子支付　　2. SSL 协议　　3. 认证机构　　4. 电子货币　　5. 网上银行

三、简答题

1. 简述网上银行与客户之间的权利和义务。
2. 简述电子支付当事人及其法律关系。
3. 试论述 SSL 协议和 SET 协议的优点及不足。

四、案例讨论

甲在银行 ATM 取款时，由于在插卡槽插入银行卡取款后，按取卡键无法弹出银行卡，于是拨打了用胶带贴在取款机上的电话号码，并按照电话号码的提示提供给对方自己的银行卡密码，随后离开取款机，前往就近的银行柜台。当甲到达银行柜台后，却被告知其所拨打的电话号码并不是该行的客服电话，在查看银行卡信息后发现卡内存款已被取走。

该行在本案中是否需要承担责任？为什么？

第6章 电子商务物流配送的法律规范

教学目标

通过本章内容的学习,了解电子商务物流的相关概念和我国物流配送法律体系的构成,掌握运输法律制度、仓储法律制度、配送法律制度和国际物流法律制度,能够运用货运合同、仓储合同、第三方物流(物流配送代理)和国际海运规则的相关内容解决实际问题。

教学要求

知识要点	能力要求	相关知识
电子商务物流法律制度概述	(1) 能够正确理解物流的基本概念和基础知识 (2) 能够正确理解我国物流配送法律体系的构成	(1) 物流 (2) 物流有关的法律 (3) 与运输有关的行政法规 (4) 与物流有关的行政法规及部门规章
运输法律制度	(1) 了解运输合同的基本知识 (2) 理解货运合同的基本知识 (3) 多式联运合同与海上货物运输合同	(1) 运输合同及其种类 (2) 货运合同及其内容 (3) 货运合同当事人的权利和义务 (4) 多式联运合同与海上货物运输合同 (5) 违反货运合同的责任
仓储法律制度	(1) 仓储 (2) 仓储合同	(1) 仓储的概念 (2) 仓储合同 (3) 仓储合同当事人的义务和责任
配送法律制度	(1) 配送 (2) 第三方物流(物流配送代理)	(1) 配送的概念 (2) 第三方物流(物流配送代理)的概念、法律分类及法律性质
国际物流法律制度	(1) 国际物流及国际物流法律制度 (2) 国际海运的规则	(1) 国际物流的概念 (2) 国际物流法律制度构成 (3) 《海牙规则》《维斯比规则》和《汉堡规则》

案例导航

被告重庆某物流有限公司新牌坊分公司依照与原告钟先生的合同约定,将一台投影机从重庆运往成都,并交由收货人李成杰先生。收货人在未打开包装查看的情况下,即在载有"以上货物件数、重量完全符合、完好无损"的快递单上签了字。回到办公室后,原告才发现投影仪已损坏,遂诉至法院请求被告对货物的损毁承担相关赔偿责任。

法院审理认为:被告对货物承担的安全风险义务起于货物收运时,止于货物交付收货人。收货人已经在快递单上签字,又没有相关证据证明自己的事实主张,因此驳回了原告的请求。

6.1 电子商务物流法律制度概述

6.1.1 电子商务物流的相关概念

物流指物品从供应地向接收地的实体流动过程,即根据实际需要将运输、储存、装卸、搬运、包装、流通加工、配送、信息处理等基本功能进行有机整合。而物流活动即对于上述功能的实施与管理的过程。物流法律制度指调整物流活动中产生的社会关系的法律法规的总称。

电子商务时代的来临将使传统的物流与商流、信息流、资金流重新整合。现代物流系统是以物流企业为主体、以第三方物流配送服务为主要形式、由物流和信息流相结合的、涉及供应链全过程的物流系统。现代物流业具备巨大的发展动力和增长潜力。使物流业沿着国际化、电子化、共同化、社会化、专业化、个性化、信息化的方向发展,才能保障电子供应链畅通无阻。为使我国物流产业适应新经济形势的要求,保障电子商务健康发展,我国物流法律制度的构建是必需的。

6.1.2 我国物流配送法律体系的构成

随着我国法制建设的逐步完善,以及电子商务和现代物流产业的发展,与物流有关的法律法规也相继出台。我国现行的有关物流的主要的规范性法律文件包括与物流有关的法律、与运输有关的行政法规和与物流有关的行政法规及部门规章。

1. 现行与物流有关的法律

现行与物流有关的法律有规范专门物流业务的《中华人民共和国海商法》(1992)、《中华人民共和国铁路法》(1990)和《中华人民共和国民用航空法》(1995)等。

2. 与运输有关的行政法规

自1949年中华人民共和国成立以来,我国运输业的立法和实践经历了计划经济体制阶段、初步开放阶段及快速发展阶段。经过50余年的探索和发展,我国已建立了包括公路运输、铁路运输、航空运输、水路运输、货运代理等方面的运输业的法律规范体系。

调整公路运输的法律比较全面,除了《中华人民共和国公路法》,还有《汽车货物运输规则》《道路货物运输服务业管理办法》《高速公路交通管理办法》《中华人民共和国道路交通管理条例》《城市道路管理条例》《道路零担货物运输管理办法》等一系列法律规范。

第6章 电子商务物流配送的法律规范

我国在铁路运输方面的法规主要有《铁路货运事故处理规则》《铁路货物运输杂费管理办法》《铁路货物运输规程》《铁路货物运输管理规则》等。

关于航空运输的国内立法，除了《中华人民共和国民用航空法》，还有《航空货物运输合同实施细则》《国务院关于开办民用航空运输企业审批权限的暂行规定》《民航局关于航空运输服务方面罚款的暂行规定》等规范。

我国在水路运输方面的法律规范主要有《中华人民共和国海商法》《中华人民共和国水路运输管理条例》《中华人民共和国海上交通安全法》及《中华人民共和国国际海运条例》等。

关于货运代理的法律规范主要有国家对外贸易经济合作部颁布的《中华人民共和国国际货物运输代理业管理规定》及其《实施细则》，该规定借鉴了联合国亚太经济与社会理事会(United Nations Economic and Social Commission for Asia and the Pacific，UN ESCAP)和国际货运代理协会联合会(FIATA)的有关条款，明确了国际货运代理人的法律地位；在外经贸部颁布的《外商投资国际货物运输代理企业审批规定》中，对中外合资企业从事国际货物运输代理业务的条件和报批程序作出了规定。

3. 其他与物流有关的行政法规及部门规章

关于流通设施，如道路交通和仓储管理等的法规有《中华人民共和国航道管理条例》(1987)、《中华人民共和国海港管理暂行条例》(1984)、《民用机场管理暂行条例》(1977)、《仓储保管合同实施细则》(1984)及《中华人民共和国公路管理条例》(1988)等。

此外，我国是《海牙条约》(《统一提单的若干法律规定的国际公约》)等国际条约的缔约国，除了声明保留的条款，相应的国际条约在我国的对外贸易物流领域也具有和内国法相当的法律效力。

从上述法律规范中可以发现，我国现行物流法律制度还存在明显的问题。我国目前颁布实施的公路和水路运输法中主要是行政法规或者部门规章，而且内容琐碎庞杂，有些规范之间还存在矛盾和冲突，极易产生适用上的混乱。由于这些规范普遍法律效力较低，不利于整体上的协调，常常使公路和水路运输企业无所适从。此外，在公路建设资金方面、在公路运输安全方面、关于驾驶员的工作时间及对于车辆超载也缺乏相关规定。

6.2 运输法律制度

6.2.1 运输合同概述

运输合同又称运送合同，是承运人将旅客或者货物运输到约定地点，旅客、托运人或者收货人支付票款或者运费的合同。

在运输合同中有承运人和托运人或旅客两方当事人。将货物或旅客运输到约定地点的人被称为承运人；向承运人支付运费或票款的人被称为托运人或旅客。

在运输合同涉及的标的物为货物时，除承运人和托运人两方当事人外，通常还有收货人参加合同关系，收货人是从承运人处接收货物的人。多数情况下，收货人是托运人以外的人。少数情况下，收货人就是托运人本人。

运输合同是由承运人开展运输业务的法律形式。运输合同的承运人无论是法人组织，还是其他组织，甚至是城镇个体运输户及农村运输专业户，都必须是具有经营运输业务资格的人。托运人则可以是法人和其他组织，也可以是公民个人。运输合同属于提供劳务的合同，合同的标的不是被运输的货物或旅客及其行李，而是运输行为本身。

运输合同具有以下法律特征。

1. 运输合同是双务合同、有偿合同

运输合同成立后，承运人有义务运输旅客或为托运人运输物品，并有权获得票款或运费；旅客或托运人有义务支付票款或运费，并有权要求承运人完成运输行为。由此可见，运输合同双方当事人均负有义务，双方的相互给付具有对价性。因此，运输合同是双务合同。承运人必须是依法登记取得经营运输业务资格的人，以运输旅客或货物为营业性活动，旅客或托运人须向承运人支付票款或运费，这一特性决定了运输合同是有偿合同。

2. 运输合同一般为诺成合同

除非当事人双方明确约定以托运人交付货物或以旅客支付票款为合同成立条件外，运输合同一般为诺成合同。从客运合同来看，旅客只要获得客票，运输合同即成立。从货物运输合同来看，货物运输合同多数情况下，不以货物的交付为合同的成立条件，只要合同经双方当事人签字或盖章即告成立。除零担货物、计划外整批货物、集装箱货物和航空货物的运输合同具有实践合同的特性外，多数货物运输合同为诺成合同。

3. 运输合同一般具有格式合同的性质

格式合同指合同的主要条款和格式基本上由法律、法规具体规定或由有关主管部门事先拟定的合同，因此，运输合同一般为格式合同。

4. 运输合同的标的是运输行为

运输合同的标的是承运人的运输服务行为。尽管运输合同离不开运输的货物或旅客，但运输合同的标的不是货物或旅客。货物或旅客只是运输行为的对象。

6.2.2 运输合同的种类

运输合同的种类较多，可以根据不同的标准进行分类。我国常见的运输合同分类有以下3种。

（1）以运输对象为划分标准，可将运输合同划分为客运合同和货物运输合同。在货物运输合同中，根据货物的特性和品类，又可将其区分为普通货物运输合同、特种货物运输合同和危险货物运输合同。

（2）以运输工具为划分标准，可将运输合同划分为铁路运输合同、公路运输合同、水上运输合同、海上运输合同、航空运输合同等。

（3）以运输方式为划分标准，可将运输合同划分为单一运输合同和多式联运合同。单一运输合同指以一种运输工具进行运输的合同；多式联运合同指以两种以上运输工具联合进行同一运输的合同。多式联运合同以其是否跨越国界区分为国内联运合同和国际联运合同；以运输工具的不同联合又分为陆空联运合同、陆海联运合同、陆海空联运合同等。

6.2.3 货运合同

货运合同，又称为货物运输合同，指承运人按照约定将托运人交付的货物运输到约定的地点，托运人为此支付相应运费的合同。货运合同除具有运输合同的共同特征外，还具有自身的一些重要特征。

1. 货运合同多数情况下涉及第三人

货运合同的一方当事人是托运人，另一方当事人是承运人。当托运人是为了自己的利益订立合同并托运货物时，一般不涉及第三人。但当托运人是为了第三人的利益而订立合同并托运货物时，就会出现托运人与收货人不一致的情况，货运合同就涉及第三人，即收货人。收货人虽不直接参与合同的订立，不具备合同当事人的资格，但却是合同重要的利害关系人。收货人在接收货物时，与承运人产生权利义务关系。

2. 货运合同有持续性大宗货运合同与一时性运单式合同之分

持续性大宗货运合同，指托运人与承运人之间有长期的运输合同关系，托运人定期托运大宗货物，承运人按计划保证货物的运输；一时性运单式合同，指其运输对象多为零担货物、集装箱货物，合同以货物的交付验收为成立要件。

3. 货运合同以承运人将货物交付给收货人为义务履行完结

货运合同中，承运人按照合同将货物运输到约定地点，并不意味着其义务履行完毕。承运人只有在规定的期限内通知收货人接收货物，并将货物交付给收货人后，才能视为其义务履行完结。

6.2.4 货运合同的内容

货运合同一般应具备以下主要条款。

1. 货物名称

货物名称反映货物的特性，因此应按国家统一的产品目录表所列的货物名称填写，不得填写虚假货物名称或对货物名称隐瞒不报。对危险货物应注明危险货物的名称和编号。

2. 货物包装

货物包装对货物的运输安全有直接影响，因此应按国家或行业规定的标准包装。没有国家或行业标准的，当事人双方应根据货物的特性、体积、重量、运输气候、运输距离、装卸方式等来协商确定包装标准。为保证货物的运输安全，当事人应按国家规定正确制作货物的运输标志和必要的指示标志，如防潮、防热、向上、轻放等。

3. 货物的数量、重量、体积和价值

货物的数量、重量、体积和价值等，既是对货物采用哪种运输方式和哪种装卸工具运输、装卸的依据，也是计算运输费用和其他费用的依据。例如，因错填货物重量而导致装卸工具的损坏等，有过错一方应承担责任。因此，在填写货物数量、重量、体积和价值时，应按照国家规定的计量单位和价格标准来计算。

4. 货物的发运港、站和到达港、站

货物发运港、站与到达港、站的距离就是货物的运距,对货物运输费用和其他费用的计算起决定作用。到达港、站的明确有利于保证承运人将托运的货物准时、安全运输到指定目的地。因此,货运合同对发运港、站和到达港、站的记载应准确无误。

5. 托运人、收货人的名称和地址

托运人、收货人的名称和地址的记载应当全面、具体、详细和明确,以便联系,并避免与其他人相混淆而发生错误。

6. 承运日期和运达期限

承运日期和运达期限均由承运人填写。前者指承运人接收并承运货物的日期;后者指货物运输到指定目的地的日期。承运日期和运达期限对于判别承运人是否按期履行或者迟延履行等具有重要意义。

7. 货物的装卸方式

货运合同双方当事人,应当根据货物的性质、包装、重量、体积等条件,在合同中明确规定货物的装卸方式。

8. 运输费用和结算方式

运输费用是承运人依据约定将货物运输到指定地点后,托运人所支付的相应报酬。运输费用包括运费和其他杂费。运费主要是依据货物的重量、数量、体积及运距等计算的;其他杂费则包括包装费、装卸费、存放费等。收费标准和结算方式不得违反国家的规定。

9. 违约责任

货运合同双方当事人应当在合同中明确规定违约责任的承担比例、范围和方式。

10. 双方当事人认为必须约定的其他条款

货物运输种类多,涉及面广,因此除法律有关规定外,双方当事人认为需要协商的其他事项,也应当在合同中明确规定。

6.2.5 货运合同当事人的权利和义务

1. 托运人的权利和义务

1) 托运人的主要权利

(1) 有权要求承运人按照合同规定的期限将货物准时、安全运输到约定的地点。

(2) 在承运人将货物交付收货人之前,托运人或提货凭证持有人可请求承运人中止运输、返还货物、变更到达地或将货物交给其他收货人,但应赔偿承运人因此受到的损失。

(3) 在货物发运之前,托运人有权要求解除合同。

(4) 因承运人的责任造成货物丢失、缺少、污染、变质、损坏时,有权要求承运人赔偿货物损失。

第 6 章　电子商务物流配送的法律规范

（5）因承运人的过错而造成货物运输超过运输期限的，托运人有权要求承运人支付违约金，造成损失的，还应赔偿损失。

2）托运人的主要义务

（1）按照合同的约定向承运人交付托运的货物。

（2）支付运费和按规定必须支付的其他费用。

（3）对特殊货物的押送义务。

（4）领取提货凭证并交付给收货人。

2. 承运人的权利和义务

1）承运人的主要权利

（1）依照合同的规定收取运费及其他有关的费用。

（2）留置运输到约定地点的货物。

（3）提存运输到约定地点的货物。

2）承运人的主要义务

（1）承运人应当按照合同约定的货物的性质、体积、重量、数量等配备运输工具及其他辅助设施，并保证按时发运货物。

（2）按照合同约定的期限将货物运输到约定的地点。

（3）按照合同的约定安全运输和保管货物。

（4）承运人按照合同约定将货物运输到约定地点后，应按规定的时间交付给收货人。

3. 收货人的权利和义务

1）收货人的主要权利

（1）在承运人将货物交付收货人之前，收货人可以请求承运人中止运输、返还货物、变更到达地或者将货物交给其他收货人，但应当赔偿承运人因此受到的损失。

（2）承运人依照合同约定将货物运输到约定的地点后，收货人有权持提货凭证接收货物。

（3）收货人提货时，有权按照约定的期限检验货物，如发现货物灭失或者短少，有权请求承运人赔偿损失。

2）收货人的主要义务

（1）货物运输到约定的地点后，收货人在接到提货通知后，应当及时提取货物。

（2）收货人提货时应当按照约定的期限检验货物。

（3）对托运人在托运货物时少交或者未交及其他应由托运人支付而托运人却未支付的费用，收货人应承担支付的义务。

6.2.6　违反货运合同的责任

1. 承运人的主要责任

（1）未按合同规定的期限和要求配备运输工具按时发运货物，应负违约责任，支付违约金。

（2）承运人将货物错运到达地点或错交收货人的，应无偿运输到合同约定的目的地或收货人。如果造成货物逾期运输到目的地的，应支付逾期交货的违约金。

（3）承运人对于运输过程中货物的毁损、灭失承担损害赔偿责任。但承运人证明货物的毁损、灭失是由于不可抗力、货物本身的自然性质或者合理损耗及托运人、收货人的过错造成的，不承担损害赔偿责任。

2. 托运人的主要责任

（1）托运人未按照合同约定的时间和要求交付运输货物的，或者在货物发运前无正当理由解除货运合同的，托运人应负违约责任，并向承运人支付违约金。

（2）托运人办理货物运输，应当向承运人准确表明有关货物运输的必要情况。例如，收货人的名称、收货地点、货物的性质等。因托运人申报不实或者遗漏重要情况，造成承运人损失的，托运人应当承担损害赔偿责任。

（3）托运人在普通货物中夹带危险货物、匿报危险货物及错报笨重货物重量而造成损失的，托运人应承担赔偿损失的责任。

（4）因托运人对货物的包装不符合规定，而造成其他货物和运输设施的损坏与污染腐蚀的，托运人应对造成的损失负赔偿责任。

3. 收货人的主要责任

（1）货物运输到达约定地点后，收货人逾期提货的，应当向承运人支付保管费等费用。

（2）因收货人的过错，造成运输过程中货物的毁损、灭失，并经承运人证明的，收货人应对损失承担责任。

（3）收货人没有正当理由拒绝提取货物而造成损失的，收货人负有承担赔偿损失的责任。

6.2.7 多式联运合同与海上货物运输合同

1. 多式联运合同

多式联运合同又称为联合运输合同或混合运输合同，指两名以上的承运人运用两种以上不同的运输方式将货物或者旅客运输到约定的地点，托运人或者旅客给付相应报酬的合同。多式联运合同具有以下特征。

【法律法规】

（1）多式联运应是不同种类运输方式的联合运输，而不包括同一种运输工具的联合运输。

（2）《合同法》规定，多式联运的经营人负责履行或者组织履行多式联运合同，对全程运输享有承运人的权利，承担承运人的义务。多式联运的经营人收到托运人交付的货物时，应当签发多式联运单据。

2. 海上货物运输合同

海上货物运输指承运人收取运费、负责将托运的货物经海路由一港运至另一港。海上货物运输合同有关的主体是承运人和托运人。承运人在此又称为船方，包括其本人或者委托他人以本人名义与托运人订立海上货物运输合同的人。《中华人民共和国海商法》还根据海航事业的发展规定了"实际承运人"的概念,实际承运人表面上并不是海上货物运输合同的当事人,但仍规定其承担连带责任。托运人在此又称为货方,指本人或者委托他人以本人名义或者委托他人为本人与承运人订立海上货物运输合同的人。海上货物运输合同具有以下特征。

(1) 海上运输合同具有双务合同的特性。合同当事人签订的协议,明确了各自的权利和义务。

(2) 海上运输合同是有偿合同,合同当事人可以享有权利,但必须足以偿付相应的代价来换取。

6.3 仓储法律制度

6.3.1 仓储的概念

仓储指保管人储存存货人交付的仓储物,存货人支付仓储费的民事法律行为。

在仓储关系中,交付仓储物并支付仓储费的当事人为存货人;接受和储存仓储物,并收取仓储费的当事人为保管人。

6.3.2 仓储合同

仓储合同是确立存货人和保管人之间仓储保管关系的重要法律形式。我国《合同法》为调整仓储合同当事人之间的权利义务关系提供了统一规则。

仓储合同具有以下法律特征。

(1) 保管人必须是具有专门经营仓储业务资格的人。
(2) 仓储合同的标的物具有特定性。
(3) 仓储合同具有双务性和有偿性。
(4) 仓储合同具有诺成性和要式性。

仓储合同的主要条款即合同双方当事人依法应明确规定的主要内容,是判断双方当事人是否履行合同的主要根据。依据《合同法》和其他有关法律、法规的规定,仓储合同应具备以下主要条款。

(1) 仓储物的品名或品类。
(2) 仓储物的数量、质量、包装。
(3) 仓储物验收的内容、标准、方法、时间。
(4) 仓储物的储存条件和储存要求。
(5) 仓储物进出库手续、时间、地点、运输方式。
(6) 仓储物的损耗标准和损耗处理。
(7) 计费项目、标准和结算方式、银行、账号、时间。
(8) 责任的划分和违约处理。
(9) 合同的有效期限。
(10) 变更和解除合同的期限。

6.3.3 仓储合同当事人的义务和责任

1. 保管人的义务和责任

保管人的义务指根据法律、法规的规定，以及仓储合同的约定，应当由保管人履行的义务；而保管人的责任指保管人不履行或者不适当履行义务应承担的法律后果。保管人主要履行以下义务。

（1）验收仓储物的义务。

（2）填发仓单的义务。仓单是提取仓储物的凭证，是保管人应存货人的请求而签发的表示一定数量的仓储物已经交付，存货人对所存仓储物享有财产权利的法律文书。存货人交付仓储物的，保管人应当给付仓单（《合同法》第三百八十五条）。保管人应当在仓单上签字或者盖章。

（3）妥善储存和保管仓储物的义务。保管人接受和验收仓储物后，应按照合同约定的储存和保管条件，根据存货人提供的有关资料妥善储存和保管仓储物。

（4）危险通知的义务。我国法律规定，当储存保管的仓储物出现危险时，保管人负有义务及时通知存货人。

（5）接受存货人或仓单持有人检查，允许其提取样品的义务。保管人根据存货人或者仓单持有人的要求，应当同意其检查仓储物或者提取样品（《合同法》第三百八十八条）。

（6）返还仓储物的义务。当仓储合同约定有储存期间的，储存期间届满，存货人或者仓单持有人应当凭仓单提取仓储物，保管人不得无故扣押仓储物。储存期间届满，存货人或者仓单持有人不提取仓储物的，保管人可以催告其在合理期限内提取，逾期不提取的，保管人可以提存仓储物（《合同法》第三百九十二条、第三百九十三条）。

2. 存货人的义务和责任

存货人的义务指根据法律、法规的规定及仓储合同的约定，应当由存货人履行的义务；存货人的责任指存货人不履行或者不适当履行义务应承担的法律后果。存货人主要履行以下义务。

（1）交付仓储物的义务。

（2）支付仓储费和其他必要费用的义务。

（3）及时提取仓储物的义务。

6.4 配送法律制度

6.4.1 配送的概念

按我国国家标准《物流术语》（GB/T 18354—2006）的定义，配送指在经济合理区域范围内，根据用户要求，对物品进行拣选、加工、包装、分割、组配等作业，并按时送达指定地点的物流活动。配送可以理解为特定目的的加工、包装、运输活动的集成，而所谓的特定目的可以是销售或生产。因为配送之后可能就是生产或销售环节，也可能是终端用户。因此，配送所涉及的法律问题既可表现为其他活动中涉及的法律问题的交融，也可能具有终端的特殊性。

配送包括生产企业配送、商业企业配送和第三方物流（配送代理）。在电子商务环境下，第三方物流配送代理是配送的主要形式。

生产企业配送主体是生产企业，尤其是进行多品种产品生产的企业。这些企业可以直接从本企业开始进行配送，而不需要将产品发运到配送中心进行配送，具有直接、避免中转的特点，因此在节省成本方面具有一定的优势。但这种配送方式多适用于大批量、单一产品的配送，不适用于多种产品"凑零为整"的配送方式，因此具有一定的局限性。

商店配送形式的组织者是商业或物资的门市网点，这些网点主要承担商品的零售，一般来讲规模不大，但经营品种却比较齐全。除日常经营的零售业务外，这种配送方式还可根据用户的要求，将商店经营的品种配齐，或代用户外订、外购一部分本商店平时不经营的商品，与商店经营的品种一起配齐运送给用户。由于商业及物资零售网点数量较多、配送半径较小，所以比较灵活机动，可承担生产企业非主要生产物资的配送，以及对消费者个人的配送。可以说，这种配送是配送中心配送的辅助及补充的形式。

6.4.2 第三方物流

第三方物流又称为物流配送代理，指企业动态地配置自身和其他企业的功能和服务，利用外部物流的资源为企业内部的生产经营服务。

所谓第三方物流，指生产经营企业为集中精力搞好主业，把原来属于自己处理的物流活动，以合同方式委托给专业物流服务企业，同时通过信息系统与物流企业保持密切联系，以达到对物流全程管理的控制的一种物流运作与管理方式。因此，第三方物流又称为合同制物流。

我国第三方物流企业的经营业态按照法律类型可以分两种。

（1）第三方物流企业接受客户委托，根据客户提出的要求代理处理相关货物。又称为狭义的物流代理。即以被代理人的名义进行的民事法律行为，后果直接归属于被代理人。我国《民法通则》采取的是严格狭义代理的概念。

这种业态的经营模式的实质是委托代理的法律关系，属于初级物流业态。其表现形式是以处理委托人事务为目的，根据委托事项支付一定的费用，受托人（物流企业）根据实际成本加上利润收受费用并提供相应的服务。

如果委托人没有尽到告知义务致使受托人设备和其他委托人设备，货物造成损失的，且受托人已尽了审查义务（《合同法》第四百零六条受托人有关义务），受托人免责，造成第三人损失的，由第三人直接向有过错的委托人追索。目前我国大多数物流企业都是基于这层委托关系而成立的。

（2）物流企业根据客户的要求，以物流企业的名义向外寻求供应商、代理商、分销商，同时又向客户提供相应的仓储、运输、包装等服务，为客户设计物流计划。这又称为广义的代理，包括直接代理和间接代理。间接代理又称为隐名代理，指代理人以自己的名义进行民事法律行为，而使其后果间接地归属于被代理人。《合同法》第四百零三条的规定在一定程度上承认了广义的代理。

该模式往往是从事第三方物流服务的企业通过与固定客户（通常是连锁企业）建立稳定

的契约关系，以物流企业的名义与生产建立广泛的商品关系，使第三方物流和终端客户建立长时间联盟合作。这种经营模式是第三方物流的高级经营业态。

配送中心配送是配送的重要形式，物流配送中心是第三方物流代理的常见方式。国内的配送中心可分为连锁企业自有的配送中心和社会化的配送中心。配送中心是专门从事货物配送活动的流通企业，经营规模较大，其设施和工艺结构是根据配送活动的特点和要求专门设计和设置的，故专业化、现代化程度高，设施和设备比较齐全，货物配送能力强，不仅可以远距离配送，还可以进行多品种货物配送；不仅可以配送工业企业的原材料，还可以承担向批发商进行补充性货物配送。

6.4.3　第三方物流实名收寄制

【拓展知识】

2015年11月2日，国家邮政局公布《集中开展寄递渠道清理整顿专项行动实施方案》，全面推进"收件验视+实名收寄+过机安检"。2015年12月2日，中央综治办、公安部、国家邮政局联合召开全国视频座谈会，专题研究部署寄递安全，即"收件验视+实名收寄+过机安检"三项制度的推进落实工作。2016年1月28日，国家质检总局、中央综治办、国家标准委发布《社会治安综合治理基础数据规范》（GB/T 31000—2015），进一步推动快递服务行业实现100%先验视后封箱、100%寄递实名制和100%过机安检。快递实名制流程如图6.1所示。

图6.1　快递实名制流程

（资料来源：http://mt.sohu.com/20160309/n439899669.shtml）

【法律法规】

收寄验视适用于全部物流企业的收寄件活动，是指经营快递业务的企业接受用户交寄的快件时，查验用户交寄的快件是否符合禁止寄递、限制寄递的规定，以及用户在快递运单上所填写的内容是否与其交寄物品的名称、类别、数量的相符。

实名收寄是指，快递用户在寄送快件时应当按照经营快递业务企业的要求填写快递运单，提供证明身份的有效信息，经核查寄件人及其代理人的身份信息和联系方式后，交寄快件，将信息录入物流企业信息系统，方可收寄。

第6章 电子商务物流配送的法律规范

目前，第三方物流实名收寄制虽经国家标准和北京、深圳、云南、西藏等试点地区地方性行政法规强制规范，但是在实践中并未完全落实。关键原因在于对收、寄件当事人个人信息的法律保护问题，因此需要在加强物流企业用户个人信息法律保护的同时，出台规范性的法律文件及实施细则，在保护个人信息的前提下，对物流收寄进行更严格的过程监管。

6.5 国际物流法律制度

6.5.1 国际物流概述

国际物流指当生产和消费分别在两个或两个以上国家或地区独立进行时，为了克服生产和消费之间的空间隔离和时间距离，对物资(商品)进行物理性移动的一项国际商品贸易或交流活动，从而完成国际商品交易的最终目的，即实现卖方交付单证、货物和收取货款，而买方接受单证、支付货款和收取货物的对流条件。

国际物流的目的是在合适的地点、合适的时间，以合适的方式让合适的客户获得合适的商品。国际物流活动包括进口和出口供应链，涉及订单处理、支付程序、运输和储存管理、用户服务等环节，其整个流程很少有企业能够依靠自身力量单独办理和完成。因此，国际物流过程离不开贸易中间人，即由专门从事商品使用价值转移活动的业务机构或代理人来完成。例如，国际货物的运输是由国际货物运输服务公司来代理的；报关行、进出口贸易公司、出口打包公司和进口经纪人等，主要是接受企业的委托，代理与货物有关的各项业务。

6.5.2 国际物流法律制度概述

有关贸易的法规与公约主要涉及销售中买卖双方在品质、包装、交付、保险、通知等方面的责任、义务与权利。其中影响最大或关系最为密切的为《联合国国际货物销售合同公约》《国际贸易术语解释通则》《跟单信用证统一惯例》等。

1980年4月在维也纳签订，于1988年1月1日生效的《联合国国际货物销售合同公约》，是我国加入的外贸方面的国际公约。公约分4个部分，共101条，内容涉及公约的适用范围、买卖合同的订立和货物的销售。因国际货物销售合同产生的买卖双方的权利、义务是公约所规定的主要内容。

国际贸易中受到最普遍承认和应用最广泛的惯例是《国际贸易术语解释通则》。该惯例最早由国际商会于1936年制定，最近一次在2000年进行了补充和修订。该惯例为减少纠纷、方便并促进贸易，起到了不可低估的作用。其内容只限于贸易双方当事人权利、义务中与售出货物的交付有关的事项，但对与贸易最终交割相关的各个过程，尤其对物流过程有重大影响。

国际海上物流运输的公约有1924年《海牙规则》、1968年《维斯比规则》和1978年《汉堡规则》及1980年《联合国货物多式联运公约》。

6.5.3 国际海运的规则

1. 《海牙规则》

《海牙规则》的全称是《统一提单的若干法律规定的国际公约》，于1924年通过，于

1931年生效,至今已有80多个国家和地区予以承认和采用,是国际上有关海上货物运输,特别是关于提单的最重要的国际公约之一。

《海牙规则》共16条,主要包括以下5个方面的内容:承运人的最低限度责任与义务;托运人的责任与义务;索赔通知与诉讼时效;承运人的免责条款;承运人对货物灭失或损害的赔偿限额。

《海牙规则》规定:"承运人包括与托运人订有运输合同的船舶所有人或租船人。"无论租船人以哪种方式租船从事货物运输,都属于《海牙规则》中有关承运人的规定。但租船方式不同,在承运的货物发生损失时,索赔的对象不同。《海牙规则》所规定的承运人的责任主要是两方面的责任:保证船舶适航的责任和管理货物的责任。《海牙规则》对承运人的责任期间的规定是从货物装船开始到将货物卸离船舶为止的所谓"钩至钩"期间,即货物开始装船以前和货物卸离船舶以后若出现货损、货差,承运人都不予负责。《海牙规则》的目的之一是为承运人制定统一的责任范围。因此,规则以列举的方式,规定了承运人17项免责事项。如果货物受到的损害是由这17项中的任何一项的原因所造成的,承运人即可不负赔偿责任。承运人的责任限制指货物发生灭失或残损时,把承运人的赔偿责任限制在一定限度之内的赔偿制度。责任限额是承运人对每一货物数量单位的最高赔偿限额。《海牙规则》对索赔通知提出的时间作了较为具体的规定。一般情况下,承运人在卸货港将货物移交给收货人时,收货人应以书面形式把有关货物灭失或损坏的情况告诉承运人或其代理,否则这种移交应视为承运人已根据提单所载内容交付货物的推定证据。首要条款是提单的组成部分,其中所订明适用的法律条款应结合到提单中。因此,许多航运公司在其提单的首要条款中规定适用《海牙规则》,从而使《海牙规则》适用于在非缔约国签发的提单。

2.《维斯比规则》

《维斯比规则》又称为《海牙—维斯比规则》,是《修改统一提单的若干法律规定的国际公约议定书》的简称,于1968年签订,于1977年生效。至今,参加和实施该公约的国家和地区有20多个。其中一些国家已将该规则纳入本国国内法。

《维斯比规则》共17条,是对《海牙规则》的修改。

《维斯比规则》对《海牙规则》的适用范围、赔偿限额、集装箱和托盘运输的赔偿计算单位等方面的问题作了若干修改和补充。但对一些重要问题,特别是有关承运人的不合理免责条款等实质性问题,未加丝毫改变。对承运人和托运人的主要责任和义务也未做实质性的修改。因此,它的修改是不彻底的。

《维斯比规则》加大了承运人的最高赔偿限额。《海牙规则》的主要问题之一是承运人对货主所赔偿的限额太低,远不能弥补货主遭受的实际损失。《海牙规则》中还没有涉及托盘和集装箱货物运输应如何计算赔偿限额这一问题。《维斯比规则》规定,承运人责任限制权利的丧失,仅限于承运人本人的过失或严重违反义务,而对承运人的雇用人员或代理人的过失或严重违反义务所造成的货物灭失、损坏,承运人不因此而丧失责任限制的权利。

《海牙规则》没有规定提单在其受让人手中应具有的效力,《维斯比规则》作了补充规定,增加了"当提单已转让给善意的第三方时,与此相反的证据不予接受"的内容,即

第6章　电子商务物流配送的法律规范

当提单转让给第三者后，该提单所记载的内容对承运人来说就是最终证据。《海牙规则》的适用范围较窄，《维斯比规则》在原《海牙规则》的基础上扩大了其适用范围。只要在提单的首要条款中写明《维斯比规则》的各项规定约束该提单时，《维斯比规则》就适用于这一提单。这实质上等于只要承运人与托运人双方同意，就可适用《维斯比规则》。

3. 《汉堡规则》

《汉堡规则》的全称是《联合国海上货物运输公约》，于1978年通过，于1992年11月1日正式生效。它的生效标志着国际海商法领域发生了历史性的变革。虽然《汉堡规则》是为了修改和补充《海牙规则》而制定，其内容也是针对有关提单的各种问题，但它产生的作用，不只局限于海上运输，而对国际贸易、航运、保险、银行业务等各个方面的发展及有关法规的调整和制定都有重大的影响。

《汉堡规则》对承运人与托运人双方的权利和义务作了比较明确、合理的规定。这些规定既维护了托运人的利益，又考虑了承运人的利益，从而使双方对货运所承担的风险趋于平衡。《汉堡规则》在总结国际航运实践经验的基础上，本着平等互利的原则，废除了《海牙规则》中许多片面袒护承运人利益的、不合理享有的各项免责条款，加重了承运人对货运所应承担的责任，提高了责任赔偿限额，延长了承运人的责任期间，以及对货物提出索赔的时效。此外，《汉堡规则》还针对航运、贸易方面的发展和变化，对一些新出现的问题作出了规定。

4. 《联合国货物多式联运公约》

《联合国国际货物多式联运公约》是一个关于国际货物多式联运中的管理、经营人的赔偿责任及期间、法律管辖等的国际协议。为适应国际集装箱多式联运的发展需要，于1980年5月在日内瓦召开的、由84个联合国贸易和发展会议成员国参加的国际多式联运会议上通过。其生效条件为30个国家参加，但迄今为止只有少数几个国家参加。其主要包括以下内容。

（1）该公约适用于货物起运地和（或）目的地位于缔约国境内的国际货物多式联运合同。

（2）责任制采取统一责任制和推定责任制。

（3）责任期间为自接管货物之时起，至交付货物之时止。

（4）赔偿责任限制为每件或每一运输单位。特别提款权，或按货物毛重计算，每公斤2.75特别提款权，两者以较高者为准。

（5）时效期间：货物损害索赔通知应于收到货物的次一工作日之前以书面形式提交多式联运经营人，延迟交付损害索赔通知必须在收到货物后60日内书面提交，诉讼或仲裁时效期间为两年。

（6）有管辖权的法院：①被告主要营业所或被告的居所所在地；②合同订立地；③货物接管地或交付地；④合同指定并在多式联运单据中载明的其他地点。仲裁申请方有权选择在上述地点仲裁。

尽管该公约目前尚未正式生效，但它对各国在国际多式联运的立法工作与运输实务方面起着有益的指导作用。

本 章 小 结

本章探讨了构建我国物流法律制度的必要性、当前我国物流产业制度方面存在的问题、我国加入WTO后如何与国际通行法律制度和惯例的接轨、我国物流法律制度的现状及构建我国物流法律制度的设想。运输是传统物流最重要的组成部分，有关运输的法律法规比较健全，体系也很庞大。本章主要将涉及货物运输和交接方面的内容列入物流法规框架。仓储保管已成为社会化大生产和国际、国内商品流通过程中的一个重要环节。仓储合同是确立存货人和保管人之间仓储保管关系的重要法律形式。配送是以现代送货形式实现资源的最终配置的经济活动。物流配送往往以委托代理和再代理的形式进行。国际物流的目的是在合适的地点、合适的时间，以合适的方式让合适的客户获得合适的商品。国际物流的法律制度是跨国交易的公认规范。

经典案例

快递服务合同赔偿责任条款纠纷案

小杰将一部价值1600元的手机，在被告某快递公司设在西南石油大学的业务代理点办理邮寄手续，将该手机寄往陕西省宝鸡市。邮寄8天后，收件人还未收到包裹。小杰经电话询问才知道包裹已丢失。小杰要求快递公司赔偿财产损失1600元，并退还邮寄费13元。而快递公司则认为，包裹并未保价，只能按所收服务费用的5倍赔偿。原来，在小杰当时填写的"速递详情单"背面载明："快件发生延误或丢失，免除本次服务费。快件发生丢失、损毁或短少，保价快件按实际损失价值赔偿，但最高不超过相关快件的保价额；未保价快件，包裹类按实际损失价值赔偿，但最高不超过本次服务费用的5倍赔偿……"，并在详情单的正面紧靠寄件人签名栏的上方用黑体字写明"请在签字前阅读背书条款，贵重物品请保价，未保价物品的理赔金额最高为资费的5倍"。

小杰将快递公司诉至成都市新都区法院，法院作出一审判决，快递公司赔偿小杰65元，退还邮寄费13元。一审宣判后，小杰不服，向成都市中院提起上诉。成都中院二审认为，本案争议焦点为5倍资费赔偿条款是否有效。二审认为，本案中运单上的保价条款和限额赔偿条款属于限制责任条款，该条款不应包含因重大过失造成对方财产损失的免责或限制赔偿责任的意思表示，否则条款亦应无效。快递公司作为承运人，掌握讼争货物运输的情况，对货物丢失的具体原因及自己对货物的丢失是否具有故意或重大过失负有举证义务，其未能举证证明对货物的丢失不具有故意或重大过失，因此认定快递公司作为承运人在货物运输过程中没有尽到合理的保管义务，对货物丢失具有重大过失。

成都中院对本案作出终审判决：撤销一审判决，判决快递公司支付小杰赔偿款1600元，退还邮寄费13元。

自 测 题

一、单项选择题

1. 不属于物流合同性质的是（　　）。
   A. 单务合同　　　　B. 有偿合同　　　　C. 格式合同　　　　D. 诺成合同
2. 运输合同的履行往往涉及第三人，即（　　）。
   A. 托运人　　　　　B. 承运人　　　　　C. 收货人　　　　　D. 中间人

第6章 电子商务物流配送的法律规范

3. 国际海运规则不包括（　　）。
   A.《海牙规则》　　　　　　　B.《维斯比规则》
   C.《汉堡规则》　　　　　　　D.《维也纳规则》

二、名词解释

1. 仓储合同
2. 第三方物流
3. 多式联运合同
4. 仓单
5.《海牙规则》

三、简答题

1. 简述物流的含义和分类。
2. 试述运输法律制度的主要内容。
3. 简述第三方物流的法律类型。
4. 试述三大国际海运规则的主要内容。

四、案例讨论

甲在商场的网站上定购了一辆自行车，并通过网上银行支付了自行车款和配送费，根据约定，该商场将于3天内将自行车送至甲的家中。该商场于第三天将自行车送往甲家的途中，自行车被偷。

此时自行车的所有权归谁？甲某是否要承担自行车丢失的风险？

知识链接

仓储合同（样本）

合同编号：＿＿＿＿＿＿＿＿＿＿

存货人（甲方）：＿＿＿＿＿＿＿＿　　银行账户：＿＿＿＿＿＿＿＿
保管人（乙方）：＿＿＿＿＿＿＿＿　　银行账户：＿＿＿＿＿＿＿＿
经双方协商，甲方委托乙方代储存，为此拟定以下条款共同遵守。

1. 仓储物品名：＿＿＿＿＿＿＿＿＿＿　　数量：＿＿＿＿＿＿＿＿＿＿
   种类：＿＿＿＿＿＿＿＿＿　质量：＿＿＿＿＿＿＿＿＿　规格：＿＿＿＿＿＿＿＿＿
2. 仓储物入库时间：＿＿＿＿＿＿＿＿＿＿；出库时间：＿＿＿＿＿＿＿＿＿＿
3. 保管条件：＿＿＿＿＿＿＿＿＿＿＿＿＿＿＿＿＿＿＿＿＿＿＿＿＿＿＿＿＿＿
4. 仓库租金计算
   确定乙方提供仓库＿＿＿＿＿平方米由甲方使用，仓库租金按月包库制，每月每平方米＿＿＿＿＿元，合计月租金为＿＿＿＿＿元整。
5. 货物进出库手续及验收：＿＿＿＿＿＿＿＿＿＿＿＿＿＿＿＿＿＿＿＿＿＿＿＿＿
6. 双方权利、义务及违约责任

（1）储存危险物品或易变质物品，甲方应当说明该物的性质，提供有关资料。甲方违反本约定的，乙方可以拒收仓储物，也可以采取相应措施避免损失发生，因此而产生的费用由存货人承担。

(2) 乙方根据甲方的要求,应当同意其检查仓储物或提取样品。

(3) 乙方发现入库仓储物有变质或其他损害的,应及时通知甲方或者仓单持有人。

(4) 仓单持有人逾期提取的,应当加收仓储费,提前提取的,不减收仓储费。

(5) 储存期间仓储物毁损、灭失的,仓管人应承担违约责任。因仓储物包装不符合约定或超过有效储存期造成仓储物变质、损坏的,仓管人不承担责任。

(6) 其他_____。

7. 本协议自_____年_____月_____日生效,未尽事宜双方共同协商解决。

8. 本协议签订于_____(地点)。合同一式_____份(正本_____份,副本_____份)甲方正本一份、副本_____份。乙方正本一份,副本_____份。

甲方(盖章):_____　　乙方(盖章):_____
法定代表人(签字):_____　　法定代表人(签字):_____
地址:_____　　地址:_____
电话:_____　　电话:_____
_____年_____月_____日　　　　_____年_____月_____日

【法条点击】

《合同法》第二十章　仓储合同

第三百八十一条　仓储合同是保管人储存存货人交付的仓储物,存货人支付仓储费的合同。

第三百八十二条　仓储合同自成立时生效。

第三百八十三条　储存易燃、易爆、有毒、有腐蚀性、有放射性等危险物品或者易变质物品,存货人应当说明该物品的性质,提供有关资料。

存货人违反前款规定的,保管人可以拒收仓储物,也可以采取相应措施以避免损失的发生,因此产生的费用由存货人承担。

保管人储存易燃、易爆、有毒、有腐蚀性、有放射性等危险物品的,应当具备相应的保管条件。

第三百八十四条　保管人应当按照约定对入库仓储物进行验收。保管人验收时发现入库仓储物与约定不符合的,应当及时通知存货人。保管人验收后,发生仓储物的品种、数量、质量不符合约定的,保管人应当承担损害赔偿责任。

第三百八十五条　存货人交付仓储物的,保管人应当给付仓单。

第三百八十六条　保管人应当在仓单上签字或者盖章。仓单包括下列事项:

(一)存货人的名称或者姓名和住所;

(二)仓储物的品种、数量、质量、包装、件数和标记;

(三)仓储物的损耗标准;

(四)储存场所;

(五)储存期间;

(六)仓储费;

(七)仓储物已经办理保险的,其保险金额、期间以及保险人的名称;

(八)填发人、填发地和填发日期。

第三百八十七条　仓单是提取仓储物的凭证。存货人或者仓单持有人在仓单上背书并经保管人签字或者盖章的,可以转让提取仓储物的权利。

第三百八十八条　保管人根据存货人或者仓单持有人的要求,应当同意其检查仓储物或者提取样品。

第三百八十九条　保管人对入库仓储物发现有变质或者其他损坏的,应当及时通知存货人或者仓单持有人。

第 6 章　电子商务物流配送的法律规范

　　第三百九十条　保管人对入库仓储物发现有变质或者其他损坏，危及其他仓储物的安全和正常保管的，应当催告存货人或者仓单持有人作出必要的处置。因情况紧急，保管人可以作出必要的处置，但事后应当将该情况及时通知存货人或者仓单持有人。

　　第三百九十一条　当事人对储存期间没有约定或者约定不明确的，存货人或者仓单持有人可以随时提取仓储物，保管人也可以随时要求存货人或者仓单持有人提取仓储物，但应当给予必要的准备时间。

　　第三百九十二条　储存期间届满，存货人或者仓单持有人应当凭仓单提取仓储物。存货人或者仓单持有人逾期提取的，应当加收仓储费；提前提取的，不减收仓储费。

　　第三百九十三条　储存期间届满，存货人或者仓单持有人不提取仓储物的，保管人可以催告其在合理期限内提取，逾期不提取的，保管人可以提存仓储物。

　　第三百九十四条　储存期间，因保管人保管不善造成仓储物毁损、灭失的，保管人应当承担损害赔偿责任。因仓储物的性质、包装不符合约定或者超过有效储存期造成仓储物变质、损坏的，保管人不承担损害赔偿责任。

　　第三百九十五条　本章没有规定的，适用保管合同的有关规定。

第7章 网络人格权的法律保护

教学目标

网络人格权的法律保护包括网络隐私权的法律保护、个人信息的法律保护和网络名誉权的法律保护3个部分主要内容。通过本章内容的学习，应当重点掌握网络隐私权的法律性质、网络隐私权的保护模式及个人信息的法律保护；了解网络名誉权的基本内容和我国网络名誉权保护制度的完善。

教学要求

知识要点	能力要求	相关知识
网络隐私权概述	(1) 掌握隐私权的基本概念以及网络隐私权的法律性质 (2) 正确理解网络隐私权的隐私范围和侵权方式	(1) 网络隐私权的内涵与性质 (2) 隐私的范围 (3) 网络隐私权的侵权方式
网络隐私权保护的法律制度	(1) 了解国际网络隐私权立法保护及其保护模式 (2) 了解我国网络隐私立法体系的基本结构	(1) 美国、欧盟、日本和中国台湾地区对于网络隐私权的立法保护 (2) 行业自律、立法以及技术保护的网络隐私权保护模式 (3) 我国网络隐私权的相关立法
个人信息的法律保护	(1) 掌握个人信息的概念及构成要件 (2) 掌握个人信息保护的法律原则 (3) 正确理解个人信息保护的义务规范 (4) 了解个人信息的法律保护模式 (5) 侵犯个人信息权的法律责任	(1) 个人信息的概念及与网络隐私权的关系 (2) 个人信息的实质要件和形式要件 (3) 个人信息保护的法律原则 (4) 网络个人信息的收集、处理和利用 (5) 抽象立法及示例与抽象立法相结合的保护模式 (6) 个人信息侵权的刑事、民事及行政责任
网络名誉权及其法律保护	(1) 掌握名誉权及其基本内容 (2) 理解网络名誉权侵权 (3) 了解我国网络名誉权保护现状	(1) 名誉及名誉权的概念和特征 (2) 网络名誉权侵权的基本方式 (3) 网络名誉权侵权的构成要件 (4) 我国网络名誉权的保护制度

第 7 章 网络人格权的法律保护

北京一位女白领写下"死亡博客"后跳楼身亡,她生前留下的"死亡博客"却引出我国第一次进入司法程序的"人肉搜索"(图 7.1)案。

【拓展案例】

图 7.1 人肉搜索

(资料来源:人肉搜索游走法律边缘[N]. 中山商报,2008 年 7 月 14 日第 1056 期 A7 版[EB/OL]. (2008-07-14). [2012-08-08]. http://www.zsnews.cn/society/2008/07/14/891398.shtml)

自 2008 年 1 月开始,大旗网刊登了《从 24 楼跳下自杀的 MM 最后的日记》专题。在该专题中,大旗网将王某的姓名、照片、住址、工作单位等身份信息全部披露。同时,姜某的大学同学张某在其注册的网站"北飞的候鸟"上刊登了《哀莫大于心死》等文章;海南天涯在线网络科技有限公司注册管理的天涯虚拟社区网出现了《大家好,我是姜某的姐姐》一帖。在每篇网文后,都有大量网友留言,对王某的行为表示不耻和痛骂。

许多网民认为王某的"婚外情"行为是促使姜某自杀的原因之一;一些网民发起了对王某的"人肉搜索",使王某的姓名、工作单位、家庭住址等详细个人信息逐渐被披露;一些网民在网络上对王某进行指名道姓的谩骂;更有部分网民到王某和其父母的住处进行骚扰,在王家门口墙壁上刷写和张贴"无良王家""逼死贤妻""血债血偿"等标语。2008 年 3 月 18 日,王某将大旗网、天涯网、北飞的候鸟 3 家网站起诉至法院,索赔工资损失 7.5 万元、精神损害抚慰金 6 万元及公证费用 2 050 元,首次将"人肉搜索"和"网络暴力"推向司法领域,催生出"人肉搜索"中国第一案。王某认为被告网站上刊登的部分文章中披露了其"婚外情"及姓名、住址、工作单位等个人隐私,并包含有侮辱和诽谤的内容,侵犯了其隐私权和名誉权。

被告张某的律师辩称,王某的姓名、单位、电话等属于商务场合用于交流的信息,披露这些信息并不属于侵犯王某的隐私权。另外,王某因"婚外情"导致妻子自杀,本来就是违背社会道德的,是这种不道德的行为给王某带来了负面社会评价。人们拥有言论自由的权利,对这种不道德的行为作出评价也不侵犯王某的名誉权。

2008 年 12 月 18 日,该案在北京市朝阳区人民法院宣判,并由北京法院网进行了网络直播。最终,两家网站被判侵权,王某获赔精神抚慰金 8 000 元。而法院则向工业和信息化部发出司法建议,建议该部对"人肉搜索"等新生网络事物进行引导。

(资料来源:北京市朝阳区人民法院民事判决书(2008)朝民初字第 29276 号)

该案所涉及的隐私权、个人信息权及名誉权的法律问题将在本章系统讲述。

7.1 网络隐私权概述

7.1.1 网络隐私权的概念

隐私权已被世界各国公认为一项基本的人格权。现代意义上的隐私权最早产生于美国,1890年,美国的两位学者路易斯·布兰迪斯和萨缪尔·沃伦在《哈佛法学评论》上合作发表了题为《隐私权》(The right to privacy)的论文。Privacy的英文原意指的是"独处而不受干扰",在这篇开创性的论文中并未给出隐私权的确切定义,但是其文章将隐私权概括为"不受外界干扰的权利",并指出侵犯隐私权给人们在精神方面造成的创伤比人们在极少数情况下才可能受到的肉体上的痛苦有过之而无不及,指责新闻媒体的有些报道侵犯了个人私生活的神圣界限。

在我国,对隐私权的定义,学者们的表述各不相同,在隐私权的概念上众说纷纭。然而总结这些观点,关系到隐私权概念内涵的隐私权保护的客体一般来说包括以下3个方面。

(1) 与社会利益、公共利益无关的当事人不愿他人知晓或他人不便知晓的私人信息。

(2) 当事人不愿他人干涉或他人不便干涉的个人私事。

(3) 当事人不愿他人侵入或他人不便侵入的私人空间。当事人对抗一切人的私人信息、个人私事和私人空间的支配性法律保护,是作为精神性权利的隐私权保护的核心内涵。

具体而言,隐私权主要包括以下4个方面。

(1) 个人生活安宁权。权利主体有权按照自己的意志从事或不从事某种与公共利益无关或无害的活动,不受他人的干涉、破坏或支配。

(2) 个人生活情报保密权。权利主体有权禁止他人窃取、披露个人的生活情报资料。

(3) 个人通信秘密权。权利主体有权对个人信件、电报、电话、传真及谈论的内容加以保密,禁止他人非法窃取或窃听。

(4) 个人隐私利用权。权利主体有权依法按自己的意志利用其隐私,以从事各种满足自身需要的活动,如利用自己的经历创作文学作品。

7.1.2 网络隐私权的法律性质

当隐私权进入网络领域时,网络隐私权的法律性质已经不再局限于原有的人格权范畴内,而出现了一些新的变化。

(1) 隐私权与知情权的冲突,导致隐私权在一定程度上向社会公共领域进行让渡,以维护私人权利和公共权利之间的利益平衡。传统的隐私权是典型的人格权,而知情权是一个公法上的概念,其基本含义是公民有权知道其应该知道的信息资料。隐私权与知情权的冲突正是缘于公民个人权利的不断膨胀和对社会信息的透明要求而引发的,隐私权与知情权的冲突因而又体现为私人权利与公共权利之间的冲突。

一般认为,为了公共利益的目的,公职人员和公众人物的某些隐私将受到限制,如图7.2所示。而公众人物牺牲部分隐私权方面的利益则是一种对于其已从社会大众那里获得的比常人更易得到的物质利益和精神利益的交换。

涉及个人隐私的信息有条件地让他人知晓,是为了平衡隐私权与知情权之间的关系。而使个人对自身私人信息等的支配性,在一定程度上向社会公共领域进行让渡已维护或者获得利益,是利益平衡理论的基本原则。

(2) 从权利性质上看,信息社会中的隐私权由于传统的人格权利而被赋予了的财产性属性。以隐私权来保护互联网上的个人数据,其根本目的在于维护人们的人格尊严和生活安宁,但以数据电文形式存在的个人数据作为隐私权的客体权利,又明显地可以作为一种财产形式,并带来财产性收益。

图 7.2　漫画"不可越界":公职人员的某些隐私受到限制

(资料来源:冯印澄. 不可越界[EB/OL]. (2010-03-16). [2012-08-08].
http://www.nxnews.cn/pinglun/fcmh/201003/t20100316_783936.htm)

(3) 由被动的支配权转向主动的自决权。传统的隐私权认为隐私权是公民对自己的私生活方面的信息进行独立支配的一种精神性人格权,当个人信息已经成为一种在市场中能够获利的无形财产,而法律仍然只是将之作为一种精神性人格权的客体加以保护时,这对作为个人信息主体的消费者来说,显然是不公平的。因此,我们应当在法律中肯定个人信息的财产性,将此种信息隐私权界定为具有财产性质的可由个人信息主体支配的权利,使隐私权的保护更加具体化、实际化、科学化,以更加贴切、精确地保护当事人的隐私。

7.1.3　网络隐私权的隐私范围

私人信息、个人私事和私人空间是传统隐私权的三大基本形式。

网络隐私权的隐私范围在传统隐私权的三大基本形式的基础上应该有所加强和扩大,结合网络隐私权的特点,网络隐私可以划分为个人信息、个人私事、私人领域和私人生活安宁 4 种类型。

1. 个人信息

个人信息是最重要的一种个人隐私的表现形式。个人信息指为生成主体所拥有的、足以对该主体构成识别的数据。生成主体指个人信息被当作数据加以收集的自然人。网络环境下的个人数据所包含的内容比传统隐私的范围广泛。一切与个人有关的、能构成对个人进行识别的信息都属于个人信息的范畴。例如,个人的自然情况(身高、体重、生日、性别、种族等)、社会与政治背景(教育程度、工作经历、宗教信仰、哲学观点、政治主张和党派倾向等)、生活经历与习惯(婚姻恋爱史、消费习惯等)和家庭基本情况(婚姻状况、配偶、父母及子女的情况等)等均属于个人数据。

2. 个人私事

个人私事指个人与公共利益无关的、自己又不愿公开的日常生活、交往和通信往来等社会活动。

3. 私人领域

私人领域不仅包括身体、桌子、抽屉、文件柜、个人计算机文件、房间和住所等在传统条件下固化的有形的空间,还包括个人的精神领域。在网络环境下,这些私人领域都抽象成无形空间。

4. 私人生活安宁

除上述3类情况外,任何其他侵扰了公民的私人生活安宁、给个人带来主观精神痛苦和经济财产损失的网络言行,都对个人的网络隐私权造成了侵害。

7.1.4 网络隐私权的侵权方式

来自网络空间的隐私权侵害行为主要包括以下5类。
(1) 网络服务商对个人资料的使用和传播。
(2) 电子邮件中的隐私侵权。
(3) 专门的网络窥探业务。
(4) 黑客对个人数据的窃取和传播。
(5) 政府对个人数据的收集。

7.2 网络隐私权保护的法律制度

7.2.1 国际网络隐私权立法保护比较

1. 美国对网络隐私权的立法保护

美国不但在传统隐私权的法律保护方面位居世界前列,而且对网络隐私权的保护意识和采取的措施也走到了最前面。

美国在1967年通过了《信息自由法》,在1974年正式制定了《隐私权法》。这部法律可视为美国隐私保护的基本法,它规定了美国联邦政府机构收集和使用个人资料的权限范围,并规定不得在未经当事人同意的情况下使用任何有关当事人的资料。1986年,美国颁布了《电子通信隐私权法案》,成为处理网络隐私权方面的重要法案,它规定了通过截获、访问或泄露保存的通信信息侵害个人隐私的情况、例外及责任,禁止任何人未经授权而故意非法进入电子储存资料系统,禁止向公众提供电子通信服务的供应商将服务过程中产生的通信内容提供给任何未经批准的实体。2000年4月21日,第一部关于网上隐私的联邦法律《儿童网上隐私保护法》正式生效。该法规定,网站在搜集13岁以下儿童的个人信息前必须征得其父母的同意,并允许家长保留将来阻止其使用的权利,网站还必须说明所要收集的内容,以及将如何处理其使用的权利。

虽然美国相当重视法律的制定,但对于网络隐私权的保护更倾向于业界自律。在全球

第 7 章 网络人格权的法律保护

电子商务规范框架中,美国政府提出的首要原则是"私营部门应起主导作用"。美国政府支持私营机构正在进行的自我规范的努力。这一原则在互联网络隐私权保护问题上得到了具体体现。

【拓展案例】

2. 欧盟对网络隐私权的立法保护

与美国相比,欧盟更注重通过立法来保护个人资料的安全,主张订立严格的保护标准,并通过设立特别委员会,敦促各欧盟成员国以立法的方式保护网络隐私权,其主要包括以下文件。1981 年,为了回应经济合作与发展组织的《关于隐私和个人资料的跨国境流动的保护指引》,制定了《关于在自动运行系统中个人资料保护公约》;1995 年 10 月 24 日,通过了《欧盟个人资料保护指令》,该指令是对 1981 年公约内容的修正;1996 年 9 月 12 日,通过了《电子通讯数据保护指令》,该指令是对 1995 年指令的补充和特别条款,为成员国电信部门处理个人资料提供了法律依据。1997 年 4 月,欧盟发表了著名的《欧洲电子商务行动方案》,其中第 4 条原则的目标就是有效地保护消费者的隐私权,这是对 1995 年指令的补充。1997 年 7 月,欧洲委员会为个人资料保护工作所制定了"关于个人资料向第三国传递的第一个指导——评估充分性的可能方式"。1998 年 10 月,有关电子商务的《私有数据保密法》亦开始生效。1999 年,部长会议关于互联网隐私保护指引备忘录所规定的"关于在信息高速公路上收集和传递个人资料的保护",以简明扼要的形式概括与重申了 1995 年指令的精神,特别是其在互联网上的适用。同时,1999 年,欧洲委员会先后制定了《互联网上个人隐私保护的一般原则》《关于互联网上软件、硬件进行的不可见的和自动化的个人数据处理的建议》《信息公路上个人数据收集、处理过程中个人权利保护指南》等相关法规。所有这些文件和法规,为用户和网络经营者提供了清晰可循的隐私保护原则,从而在成员国内有效建立起有关网络隐私保护的统一的法律法规体系,以确保个人资料在成员国之间的自由流通。

3. 日本对网络隐私权的立法保护

第二次世界大战前,日本民法没有关于隐私权的规定,也没有司法判例。第二次世界大战后,日本修改民法典,确立"个人尊严及两性平等"为民法解释的最高准则,私生活的权利被理解为受民法第 709 条保护的人格权,包括在名誉之中。有关隐私权的判例也得到承认。隐私权在日本是受法律间接保护的。

20 世纪 80 年代,日本成立了"私生活保护研究会",对网络隐私权保护问题进行了研究,并提出了制定新法律应遵循的基本原则。这些原则是:①限制收集的原则,收集个人资料时,应明确收集目的,把收集资料的内容限定在目的范围之内,必须采用公正合法的手段;②限制利用材料的原则,个人资料的利用,应当限定在收集目的的范围内;③个人参与的原则,应采取措施保障个人能够知道关于个人资料的存在及其内容,并在必要时要求订正;④正确管理的原则,应对个人资料科学管理,采取合理的安全保障措施,防止资料的遗失、损坏、涂改、不正当的流通等危险;⑤责任明确的原则,关于保护和生活,对管理人员应有明确规定。

4. 我国台湾地区对网络隐私权的法律保护

1999 年 4 月,我国台湾地区修订民法债编在第 195 条明确规定隐私权为具体人格权,确立了隐私权的直接保护制度，使台湾成为重视隐私权保护的地区之一。

进入网络时代，我国台湾地区对个人资料的保护是很重视的。1995年，制定了《电脑处理个人资料保护法》及施行细则，调整对象涵盖公务机关与咨询、医院、学校、电信、金融、证券、保险、大众传媒等非公务机关，其内容相当完备。在我国台湾地区，侵犯个人隐私构成犯罪的，可以处3年以下有期徒刑；如果侵害的是公务机关保存的个人资料档案，可被判处7年以下有期徒刑。

7.2.2 网络隐私权保护模式

1. 行业自律模式

行业自律模式指由公司或者产业实体制定行业的行为规章或行为指引，为行业的网络隐私保护提供示范的保护模式。美国、新加坡、澳大利亚等国积极倡导和采纳该模式。在实践上，该模式也有许多不同的表现形式，具体如下。

1）网站制定隐私保护政策

网络隐私权的主要权利内容，在目前情况下得到实现的重要途径是网站隐私权政策，也有人称之为网站隐私权制度或网站隐私权声明、网站隐私权条款等。

2）建设性的行业指引

不同于网站的单独行为，而是由业界成立网络隐私保护组织或由业界的联盟组织发出一个建设性的行业指引，要求大家共同遵守。

3）自律性规范与第三方认证相结合

网络隐私权联盟提出了自我规范原则和第三方机构监督执行原则，凡加入第三机构的商业网站，必须通过这一机构的网络隐私保护合格认证，获得这一机构颁发的易识别的徽章或记号，业界又称之为"保护程度标志化"。这意味着网络隐私认证标志具有商业信誉的意义，是一种特殊的认证标志，而这一机制被认为是建立公众信任、保证自我规范实施的最佳途径。

2. 立法规制模式

在国际贸易中对网络隐私权推行立法保护的模式，欧盟是主要倡导人，并带有一些强制性色彩。这种模式在实践上也有不同的表现形式。

1）一般立法模式

一般立法模式为欧盟、中国香港地区、新西兰、中西欧和加拿大等国家和地区所采用，指制定关于资料隐私保护的综合的一般性规范文化，通过建议一个公共的机构来强制实施综合的网络隐私保护。该机构在各国多为专门的委员会，该委员会监督法律被遵守的情况，并对受人所主张的违法行为进行调查，如查证属实，则可作出不利于违法者的裁定，并要求其改正网上信息收集行为，同时对消费者予以赔偿。该机构对于资料隐私保护的国际联系和公众教育也负有责任。该模式是绝大多数采取立法规制保护网络隐私的国家所偏好的，不过，对该机构的权限，各国规定差异较大，并且缺乏强制执行的机制，是其缺陷所在。

2）特别立法模式

某些国家不制定普遍的资料隐私保护的法律规则，而在特定领域制定法律，如VCD

第 7 章　网络人格权的法律保护

租借记录、金融隐私和医疗记录隐私等。在另外一些国家，特别立法只是用来补充普遍立法的不足，对于特定的信息类别提供更加严格的保护，即采用一般立法与特别立法双轨并行的机制。这种模式的缺点是新的技术发展需要不断引入新的保护标准，而法律的保护总是滞后。

3. 技术保护模式

技术保护模式指随着技术的发展，产生了以技术为基础的商业运用系统，互联网的用户能够使用不同的程序和系统以实现不同程度的隐私保护和通信安全。事实上，技术保护模式是将消费者隐私的希望寄托于消费者自己手中，通过某些隐私保护软件，在消费者进入某个收集个人信息的网络时，该软件会提醒消费者，什么样的个人信息正在被收集，由消费者决定是否继续浏览该网站，或者由消费者在软件中预先设定只允许收集特定的信息，除此之外的信息不许收集等。"社会的发展不能单纯依靠技术"，技术软件不能取代隐私的法律网架，仅具有辅助保护的作用，不能成为一种独立存在的保护模式。

7.2.3　我国网络隐私立法体系的基本结构

我国《宪法》第三十八条、第三十九条、第四十条关于公民人格尊严、私人住宅、通信自由和通信秘密的保护规定为其他部门法及司法解释保护公民个人隐私留下了广阔的空间。民法、刑法、诉讼法及《中华人民共和国未成年人保护法》《中华人民共和国统计法》《中华人民共和国银行管理暂行条例》等单行法规中都有关于隐私权保护的零散规定。

目前对公民隐私权益的法律保护主要来自最高人民法院的司法解释。例如，《最高人民法院关于贯彻执行〈中华人民共和国民法通则〉若干问题的意见(试行)》第一百四十条规定："以书面、口头等形式宣扬他人隐私，或者捏造事实公然丑化他人人格，以及用侮辱、诽谤等方式损害他人名誉，造成一定影响的，应当认为侵害公民名誉权的行为。"

此外，《最高人民法院关于审理名誉权案件若干问题的解答》亦明确指出："对未经他人同意，擅自公布他人隐私材料或者以书面、口头形式宣扬他人隐私，致他人名誉受到损害的，按照侵害他人名誉权处理。"

《最高人民法院关于确定民事侵权精神损害赔偿责任若干问题的解释》（以下简称《解释》）则将隐私作为一项独立的人格利益，不失为立法的一大进步。但是，该解释仍未从法律上确立隐私作为一项独立民事权利的地位，隐私权仍不能与名誉权、荣誉权、肖像权等人格权并列，这又不能不说是一种遗憾。解释第 1 条规定："违反社会公共利益、社会公德侵害他人隐私或者其他人格利益，受害人以侵权为由向人民法院起诉请求赔偿精神损害的，人民法院应当依法予以受理。"《解释》第三条又规定，非法披露、利用死者隐私，或者以违反社会公共利益、社会公德的其他方式侵害死者隐私，其近亲属因此遭受精神痛苦，向人民法院起诉请求赔偿精神损害的，人民法院应当依法予以受理。这些规定是我国目前最主要的处理隐私权纠纷的法律依据。

尽管网络隐私居于传统隐私的一种新的补充和扩展形式，但如果没有特别针对网络个人资料保护和利用的法律规定，而仅仅依靠过去的一些立法来保护一般民众的网络隐私权与个人资料，这是远远不够的，上述规定显然无法对其提供充分的保护。为了规范我国计算机信息网络的发展，有关部门曾相继出台了一些规定，其中也涉及网络空间个人隐私权的法律保护问题。例如，《中华人民共和国计算机信息网络国际联网管理暂行规定实施办法》第十八条规定："用户应当服从接入单位的管理，遵守用户守则；不得进入未经许可的计算机系统，篡改他人信息；不得在网络上散发恶意信息，冒用他人名义发出信息，侵犯他人隐私……"《计算机信息网络国际联网安全保护管理办法》第七条规定："用户的通信自由和通信秘密受法律保护。任何单位和个人不得违反法律规定，利用国际联网侵犯用户的通信自由和通信秘密。"《全国人大常委会关于维护互联网安全的决定》规定：利用互联网侮辱他人或捏造事实诽谤他人，以及非法截获、篡改、删除他人的电子邮件或者其他数据资料，侵犯公民通信自由和通信秘密的，可以构成犯罪，依刑法追究刑事责任。

7.3　个人信息的法律保护

7.3.1　个人信息的含义

1. 个人信息的概念

个人信息，又称为个人数据信息，是一切可以识别本人的信息的总和，这些信息包括了一个人的生理的、心理的、智力的、个体的、社会的、经济的、文化的、家庭的等方面。

从个人信息权和个人隐私权的关系来看，广义上的个人信息，应当包括和个人生活有关的全部信息；而隐私一般指"不愿被窃取和披露的私人信息"，两者范畴不尽相同，但是有共同的交集。一方面，网络隐私可以划分为个人信息、个人私事、私人领域和私人生活安宁4种类型。其中，个人信息是网络隐私权的最为重要的组成部分，尤其是传统的英美法系国家主张个人信息是一种隐私利益；另一方面，个人信息，尤其是信息化时代的个人信息，体现的是一般人格利益，早已突破传统隐私权的范畴，但依然被囊括在基本人格权的框架内。

2. 个人信息的构成要素

个人信息的构成要素分为实质要素和形式要素。

1）实质要素

个人信息的实质要素指构成个人信息在内容上不可或缺的法律要素，又称为个人信息的一般要素。

个人信息是一切可以识别本人的信息的总和，构成个人信息的实质要素是"识别"。

个人信息是可以直接或间接识别本人的信息。能直接识别本人的个人信息，如肖像、姓名、身份证号码、社会保险号码等；不能单独识别本人，但与其他个人信息相结合才能识别信息主体的个人信息，被称为间接个人信息，如性别、爱好、兴趣、习惯、职业、收入、学历等。

个人信息并不必然为个人信息本人所知。无论是本人知道的个人信息，还是本人不知道的个人信息，个人信息保护法都给予同等的保护，如被网络服务提供商非法收集的个人信息、医生掌握的患者未知的医疗信息等。

2)形式要素

个人信息的形式要素指构成个人信息必须满足的特定形式要素,又称为构成个人信息的特别要素。构成个人信息的形式要素有两个:得以固定和可以处理。

(1)得以固定。个人信息必须以一定的方式得以固定,也就是个人信息必须有载体。这是个人信息的第一个形式要素,也就是说,被收集到的个人信息必须是通过一定载体得以固定的信息。

(2)可以处理。个人信息必须以一定的方式得以查阅、检索和进行其他的处理,这是个人信息的第二个形式要素。我国香港《1996年〈个人资料(私隐)条例〉》第2条关于个人信息的定义中明确要求:"个人资料"(Personal Data)必须以可以进行查阅和处理的方式存在。根据自1998年7月16日修正、2000年3月1日起生效的英国《数据保护法》第1条的规定,个人信息应满足以下条件。

(1)根据能够进行自动化处理的信息及为了进行自动化处理而进行记录信息。

(2)作为编档系统的一部分或者为了组成编档系统的一部分而记录的信息。

(3)作为可供查阅的记录的一部分的信息。

个人信息的形式要素是从个人信息保护法的保护范围的角度加以规定的。不符合形式要素的个人信息,不等于不受法律保护,只是不能受到个人信息保护法的特别保护,而可以受到民法和行政法的一般保护。

7.3.2 个人信息保护的法律原则

作为政府信息公开制度的重要内容,各国有关法律对个人信息的保护均体现了以下7项法律原则。

1. 公开原则

公开原则包含两方面的内容:一是政府所持有的个人信息必须对本人公开,不得持有秘密的个人记录,个人有权知道政府是否存在有关于他的记录及记录所记载的内容,并有权要求得到复制品,除非法律有免除公开的规定;二是个人信息记录保管系统不得以秘密的形态存在,关于个人信息的开发、运用及其方针、政策等,必须向全社会公开,以使个人信息能够轻易被查明和利用。日本《个人信息保护法》第8条第1款规定,总务厅负责人应在街道下级行政部门呈报的个人信息档案以后,将其分类目录在政府公报上公布;第7条第1款规定,保管个人信息档案部门的负责人有义务将个人信息目录制作成个人承包信息簿供一般人阅览。美国《隐私权法》规定,个人有权知道个人行政机关是否保存本人记录以及记录的内容,并要求得到复制品。行政机关建立和修改个人记录系统时,必须在《联邦登记》上公布系统收录个人信息相关事项。

2. 信息正确原则

个人信息应符合其利用目的,并且在必要范围内保持其正确、及时和完备。该原则一方面赋予个人对于政府所保存的个人信息有修改该信息内容的权利,个人如果认为关于自己的记录不正确、不完全或者不及时,可以请求制作记录的行政机关予以删除、修改或完整化;另一方面,保持个人信息的政府也负有积极责任,必须保证信息的正确性、及时性和完整性。因为政府如果根据错误的、过时的、片面的个人信息对个人作出不正确的判断,必将损害个人利益。

3. 收集限制原则

政府所能收集的有关个人信息的种类必须受到限制,并且政府收集该种信息的方法或手段也必须具备一定的要件。美国《隐私权法》规定,政府收集个人的信息,如果可能导致对他作出不利的决定时,必须尽可能地由他本人提供,避免政府根据第三者提供的错误或存有偏见的信息而对执行职务相关和必要的范围内收集个人的信息。政府对任何个人信息的收集都应采取合法、公正的手段,在适当的场所并通知信息本人或取得本人的同意。

4. 目的明确化原则

个人信息的收集目的应于信息收集时加以明确,其后信息的利用不应与该收集目的达成相矛盾。日本《个人信息保护法》禁止在信息处理目的以外的信息利用和提供。瑞典隐私权保护的相关法规规定,应该为了明确而限定的目的保持个人资料档案,与目的不符的资料,不得装入档案,没有明确的目的,个人资料不得被收集、公开和使用。

5. 使用限制原则

个人信息的使用限制包括持有信息的政府内部使用的限制和将信息提供给外部使用的限制两类。前者指保持个人信息的行政机关,内部官员执行职务时可以查阅个人的信息,无须征得本人的同意,但只限于职务需要的范围以内使用个人的信息。例如,日本《个人信息保护法》第4条明确规定,政府保存的个人信息,必须仅限定在完成该部门负责事务范围以内使用。后者指政府将个人信息向第三者披露或提供给第三者使用时,必须征得本人的同意或有法律的明文依据。

6. 信息管理原则

政府应制定合理适当的信息管理方针及业务方法,以保障政府对有关个人信息收集、占有、使用及公开的合法性和正当性,对于参加个人信息制作、保持和使用的政府工作人员,必须制定相应的行为规则以供遵守。同时,为达到个人信息的安全、完整和不被泄露及防止其他可能产生的危险,政府还必须建立行政的、技术的和物质的安全保障措施。

7. 法律救济原则

对政府不依法收集、利用和公开个人信息、侵犯个人隐私权的行为,个人可以请求行政救济和司法救济。日本允许当事人对政府的决定存有异议时可以提出意见,并根据行政不服审查法提出异议申诉,或根据行政诉讼法提起诉讼。美国《隐私权法》规定个人不服行政机关执行隐私权法的行为,可以请求行政复议,也可以对政府提起民事诉讼,请求法院审查政府的决定,对违反法律的行政官员和个人,还可以施以一定的刑事制裁。

第7章 网络人格权的法律保护

7.3.3 个人信息保护的义务规范

1. 网络个人信息的收集

网络个人信息收集指以建立个人信息档案为目的,而取得自然人个人信息的行为。在个人信息保护法领域,收集并不仅仅限于以计算机等自动化的方式实施的收集。

收集是一个以主观目的为要素的法律概念,包括目的要素和行为要素两个方面。

(1) 目的要素指个人信息的收集需要具备的目的。我国台湾地区《电脑处理个人资料保护法》第三条规定,收集指为建立个人资料档案而取得个人资料。根据该法收集的目的要素建立个人信息档案。

(2) 行为要素指信息管理者运用一定的条件为获取信息而实施的行为。行为要素包括对信息主体自愿透露自己个人信息的行为的接受。收集个人信息的典型的行为有行政机关依据法定职权和程序要求相对人填写户籍信息,学校要求学生填写学籍信息等。

网络个人信息收集法律关系的收集主体应当严格限定其范围和规范,根据收集信息机关性质的不同,数据收集主体可分为公务机关和非公务机关。公务机关收集行为必须限制在职权行为或职责范围内,且遵循必要性原则;非公务机关收集主体,是指并非依法行使国家公共权力,而收集网络个人信息资料的其他组织或个人。这些主体在收集网络个人信息资料时,一般要遵循以下原则:第一,要经过网络个人信息资料的所有人或合法提供者的同意,由其自愿提供;第二,对于网络个人信息资料的所有人及合法提供者的安全或其他权益没有侵害;第三,已经公开的,对资料的所有人或合法提供者无害且对社会或整个网络环境的发展有利;第四,无害于相关的当事人,为学术研究或科学实验所必需的;第五,有关的法律、法规规定的其他情况。

2. 网络个人信息的处理

所谓个人信息处理,通常是指个人信息的数据的存储、编辑、变更、检索、删除、传输、封锁及比对等行为。"处理"主要有以下8种。

(1) 存储。存储通常指个人信息收集、输入、处理后的保留。存储以纳入、收录和保存为行为内容。

(2) 编辑。编辑又称为编校,指对数据和资料的重新编排,包括文件数据的内容、格式、版式的修改等。

(3) 变更。变更是对已存储的个人信息的内容进行的变更,而不包括对个人信息存在形式的改变,如将纸质介质媒介上的个人信息输入计算机,不构成变更。

(4) 检索。检索指从文件中找出和选择所需个人信息的一种操作。要从大量的个人信息档案中,找出有用的个人信息,一般都要经过检索,因此可以检索成为个人信息有效利用的前提,也是有的国家或者国际组织立法中个人信息得到保护的条件。

(5) 删除。作为法律概念的删除是指将已存储的个人信息的全部或一部分清除或抹去,使其不能重现。

(6) 传输。传输主要指将已存储的个人信息以一定方式传递给接收人(第三人)。传输行为包括传送和接收。

(7) 封锁。封锁是德国个人信息立法的首创的概念,指采取一定的措施,限制对已存储的特定个人信息的继续处理或利用的行为。最常见的封锁措施如关闭网络服务器、对个人信息进行加密等。

（8）个人信息比对。个人信息比对又称为个人信息计算机比对，或者资料比对、资料匹配，指两个或两个以上存储个人信息的数据库，为了某种特定的目的，利用计算机程序将数据库内的个人信息进行连接比对。

3. 网络个人信息的利用

关于个人信息利用的概念，德国法上的解释颇具借鉴意义。在德国《联邦个人数据保护法》中，与欧盟将个人信息利用视为个人数据处理的一个环节的观点不同，个人信息利用是指个人信息处理之外的任何个人信息使用行为。根据我国台湾地区许文义先生对德国个人信息利用问题的理解：利用为"任何形式之使用个人数据"，无论是以自动化或人工方式使用，均属之。其规定之重点在于"信息内容"之利用，至于何人、为何目的而利用，或被利用之信息是否已被告知，均非所问。单纯地指出信息记录于某一特定之信息档案中，不属于利用；但是，从某一信息档案中摘录出一部分的个人信息或复制其内容，则应当被认为是个人信息的利用行为。在信息存储机关内或对监督机关之信息公示，或为管理目的之信息传递或信息处理系统之保养，或经常以某种方式为信息之内部公告，或信息比对，或复印或有目的的阅览等均不属于信息的传递而属于信息利用。

关于个人信息利用，我国台湾地区《电脑处理个人资料保护法》认为，指公务机关或非公务机关将其保有之个人资料档案为内部使用或提供当事人以外之第三人。需要注意的是，该条款中"将保有的个人资料档案提供当事人以外之第三人"归为个人信息利用，但事实上这更是一种个人信息的传递，这样的有混淆"个人信息利用"与"个人信息传递"之嫌。个人信息利用，是个人信息收集、处理乃至传递的目的，若无利用之目的，则个人信息的收集、处理及传递过程均会显得多余而没有意义；同时，如果个人信息不予利用，那么个人信息的收集、处理及传递对个人权利的侵害危险将相对小许多。因此，个人信息利用可以说是个人信息遭受侵害之诱因及理由，为避免个人信息遭受恣意侵害之虞，对于个人信息利用则必须有明确的法律基础为依据。

在比较法上，个人信息利用的行为准则，最重要的是"一般情况下仅能在个人信息收集的特定目的的范围内进行"，但是，在涉及重大公共利益或他人重大权益且又为必要的前提下，个人信息可以在特定目的的范围外被使用，以平衡社会利益与个人利益。

7.3.4 个人信息的法律保护模式

在立法实践中，各国对个人信息的法律保护均有规定，形成了两种保护模式：抽象的个人信息立法保护和抽象规定与例示相结合的个人信息立法保护。

（1）所谓抽象的个人信息立法保护是以一般立法的方式对个人信息作出界定，而没有在法律中予以例示。例如，德国《个人资料保护法》第3条"关于特定或得特定之自然人属人或属事之个别资料"，德国法中强调"个人关联性"的一般原则，而在具体立法中没有列举何种资料属于属人或属事的个别资料。根据德国法，对不特定主体的资料收集，在无法确定资料关联方的条件下，不是该条所指的个人资料。

（2）所谓抽象规定与例示相结合的个人信息立法保护，指法律中除了规定个人信息的

第7章 网络人格权的法律保护

一般立法保护外,还对其种类作了例示性说明,如欧盟1995年《个人数据保护指令》第2条"指有关识别或足资识别自然人之任何资讯;足资识别之人指直接或间接能予识别者,特别是以参考识别号码或以其身体、生理、精神、经济、文化或社会属性之一项或多项特定因素"。其中提出了"间接识别"概念,所谓间接识别,指该个人资料必须与其他资料相结合才能完成对信息主体形象的勾勒。例如,教育、职业、健康、财务等情况,如果不是与姓名、身份证统一编号等相结合,是不具有"个人关联性"的。我国台湾地区《电脑处理个人资料保护法修正草案》第2条也规定:"个人资料指自然人之姓名、出生年月日、国民身份证统一编号、护照号码、特征、指纹、婚姻、家庭、教育、职业、病历、医疗、基因、性生活、健康检查、犯罪前科、联络方式、财务情况、社会活动及其他的以直接或间接方式识别该人之资料。"

比较而言,德国立法中何谓"个人关联性"并不清楚,其标准应当参照欧盟、日本和中国台湾地区立法来补充,即这种关联既可以是"直接识别"也可以是"间接识别"。

由于我国隐私权观念较为薄弱,而个人信息的控制权更是生疏,例示性规定有利于解释和理解抽象性规定的含义,同时抽象性规定可以避免挂一漏万的情况,因此立法机关在对个人信息的立法保护选择上,应当采取抽象规定与例示主义兼采的方式,即借鉴日本和中国台湾地区的立法方式。

7.3.5 侵犯个人信息权的法律责任

加强对个人信息权的保护,设置单一责任模式不能有效发挥功能,必须充分运用多种责任形式。应当在我国立法中确认侵犯个人信息权应当承担的行政责任、民事责任和刑事责任。

1. 行政责任

依法承担行政责任是制止侵犯个人信息权行为的有效方式之一,目前我国在一些部门法或规章中,散件有一些针对侵犯个人信息权应承担的行政责任的规定,但缺乏系统性。例如,《中华人民共和国政府信息公开条例》第三十五条以列举的方式对行政机关包括公开不应当公开的政府信息在内的违反条例的行为,规定了行政机关应当承担的法律责任的内容,包括行政机关内部的责令改正,主管人员和直接责任人员的行政处分承担,以及刑事责任的承担。显然,这里的"公开不应当公开的信息的行为"包括了不合法的公开个人信息的政府行为在内,因此该条款的内容可视为侵犯个人信息权所应承担的行政责任。

另外,《中华人民共和国治安管理处罚法》第四十二条规定,对"偷窥、偷拍、窃听、散布他人隐私的","处五日以下拘留或者五百元以下罚款;情节较重的,处五日以上十日以下拘留,可以并处五百元以下罚款"。

2. 民事责任

明确个人信息权的民事责任,首先应当明确个人信息权的财产属性。尽管个人信息本身不具有价值,但是在日常生活中我们可以看到,个人信息在某种条件下能够给他人或单位带来一定的经济利益。从经济学的角度看,侵权成本与收益的对比,决定了如果没有财产责任,个人信息权并不能有效阻止侵权行为。侵权人往往是为了一定的经济利益而侵害他人信息权，在信息时代，一切个人信息都具有潜在的商业价值，应该在法律中承认个人信息权的财产属性，这样，以商业目的擅自使用个人信息就是一种侵权行为。如果有了这种法律保护，对于那些侵权者而言，即使他们可以从公开渠道获取个人信息，但未经个人许可，不得基于商业目的使用，否则就是一种侵权行为，就应该承担赔偿责任，这样其侵权成本就会加大，客观上就能够起到预防和减少信息滥用行为的发生。

3. 刑事责任

如果我国对泄露个人信息资料的处罚只是停留在行政处罚或民事赔偿，违法成本相对较低，不能形成对个人信息权的有效保护。从我国《刑法》的规定来看，对侵犯公民人身自由、人格尊严规定了"非法搜查罪、非法侵入住宅罪、侮辱罪、诽谤罪"等，但这些规定都不是以保护个人信息权为目的或为主要目的，侵害个人信息权的刑事责任还是空白。有的法学家提出，"采取不正当手段获取信息特别是计算机信息的事件不断发生，对此，虽然可以按有关信息媒体的财产犯来处理，但为了从根本上解决问题，有必要从正面对财产性信息给予刑法的保护"。从法律保护的原则和刑法立法宗旨来看，侵犯他人个人信息权，给他人财产、精神健康、人身安全造成损害，后果严重的，应当承担刑事责任。

在2009年2月28日第十一届全国人民代表大会常务委员会第七次会议通过的《中华人民共和国刑法修正案（七）》中，明确提出要追究泄露、窃取、收买公民个人信息行为的刑事责任。这表明我们在对个人信息权的保护方面，迈出了重要的一步。

《中华人民共和国刑法修正案（七）》规定，在《刑法》第二百五十三条后增加一条，作为第二百五十三条之一设定了"出售、非法提供公民信息罪"的新罪名。

《中华人民共和国刑法修正案（九）》［后称《刑法修正案（九）》］于2015年8月29日经第十二届全国人民代表大会常务委员会第十六次会议审议通过，又对修正案（七）第二百五十三条进行了修订。

出售、非法提供公民信息案件，如果案发于《刑法修正案（九）》生效前，按照从旧兼从轻原则，应适用修正前的《刑法》规定。根据修正前的《刑法》第二百五十三条之规定，国家机关或者金融、电信、交通、教育、医疗等单位的工作人员，违反国家规定，将本单位在履行职责或者提供服务过程中获得的公民个人信息，出售或者非法提供给他人，情节严重的，处三年以下有期徒刑或者拘役，并处或者单处罚金。另根据《最高人民法院、最高人民检察院、公安部关于依法惩处侵害公民个人信息犯罪活动的通知》规定，出售公民个人信息罪的犯罪主体包括在履行职责或者提供服务过程中获得公民个人信息的房地产业工作人员。因此，房地产业工作人员犯此罪的将被处三年以下有期徒刑或者拘役，并处或者单处罚金。

如果案发于《刑法修正案（九）》生效后，则应适用《刑法修正案（九）》的规定。《刑法修正案（九）》加大对侵犯公民个人信息犯罪的处罚，将刑法第二百五十三条之一修改为："违反国家有关规定，向他人出售或者提供公民个人信息，情节严重的，处三年以下有期徒刑或者拘役，并处或者单处罚金；情节特别严重的，处三年以上七年以下有期徒刑，并处罚金。""违反国家有关规定，将在履行职责或者提供服务过程中获得的公民个人信息，出售或者提供给他人的，依照前款的规定从重处罚。"

因此，若案发于《刑法修正案（九）》生效后，则应根据具体犯罪情节判处相应刑罚：

第7章 网络人格权的法律保护

情节严重的，处三年以下有期徒刑或者拘役，并处或者单处罚金；情节特别严重的，处三年以上七年以下有期徒刑，并处罚金。并且，如果是将在履行职责或者提供服务过程中获得的公民个人信息出售或者提供给他人的，则应从重处罚。

 经典案例

3人非法出售4万多条公民个人信息 获利40余万元

利用工作便利，非法出售4万多条公民个人信息获利40多万元。经海南省儋州市检察院审查起诉，日前，儋州市法院对3名涉案人员以侵犯公民个人信息罪作出判决，分别判处彭巍、李建标、陈金辉有期徒刑二年零十个月至一年不等的有期徒刑，并处10万元至1万元不等的罚金。

2015年3月，重庆市畅游天下电子商务有限公司出票组原工作人员彭巍，通过QQ与被告人李建标认识。得知李建标要购买订购机票的公民个人信息，彭巍见有利可图，便以每条信息9元至12元不等的价格，多次出售购买机票的公民个人信息给李建标。

2015年3月至11月，彭巍利用工作便利，进入公司售票系统后台，将乘客的订票信息导出，然后在淘宝网上把订票的乘客信息筛选出来，整理后保存在Word文档，通过QQ发送给李建标。李建标则通过微信、支付宝转账的方式付款给彭巍。在此期间，彭巍共出售4万多条订购机票的公民个人信息给李建标，非法获利40多万元。李建标除向彭巍购买公民个人信息外，还如法炮制以每条10元的价格向另外两个QQ昵称分别为"鹅鹅鹅"和"eee"的人购买了800多条公民个人信息。李建标购买到公民个人信息后，在各种QQ诈骗群里发送信息出售公民个人信息以谋取非法利益。其中，李建标以每条12元至13元价格出售给陈金辉6 000多条公民个人信息。陈金辉购买到公民个人信息后再次出售给他人用于网络诈骗。

儋州市法院认为，被告人彭巍、李建标、陈金辉均构成侵犯公民个人信息罪，其中被告人彭巍无视国家法律，将其在履行职责过程中获得的4万多条公民个人信息出售给他人，依法应从重处罚。综合犯罪事实、情节、后果及社会危害程度，法院作出上述判决。

（资料来源：检察日报，2016-08-22）

国家机关在履行职权的时候，或者是一些公共服务机构在向社会提供公共服务的时候，凡是收取公民个人信息的都要有法律依据，同时享有法律依据权利的时候就要承担义务。国家机关在履行职权的时候，或者是一些公共服务机构在向社会提供公共服务的时候，依照法律和法规的规定需要收集一些公民的信息，包括公民的收入信息、家庭住址信息、联系方式等，这些法律和行政法规同时也规定，国家机关和公共服务机构必须承担对这些信息予以保密的义务，非有法律规定不得泄露。

某些单位或者个人在履行职责过程中取得个人信息以后，违反法律的规定提供给他人，损害了公民的权利，也危害了信息的安全。对此种情形，情节严重的也应当负有相应的刑事责任。

 经典案例

出售、非法提供公民信息案件"内鬼"、黑客是作案源头

【拓展知识】

湖北省仅2016年1～9月，共侦破侵犯公民个人信息犯罪案件40余起，抓获犯罪嫌疑人140余人，

抓获"内鬼"源头13人，8起案件被公安部督办，查获被买卖的公民个人信息4亿余条。

2016年9月，重庆市巴南区警方破获了一起系列侵犯公民个人信息案件，警方历时大半年先后共抓获犯罪嫌疑人54名，缴获公民个人信息上亿条……

从目前破获的案件看，非法获取公民个人信息主要有两个源头：一是单位"内鬼"利用职务之便盗取客户信息；二是黑客直接入侵网络。这些个人信息被"内鬼"或黑客变卖，形成庞大的地下黑市。

这个地下黑市复杂到什么程度？从信息盗取源头到非法使用信息的电信诈骗者中间，会有七八个销售环节，大量"信息贩子"生存其中，每次转手都可赚取差价。至于定价，则根据信息新旧和客户潜在价值而天差地别，一条崭新的客户信息可被炒至5元，而被多次转手的旧信息每条仅卖0.1元。

7.4 网络名誉权概述

7.4.1 名誉权的基本内容

1. 名誉的概念和特征

名誉，从历史范畴产生和发端于特定的社会历史背景，在千百年传统文化长河中流转，有其独特的内涵和价值。

"名"在汉语中有命名、说出、名字、功名、名声、名义等意义，可以做动词与名词；"誉"作为动词，意为称赞，作为名词，"誉"是美名之义。在中国古代典籍中，"名"和"誉"均含名誉的意思，指好的声名、好的名声。例如，《孙子·地形篇》中记载："故进不求名，退不避罪，唯民是保。"这里的名，即为名誉之义。

名誉作为法律上的概念，具有以下特征。

（1）社会性。名誉是一种社会评价，无论从内容上还是形式上，都具有社会的属性。评价的内容源于特定主体在社会生活中的行为表现，是社会生活的反映。离开公众的社会反映，就无所谓名誉。

（2）客观性。名誉是客观的评价，即外部社会对特定主体的评价，而不是个人的自我认识。名誉的客观性，是基于特定主体而言，即公众的评价相对于特定主体，是外部的、客观的，它取决于主体内在的感情以及对这种外在的认识和判断。

（3）特定性。名誉是公众对特定主体的社会评价，名誉的特定性表现为社会评价的是某个主体，而非某些主体。离开特定的民事主体，就无所谓名誉，也无法进行法律保护。

（4）观念性。名誉虽具有客观性特征，但它的表现形态却是观念的形态，存在于公众的观念之中。按照一般的哲学原理，观念形态属于主观的范畴，在这种特定的场合，其客观性是相对于特定民事主体主观认识而言，其评价具有客观的属性。因此，名誉的观念性与名誉的客观性并不矛盾。

（5）时代性。在不同的时代，人的名誉观有所不同。在封建社会，妇女从一而终被视为极大的名誉，而现代社会离婚自由被视之为正当行使权利。但也不应否认名誉观有一定的继承性，勤俭、坚韧、孝顺等，各个时代都认为是好名声。了解名誉的时代性特征，有利于把握名誉的准确内涵。

2. 名誉权的概念和特征

名誉权是以名誉为客体的，名誉作为社会评价极易受到伤害，所以需要确认民事主体的名誉权，从而对名誉予以保护。基于对名誉概念及特征的理解，可以认为名誉权是一种由民事法律规定的民事主体所享有的获得和维持对其名誉进行客观公正评价的人格权。

名誉权的法律特征可以概括为以下几个。

(1) 专属性。名誉权的专属性有两方面的内容：其一，指名誉权是主体所固有的，随着主体的产生而产生、消亡而消亡；其二，指名誉权与主体不可分离。名誉权不能被主体所抛弃、转让，也不受他人剥夺，更不能为其他主体所继承。

(2) 特定性。名誉是公众对特定主体的社会评价。名誉的特定性表现为认定侵害名誉权的行为必须有侵权行为指向特定的对象。如果指向的是不能够予以具体确定的团体或个体，则无所谓名誉权的被侵犯，也无法对此进行法律保护。

7.4.2 网络名誉权侵权

1. 网络名誉权侵权的概念和特征

所谓网络名誉权侵权，指行为人在网络环境下实施的侵害他人名誉权的行为，即侵害网络名誉权的行为。有的学者认为，应当从互联网上的侵权行为与发生于其他空间(媒体)上的侵权行为之差异把握互联网上的侵权行为。那么，对于网络名誉权侵权的研究自然也应从其与传统名誉权侵权的差异出发来探讨相关问题。与传统名誉权侵权相比，网络名誉权侵权具有以下5个特征。

(1) 侵权表现形式的技术性。一般认为传统的侵害名誉权的行为有诽谤、侮辱、无证据而错告或诬告、过失致人名誉权损害的其他行为。可见，传统名誉侵权的表现形式是多种多样的，但是网络环境下的名誉侵权却仅限于以图片和文字表现的诽谤、书面侮辱、发表失实报道等行为方式。此外，侵害网络名誉权的行为也可以通过多媒体文件的方式予以实施，如各种格式的图片、视频、音频文件和 Flash 等。与此同时，传统名誉权侵权主要是以口头语言、书面语言或者其他具体的行为作出的；而网络名誉权的侵权则主要是依靠各种技术手段实现的，如电子邮件、BBS、个人主页和聊天室等。

(2) 侵权行为实施的便利性。网络名誉权侵权的表现形式，以及需借助各种技术手段实现的特点都使得足不出户的行为人只需轻松地运用手中的鼠标和键盘就可以肆无忌惮地实施网络名誉权侵权行为。这在计算机和网络出现之前，恐怕是难以想象的。但是在当今这个网络时代，行为人不需要深入到实际社会当中就能实施一些侵害他人名誉权的行为。

(3) 侵权传播的迅捷性。网络之所以能"飞入寻常百姓家"的一个重要原因是它具有覆盖面广、传播速度快的显著优点，人们可以通过互联网迅速获悉各方面的信息。任何信息，不分好坏，一旦上传到了网络环境中，即刻能以最快的速度被传播。这种传播方式不仅仅是点对点、点对面的传播，几乎是以面对面的方式传播的，其传播速度是现实社会中的"一传十，十传百"所绝对难以比拟的。简而言之，互联网的国际性和网络信息传输的迅速性决定了网络名誉权侵权行为传播速度的迅捷性。

(4) 侵权影响范围的广泛性。从传统名誉权侵权来看，侵权言论、侵权信息的传播范围总是有限的，因而侵权影响的范围也是有限的。一般而言，侵权影响范围主要是权利人和行为人所生活的那个社会圈子。但是互联网联通世界各地，网络信息所具有的跨国性、世界性特征使得网络传播所涉及的影响可能是一个非常广阔的地域。网络信息的接收目标是不确定的，网络活动的参与者不受任何约束，可以自由进行传播交流。于是网上侵权言论就能轻而易举地传递到世界各地,其所波及的范围要较传统名誉权侵权广泛得多。

(5) 侵权主体的隐蔽性。作为一个开放、自由的交流空间,网络用户随时都可以参与到各个网站、论坛、聊天室。大多网络用户是通过虚拟 ID 的方式参与网络活动的,如前所述,要确定虚拟 ID 背后的真实主体存在一定的难度。因此,真正致害人往往具有一定的隐蔽性,权利人在行使权利之前往往面临一个侵权责任主体难以确定的问题。

而且实施侵权行为的网络用户分布于网络的各个节点,当中涉及的网络用户数量较多,具体侵权主体不易确定,因此追究名誉侵权责任的难度要较传统名誉侵权大得多。基于此,除了侵权言论的发布者之外,侵权言论的传播者和网络服务提供商也可能需要承担相应的侵权责任。

2. 网络名誉权侵权的构成要件

1993 年 8 月 7 日颁布的《最高人民法院关于审理名誉权案件若干问题的解答》第七条指出,是否构成侵害名誉权的责任,应当根据受害人确有被损害的事实、行为人行为违法、违法行为与损害后果之间有因果关系、行为人主观上有过错来认定。网络名誉权侵权也应包括以下 4 个构成要件。

1) 有侵害他人名誉权的行为

传统侵害名誉权的行为有诽谤、侮辱、无证据而错告或诬告、过失致人名誉权损害的其他行为。

网络名誉权的特征及各种网络手段的特点决定了在网络环境下侵害他人名誉权的行为与现实中稍有不同。侵害网络名誉权的具体方式如下:第一,指向权利人的真实姓名、现实身份,对其进行侮辱、诽谤;第二,仅指向"虚拟主体",对其背后的民事主体进行侮辱、诽谤。但是,在网络环境下实施侵害名誉权的行为,其实质类同于传统的名誉权侵权,即都是侵害名誉权、降低权利人社会评价的行为,只不过行为人在实施侵害行为时利用了各种新兴的网络工具。关于某一行为是否构成侵害他人名誉权的行为,一般可从 3 个方面进行考察:①须有传播散布之行为,即该行为须为第三人所知悉;②侵害行为系针对特定人为之;③传播内容必须有妨誉性。

某些特殊的以不作为方式侵害名誉权的行为也构成名誉权侵权。目前所认可的特殊情况有:行为人有保护他人名誉权的作为义务和行为人基于其前行为所产生的作为义务。网络服务提供商所实施的侵害名誉权行为即可归入第二种情形。

2) 该行为造成了权利人名誉权受到损害的事实

现实损害是认定任何侵权行为都必须具备的要件。侵害名誉权的损害后果包括以下 3 个部分。

(1) 名誉利益的损害。名誉利益的损害即导致受害人社会评价的降低,是侵害名誉权的主要后果。传统名誉侵权原理认为名誉损害必须以第三人知悉侵权行为为前提,不然就无所谓受害人社会评价的降低。网络名誉权侵权中对于"第三人知悉"的认定,既可以是被网络环境下的其他虚拟主体得知受害人的真实身份,也可以是被受害人所生活之现实社会中的民事主体得知该网络名誉权侵权行为的发生系针对该受害人。此外,当其他网络用户可明确该侵权行为是针对某一特定虚拟主体时或者说当该受害人的网络身份可以被特定时,即使其真实身份未被公开仍可构成"第三人知悉"。

第7章　网络人格权的法律保护

（2）精神利益的损害。精神利益的损害又称为非财产利益的损害，指受害人因名誉侵权行为所遭遇的除了名誉利益之外的其他人格利益的损失。简言之，精神利益的损害指名誉侵权行为给受害人所造成的精神痛苦。传统名誉侵权理论认为，对于精神利益损害的认定需考虑加害人的主观状态、加害行为的情节及手段、行为内容的恶劣程度、影响范围的大小等因素。网络名誉权侵权中，关于精神利益损害的确定也需考虑以上因素。

（3）附带的财产损害。财产损害指名誉毁损给受害人造成的财产上的损失。财产损失是侵害名誉权的间接后果，往往与受害人的工作性质、经营状况等因素相关。网络名誉权侵权也会给受害人造成一些实实在在的财产损害，如因名誉毁损而丧失了工作或者一些可得的利益，这与传统名誉侵权并无二致。特殊之处在于，某些网络名誉权侵权行为可能会造成受害人虚拟财产减少的后果。

3）侵权行为与损害事实之间存在因果关系

在侵权行为的 4 个构成要件中，因果关系又是最复杂的一个因素。由于对网络名誉权侵权的认定需要考虑的因果关系基本上同于传统名誉权侵权，网络环境的特殊性并没有对因果关系理论的具体适用导致任何特殊。

4）侵权人主观方面存在过错

所谓过错指行为人在实施名誉侵权行为时的某种应受非难的主观状态，这种状态是通过行为人实施的不正当的违法行为表现出来的。过错包括主观上的故意和过失，无论行为人是出于故意还是过失，均应承担侵害他人名誉权的后果。过错在网络名誉权侵权中的具体适用，与传统名誉侵权并无区别。

7.4.3　我国网络名誉权的保护现状

对于网络名誉权的保护，在立法层次上，我国在这方面直接规定网络名誉权保护的行政法规和部门规章主要包括以下几个。

1997 年公安部发布的《计算机信息网络国际联网安全保护管理办法》。该法第五条规定，任何单位和个人不得利用国际联网制作、复制、查阅和传播公然侮辱他人或者捏造事实诽谤他人的信息。

2000 年信息产业部发布的《互联网电子公告服务管理规定》。该法第九条规定，任何人不得在电子公告服务系统中发布含有侮辱或者诽谤他人，侵害他人合法权益的信息。

2000 年国务院发布的《电信条例》。该法第五十七条规定，任何组织或者个人不得利用电信网络制作、复制、发布、传播含有侮辱或者诽谤他人，侵害他人合法权益的信息。

2005 年国务院发布的《互联网上网服务营业场所管理条例》。该法第十四条规定，互联网上网服务营业场所经营单位和上网消费者不得利用互联网上网服务营业场所制作、下载、复制、查阅、发布、传播或者其他方式使用含有侮辱或者诽谤他人，侵害他人合法权益的信息。

可见，尽管我国关于网络名誉权的法律保护已经取得了一些进展，但是仍存在许多不足。缺少必要的基本法、立法层次低仍然是一个非常突出的问题。

本 章 小 结

网络人格权的法律保护包括网络隐私权的法律保护、个人信息的法律保护和网络名誉权的法律保护3个部分主要内容。本章分别从网络隐私权的法律性质、网络隐私权保护的法律制度、个人信息的法律保护、网络名誉权概述和我国网络名誉权保护制度的完善加以阐述,着重对网络隐私权的法律性质、国际网络隐私权立法保护比较、个人信息的含义及网络名誉权的侵权进行论述。

 经典案例

百度与朱烨隐私权纠纷案

原告朱烨在家中和单位上网浏览相关网站过程中,发现利用百度搜索引擎搜索相关关键词后,会在百度广告联盟的特定网站上出现与关键词相关的广告。例如,朱烨在通过百度网站搜索"减肥""人工流产""隆胸"关键字后,再进入"4816"网站和"500看影视"网站时,就会分别出现有关减肥、流产和隆胸的广告。朱烨认为,百度公司未经其知情和选择,利用网络技术记录和跟踪朱烨所搜索的关键词,将其兴趣爱好、个人需求等显露在相关网站上,并利用记录的关键词,对其浏览的网页进行广告投放,侵害了其隐私权,使其感到恐惧,精神高度紧张,影响了正常的工作和生活。2013年5月6日,朱烨向南京市鼓楼区人民法院起诉百度公司,请求判令立即停止侵害,赔偿精神损害抚慰金10 000元,承担公证费1 000元。

2015年5月6日,南京市中级人民法院对"北京百度网讯科技公司(以下简称百度)与朱烨隐私权纠纷案"作出终审判决,撤销南京市鼓楼区人民法院一审判决,认定"百度的个性化推荐行为不构成侵犯朱烨的隐私权",判决驳回原告朱烨的全部诉讼请求。从一审判决"隐私权侵权"到二审认定"不侵权",针对同一事实,两级法院得出了截然相反的法律判决。两份判决见证了天平两端的利益纠葛,一审判决代表了消费者的胜利;二审判决则是互联网产业的成功逆袭。两份判决鲜活地展示了法律天平的反转过程。

案情分析

1. 精准广告所采用的营销策略并未侵犯本案原告的信息隐私

在本案中,原告起诉以及一审法院判决的重要理据在于,被告的行为侵害了原告的隐私与个人信息,但这显然是对案件基本事实的误认。按照个人信息与隐私保护的一般法理,个人信息是指个人的姓名、性别、年龄、血型、健康状况、身高、人种、地址、头衔、职业、学位、生日、特征等可以直接或间接识别该个人的信息。所谓"识别",就是指个人信息与信息主体存在某一客观确定的可能性,简单说就是通过这些个人信息能够把信息主体直接或间接"认出来"。识别包括直接识别和间接识别,直接识别就是通过直接确认本人身份的个人信息来识别,比如身份证号码、基因等;间接识别是指现有信息虽然不能直接确认当事人的身份,但借助其他信息或者对信息进行综合分析,仍可以确定当事人的身份。一般而言,姓名可以构成"直接识别",但在有几个相同姓名的人的情况下,还要依靠生日、地址、职业、身高等信息才能识别。

基于前述认识,我国台湾地区的立法者将个人信息分为以下几个类别:①识别类:例如姓名、地址、电话号码、电子邮件地址、银行账户或信用卡号码、身份证及护照号码等。②特征类:例如年龄、性别、身高、体重、抽烟喝酒嗜好特征、个性等。③家庭情形:例如婚姻状况、离婚记录、子女人数、家庭成员和朋友关系、社会交往等。④社会情况:例如住家状况、租金、财产、移民情况、休闲旅游活动、

第7章 网络人格权的法律保护

参与慈善或其他志愿团体记录、职业等。⑤教育、技术或其他专业：例如教育程度、专长、学位，以及在校记录等。⑥受雇情形：例如职务、工作地点、工作内容、工作经历、薪资、工作记录、工会成员资格等。⑦财务细节：例如收入所得、投资情况、负债情况、信用等级、财务交易记录等。⑧商业信息：例如参与商业种类、与营业有关之执照等。⑨健康与其他信息：例如健康记录、肇事记录、犯罪嫌疑、政治意见、政党、宗教信仰等。⑩其他各类信息：包括所有其他未列入分类的个人信息。

从前述的原理可以看出，个人信息必须能够与本人发生直接关联，否则相关的信息与资料不能作为本人的人格利益而受到法律的保护。而正如本案二审法院在终审判决书中所阐述的，百度公司收集、利用的是未能与网络用户个人身份对应识别的数据信息，该数据信息的匿名化特征不符合"个人信息"的可识别性要求。百度个性化推荐服务收集和推送的信息终端是浏览器，没有定向识别该浏览器的网络用户身份。在实践中，我们还应当注意到，按照能否直接识别自然人为标准，个人信息可以分为直接个人信息和间接个人信息。所谓直接个人信息是指可以单独识别本人的个人信息；间接个人信息是指不能单独识别本人，但与其他信息结合即可以识别本人的个人信息。在立法上，有国家和地区并不主张对间接个人信息进行保护。我国台湾地区法务部曾认为：关于电话号码、电子邮件地址等信息，由于尚不足以识别个人，因此不属于受保护的个人信息。但是由于电话号码或电子邮件地址与其他信息相互连接后，往往成为足以识别特定个人的信息(例如电子邮件之地址中可能有本人姓名)，因此将适用于个人资料保护法。挪威资料法明确地将间接个人信息纳入保护法的范围。其第一条规定："能间接地确认本人的资料构成个人资料。"划分直接个人信息和间接个人信息的目的在于：第一，法律保护的不仅是直接个人信息，还保护间接个人信息。第二，对直接个人信息的侵害可能导致更为严重的后果。第三，对于不能构成间接个人信息，更不可能构成直接个人信息的那些信息，法律不予纳入个人信息保护法予以保护。

2. 如何认定本案被告所使用的信息的性质与权属

本案被告百度公司通过利用Cookies技术所收集与挖掘而成的信息可以被认定为该公司的数字文化商品。从性质而言，被告的行为是对该商品的合理使用。数字文化商品(Digital Cultural Goods)又称数字商品，是以数字技术构建或者表达的，是可以脱离存储的介质和载体实现在线传递的唯一商品，它既不是物，也非知识财产。德国法学家施密特认为，对"数字产品"的准确界定方式应该是，无论其本身是否有形，只要产品本身能够通过数字形式表现即可。从产业角度看，"数字文化商品"是指利用数字技术制造的并能在互联网上自由传输文字。可见，数字文化商品是以数字形式存在或者表达的文化商品，是计算机信息的一种。这类商品是以比特方式存在，即借助于数字化的信息符号而生成和传递，承载文化和审美，以满足人们精神生活的需要。这类商品是以电子方式存在于磁或者光介质之中，通过计算机指令实现转移，遇到指令，计算机会以脉冲的方式将磁介质进行磁化或者消磁，通过这个过程使得数字文化商品脱离原来的介质而迅速进行传递；从法律角度看，所谓数字文化商品是指利用计算机生产或能为计算机处理和使用并具有财产价值的电子信息。这种电子信息在美国法上被称为"计算机信息"，在俄罗斯法上直接被称为"信息"，在我国台湾地区立法上则被称为"电磁记录"。尽管各国和地区的立法采用的概念不同，但内容却是一致的，即数字文化商品是一种以数字形态存在的信息。

在本案中，被告方百度所应用的Cookie技术是当前互联网领域普遍采用的一种信息技术，基于此而产生的个性化推荐服务仅涉及匿名信息的收集、利用。很显然，百度通过该技术所开发出来的数据以及数据库构成了前面笔者所说的数字文化商品。数字文化商品具有以下法律特征：

(1) 数字性。数字文化商品的数字无体性包括数字性和无体性两个方面。数字性是指数字文化商品具有以比特数字方式表达和构建的特性，数字性是数字文化商品在互联网上生产和传播的通行证。互联网是一个巨大的无所不能的拷贝机，数字文化商品可以被瞬间拷贝并在全球范围内实现秒间同步传递，耗资数亿美元的电影大片的复制成本只需几美分，而在全球传播的成本则几乎为零。如果商品一经产生便进入公有领域，不仅生产商血本无归，而且将使整个数字文化产业面临灭顶之灾，所以说，数字性既可以极大促进文化商品的发展和传播，又可以轻松毁掉这一切。

(2) 无体性。即数字文化商品不具备物质形体的特性,数字文化商品是无体的,不占有空间,而实物文化商品必须依托于特定的物质实体(纸张或者其他物质材料)而存在。如前所述,存储在电脑硬盘内的数字文化商品可以通过互联网自由传播,而不带走硬盘中的任何物质。数字性和无体性相互联系,正因为数字文化商品是数字的,无论是图像、声音、软件还是其组合,都是以数字方式存在,因此它才呈现出不需要依托于物质载体而存在的特性。

那么,类似于本案精准广告策略所形成的数据库这样的数字文化商品应当归属于哪方呢?无论根据美国的知识产权许可说或俄罗斯的所有权说,该商品都应当归属于开发商。虽然我国现行法对这一新型的客体的权属问题未作规定,但是根据我国物权法以及民法通则的精神以及"谁投资谁受益"的原理,应当由本案被告百度公司享有数据库的归属权与利用权,这一点是显而易见的。

3. 如何看待本案被告利用相关信息的行为

应当说,本案被告利用涉案信息的行为既是行使其自身对数字文化商品的利用权的合法途径,也是在大数据时代实现信息合理流通与共享的必要手段。在大数据背景下,人们为了发表政治观点、学术言论或者接受商业资讯以便从事经济活动,经常需要接受、传输与利用各种社会资讯。联合国为保护以上行为,通过1946年第59号决议设立了与人格尊严权同属于基本人权的信息自由权,随后学界与实务界又不断具体阐释这一权利的内容。同时信息自由在欧美立法界与司法界已得到普遍接受,譬如欧盟数据保护指令第1条规定,各成员国在维护个人信息本人人格尊严的同时,不得禁止信息在成员国之间自由流动。与此同时,信息的初始收集者需要在激活该信息的基础上将它传输给其他用户加以共享。

在本案中,被告百度利用Cookie等网络技术向朱烨使用的浏览器提供个性化推荐服务正是对信息的合理利用的充分体现,是满足信息流通这一大数据时代重要社会诉求的重要途径,从而不属于《最高人民法院关于审理利用信息网络侵害人身权益民事纠纷案件适用法律若干规定》第12条规定的侵权行为。透过本案还应当看到,从信息的本身内容与运行方式的角度而言,信息安全的基本要素包括完整性、可靠性、保密性、可控性与可用性等。

可用性(Availability)是信息安全的另一必备要素,根据该要素的内涵,信息的利用者应能通过网络系统合理获取相关社会资讯而免受不当阻碍。为满足这一要求,法官在进行案件判决时,应通过特定的措施来促进信息与资讯的合理利用。理由是,如果这信息的流通被过度限制,从而使信息与资讯所关联的当事人(譬如本案当中的原告)就取得了绝对支配甚至不当垄断该信息的权利,这将阻碍再利用者基于合理目的传输该信息。尤其是在网络环境下,处于后端的私人机构与网络社交个体对信息与资讯的需求具有随机性与时效性。

自 测 题

一、单项选择题

1. 关于网络隐私权与传统隐私权的说法错误的是(   )。
   A. 网络隐私权是以保护个人隐私不受侵害为主要目的,基本上不考虑对个人隐私的利用
   B. 在传统隐私权的保护中,个人几乎没有什么主动权
   C. 网络隐私权将"公有"和"私有"领域重新划分
   D. 网络隐私权更加强调主动控制权

2. 下列不属于我国网络隐私权保护立法原则的是(   )。
   A. 资料内容正确原则   B. 公开原则
   C. 个人参与原则   D. 公平原则

第7章 网络人格权的法律保护

二、简答题

1. 什么是隐私权？试述网络隐私权与传统隐私权的区别与联系。
2. 网络隐私权侵权一般包括哪些侵权方式？
3. 美国网络隐私权立法保护有哪些特点？
4. 个人信息的构成要素有哪些？
5. 简述个人信息法律保护的基本模式。
6. 试述我国应如何进一步完善网络名誉权保护制度。

三、案例讨论

1. 大批专门从事网上调查业务的公司进行窥探业务非法获取、利用他人隐私。某些网络公司使用具有跟踪功能的Cookies工具浏览和定时跟踪用户站上所进行的操作，Cookies将自动记录用户访问的站点和内容，并将详细资料发送到网络公司中，网络公司根据这些资料掌握个人的情况，并建立庞大的资料库。这可能导致某些用户重要信息的失窃，如股票信息、信用卡资料等。

网站使用Cookies收集到的个人资料用做其他用途是否应承担违法责任？

2. 某公司将处理器植入"安全序号"。每个使用该处理器的计算机在网络中的身份极易识别，从而可以监视用户接、发的信息，使计算机用户的私人信息受到不适当地跟踪。对于这种侵权行为的识别需要极高的技术要求，因此用户个人是无法得知的。

将处理器植入"安全序号"的行为是否构成用户的个人信息侵权？

第8章 网络知识产权的法律保护

教学目标

通过本章内容的学习,掌握网络知识产权的概念与基本特征,从网络著作权、网络工业产权、网络域名权和信息网络传播权4个方面入手;掌握网络著作权及其法律关系及网络著作权的侵权责任及其法律保护;了解专利权法律关系和专利权的授权条件;了解网络商标权的法律保护;掌握域名权的相应法律规范。

教学要求

知识要点	能力要求	相关知识
网络知识产权概述	理解网络知识产权的概念和特征	(1) 网络知识产权的概念 (2) 网络知识产权的特征
网络著作权的规范与实施	(1) 掌握网络著作权及其法律关系 (2) 掌握并理解网络作品传播权受法律保护 (3) 掌握网络技术措施的法律保护 (4) 理解权利管理信息的法律保护 (5) 了解计算机软件的法律保护 (6) 了解数据库的法律保护	(1) 网络著作权及其权利主体、客体和权利内容 (2) 网络技术措施及其法律保护 (3) 权利管理信息及其法律保护 (4) 计算机软件以及数据库的法律保护
网络工业产权的规范与实施	(1) 掌握专利权法律关系及其规范 (2) 正确理解网络商标权的法律保护	(1) 专利权及其法律关系 (2) 专利权人及其权利义务 (3) 网络商标权的概念 (4) 网络商标权侵权类型及保护
网络域名权的规范	(1) 理解域名及其特征 (2) 掌握域名权及其法律规范	(1) 域名概念及其特征 (2) 域名权及其国际国内法律保护
信息网络传播权的规范与实施	(1) 掌握信息网络传播权的概念 (2) 理解信息网络传播权的权利内容 (3) 掌握信息网络传播权的限制 (4) 了解信息网络传播权的侵权免责	(1) 信息网络传播权的概念及性质 (2) 作品的网络传播权、许可权和获得报酬权 (3) 网络传播权的限制 (4) 网络传播权的侵权免责

第 8 章　网络知识产权的法律保护

 **案例导航**

百度文库信息网络传播权侵权纠纷

2010 年 3 月 15 日，贾平凹、刘心武、麦家、韩寒、郭敬明、慕容雪村、沈浩波等 50 位著名作家和出版人联名，发表《"3·15"中国作家讨百度书》，称："百度文库收录了我们几乎全部的作品，并对用户免费开放，却没有得到任何的授权。"文中直指百度侵权。

3 月 22 日，部分出版人和作家共同成立了"出版界和作家群体反侵权同盟"。两日后，同盟与百度正式谈判。经过长达 4 小时的激烈交涉后，谈判正式宣告破裂。

3 月 26 日，百度发表《百度关于文库产品的声明》作出回应，表示：预计将在 3 日内删除未获授权的文学作品，对伤害作家的感情表示抱歉，将积极推进与作家、出版社的合作，通过用户付费阅读和广告分成等模式获取收益，百度将把大部分收益回馈版权方，如图 8.1 所示。

图 8.1　百度文库信息网络传播权侵权纠纷

3 月 28 日，百度 CEO 李彦宏在深圳 IT 峰会上说："我已经要求下面的员工去加强管理，我的态度也很明确：管得好就管，如果管不好，就关掉百度文库。"

3 月 29 日，高晓松、崔健、林夕、小柯等众多音乐人跟进，成立"华语音乐作者维权联盟"，继 2010 年 3 月对百度音乐搜索等业务提出侵权控诉失败后，再次重提百度音乐版权问题。

截至 3 月 29 日 21 时，百度将百度文库中文学作品一项的文档数量由原来的 280 余万份删减至 207 份，删除量超过 99%。

3 月 30 日上午，出版界和作家群体反侵权同盟发出联合声明，希望百度在尊重《著作权法》的前提下，与出版行业重启谈判。

3 月 30 日，百度文库首页推出"文库合作平台"，宣称为合作伙伴"提供销售分成、广告分成、宣传营销等多种合作模式，并且为您的版权内容提供全方位的保护"。两日后，百度宣布将上线新的音乐平台。其收入目前将通过中国音乐著作权协会等行业机构将著作权费用反馈给词曲作者等版权所有人。

（资料来源：邓琼，黄希. 百度声明 3 天内清理未授权作品，众作家称要"观其行"[EB/OL]. [2011-04-21]. http://wwwbig5.hinews.cn/news/system/2011/03/28/012237162.shtml）

信息网络传播权是网络环境下知识产权权利类型的重要组成部分，将在 8.5 节讲述。

8.1　网络知识产权概述

网络知识产权指在网络环境下，人们就其智力创造的具有创新性的数字信息成果依法享有的专有的、排他的独占权。

从性质来看，网络知识产权是知识产权的一种，而知识产权虽然在本质上属于私权的一种形式，但是知识产品的公共产品与私人产品的双重属性，使知识产权具有了从私权向公权过度的趋势。由于网络知识产权是数字网络发展引起的，因而网络知识产权除了传统知识产权的内涵外，又包括数据库、计算机软件、多媒体、网络域名、数字化作品及电子版权等。因此，网络环境下知识产权概念的外延已经扩大了很多。例如，人们在网络上经常接触的电子、电子布告栏和新闻论坛上看到的信件，网上新闻资料库，资料传输站上的计算机软件、照片、图片、音乐、动画等，都可能作为作品受到著作权的保护。

一般意义上的知识产权具有无形性、地域性和时间性3个方面的特征。然而与传统的知识产权相比，网络知识产权又具有以下特殊性。

（1）知识产权虽然具有"专有性"，然而网络的开放性使得网络知识产权的"专有性"被大大减弱。

（2）虽然知识产权具有"地域性"，而网络环境下的知识传输则具有"无国界性"，网络知识产权的客体(智力成果)可以方便地在世界各个国家被广泛传播和使用。因此，网络知识产权的"地域性"趋于减弱，而国际化程度逐渐提高。

8.2 网络著作权的规范与实施

8.2.1 网络著作权及其法律关系

著作权是作者或其他著作权人依法对文学、艺术和科学等作品享有的各项专有权的总称。所谓网络著作权，指在计算机网络上出现的文学、艺术和科学作品的著作权。

著作权主体是依法享有著作权的人，包括自然人、法人和非法人单位。我国《著作权法》规定的著作权人包括作者、其他依照本法享有著作权的公民、法人或者非法人单位。同传统著作权主体相比，网络著作权主体的确定稍微有一些变化。

网络管理者可以视为在网络环境下产生的新型著作权主体。

（1）网站对其网页的整体享有著作权，网页从文字、颜色到图形，都是以数字化形式加以特定的排列组合，而且网页也可以以有形形式复制，如存储在计算机硬盘上。打印到纸张上，具有可传播性，是一种"具有独特性并能以某种有形形式复制的智力创作成果"。网站管理者在智力上、精神上和物质上对网页都有较大的投入。根据《中华人民共和国著作权法实施条例》（以下简称《著作权法实施条例》）第二条的规定，它应该属于《著作权法》所保护的作品，而网站管理者应视为作者。

（2）网站管理者对其网站的内容的整体享有著作权。对于大量来自传统媒体和网络上的信息，网络管理者必须根据需要对其进行分门别类，加以编辑，特别是对于传统媒体上的信息，还有个"数字化"的过程。由于编辑行为注入了编辑人的智力创作，表达了他们独特的选取和编排材料的方法，并赋予了这些材料以新的组织结构和表现形式，所以编辑人员是其编辑作品的作者。根据《著作权法》第十四条和《著作权法实施条例》第十二条规定，作为网站内容的编辑者，网站管理者对其网站的内容整体享有著作权，同时也必须承担相应的责任。

网络上的著作权与其他著作权不同还在于，网络上著作权的客体为网络作品。

第8章 网络知识产权的法律保护

网络作品的概念根据《著作权法实施条例》第二条的规定，作品指文学、艺术和科学领域内具有独创性并能以某种有形形式复制的智力创作成果。根据这一定义，只要具有"独创性"和"可复制性"这两个实质要件的，方可成为著作权法保护的课题。

我国《著作权法》第三条列举的具体形式的作品，应当理解为其涵盖了数字化作品形式，既包括已有作品的数字化上网作品，也包括直接以数字化形式创作的作品。

传统著作权包括的发表权、署名权、修改权、保护作品完整权、复制权、发行权、出租权、展览权、表演权、放映权、广播权、信息网络传播权、设置权、改编权、翻译权、汇编权和其他权利17项权利均适用于网络作品。这可以认为是一种新的演绎权。

著作权包括精神权利和财产权利，因此著作权既是人权又是一种财产权。侵犯他人著作权如同偷盗他人钱财。保护著作权不仅是保护著作权人的个人利益，同时也是为了维护公众和国家利益，维护国家经济秩序，促进社会发展。

8.2.2 网络著作权的法律保护

1. 网络作品的传播权受法律保护

【拓展案例】【拓展视频】

网络传播权是著作权人依法享有的通过各种方式利用其作品的权利，在网络环境下，当作品通过网络向公众传播时，法律应当赋予著作权人一种直接的控制作品在网络上传播的权利。

《保护文学艺术作品伯尔尼公约》是著作权国际保护的最重要的公约，但无法覆盖网络传播这一新的传播方式。针对这种情况，1996年在世界知识产权组织外交会议上形成了《世界知识产权组织版权条约》（*World Intellectual Property Organization Copyright Treaty*，WCT）和《世界知识产权组织表演与录音制品条约》（*WIPO Performances and Phonograms Treaty*，WPPT）两个条约，赋予了作者、表演者和录音制品录制者通过网络向公众传播作品、表演及录音制品的专有权。

WCT第8条规定，在不损害伯尔尼公约赋予作者的各项传播权的前提下，"文学和艺术作品的作者应当享有专有权，以授权将其作品以有线或无线方式向公众传播，包括将其作品向公众提供，使公众中的成员在其个人选定的地点和时间可获得这些作品"。

为保护著作权人、表演者、录音录像制作者的信息网络传播权，鼓励有益于社会主义精神文明、物质文明建设的作品的创作和传播，根据《著作权法》，我国制定了《信息网络传播权保护条例》，自2006年7月1日起施行。

2. 网络技术措施的法律保护

所谓版权保护的技术措施，也就是版权人为了防止未经授权不法访问和使用作品以技术手段主动采取措施，保护和管理自己的版权，防止他人的侵权行为。

目前权利人的技术保护措施主要包括以下6种。

（1）反复制设备，也就是阻止复制品的设备，在它的支持下系统可以阻止用户惊醒被限制的行为，其中最有代表性的就是SCMS（Serial Copy Management Systems），其作用为防止复制与在复制。

（2）控制进入受保护作品的技术保护措施，此措施包括要求登记、加密、密码系统或顶置盒，可以用数字化手段对作品进行加密，并且可以装载归纳作品内容、识别作者身份的信息以及与作品使用相关的信息，以及利用数字信封封存内容摘要、权利人信息和使用作品条件等。

（3）追踪系统，即确保数字化作品始终处于版权人控制之下，并且只有在版权人授权后方可以使用的软件。

（4）电子水印、数字签名或数字指纹技术，以识别作品及版权人，鉴定作品的真伪。

（5）标准系统，即按地区划分，设定不同的标准以避免对版权作品的侵权行为。

（6）电子版权管理系统（Electronic Copyright Management System，ECMS），可以识别作者的身份，通过加密保护作品，同时又可以像电子契约那样与使用者进行交易，收取使用对价。

权利人所采取的技术措施必须符合我国的法律、行政法规等的规定，必须具有合法性，这就要求以下4点。

（1）权利人采取的技术保护措施只能是防御性的，决不能是攻击性的。技术措施不能攻击知情或不知情的用户，也不能攻击抱有合法或非法目的的软件复制者，不能因此而损害公共的利益。

（2）技术措施给予侵权盗版活动制造障碍，但是不能超出制止侵权行为所必需的限度。

（3）技术保护措施只能被用来保护法律赋予的权利，不应被用来取消法律规定的权利限制，破坏权利保护与公众利益之间的平衡。

（4）我国法律、行政法规另有规定的除外，例如侵害消费者知悉权、选择权、安全和公平交易等利益的，侵害个人隐私权如过度收集个人信息等，妨碍公共利益的如对政府的执法等公务活动，以及非营利公益事业的图书馆、档案馆和教育机关等的豁免等。

针对破坏有效的技术性措施的行为，为了保护新技术环境下的著作权人的利益，包括国际组织在内的世界上许多国家都展开了立法活动。

1996年，在时间知识产权组织外交会议上形成的 WCT 和 WPPT 这两个条约都对技术措施的法律保护作出了专门规定。保护技术措施是各成员国必须履行的义务，WCT 和 WPPT 关于技术措施的义务的规定显得非常原则和宽泛，至于技术措施保护的内容，方式及标准等具体问题，则交由各成员国自行决定。

我国的《著作权法》在修订后，在第四十七条第（六）项规定了技术措施法律保护的问题，即"未经著作权人或者著作权有关权利人许可，故意避开或者破坏权利人为其作品、录音录像等所采取的保护著作权或者与著作权有关权利的技术措施的"属于侵权行为，"法律、法规另有规定的除外"。如有上述侵权行为，应当根据情况，承担停止侵害、消除影响、赔礼道歉、赔偿损失等民事责任；同时损害公共利益的，可以由著作权行政管理部门责令停止侵权行为，没收违法所得，没收、销毁侵权复制品，并可处以罚款；情节严重的，著作权行政管理部门还可以没收主要用于制作侵权复制品的材料、工具、设备等；构成犯罪的，依法追究刑事责任。

《计算机软件保护条例》第二十四条对《著作权法》第四十七条的规定进行细化，对"故意避开或者破坏著作权人为保护其软件著作权而采取的技术措施"的行为，除《著作权法》或者其他法律、行政法规另有规定外，未经软件著作权人许可，应当根据情况，承担停止侵害、消除影响、赔礼道歉、赔偿损失等民事责任；同时损害社会公共利益的，由

第8章 网络知识产权的法律保护

著作权行政管理部门责令停止侵权行为，没收违法所得，没收、销毁侵权复制品，可以并处罚款；情节严重的，著作权行政管理部门并可以没收主要用于制作侵权复制品的材料、工具、设备等；触犯刑律的，依照《刑法》关于侵犯著作权罪、销售侵权复制品罪的规定，依法追究刑事责任。

需要注意的是，对计算机技术措施保护并不是绝对的，对计算机技术措施采取法律保护也有限制与例外情形。根据美国《数字千年版权法》等的规定，国际上一般认为对技术措施法律保护的例外和豁免主要包括以下7种。

（1）反向工程。
（2）执法和情报活动。
（3）加密研究。
（4）安全测试。
（5）保护个人身份信息。
（6）对非营利性图书馆、档案馆和教育机构的豁免。
（7）对广播组织的豁免。

3. 权利管理信息的法律保护

《世界知识产权组织版权条约》中规定权利管理信息指识别作品、作品的作者、对作品拥有任何权利的所有人的信息，或有关作品使用的条款和条件的信息，和代表此种信息的任何数字或代码。

权利管理信息对著作权人的保护非常重要。一方面，版权人需要通过权利管理信息向公众声明其权利、表明权利人身份以及作品的使用条件，促进作品的合法使用；另一方面，作品使用者需要获取权利管理信息从而依法对作品进行使用。随着数字技术的进步和互联网的普及，版权人使用权利管理信息的现象愈加普遍。同时应当看到的是，以数码形式表现的权利管理信息很容易被删除或更改，其后果不但是用户得到错误的信息，同时也意味着版权人对作品各项权利的失控。

世界知识产权组织所制定的WCT和WPPT两个条约对权利管理信息给予了保护。1996年，WCT和WPPT为解决数字技术和网络环境下版权和相关权的保护问题，首次明确要求各成员国承担关于权利管理信息保护的义务，并且规定不得保留。因此许多国家或者地区制定了专门法律或者修改其著作权法对权利管理信息提供保护。

WCT在第12条中规定各成员国至少要制止以下行为。

一是未经许可删除或改变权利管理信息。

二是为发行的目的进口、广播、向公众传播或提供已被未经许可删除或改变了权利管理信息的作品复制件。这两类行为被禁止的前提条件是行为人明知或应知其行为会诱使、促成、便利或包庇对该条约为版权人所设定各项权利的侵犯而故意为之。

美国的《数字千年版权法》对权利管理信息有完备的立法规定，其规定也最为详尽。具体而言，受到该法保护的权利管理信息包括以下8种。

（1）作品的名称和标志作品的其他信息，包括版权声明中所载明的信息。
（2）作者的姓名及有关作者的其他身份信息。
（3）版权人的姓名及有关版权人的其他身份信息，包括版权声明中所载明的信息。

(4) 表演被固定在视听制品以外的其他作品上的表演者的名称及其他身份信息,但该视听制品在电台或电视台公开向公众表演的情形除外。

(5) 视听制品的作者、表演者或导演的姓名及关于他们的身份信息,但该视听制品在电台或电视台公开向公众表演的情形除外。

(6) 使用作品的期限和条件。

(7) 标明此类信息的数字、代码或者关于此类信息的链接。

(8) 版权局通过行政法令规定的其他信息。

我国于2001年修改著作权法,增加了对"权利管理信息"的保护。权利管理信息保护制度是因特网环境下为版权(含相关权)的保护和实现而专门设计的制度,这一制度与版权标记制、版权登记制和版权声明制存在渊源关系,所不同的是,传统的标记制、登记制和声明制是模拟环境的产物,版权标记、登记的内容和版权声明本身不受版权法的保护,而权利管理信息则被纳入了版权法的保护体系。

我国著作权法所保护的是权利管理的电子信息,但并没有对何为权利管理信息进行明确的定义。在一定程度上讲,权利管理信息的保护问题是随着电子技术(尤其是数字技术)的发展而表现得日趋紧迫从而出现在各国版权保护制度中。因此,将权利管理信息的保护范围限定在电子环境中并无不妥。我国《信息网络传播权保护条例》在第二十六条将权利管理电子信息定义为,"说明作品及其作者、表演及其表演者、录音录像制品及其制作者的信息,作品、表演、录音录像制品权利人的信息和使用条件的信息,以及表示上述信息的数字或者代码"。很明显,这一定义借鉴了WCT和WPPT相关条款的行文。作为这两个国际条约的成员国,我国对权利管理信息的定位符合条约的要求。

4. 计算机软件的法律保护

计算机软件指计算机程序及有关文档。

计算机程序指为了得到某种结果而可以由计算机等具有信息处理能力的装置执行的代码化指令序列,或者可以被自动转换成代码化指令序列的符号化指令序列或者符号化语句序列。计算机程序包括源程序和目标程序。同一程序的源文本和目标文本应当视为同一作品。源程序指用高级语言或汇编语言编写的程序。目标程序指源程序经编译或解释加工以后,可以由计算机直接执行的程序。

文档指用来描述程序的内容、组成、设计、功能规格、开发情况、测试结果及使用方法的文字资料和图表等,如程序设计说明书、流程图、用户手册等。

在计算机软件中,无论是计算机程序或文档;在计算机程序中,无论是源程序还是目标程序,都是计算机软件著作权的保护对象。计算机软件作为一种知识产品,必须具备以下条件,才能获得法律保护。

(1) 原创性。受保护的软件必须由开发者独立开发,即软件应该是开发者独立设计、独立编制的编码组合。凡是抄袭、复制他人的软件均不能受法律保护,构成侵权时,行为人还必须承担相应的法律责任。这里的软件开发者,指实际组织开发、直接进行开发,并对开发完成的软件承担责任的法人或者其他组织;或者依靠自己具有的条件独立完成软件开发,并对软件承担责任自然人。

(2) 固定性。受保护的软件须固定在某种有形物体上。这里所说的有形物体是指一定

第 8 章　网络知识产权的法律保护

的存储介质，如纸带、卡片、磁盘、磁带、图表、手册等。存在于软件开发者头脑中的软件设计思想并不受法律保护，只有当这种程序设计通过客观手段表达出来并为人所知悉时才能受法律保护。

我国《著作权法》第 3 条第 8 款将计算机软件作为著作权法所保护的一类作品，但鉴于其特殊性，该法附则第五十八条又注明其保护办法由国务院另行规定。据此，国务院 1991 年 6 月 4 日发布了《计算机软件保护条例》。1992 年 4 月 6 日，原机械电子工业部作为计算机软件的登记主管机关又发布了《计算机软件著作权登记办法》。2001 年 12 月 20 日，国务院公布了新的《计算机软件保护条例》。该条例于 2002 年 1 月 1 日起实行。1991 年 6 月 4 日国务院发布的《计算机软件保护条例》同时废止。

《计算机软件保护条例》第二十三条和第二十四条分别规定下列行为属于侵权行为。

第二十三条规定如下。

（1）未经软件著作权人许可，发表或者登记其软件的。

（2）将他人软件作为自己的软件发表或者登记的。

（3）未经合作者许可，将与他人合作开发的软件作为自己单独完成的软件发表或者登记的。

（4）在他人软件上署名或者更改他人软件上的署名的。

（5）未经软件著作权人许可，修改、翻译其软件的。

（6）其他侵犯软件著作权的行为。

第二十四条规定如下。

（1）复制或者部分复制著作权人的软件的。

（2）向公众发行、出租、通过信息网络传播著作权人的软件的。

（3）故意避开或者破坏著作权人为保护其软件著作权而采取的技术措施的。

（4）故意删除或者改变软件权利管理电子信息的。

（5）转让或者许可他人行使著作权人的软件著作权的。

行为人违反《计算机软件保护条例》规定，应当承担以下法律责任。

（1）民事责任。行为人有《计算机软件保护条例》第二十三条和第二十四条规定的侵权行为的，应当承担停止侵害、消除影响、赔礼道歉、赔偿损失等民事责任。赔偿损失数额的确定，可依照《著作权法》第四十八条的规定。

（2）行政责任。行为人有《计算机软件保护条例》第二十四条规定的侵权行为，且损害社会公共利益的，著作权行政管理部门可责令行为人停止侵权行为，没收违法所得，没收、销毁侵权复制品，可以并处罚款；情节严重的，著作权行政管理部门并可以没收主要用于制作侵权复制品的材料、工具、设备等。行为人有《计算机软件保护条例》第二十四条第(1)项或者第(2)项行为的，可以并处每件 100 元或者货值金额 5 倍以下的罚款；有第二十四条第(3)项、第(4)项或者第(5)项行为的，可以并处 5 万元以下的罚款。

（3）刑事责任。行为人有《计算机软件保护条例》第二十四条规定的行为的，情节严重，触犯刑律的，依照我国《刑法》关于侵犯著作权罪、销售侵权复制品罪的规定，依法追究刑事责任。

5. 数据库的法律保护

法学意义上的数据库，指按照特定的顺序或方法排列，并具有相互联系的数据信息的集合体。随着数字化时代的到来，数据库可给社会提供大容量的信息，也可能给其制作者以丰厚的利润回报，具有开发成本高、实用价值高而复制成本极其低廉的特点，因而急需得到法律的有效保护。

1）版权法对数据库的保护

《与贸易有关的知识产权协议》（Agreement on Trade-Related Aspects of Intellectual Property Rights，TRIPS）第10条第2款规定："数据或其他内容的汇编，无论采用机器可读形式，还是其他形式，只要内容的选择或安排构成智力创作，即应予以保护。"

WCT的立法思路和TRIPS相同，都将数据库纳入作品范畴加以版权保护。规定只有在其内容的选择与编排构成智力创作时的数据库才受版权法保护。而TRIPS协议则规定，数据或其他材料的汇编，无论采用机器可读形式还是其他形式，只要其内容的选择或编排构成智力创作，应予以保护。但这类保护不延及数据或材料本身，不得损害数据或材料本身已有的版权。

我国《著作权法》虽然没有明确规定数据库的著作权，但在第十四条规定："汇编若干作品、作者的片段或者不构成作品的数据或者其他材料，对其内容的选择或者编排体现独创性的作品，为汇编作品，其著作权由汇编人享有，但行使著作权时，不得侵犯原作品的著作权。"《实施条例》将编辑作品解释为"根据特定要求选择若干作品或者作品的片段"，这可以理解为数据库的一种类型，对于不具备独创性的数据库则没有纳入保护范围。后来为适应国际保护要求，于《实施国际著作权条约的规定》第八条规定："外国作品是由不受保护的材料编辑而成，但是在材料的选取或者编排上有独创性的，依照著作权法第14条的规定予以保护。此种保护不排斥他人利用同样的材料进行编辑。"这可以视为将外国人的数据库给予"超国民待遇"而纳入中国版权法保护范围。

2）反不正当竞争法对数据库的保护

反不正当竞争法是知识产权法律保护体系的组成部分。版权、专利、商标等专门法律制度着眼于保护权利人自身的权利，但为了在保护个人利益的同时兼顾社会利益——保证市场经济的自由竞争度，这些权利都受到了严格的法律限制。而反不正当竞争法着眼于制止不同市场竞争主体之间的恶性竞争，保证各主体都以平等的法律条件参与市场竞争。由于各知识产权主体的法律权利最终往往以经济利益体现，而反正当竞争法可以弥补版权法的不足，保护数据库作者在对材料的收集、整理、编排等方面所作出的劳动和投资，因此反不正当竞争法往往成为知识产权主体的最现实选择，成为数据库法律保护的"终极武器"。

由于反不正当竞争法在保护数据库方面的特有作用，国际上一直存在一种赞成通过反不正当竞争法保护非独创性数据库的呼声。

在数据库的反不正当竞争立法保护模式方面，美国已经形成了一个正式的立法提案，即"1999消费者和投资者接触信息法案"（Consumers and Investor Access to Information Act of 1999, H. R. 1858法案）。根据该法案第2条的规定，任何人采取任何手段或者方法向公众销售或者发行他人数据库的复制件，或者向公众销售或者发行数据库与他人数据库制作者进行商业竞争，则此种行为是非法的。在H. R. 1858法案禁止的这两种行为中，第二种行为属于不正当竞争行为应当是没有争议的。第一种行为虽然没有明确"使用与数据库制作者竞争"之类的术语，但是无论采取什么方法或者手段销售或者发行数据库的复制件，必然具有商业上的目的，并且客观上会造成与原数据库制作者进行竞争的局面，因此此种行为的实质仍然是一种不正当竞争的行为，H. R. 1858 法案第 2 条禁止的第一种行为，更多强调的是行为人行为客观上的竞争性质，而不是其主体资格。而第二种被禁止的行为更多强调的是行为人与数据库制作者之间的同行业或者可替代性行业的性质。

6. 网络著作权的刑法保护

1)《刑法》第二百一十七条的规定

《刑法》第二百一十七条规定如下。

以营利为目的，有下列侵犯著作权情形之一，违法所得数额较大或者有其他严重情节的，处三年以下有期徒刑或者拘役，并处或者单处罚金；违法所得数额巨大或者有其他特别严重情节的，处三年以上七年以下有期徒刑，并处罚金。

（1）未经著作权人许可，复制发行其文字作品、音乐、电影、电视、录像作品、计算机软件及其他作品的。

（2）出版他人享有专有出版权的图书的。

（3）未经录音录像制作者许可，复制发行其制作的录音录像的。

（4）制作、出售假冒他人署名的美术作品的。

2) 关于侵犯著作权犯罪案件"以营利为目的"的认定

根据 2011 年 1 月最高人民法院、最高人民检察院及公安部联合发布的《关于办理侵犯知识产权刑事案件适用法律若干问题的意见》（以下简称《意见》）的规定，关于侵犯著作权犯罪案件"以营利为目的"的认定问题，除销售外，具有下列情形之一的，可以认定为"以营利为目的"。

（1）以在他人作品中刊登收费广告、捆绑第三方作品等方式直接或者间接收取费用的。

（2）通过信息网络传播他人作品，或者利用他人上传的侵权作品，在网站或者网页上提供刊登收费广告服务，直接或者间接收取费用的。

（3）以会员制方式通过信息网络传播他人作品，收取会员注册费或者其他费用的。

（4）其他利用他人作品牟利的情形。

3) 关于通过信息网络传播侵权作品行为的定罪处罚标准问题

《意见》规定，以营利为目的，未经著作权人许可，通过信息网络向公众传播他人文字作品、音乐、电影、电视、美术、摄影、录像作品、录音录像制品、计算机软件及其他作品，具有下列情形之一的，属于《刑法》第二百一十七条规定的"其他严重情节"。

（1）非法经营数额在 5 万元以上的。

（2）传播他人作品的数量合计在 500 件(部)以上的。

（3）传播他人作品的实际被点击数达到 5 万次以上的。

（4）以会员制方式传播他人作品，注册会员达到 1 000 人以上的。

（5）数额或者数量虽未达到第(一)项至第(四)项规定标准，但分别达到其中两项以上标准一半以上的。

（6）其他严重情节的情形。

实施前款规定的行为，数额或者数量达到前款第(一)项至第(五)项规定标准五倍以上的，属于《刑法》第二百一十七条规定的"其他特别严重情节"。

8.3　网络工业产权的规范与实施

工业产权(Industrial Property)又称为工业所有权,是国际通用的法律术语。一般来说,工业产权是发明专利、实用新型、外观设计、商标的所有权的统称。工业产权和著作权统称为知识产权。此权利不仅适用于工业本身,也适用于商业、农业、矿业、采掘业及一切制成品或天然品,如酒类、谷物、烟叶、水果、牲畜、矿产品、矿泉水、花卉和面粉等。它是一种"独占权",具有严格的地域性和时间性,即根据一国法律取得的权利,只能于一定期限内在该国境内有效。

8.3.1　专利权法律关系

1. 专利权主体

专利权的主体指依法能够申请并获得专利权的人,其既可以是自然人,也可以是法人。《中华人民共和国专利法》(以下简称《专利法》)根据发明创造的性质,规定专利的主体有非职务发明创造的发明人和设计人、职务发明创造的所在单位、符合《专利法》规定的外国人或外国企业等。

2. 专利权客体

所谓专利权客体,指专利权人的权利和义务所指向的对象,就是依法取得专利权的发明创造。我国《专利法》第二条规定:"本法所称的发明创造是指发明、实用新型和外观设计。"因此,我国专利权客体的种类有3种:发明、实用新型和外观设计。其中,专利法所称的发明指对产品、方法或者其改进所提出的新的技术方案。作为专利权客体必须具有技术属性,必须是一种新的技术方案;实用新型指对产品的形状、构造或两者结合所提出的使用于实用的新技术方案;外观设计指对产品的形状、图案或者其结合以及色彩与开头图案的结合所作出的富有美感的并适用于工业上应用的新设计。

3. 专利权人的权利和义务

我国的《专利法》规定,专利权人具有以下权利和义务:独占实施权、许可实施权、专利转让权、专利标记权、获得奖励和报酬的权利、公开发明创造的内容的义务、缴纳年费的义务。

4. 专利权的授权条件

我国《专利法》第二十二条规定:"授予专利权的发明和使用新型,应当具有新颖性、创造性和实用性。"一项发明或实用新型要取得专利权必须具备这3个特性,缺一不可。其中,新颖性指在申请日以前没有同样的发明或实用新型在国内外出版物上公开发表过、在国内公开使用过或以其他方式为公众所知,也没有同样的发明或实用新型由他人向国务院专利行政部门提出过申请并记载在申请日以后公布的专利申请文件中;创造性指同申请性以前的技术相比,该发明具有突出的实质性特点和显著进步,该实用新型有实用性特点和进步;实用性指该发明或实用新型能够制造或者使用,并且能够产生积极效果。

第8章 网络知识产权的法律保护

8.3.2 网络商标权的法律保护

传统商标权指商标注册人依法支配其注册商标并禁止他人侵害的权利。它包括对注册商标的使用权、处分权、续展权和禁止他人侵害的权利。网络商标权则是指商标权人将自己的对商标的所有权利运用于网上,借助网络的全球性把一国内商标使用扩展到全球范围内的商标使用。这种使用在使用国当然受该国商标法保护。但在网络的全球性范围内则无可否认,传统商标的网上生存遭遇了严峻挑战。

【拓展案例】

商标侵权主要具有以下表现形式。

域名侵犯商标权主要包括以下几种类型。

1. 恶意注册和使用域名

世界知识产权组织在1999年4月30日发表的《因特网域名和地址的管理：知识产权问题》文件中建议,以下几种情况均属于域名被恶意注册和使用。

（1）以相当可观的对价,向商标所有人或其竞争对手发出出售、出租、转让域名的要约。

（2）为了营利的目的,通过与请求人的商标发生混淆的方式,引诱因特网用户访问域名持有人的网址或其他在线地址。

（3）为阻止商标所有人将其商标标志体现在域名中而抢先注册域名,如果域名持有人以前曾有过同一类型的行为。

（4）为破坏竞争对手的经营活动而注册域名。

对域名持有人构成"恶意注册或者使用域名"的情形,《中国互联网络信息中心域名争议解决办法》也做了列举,主要如下：一是注册或受让域名的目的是为了向作为民事权益所有人的投诉人或其竞争对手出售、出租或者以其他方式转让该域名,以获取不正当利益；二是多次将他人享有合法权益的名称或者标志注册为自己的域名,以阻止他人以域名的形式在互联网上使用其享有合法权益的名称或者标志；三是注册或者受让域名是为了损害投诉人的声誉,破坏投诉人正常的业务活动,或者混淆与投诉人之间的区别,误导公众。

需要特别指出的是,在我国现行法律体系下,不是所有的注册商标被他人注册为域名均能获得保护,根据最高人民法院的司法解释,针对驰名商标和一般商标的保护程度并不相同。针对驰名商标,只要被告域名或其主要部分构成对原告驰名商标的复制、模仿、翻译或音译,就会构成侵权；而针对非驰名商标,即使被告的域名与原告的注册商标、域名等相同或近似,也只有在由于这种相同或近似足以造成相关公众混淆、误认时,才可被认定为构成侵权。

2. 域名的盗用

盗用域名,指选择在相关市场闻名的一个或几个商标或商业标志注册为域名并加以使用的行为。

盗用行为一般包括以下构成要件。

（1）行为人主观上具有恶意。
（2）行为人客观上具有注册并使用他人商标等商业标记的行为。
（3）行为人抢用的域名与商业标记权人的商标等商业标记相同或混淆性相似。
（4）行为人对抢用的域名不具有任何合法权益。
（5）被抢用者对域名使用的商业标记享有商标权等合法权益。

3. 囤积域名

行为人将他人知名商标恶意注册为域名，既不像域名抢注者那样企图转让、出租该域名，又不像抢用域名者那样使用该域名，而是囤积居奇。首要的目的是将这些域名高价卖给那些无可奈何的被抢注人；其次是卖给某些心怀叵测的第三方，使他们得以假借这些商标之名混淆视听；最后是囤积这些域名，致使合法商标所有人无法实现注册域名的愿望。

经典案例

德尔惠鞋业有限公司诉刘某域名侵犯商标权案

原告诉称，原告是一家以生产、销售运动休闲鞋为主的大型外商企业。"德尔惠中英文及图"品牌在消费者心目中塑造了一个永恒的时尚形象。"德尔惠"无论作为企业名称，还是注册商标，在国内外都有一定的影响力。当原告准备在互联网注册"德尔惠体育用品.cn"域名时，却发现被告已经恶意抢注了该域名。原告作为全国知名企业，"德尔惠中英及图"注册商标在国内外都有很高的知名度，被告对此是明知的。被告仍然恶意抢注该域名，正是企图利用原告的知名度及"德尔惠中英文及图"品牌市场效应搭便车，谋取不正当商业利益。请求依法判令被告立即撤销在国际互联网上注册的"德尔惠体育用品.cn"域名，停止对原告的"德尔惠中英文及图"商标专用权侵权行为和不正当竞争的行为。

被告刘某辩称，被告主观上并无过错，其信息来源比较闭塞，对原告的商标闻所未闻，更无从了解该商标是否为注册或驰名商标，在国际互联网上注册"www.德尔惠体育用品.cn"域名时，经搜索也并未发现有相关域名注册在先。实际上也并未给原告造成任何经济损失，也未给消费者造成任何市场混淆。因此原告的诉讼请求没有事实和法律依据，请求法院依法予以驳回。

法院一审判决，被告刘某应于本判决生效之日起立即停止侵犯原告福建晋江德尔惠鞋业有限公司的"德尔惠中英文及图"商标专用权和不正当竞争的行为。被告刘某应于本判决生效之日起立即停止使用并撤销在国际互联网上注册的"www.德尔惠体育用品.cn"域名，由原告福建晋江德尔鞋业有限公司使用该域名。

（资料来源：福州市中级人民法院民事判决书(2005)榕民初字第4号）

8.4 网络域名权的规范

8.4.1 域名及其特征

域名指域名所有人拥有的用于计算机定位和身份识别的网络地址。
域名具有以下法律特征。

1. 标志性

域名的设计与使用初衷是为了用识别性标记来区分网络上的计算机，以方便网络寻址和信息传输,故标志性应为其基本特征之一。但域名的标志性与商标等传统标记的标志性又有不同,后者存在有较高的显著性要求,域名的识别则为计算机识别,只需存在细微的差别即可,体现了较强的技术性特征。

2. 唯一性

域名的唯一性是绝对性的、全球性的,这是有网络覆盖的全球性和网络 IP 地址分配的技术性特征所决定的。商标、商号等传统标志可因行业、商品等的不同而存在不同主体拥有的相同标志的情形,域名的唯一性则不因行业、商品等的不同而有任何不同。根据世界上达成的 TCP/IP 通信协议的规定,因特网上的每台计算机都有一个全球唯一的统一格式的地址,即 IP 地址,每个 IP 地址对应的域名也是全球唯一的。

3. 排他性

域名的排他性是其唯一性的延伸与保证。在任意一个注册机构注册的域名均具有全球的通用效力,同时,"先申请,先注册"的域名注册原则保证了一个域名只能被成功注册一次,这些使得域名必然产生全球范围的排他性。

8.4.2 域名的国际保护

1. IAHC 报告

国际特别委员会(International Ad Hoc Committee,IAHC)于 1997 年 2 月公布了"国际特别委员会最终报告《关于国际顶级域名的管理和运营》"(以下简称《IAHC 报告》)。《IAHC 报告》主要是关于改革国际顶级域名 ".com"".org" 和 ".net" 的注册和管理体制的。《IAHC 报告》包含了许多很有价值的新思想,尤其是提出了建立全球性域名纠纷处理机制的构想,以解决域名纠纷所设计的复杂的法律冲突的问题。根据《IAHC 报告》的要求,1997 年 5 月还颁布了与知识产权有关的全球性知识域名纠纷处理规则,建议设立纠纷处理小组,对二级域名与他人的"世界知名标志"相同或近似所引发的纠纷进行裁决。

2. 美国的域名白皮书

1998 年 1 月,美国商务部下属的国家电信和信息管理局公布了《改进国际互联网域名与地址的技术管理的建议》(即《域名绿皮书》)。1998 年 6 月,美国国家电信和信息管理局在《绿皮书》的基础上,公布了《关于管理国际互联网域名和地址的政策性声名》(即《域名白皮书》)。

《域名白皮书》的主要内容如下:建立一个新的民间的非营利性的公司,管理域名系统;通过竞争性机制筛选适合的公司担任域名注册机构,促进域名管理体制的民间化和市场化;保护商标权人的利益,促进域名纠纷的解决,建议世界知识产权组织主办一次商标权人与其他网络用户之间公平、公开的磋商和讨论,协调各方的利益,为新的域名管理组织提供制定未来政策的依据。

《域名白皮书》有两个最直接的贡献:一是建议世界知识产权组织出面组织有关各方进行磋商以便对建立全球性的域名纠纷解决机制提出设想;二是促进新的域名系统管理组

织互联网与编码分配管理机构(Internet Corporation for Assigned Names and Numbers，ICANN)成立，使域名系统的改革付诸实践。ICANN是一个非营利性的私营组织，其主要功能在于分配IP地址，管理域名系统及提供稳定的Internet根服务器等。ICANN的目的在于确保Internet的稳定运行，促进竞争实现全球Internet的广泛参与，并通过一系列措施有效地防止了美国对它的操纵。

3. WIPO最终报告

WIPO于1998年12月23日公布了《WIPO阶段性报告》，报告指出，关于域名系统改革的磋商有5项指导性原则。

(1) 互联网具有全球性，并有多种功能各方利益的代表都应当被允许参加到磋商进程中来。因此，知识产权的保护不能脱离开互联网是多功能的全球媒体这一背景。

(2) 磋商的目的并不是创立一种新的知识产权，或者为知识产权在网络空间提供更高水平的保护，而是将现行的公认的知识产权保护标准适用于新兴的受多国法律管辖的互联网以及指导网上信息流通的域名系统。

(3) 域名系统的改革不能以牺牲人权(如言论自由)等其他权利为代价来维持知识产权的保护标准。

(4) 域名系统的改革不能干预互联网的正常运行，不能给自动的域名注册过程施加不合理的限制。

(5) 互联网技术还在不断扩展，因此域名系统的改革不能妨碍进一步的技术进步。

《WIPO最终报告》对改革域名系统主要提出了3个方面的建议，包括采取预防措施防止域名与知识产权发生冲突的建议，在受多国法律管辖的网络空间建立统一的域名纠纷处理程序的建议，以及在网络环境下给予驰名及知名商标以特殊保护的建议。

8.4.3 域名的国内保护

1. CNNIC主导的国内域名非诉讼保护

1997年5月30日中国国务院信息化工作领导办公室(以下简称"国务院信息办")颁布的《中国互联网域名注册暂行管理办法》(以下简称《办法》)和《中国互联网络域名注册实施细则》(以下简称《实施细则》)是目前中国域名管理与保护基本法律依据。根据《办法》规定，国务院信息办是我国域名系统的管理机构，负责制定中国域名的设置、分配和管理的政策和办法；选择、授权或撤销顶级与二级域名的管理单位；监督、检查各级域名注册服务情况。CNNIC作为一个非营利性机构，根据《办法》制定《实施细则》，并负责管理和运行中国顶级域名.cn。

CNNIC建立了一套我国非诉讼域名争议解决制度，指定中国国际贸易促进委员会仲裁委员会(China International Economic and Trade Arbitration Commission，CIETAC)为提供域名争议解决的服务机构，公布了《中文域名争议解决办法》和《域名争议解决程序规则》。总体上讲，上述两个文件的指导思想、基本原则、主要做法等与ICANN的文件相似，但也带有一些自身的特点。

(1) 域名争议由CNNIC认可的争议解决机构受理解决，争议解决机构实行专家组负责争议解决的制度。专家组由1名或3名掌握互联网络及相关法律知识，具备较高职业道德，

第8章 网络知识产权的法律保护

能够独立并中立地对域名争议作出裁决的专家组成。专家组根据投诉人和被投诉人提供的证据及争议涉及的事实，对争议进行裁决。专家组认定投诉成立的，应当裁决注销已经注册的域名，或者裁决将注册域名转移给投诉人。专家组认定投诉不成立的，应当裁决驳回投诉。

（2）符合下列条件的，投诉应当得到支持。

① 被投诉的域名与投诉人享有民事权益的名称或者标志相同，具有足以导致混淆的近似性。

② 被投诉的域名持有人对域名或者其主要部分不享有合法权益。

③ 被投诉的域名持有人对域名的注册或者使用具有恶意。

（3）被投诉的域名持有人具有下列情形之一的，其行为构成恶意注册或者使用域名。

① 注册或者受让域名是为了出售、出租或者以其他方式转让该域名，以获取不正当利益。

② 多次将他人享有合法权益的名称或者标志注册为自己的域名，以阻止他人以域名的形式在互联网上使用其享有合法权益的名称或者标志。

③ 注册或者受让域名是为了损害投诉人的声誉，破坏投诉人正常的业务活动，或者混淆与投诉人之间的区别，误导公众。

④ 其他恶意的情形。

（4）提出投诉之前，争议解决程序进行中，或者专家组作出裁决后，投诉人或者被投诉人均可以就同一争议向 CNNIC 所在地的中国法院提起诉讼，或者基于协议提请中国仲裁机构仲裁。

（5）争议解决机构裁决注销域名或者裁决将域名转移给投诉人的，自裁决公布之日起满 10 日的，域名注册服务机构予以执行。但被投诉人自裁决公布之日起 10 日内提供有效证据证明有管辖权的司法机关或者仲裁机构已经受理相关争议的，争议解决机构的裁决暂停执行。对于暂停执行的争议解决机构的裁决，域名注册服务机构视情况做以下处理。

① 有证据表明，争议双方已经达成和解的，执行和解协议。

② 有证据表明，有关起诉或者仲裁申请已经被驳回或撤回的，执行争议解决机构的裁决。

③ 有关司法机关或者仲裁机构作出裁判，且已发生法律效力的，执行该裁判。

2. 域名争议诉讼的法律适用

根据《民法通则》《中华人民共和国反不正当竞争法》（以下简称《反不正当竞争法》）和《中华人民共和国民事诉讼法》（以下简称《民事诉讼法》）等法律的规定，最高人民法院于 2001 年 7 月公布了《关于审理涉及计算机网络域名民事纠纷案件适用法律若干问题的解释》（以下简称《审理域名纠纷案解释》）。《审理域名纠纷案解释》规定如下。

（1）对于涉及计算机网络域名注册、使用等行为的民事纠纷，当事人向人民法院提起诉讼，经审查符合规定的，人民法院应当受理。

（2）涉及域名的侵权纠纷案件，由侵权行为地或者被告住所地的中级人民法院管辖。对难以确定侵权行为地和被告住所地的，原告发现该域名的计算机终端等设备所在地可以视为侵权行为地。

（3）涉外域名纠纷案件包括当事人一方或者双方是外国人、无国籍人、外国企业或组织、国际组织，或者域名注册地在外国的域名纠纷案件。在中华人民共和国领域内发生的涉外域名纠纷案件，依照《民事诉讼法》第四编的规定确定管辖。

（4）人民法院审理域名纠纷案件，对符合以下各项条件的，应当认定被告注册、使用域名等行为构成侵权或者不正当竞争。

① 原告请求保护的民事权益合法有效。

② 被告域名或其主要部分构成对原告驰名商标的复制、模仿、翻译或音译；或者与原告的注册商标、域名等相同或近似，足以造成相关公众的误认。

③ 被告对该域名或其主要部分不享有权益，也无注册、使用该域名的正当理由。

④ 被告对该域名的注册、使用具有恶意。

（5）被告的行为被证明具有下列情形之一的，人民法院应当认定其具有恶意。

① 为商业目的将他人驰名商标注册为域名的。

② 为商业目的注册、使用与原告的注册商标、域名等相同或近似的域名，故意造成与原告提供的产品、服务或者原告网站的混淆，误导网络用户访问其网站或其他在线站点的。

③ 曾要约高价出售、出租或者以其他方式转让该域名获取不正当利益的。

④ 注册域名后自己并不使用也未准备使用，而有意阻止权利人注册该域名的。

⑤ 具有其他恶意情形的。

被告举证证明在纠纷发生前其所持有的域名已经获得一定的知名度，且能与原告的注册商标、域名等相区别，或者具有其他情形足以证明其不具有恶意的，人民法院可以不认定被告具有恶意。

（6）人民法院审理域名纠纷案件，根据当事人的请求以及案件的具体情况，可以对涉及的注册商标是否驰名依法作出认定。

（7）人民法院在审理域名纠纷案件中，对符合本解释第四条规定的情形，依照有关法律规定构成侵权的，应当适用相应的法律规定；构成不正当竞争的，可以适用《民法通则》第四条、《反不正当竞争法》第二条第 1 款的规定。

（8）民法院认定域名注册、使用等行为构成侵权或者不正当竞争的，可以判令被告停止侵权、注销域名，或者依原告的请求判令由原告注册使用该域名；给权利人造成实际损害的，可以判令被告赔偿损失。

《审理域名纠纷案解释》的公布结束了我国域名争议案件完全无法可依的局面，也是目前域名争议研究中最为重要的参考法律文件，但其同时又有不成熟的一面。该司法解释最突出的问题在于，其只提供了认定"商标侵权或不正当竞争"的概括标准，而未对商标侵权与不正当竞争各自独立的构成要件分别予以细化。

8.5 信息网络传播权的规范与实施

8.5.1 信息网络传播权的概念

信息网络传播权即以有线或者无线方式向公众提供作品，使公众可以在其个人选定的时间和地点获得作品的权利，是我国《著作权法》第十条规定的 16 项著作人身财产权利的一种。

为保护著作权人、表演者、录音录像制作者的信息网络传播权，鼓励有益于社会主义

第 8 章 网络知识产权的法律保护

精神文明、物质文明建设的作品的创作和传播，根据《著作权法》，制定了《信息网络传播权保护条例》。《信息网络传播权保护条例》第二十六条规定："信息网络传播权，是指以有线或者无线方式向公众提供作品、表演或者录音录像制品，使公众可以在其个人选定的时间和地点获得作品、表演或者录音录像制品的权利。"

【法律法规】

8.5.2 信息网络传播权的权利内容

信息网络传播权的权利内容包括两类：一是作品的网络传播权；二是许可权和获得报酬权。

1. 作品的网络传播权

1）网络上传权

上传指将数字化转变之后的作品传输到网络服务器的硬盘上，以致可以被网络服务器上的用户访问。

2）网络公开展览权

作品的网络公开展览指当数字化作品被上载到具体网站的网络浏览器硬盘后，网站通过网络服务器公开展示该数字化作品的行为。

3）网络下载权

作品被上载到网站的网络服务器上并经公开展览后，网络用户可以将该作品下载到自己的计算机随机存储器上形成临时的复制件，供在线阅读，或者下载至自己的计算机硬盘上形成永久的复制件，供随时阅读。

2. 许可权和获得报酬权

许可权，指任何组织和个人通过信息网络向公众提供他人的作品、表演、录音录像制品，应当取得权利人的许可。

获酬权，通过信息网络向公众提供他人的作品、表演、录音录像制品，应当向权利人支付报酬。对于报酬权，虽然可以在许可协议中明确报酬条款，但控制作品的使用和获得报酬是著作权的主要经济权利，获酬权法定化更能有力地保护权利人的经济权利。

8.5.3 信息网络传播权的限制

世界各国的著作权法律制度中都规定有权利限制的内容。
信息网络传播权限制的方式包括以下两种。

1. 合理使用

合理使用指在法律规定的情形、条件下，不必征得著作权人的同意或许可，也不必向其支付报酬的基于正当目的而使用他人著作权作品的行为。它是法律在赋予著作权人专有权利的同时，对权利人最主要也是最模糊的限制。

2. 法定许可

法定许可，指根据法律的直接规定，以特定的方式使用他人已经发表的作品，可以不经著作权人许可，但应向著作权人支付报酬的制度。

173

《网络传播权保护条例》在立法时考虑到网络环境的特殊性,规定了以下两种法定许可的情形。

1) 制作课件的法定许可

为通过信息网络实施九年制义务教育或者国家教育规划,可以不经著作权人许可,使用其已经发表作品的片断或者短小的文字作品、音乐作品或者单幅的美术作品、摄影作品制作课件,由制作课件或者依法取得课件的远程教育机构通过信息网络向注册学生提供,但应当向著作权人支付报酬。

2) 扶助贫困的法定许可

为扶助贫困,通过信息网络向农村地区的公众免费提供中国公民、法人或者其他组织已经发表的种植养殖、防病治病、防灾减灾等与扶助贫困有关的作品和适应基本文化需求的作品,网络服务提供者应当在提供前公告拟提供的作品及其作者、拟支付报酬的标准。自公告之日起30日内,著作权人不同意提供的,网络服务提供者不得提供其作品;自公告之日起30日内,著作权人没有异议的,网络服务提供者可以提供其作品,并按照公告的标准向著作权人支付报酬。网络服务提供者提供著作人的作品后,著作权人不同意提供的,网络服务提供者应当立即删除著作权人的作品,并按照公告的标准向著作权人支付提供作品期间的报酬。依照前款规定提供作品的,不得直接或者间接获得经济利益。

8.5.4 信息网络传播权的侵权免责

我国《信息网络传播权保护条例》(以下简称《条例》)第二十条、第二十一条、第二十二条和第二十三条分别规定了对提供接入服务或者传输服务、系统缓存服务、信息存储空间服务及搜索或者链接服务这4种网络服务提供者的免责。

1. 网络自动接入或者传输服务提供者的免责

(1) 网络服务提供者根据服务对象的指令提供网络自动接入服务,或者对服务对象提供的作品、表演、录音录像制品提供自动传输服务,并具备下列条件的,不承担赔偿责任。

(2) 未选择并且未改变所传输的作品、表演、录音录像制品。

(3) 向指定的服务对象提供该作品、表演、录音录像制品,并防止指定的服务对象以外的其他人获得。

2. 网络系统缓存服务提供者的免责

对于网络服务提供商的网络传输暂存/缓存技术的应用,条例也有豁免性的规定。《条例》第二十一条规定:网络服务提供者为提高网络传输效率,自动存储从其他网络服务提供者获得的作品、表演、录音录像制品,根据技术安排自动向服务对象提供,并具备下列条件的不承担赔偿责任。

(1) 未改变自动存储的作品、表演、录音录像制品。

(2) 不影响提供作品、表演、录音录像制品的原网络服务提供者掌握服务对象获取该作品、表演、录音录像制品的情况。

(3) 在原网络服务提供者修改、删除或者屏蔽该作品、表演、录音录像制品时,根据技术安排自动予以修改、删除或者屏蔽。

第 8 章　网络知识产权的法律保护

3. 网络信息存储空间服务提供者的免责

网络服务提供者为服务对象提供信息存储空间，供服务对象通过信息网络向公众提供作品、表演、录音录像制品，并具备下列条件的，不承担赔偿责任。

（1）明确标示该信息存储空间是为服务对象所提供，并公开网络服务提供者的名称、联系人、网络地址。

（2）未改变服务对象所提供的作品、表演、录音录像制品。

（3）不知道也没有合理的理由应当知道服务对象提供的作品、表演、录音录像制品侵权。

（4）未从服务对象提供作品、表演、录音录像制品中直接获得经济利益。

（5）在接到权利人的通知书后，根据本条例规定删除权利人认为侵权的作品、表演、录音录像制品。

4. 网络搜索或者链接服务提供者的免责

《信息网络传播权保护条例》明确了搜索引擎应当承担的责任，以搜索引擎存在过错为前提。《信息网络传播权保护条例》第二十三条规定：网络服务提供者为服务对象提供搜索或者链接服务，在接到权利人的通知书后，根据本条例规定断开与侵权的作品、表演、录音录像制品的链接的，不承担赔偿责任；但是，明知或者应知所链接的作品、表演、录音录像制品侵权的，应当承担共同侵权责任。

本 章 小 结

网络知识产权指在网络环境下，人们就其智力创造的具有创新性的数字信息成果依法享有的专有的、排他的独占权。网络著作权指在计算机网络上出现的文学、艺术和科学作品的著作权。网络管理者可以视为在网络环境下产生的新型著作权主体。网络上著作权的客体为网络作品。网络接入服务提供商在链接他人网站中因对网络信息内容、不具备编辑信息内容、不具备编辑控制能力，对信息内容合法性没有监控义务，网络内容服务提供商由于对网络信息内容具有一定的编辑控制能力，因此在明知侵权行为发生或经著作权合法所有人提出确有证据的警告后，负有实施移除侵权内容等措施以停止侵权内容继续传播的义务。工业产权是发明专利、实用新型、外观设计、商标的所有权的统称。专利权的主体指依法能够申请并获得专利权的人。所谓专利权客体，指专利权人的权利和义务所指向的对象，就是依法取得专利权的发明创造。域名指域名所有人拥有的用于计算机定位和身份识别的网络地址。域名的法律特征包括标志性、唯一性和排他性。国际上一般根据《IAHC 报告》、美国的《域名白皮书》和《WIPO 最终报告》的原则对网络域名权进行规范。

经典案例

"滴滴"商标权纠纷案

睿驰公司是"嘀嘀"和"滴滴"文字商标的权利人，核定服务项目为第 38 类和第 35 类，前者包括

175

信息传送、计算机辅助信息和图像传送等，后者包括商业管理、组织咨询、替他人推销等。睿驰公司认为小桔公司经营的"滴滴打车"（最初为"嘀嘀打车"）在服务软件程序端显著标注"滴滴"字样，服务内容为借助移动互联网及软件客户端，采集信息进行后台处理、选择、调度和对接，使司乘双方可以通过手机中的网络地图确认对方位置，联系并及时完成服务，属于典型的通信服务，还同时涉及替出租车司机推销、进行商业管理和信息传递等性质的服务，与睿驰公司注册商标核定的服务内容存在重合，侵犯其注册商标专用权，要求小桔公司停止使用该名称，并公开消除影响。

小桔公司辩称，其对"滴滴"文字和出租车卡通图标的组合使用与原告商标类别不同，服务的性质不属于原告注册的两类商标，应属于第39类运输类服务，包括为客户提供运输信息和运输经纪、信息处理、交易保障、信用管理等后台服务。"滴滴打车"作为一款应用程序软件确实利用了电信和移动互联网等通信方式的便利，但其是互联网和电信服务的使用者，并非提供者。

法院经审理认为，从标识本身看，"滴滴打车"服务使用的图文组合标识具有较强的显著性，与睿驰公司的文字商标区别明显。从服务类别的相似度看，睿驰公司列举的"滴滴打车"服务过程中的相关商业行为，或为小桔公司针对行业特点采用的经营手段，或为该公司对自身经营采取的正常管理方式，与第35类商标针对的由服务企业对商业企业提供经营管理的帮助等内容并非同类，以具有商业管理性确定涉案商标覆盖范围的性质，不符合该类商标分类的本意。第38类电信服务设定范围和内容主要为直接向用户提供与电信相关的技术支持类服务，"滴滴打车"平台需要对信息进行处理后发送给目标人群，并为对接双方提供对方的电话号码便于相互联络，上述行为并不直接提供电信技术支持类服务，在服务方式、对象和内容上均与原告商标核定使用的项目区别明显，不构成相同或类似服务。

睿驰公司所称其商标涵盖的电信和商务两类商标特点，均非小桔公司服务的主要特征，而是运行方式以及商业性质的共性。此外，睿驰公司商标的批准时间均晚于小桔公司图文标识的使用时间。综上所述，法院认为小桔公司对"滴滴打车"图文标识的使用，未侵犯睿驰公司的注册商标专用权，判决驳回睿驰公司的全部诉讼请求。

【典型意义】

本案争议的主要焦点在于"滴滴打车"服务过程中包含的通信手段和其经营行为具有"商业性""管理性"的内容，与睿驰公司注册的商标类别中的某些内容相近，是否构成侵权使用。在发展迅速的互联网经济下，传统行业开始借助移动互联和通信工具等开发移动应用程序，在此基础上对传统行业进行整合，发展不同于传统行业的新型产业模式。

"滴滴打车"项目即属此类，其通过移动互联网技术，改变传统的打车方式，开发新型网络智能叫车系统，迅速有效地对接司乘双方的需求，提高打车效率，短期内业务发展迅速。在这种背景下，划分商品和服务类别，不应仅因其形式上使用了基于互联网和移动通信业务产生的应用程序，就机械地将其归为此类服务，而应从服务的整体进行综合性判断，不能将网络和通信服务的使用者与提供者混为一谈。此案体现了法官对"互联网＋"背景下商标分类制度相关问题的思考。

（资料来源：中关村导刊）

自　测　题

一、单项选择题

1. 知识产权主要包括（　　）。
　　A. 商标权　　　　　　　　　　　　B. 专利权
　　C. 商标权、专利权、版权　　　　　D. 注册商标
2. 百度文库里作品的著作权属于（　　）。

第8章 网络知识产权的法律保护

  A. 百度文库   B. 上传者
  C. 作品持有人   D. 作者

3. 下列不属于恶意注册或者使用域名的情形是（　　）。
  A. 注册或受让域名的目的是向竞争对手转让该域名以获取利益
  B. 多次将他人享有合法权益的名称或者标志注册为自己的域名
  C. 注册或者受让域名是为了破坏竞争对手正常的业务活动
  D. 拥有在先权利的注册者和其他拥有商标权等在先权利的注册者竞争注册商标

二、名词解释

1. 著作权
2. 版权保护技术措施
3. 权利管理信息
4. 工业产权
5. 信息网络传播权

三、简答题

1. 试比较网络著作权与传统著作权的异同。
2. 商标侵权的主要表现形式包括哪些？
3. 简述域名盗用行为的一般构成要件。
4. 信息网络传播权限制的方式包括哪些？
5. 简述网络信息存储空间服务提供者的信息传播权侵权免责条件。

四、论述题

论述域名权的国内外法律保护。

五、案例讨论

  原告拍摄了许多美国西部的照片。这些照片有的放在原告的网站上，有的放在其授权的网站上。被告是搜索引擎经营商，该搜索引擎是以小的图片形式来显示搜索结果，被告通过采用链接和视框技术展示原告完整图片，用户通过单击任何一个被称为"拇指"的小图片，就可以看到一个和原来的图片一样大的图片，被告在展示图片的网页上还注明该图片的来源。当原告发现他的照片是被告搜索引擎图片数据库的一部分时，向法院提起了侵权之诉。

  被告对图片是否构成合理使用？法院将如何审理？

第9章 网络游戏中的法律问题

🔸 教学目标

通过本章内容的学习,应掌握网络游戏中的虚拟财产和私服、外挂法律问题的相关内容,理解虚拟财产、私服和外挂的概念内涵、法律性质及制裁与保护,掌握网络游戏立法等相关法律问题。

🔸 教学要求

知识要点	能力要求	相关知识
网络游戏中的虚拟财产权	(1) 正确理解网络游戏虚拟财产的含义、特征及法律属性 (2) 运用基本原理对网络虚拟财产侵权案例进行分析	(1) 网络游戏虚拟财产的含义 (2) 网络虚拟财产的法律性质 (3) 网络虚拟财产侵权的法律保护 (4) 网络游戏虚拟货币的行政监管
网络游戏中的私服与外挂	(1) 了解网络游戏中"私服"的相关法律问题 (2) 了解网络游戏中"外挂"的相关法律问题	(1) "私服"的概念及法律性质 (2) "私服"的法律制裁 (3) "外挂"的含义、分类及法律性质 (4) "外挂"的法律制裁
网络游戏权利的法律保护制度	了解我国网络游戏权利的法律保护制度的建立	(1) 加强网络游戏产品内容审查 (2) 网络游戏立法 (3) 网络游戏市场的执法

第 9 章　网络游戏中的法律问题

 案例导航

征途私服网络游戏侵权案

2011 年 3 月，黑龙江省版权局接到上海巨人网络科技有限公司举报，反映双鸭山地区有人违法架设网络游戏软件《征途》私服，使其著作权受到不法侵害。随后黑龙江省版权局立即组织相关部门开展调查取证工作。

经查明，被告人刘某、杨某以营利为目的，未经《征途》网络游戏著作权人上海巨人网络科技有限公司授权，通过互联网非法取得《征途》网络游戏服务端盗版程序、游戏源代码，针对游戏进行情节、名称改动，先后租用美国、韩国服务器，通过网络私服宣传平台发布广告，招募玩家进行游戏，并向玩家出售装备获利，利用网上支付平台收取钱款。自 2008 年 7 月至 2011 年 3 月 15 日，私服注册会员达 1.3 万余人，非法经营额 40 余万元，非法所得达 28.5 万元。黑龙江省双鸭山市岭东区人民法院认定其行为已构成侵犯著作权罪并依法作出判决，以侵犯著作权罪判处被告人刘某有期徒刑 3 年；判处被告人杨某有期徒刑 2 年，缓刑 2 年；共处罚金 32.5 万元。

（资料来源：新浪网游戏频道）

9.1　网络游戏中的虚拟财产权

9.1.1　网络游戏虚拟财产的概念与特征

网络游戏就是网络电子游戏，即利用传输控制协议/因特网互联协议（Transmission Control Protocol/Internet Protocol，TCP/IP）、互联网分组交换协议（Internetwork Packet Exchange Protocol，IPX）、用户数据报协议（User Datagram Protocol，UDP）等协议，通过直接电缆、局域网及广域网等网络中介进行的，显示于不同终端的，供单人或者多人同时或者同步进行的电子游戏。

从是否纳入交易领域的角度，可以将网络游戏虚拟财产分为广义和狭义两个层面。广义的网络游戏虚拟财产，指一切存在于网络游戏虚拟空间内的虚拟物品，包括 ID（identity，身份标识号码）、虚拟货币、虚拟装备、虚拟动植物等；狭义的网络游戏虚拟财产，指具备现实交易价值的网络游戏虚拟物品，仅包括那些网络游戏玩家可以通过支付费用取得并可通过交易获取现实财产价值的网络游戏虚拟物。网络虚拟社会既包含与现实社会关系具有法律意义联系的虚拟财产，也包含与现实社会关系不具有法律意义联系的虚拟财产。而虚拟财产能成为受法律保护的客体是因为在虚拟世界与现实世界的交流中，它已成为现实世界中社会关系的客体。因此，狭义的网络游戏虚拟财产才是法律真正要保护的对象。

一般认为，网络游戏虚拟财产具备以下 4 个特征。

（1）虚拟性。网络游戏虚拟财产是存在于虚拟世界中的财产，其模仿现实世界财产却与现实世界财产有所不同。网络游戏虚拟财产在本质上体现为存储在游戏服务器上的电磁记录。当作为虚拟财产的载体时，电磁记录至少包含 3 个方面的内容：其一是表示虚拟财产本身的数据；其二是表示虚拟财产所属的网络游戏虚拟环境的数据；其三是表示虚拟财产与网络游戏用户互动情况的数据。网络游戏客户端技术对虚拟财产的表示分为 3 层：物理层、数据层和应用层。

（2）稀缺性。网络游戏虚拟财产是游戏开发商编写的程序，是计算机的一组数据。网

络游戏中的"装备""宝物"等不能被随意地创造或复制,其数量是有限的,在某种程度上具有稀缺性。

(3) 价值性。玩家通过支付网费、购买游戏点卡等形式花费了大量的金钱和精力,并在网络游戏中获得一定的虚拟财产。在这个过程中,游戏玩家付出了劳动,所获得的虚拟财产具有价值。另外,虚拟财产满足了玩家的兴趣,使玩家得到了感官上的需求和精神上的刺激并获得一种成就感。因此,虚拟财产又具有使用价值。

(4) 依附性和时限性。虚拟财产存在于网络游戏运营过程中,存在于特定的网络环境中,随着网络游戏运营过程的起始、发展、终止而出现、变化和消亡。不同网络游戏中的虚拟财产不能通用或直接交换,网络游戏停止运营将使网络游戏用户无法继续拥有其中的虚拟财产。

9.1.2 网络游戏虚拟财产的法律性质

目前,学者对于网络虚拟财产法律性质的讨论见仁见智,从否定和肯定虚拟财产的财产性两个方面均有论述。

认为虚拟财产不是财产,即不具有财产性的学者大致有以下理由。

(1) 玩家在网络游戏中获得的诸如武器、护甲、金币、宠物等完全是虚构的,其实只是保存在运营商服务器中,并被反复读写的电子资料。各种网络游戏中的宝物和点数只在特定游戏中才会有意义,其本身不具有价值,在实际生活中并没有意义,它本身是不存在的,不能算做法律意义上的财产。

(2) 虚拟财产既不是由玩家的劳动创造的,也不是玩家通过劳动获得的,因此不具有价值性。网络游戏是一种纯粹的娱乐休闲活动,而不是经济学意义上产生价值的劳动,虚拟财产早就存在于游戏之中,玩到一定阶段自然会出现。对于游戏过程中的财产投入,如上网费等,是为游戏和娱乐而投入,而不是为虚拟财产而投入。

与否定说针锋相对,更多的学者承认网络游戏虚拟财产的价值属性,认为虚拟财产是具有财产性属性的对象物。

(1) 虚拟财产真实存在。虚拟财产之"虚拟"并不意味着它是网络中虚构的财产,也不代表财产的法律性质是虚幻的,而只是表明这种财产是与传统意义上的财产形态有所区别的,是一类无形财产,是真实的。

(2) 虚拟财产是劳动所得。虚拟财产的获得,主要是通过个人的劳动,同时存在伴随性财产投入。其中,个人劳动主要是投入一定时间和精力的脑力劳动,是通过适应网络游戏的操作,不断解决网络游戏中的难题与任务,积累经验与熟练度等条件,最终获得虚拟财产成果的过程。另外,有一种现象已经引起注意,即如今网络游戏的用户群体已经发生分化,除了出于娱乐目的参与其中的普通玩家,还出现了专门为这些玩家提供游戏服务特别是虚拟财产供应服务的"职业玩家",其目的是营利,换言之就是价值的实现。职业玩家的游戏活动的实质已经不再是休闲娱乐,而是劳动。

(3) 虚拟财产具有价值。玩家在游戏规则的范围内通过特定游戏活动满足各种条件以获取虚拟财物,这些虚拟身份和财物已不只是单纯的记录数据,而具备了一定的价值意义。另外,在当今信息化、网络化的生活中,人们的各种在线活动所产生的数据普遍被认为是有价值的。因此,如果说网络游戏中的虚拟财产是数据而认为它没有价值是不恰当的。

（4）虚拟财产可控制。虚拟财产是可控制的，可以排他享有。网络世界没有疆界、不可独占，但是储存于其中的数据、网页、网站等则是可独占的。而人们控制虚拟财产，识别自己在网络游戏中获得的虚拟物品，是凭借账号来实现的。

编者认为，虚拟物是玩家享有的债权凭证，且具有一定的物权化倾向。从玩家与运营商之间因虚拟物产生的权利义务关系看，虚拟物涉及债权。这时，虚拟物体现为债权的虚拟凭证，这里说"虚拟凭证"，是相对于支票、债券等"实体凭证"而言的。从玩家正常加入一款游戏开始，玩家和运营商之间就存在服务合同关系。玩家通过支付对价（包括在游戏中的时间、精力投入，或者通过离线的现金交易）获得虚拟物。玩家支付对价（甚至直接支付一定数额的金钱）后，运营商提供相应的服务。玩家在游戏中持有虚拟物的实质是获得了可以要求运营商提供相应服务（乃至金钱）的凭证。

虽然从玩家与运营商之间的权利义务关系来看，虚拟财产主要体现为债权的虚拟凭证，但在其他情况下，虚拟物又具有一定的物权化倾向。这主要表现在以下两个方面：第一，在服务合同存续期间，玩家对虚拟物的权利具有"对世权"的特征，其权利可以对抗包括网络游戏运营商在内的不特定人的侵害，包括偷盗、欺诈、删除等妨碍玩家主张合法债权的非法行为；第二，玩家享有自由转让虚拟物的权利，无须通知提供相应服务的债务人，即网络游戏运营商。作为债务人的游戏运营商根据该虚拟物的当前归属和状态提供相应服务而无须关心控制该物的玩家的变更，这既符合运营商运营游戏的目的，又可以适应现实中与日俱增的网络游戏虚拟物的交易量。

9.1.3　网络游戏虚拟财产侵权的法律保护

1. 民法角度的保护

我国相关的民事法律规范在保护公民私有财产方面已经比较完备，但关键问题是对虚拟财产是否属于财产的范畴，缺乏明确的法律认定。这是导致实践中许多虚拟财产侵害案不能得到有效解决的根本原因。由于网络游戏虚拟财产的特殊属性，仅仅依据《合同法》或者《中华人民共和国消费者权益保护法》（以下简称《消保法》）难以完全保护虚拟财产，依据《计算机信息网络国际互联网安全保护管理办法》又受到保护范围的限制。从这一角度而言，目前最有效的也是最需采取的措施就是，通过司法解释将虚拟财产纳入保护范围。《民法通则》第七十五条第一款规定："公民的个人财产，包括公民的合法收入、房屋、储蓄、生活用品、文物、图书资料、林木、牲畜和法律允许公民所有的生产资料以及其他的合法财产。"该条款没有涉及网络虚拟财产，因为在《民法通则》制定之时尚无所谓的网络虚拟财产。目前条件下，在相关法律制定之前，可以考虑出台有关法律解释，对"其他的合法财产"做扩大解释，将网络虚拟财产包括到"其他的合法财产"之中，同时明确网络虚拟财产的保护范围，为将来单独立法做准备。

2. 刑法角度的保护

对网络游戏虚拟财产的性质作出法律上的认定，为刑法范围内对虚拟财产的保护提供了基础。从这一角度看虚拟财产的保护，主要可以借鉴我国台湾地区的经验：对于严重侵害玩家利益、危害社会的行为，可以适用《刑法》中诸如"非法入侵计算机信息系统罪""破坏计算机信息系统罪"等罪名。我国台湾地区，在最近通过的刑法修正案新增了"妨害电脑使用罪"。我国台湾地区法学理论界认为,从网络游戏中"虚拟货币"与"虚拟装备"所具有的财产价值来看,窃取在线游戏的"金钱"与"装备"的行为,已经与窃取真实世界的财产无异,因此可以毫无疑问地以盗窃罪论处。

虚拟财产保护在现实中存在诸多不成熟的条件,使在网络游戏虚拟财产纠纷中的受害方往往找不到切实可行的保护方式,因而产生大量私力救济的状况。然而,私力救济的方式可能会存在某些极端的方式。例如,使用非法的外挂、利用黑客技术等将虚拟财产夺回,甚至有些会寻求对在现实世界中的相关人员的报复。这些私力救济的方式显然不利于网络游戏的健康环境和网络虚拟世界的安宁,在这种现实情况下,增加刑事立法应对虚拟空间中的违法犯罪行为的功能是必要的。因此,从刑法立法上,对虚拟财产确立有效的法律保护体系,尤其是对侵犯虚拟财产的行为引入传统侵犯财产犯罪的条款加以惩治,不仅可以对持有网络游戏虚拟财产玩家提供应有的法律保护,也是刑事立法随着时代进步而自我完善的应有举措,并且可以减少私力救济所造成的不利影响。

随着网络时代的到来,抢劫行为的对象不仅局限于传统意义上的实体财物,抢劫网络游戏中的"虚拟宠物""武器装备"等虚拟财产也同样构成犯罪。然而,由于对网络游戏虚拟财产的性质没有作出明确的法律规定,法院的判决不免缺乏坚实的基础。因此,不仅需要从根本上明确规定网络游戏虚拟财产的性质,而且需要从刑法理论上思考关于虚拟财产的保护体系问题,并及时修正刑法传统理论关于财产存在形式的学说,规范网络游戏虚拟财产的保护。

9.1.4 网络游戏虚拟货币的行政监管

为了保护网络游戏运行的良好的宏观环境,中华人民共和国文化部、商务部于2009年发出了《文化部、商务部关于加强网络游戏虚拟货币管理工作的通知》(以下简称《通知》)。

1.《通知》以规范性行政法律文件的形式,在我国首次明确了网络游戏虚拟货币的概念

网络游戏虚拟货币指由网络游戏营企业发行,游戏用户使用法定货币按一定比例直接或间接购买,存在于游戏程序之外,以电磁记录方式存储于网络游戏运营企业提供的服务器内,并以特定数字单位表现的一种虚拟兑换工具。网络游戏虚拟货币用于兑换发行企业所提供的指定范围、指定时间内的网络游戏服务,表现为网络游戏的预付充值卡、预付金额或点数等形式,但不包括游戏活动中获得的游戏道具。

这一定义把网络游戏虚拟货币定性为虚拟兑换工具,而不具备一般等价物的职能。因而,网络游戏虚拟货币的使用范围仅限于兑换发行企业自身所提供的虚拟服务,不得用以支付、购买实物产品或兑换其他企业的任何产品和服务,进而防范网络游戏虚拟货币对现实金融秩序可能造成的冲击。

与此同时,《通知》所定义的网络游戏虚拟货币不涉及网络游戏内的虚拟道具,如角色服饰、游戏币、武器道具等,明确了网络游戏虚拟货币的适用范围,对当前网络游戏虚拟货币与游戏内的虚拟道具从管理实践角度做了区分。

2.《通知》对从事网络游戏虚拟货币发行和交易服务的企业的行为和责任进行了规范

《通知》在网络游戏经营许可中细化了"网络游戏虚拟货币发行服务"和"网络游戏

第9章　网络游戏中的法律问题

虚拟货币交易服务"两项业务，规定了从事这两项业务的企业申报程序，对从事相关服务的企业设立施行审批制，这些企业需经相应的主管部门批准后方可经营。

网络游戏运营企业不支持网络游戏虚拟货币交易的，应采取技术措施禁止网络游戏虚拟货币在用户账户之间的转移功能。

网络游戏虚拟货币交易服务企业要建立违法交易责任追究制度和技术措施，严格甄别交易信息的真伪，禁止违法交易。在明知网络游戏虚拟货币为非法获取或接到举报并核实的，应及时删除虚假交易信息和终止提供交易服务。

《通知》在用户权益保障方面明确了企业责任。用户在网络游戏虚拟货币的使用过程中出现纠纷的，在用户出示与所注册的身份信息相一致的个人有效身份证件的情况下，网络游戏运营企业在核实用户身份后，应提供网络游戏虚拟货币充值和转移记录，按照申诉处理程序处理。用户合法权益受到侵害时，网络游戏运营企业应积极协助进行取证和协调解决。在终止服务时，对于用户已经购买但尚未使用的虚拟货币，网络游戏运营企业必须以法定货币方式或用户接受的其他方式退还用户。

同时，网络游戏虚拟货币交易服务企业在提供网络游戏虚拟货币相关交易服务时，须规定出售方用户使用有效身份证件进行实名注册，并绑定与注册信息一致的境内银行账户，保留用户间的相关交易记录和账务记录。

9.2　网络游戏中的私服与外挂

9.2.1　网络游戏中的私服

1. "私服"的概念及其现状

违法的"私服"行为指未经版权所有者的授权直接窃取或通过破坏他人设置的技术保护措施等手段非法获取他人的网络游戏软件，自行架设服务器，并取代网络游戏运营商在其服务器上运行所获取的该网络游戏的服务器端程序，以牟取经济利益的侵犯著作权的行为。

随着网络游戏技术的进步，互联网的开放式环境很快就打破了原有的点对点式的固定结构，再加上黑客技术的进步及服务器源代码的泄露等问题的发生，开启了"私服"出现的大门。一方面，"私服"不但破坏了游戏公平性，缩短了游戏寿命，而且在广大游戏者中刺激了投机取巧的心理，助长了"海盗式"的社会文化；另一方面，"私服"侵蚀了网络游戏运营企业的正常利润，造成用户的大量流失，使一些网络游戏运营企业不能正常运作，最后甚至不得不放弃经营或破产倒闭，从而对这一新兴产业的成长壮大构成威胁。最严重的是，这一行为侵害了网络游戏开发者的知识产权和权利人的合法权益，阻碍了网络游戏的研究与开发，从根本上破坏了网络游戏产业的发展。

 经典案例

辽宁省沈阳市中级人民法院终审判决全国最大网游私服侵权案

【拓展案例】

近日，辽宁省沈阳市中级人民法院终审判决全国最大网游侵权案。法院以侵犯著作权罪判处唐某等23名被告人缓刑，并处3万元至150万元不等的罚金。

法院经审理查明，唐某2007年注册成立盘锦久网公司，相继招聘陈某等人从事经营活动。2010年，唐某注册成立辽宁久网公司。自2008年起，唐某为张某开设的"真爱网络"、张某某开设的"红玫瑰网络"（均未经注册）开办"传奇"私服一条龙服务，在运营侵犯盛大公司《热血传奇》游戏著作权的盗版网络游戏的情况下，为盗版《热血传奇》游戏的运营商提供支付平台、服务器的租赁、代收费、费用结算服务业务，从中牟取非法利益。

经鉴定，"真爱网络"下线"传奇"私服运营商通过盘锦久网支付平台结算非法经营额387万余元，从中获取违法所得26万余元；"真爱网络数据中心"通过给"传奇"私服运营商提供一条龙服务，违法所得60万余元。"红玫瑰网络"非法经营额582万余元，从中获取违法所得28万余元；"红玫瑰网络"通过给"传奇"私服运营商提供一条龙服务，违法所得4 000余元。

23名被告人年纪都不大，最小的只有23岁。他们中虽然多数人只有中专或初中文化，一些人甚至仅为小学毕业，但不乏网络技术的高手。

法院认为，辽宁久网公司、盘锦久网公司及唐某等人侵犯了盛大公司的著作权，且非法经营额、非法获利额特别巨大，其行为均已构成侵犯著作权罪，系共同犯罪。

鉴于辽宁久网公司、盘锦久网公司、唐某、张某、张某某分别与被害单位达成赔偿协议，其他被告人也分别退赔非法所得，取得被害单位谅解，所以均应予以从轻处罚。

另外5名被告人在案发后分别到公安机关投案，并且如实供述所犯罪行，系自首，也应当予以从轻处罚。

经审理，法院作出一审判决：辽宁久网网络科技发展有限公司、盘锦久网通信网络有限公司犯侵犯著作权罪，分别处罚金200万元；被告人唐某犯侵犯著作权罪，判处有期徒刑三年，缓刑五年，并处罚金150万元；其他22名被告人也都被判处缓刑，并处3万元到90万元不等的罚金。

2. "私服"的法律性质

"私服"在法律性质上是通过互联网的环境所实施的，源于非法占有的侵犯著作权行为。而视其情节轻重，可能由一般的违法侵权行为转化为犯罪行为。

（1）"私服"是一种未经权利人授权或是许可的赢利行为，因而是一种侵犯著作权的行为。未经网络游戏著作权人的授权或许可，通过非法的手段获取了该软件程序，并为了牟利而将其在提供服务的过程中加以使用，显然是对著作权的侵害。

（2）"私服"是一种源于非法占有的侵犯著作权的行为。"私服"行为人所实施的侵权行为主要源于通过非法的手段获取了权利人所有的网络游戏服务器端软件程序，在现实中，这种非法获取权利人软件程序的行为又主要是通过避开了权利人为保护其著作权而设置的技术措施而实现的，抑或破坏了权利人为保护其著作权而设置的技术措施而实现的。

（3）"私服"是通过互联网的环境所实施的侵犯著作权的行为。"私服"行为源于互联网技术的进步和普及，是在互联网的特定环境条件下兴起，并且借助于互联网而迅速发展壮大起来的。

（4）"私服"因为其情节而可能由侵权行为转化为犯罪行为。为了进一步强化知识产权保护，加大对于侵权行为的打击力度，充分发挥法律特别是刑事法律作为调整社会关系的锐利工具的有效性和威慑力，我国在《刑法》中增设了关于网络犯罪的条款，原本只作为侵权认定而予以行政制裁或民事制裁的"私服"行为，当其情节严重到符合法定条件时，便由侵权行为转化为犯罪行为而受到严厉的刑事制裁。

3. "私服"的法律制裁

"私服"在法律性质上属于侵犯著作权行为，我国传统上对侵犯著作权的法律保护仅

第9章 网络游戏中的法律问题

限于民事法律保护和行政法律保护。由于网络游戏的"私服"中所存在的丰厚经济利益，诱使侵权行为人铤而走险，而民事和行政法律对"私服"的处罚力度与其预期收益不成比例，因而导致"私服"的法律成本较低，通过传统民事和行政法律无法对私设服务器的行为构成法律威慑。

我国对著作权的法律保护经历了一个从民事保护到刑事保护的演进过程。国务院于1994年7月5日发布的《全国人民代表大会常务委员会关于惩治侵犯著作权的犯罪的决定》（以下简称《决定》）开始将著作权纳入刑法保护的范围。《决定》规定了著作权犯罪，为惩治侵犯著作权的犯罪提供了法律根据。1997年《刑法》的修订，则进一步完善了对著作权的刑法保护，《刑法》在分则第三章"破坏社会主义市场经济秩序罪"中规定了两种有关著作权方面的罪名：侵犯著作权罪（《刑法》第二百一十七条）和销售侵权复制品罪（《刑法》第二百一十八条）。且两种犯罪的构成都必须"以营利为目的"。由于近些年数字网络技术的发展，借助网络技术复制、传播他人的作品变得非常简单，所耗成本也很小，不"以营利为目的"的侵犯著作权的行为也大量发生。对此，我国《刑法》的规定已略显滞后。

真正对数字网络明确予以刑事保护的，则始于2001年10月27日修正的《中华人民共和国著作权法》（以下简称《著作权法》）第四十七条。根据该条款，可能构成犯罪的侵权行为包括未经著作权及其邻接权人许可通过信息网络向公众传播其作品、表演、录音录像制品，故意避开或者破坏权利人为其作品、录音录像制品等采取的技术措施；故意删除或者改变作品、录音录像制品等的权利管理电子信息的。这是我国至今为止对信息网络侵权刑事保护最完善的规定。同时根据该法第三条规定，这里"作品"的外延包括"计算机软件"。

另外，有两个行政法规涉及数字网络的刑事保护，即《计算机软件保护条例》和《信息网络传播权保护条例》。前者在第二十四条计算机软件刑事保护方面采取了和上述《著作权法》第四十七条同样的表述。后者则对软件以外的著作权及其邻接权作品、制品实施了保护，第十八条列举了5种可能构成犯罪的侵权行为，第十九条规定了另外3种情形。但这两个行政法规均没有对侵犯著作权犯罪所应具备的条件和构成要件作出具体阐述，而笼统地以"触犯刑律的，依法追究刑事责任"所概括。这意味着，上述列举的情形只是构成侵权犯罪的可能性，并非所有的行为都会构成犯罪，只有那些符合刑法确定要件的才受到刑事处罚。因此问题又须回到刑法对侵犯著作权罪、销售侵权复制品罪的认定上。

同时，为弥补我国《刑法》在保护侵犯著作权犯罪方面的不足，最高人民法院和最高人民检察院也下发一些司法解释来指导侵权犯罪的调查和审判。自2004年12月22日起施行的《最高人民法院、最高人民检察院关于办理侵犯知识产权刑事案件具体应用法律若干问题的解释》是围绕数字网络犯罪所做的第一个司法解释。根据该解释第十一条，通过信息网络向公众传播他人文字作品、音乐、电影、电视、录像作品、计算机软件及其他作品的行为，应当视为《刑法》第二百一十七条规定的"复制发行"。这对廓清法律概念、指导司法实践具有重大意义。自2005年10月18日起施行的《最高人民法院、最高人民检察院关于办理侵犯著作权刑事案件中涉及录音录像制品有关问题的批复》认定，未经录音录像制作者许可，通过信息网络传播其制作的录音录像制品的行为，应当视为《刑法》

第二百一十七条第(三)项规定的"复制发行"。于 2007 年 4 月 4 日通过《最高人民法院、最高人民检察院关于办理侵犯知识产权刑事案件具体应用法律若干问题的解释(二)》，进一步降低了侵犯著作权犯罪的门槛，同时也统一了单位犯罪与个人犯罪的定罪量刑标准。

上述这些法律规定与司法解释虽然为惩治侵犯著作权的犯罪提供了法律依据，但从司法实践来看，有关信息网络环境下侵犯著作权及其邻接权犯罪的规定过于概括，条文内容不尽充分。"从严格意义上来讲，我国没有具体针对该领域犯罪的刑事规定，至今所有的司法解释都是侵犯著作权罪一般意义上的延伸。"再加上侵犯著作权行为本身的复杂性，以及数字技术的新发展等因素，可供使用的法律规范的贫乏就给司法适用造成了一定的困难。

在司法实践中，也存在"私服"的刑事侵权难以界定，以及网络著作权的司法鉴定机制尚在探索阶段等突出问题。

实践中面对网游侵权犯罪的隐蔽性、复杂性特点，网络游戏所有者或运营商若走诉讼途径，通常会面临取证难、耗时长的问题。企业要公安机关立案，必须提供涉嫌构成犯罪的初始证据才可以立案。但这非常困难，通常只能通过工商行政管理机关以行政执法的手段到犯罪嫌疑单位取得相关证据后再移送公安机关立案追究刑事责任。同时，目前的《中华人民共和国刑事诉讼法》（以下简称《刑事诉讼法》）也没有赋予权利人有效的诉前保全措施，如证据保全、临时机密等。

同时，《刑法》中对于侵犯著作权犯罪要求行为人的行为达到"情节严重""数额较大"等程度才构成犯罪，对于上述标准的具体确定则多依赖于最高人民法院和最高人民检察院的司法解释，但解释的出台往往有滞后性。另外，《刑法》和有关的司法解释在涉及知识产权犯罪的定罪量刑的金额标准上，存在"非法经营额""销售金额""违法所得额"和"直接经济损失"4 个概念。而这些概念的内涵和外延是不同的，具体如何界定，问题还很多，并且这种多种金额标准并存的规定也不尽科学。类似这些不明确标准，造成了司法机关在办案中往往难以把握案件性质，也影响了案件办理的效果。

网络游戏"私服"行为是否构成侵犯著作权罪，关键看是否有证据支持其在"研发"网络游戏时，复制了游戏程序源代码中能够自成体系的部分。如果复制了游戏程序源代码中能够自成体系的部分，则构成侵犯著作权罪。如果仅仅抄袭了源代码中的部分内容，但该部分内容不能构成相对完整的作品，这种抄袭虽然属于侵犯软件作品著作权的行为，但不属于侵犯著作权罪的实行行为，"复制"他人作品的行为不应构成侵犯著作权罪。但事实上，对于这些新形态的文化作品，如何判定侵权也是标准不一，版权利益界定不明。

9.2.2 网络游戏中的外挂

1. 外挂的含义

外挂指某些人利用自己的电脑技术专门针对一个或多个网络游戏，通过改变网络游戏软件的部分程序，制作而成的作弊程序。从技术上来说，外挂是一种游戏外辅程序，是一种模拟键盘和鼠标运动的程序，可以协助玩家自动产生游戏动作、修改游戏网络数据包及修改游戏内存数据等，以实现玩家用最少的时间和金钱完成升级。

软件外挂属于计算机软件的一种，具备计算机软件的所有特征，是附属于主软件但又对主软件在界面、功能和性能上的增强或者削弱。例如，当用户使用浏览器在因特网上浏览网页时，如果网页中有多媒体档案，如 Flash 文件，这时就必须为浏览器安装可在线播放 Flash 文件的外挂程序——Adobe 公司出品的 Adobe Flash ActiveX 软件，这样才能顺利看到动画效果。如果没有安装外挂程序，也不会影响到主程序(如浏览器)的正常运行。

一般来说，外挂具有附属性的法律特征。外挂必须附属于主软件程序。如果没有相应的主软件的存在，那么外挂软件就无法单独执行指令化的命令序列。虽然有些外挂在表现形式上可以在计算机系统里单独运行，如仅在某一台计算机里运行就可以向服务器端发送数据，但实际上该外挂并没有脱离主软件(服务器端与客户端都视其为主软件的一部分)而运行。单独地运行外挂，而不与主软件发生联系是没有任何外挂意义的。

2. 外挂的分类

按照不同的划分标准，可对外挂进行以下 4 种分类。

(1) 外挂以是否合法为标准进行分类，可以分为合法外挂和非法外挂。外挂属于计算机软件的一种，其本身属于一个相对独立的著作权载体。因此，片面地认为凡是外挂就都是非法的是错误的。要认定外挂软件是否合法，依旧需要根据民事侵权行为的成立条件或者刑事案件的犯罪构成进行认定，这主要有 3 个方面。①社会危害性。"社会危害性不仅是犯罪的本质特征，而且贯穿于犯罪构成，也是刑事责任的基础，也可以说是刑法学的核心。"社会危害性是追究刑事责任的依据，外挂软件的运行也不例外。②主观过错性。外挂软件的制作人在制作、分发外挂过程中必须具备主观过错，如果在制作外挂时无法预见外挂会对主软件产生危害，那么也不能认定为非法外挂行为。③因果关系。对主软件造成的危害与外挂软件的运行有直接因果关系。

(2) 以是否由网络游戏"官方"提供为标准进行分类，可以将外挂分为官方外挂和非官方外挂。官方外挂指由游戏开发商、运营商或代理商提供或授权提供的游戏外挂。非官方外挂指除了官方外挂以外的所有外挂。只有非官方外挂才可能成为网络游戏运营商的打击对象。

(3) 以是否突破网络游戏规则为标准进行分类，可以将外挂分为良性外挂和恶性外挂。良性外挂指对游戏的影响不超过游戏对玩家的限制的外挂，包括模拟点击型外挂、一部分练级外挂(如只是将练级操作自动化的外挂)及一部分辅助型外挂(如在网游客户端中增加图形显示条来表示一些原本以数字方式显示的值)等。恶性外挂指对游戏的影响超过游戏对玩家的限制的外挂，这些外挂可能实现的功能包括复制虚拟物、强制虚拟物交易、超负重负载、锁定生命值、超限制瞬间移动和变速器等。

这里对外挂的良性、恶性分类并不以法律上合法与否为标准，而是从外挂对游戏的影响程度和性质的不同、游戏本身的角度来分类。网络游戏运营商通常会封杀使用恶性外挂的玩家的账号，但对于使用良性外挂的情况，应该与使用恶性外挂的情况区别处理。

(4) 以是否独立于游戏客户端和所用开发技术为标准进行分类。首先，按是否独立于游戏客户端为标准，可将外挂分为两大类：依附于游戏客户端的外挂和可独立于游戏客户端运行的外挂。然后，对第一大类，即依附于游戏客户端的外挂，再按所用开发技术为标准，可细分为 3 类：直接模拟鼠标或键盘动作、分析并修改游戏数据及代码、拦截游戏封包。①直接模拟鼠标或键盘动作。这类程序本身并非针对网络游戏而开发，适用于一切响应键盘和鼠标消息并有图形界面的程序。这类外挂的典型代表是"按键精灵"。②分析并修改游戏数据及代码。目前的外挂普遍使用此类技术，一般是将外挂注入游戏程序，修改游戏的数据和代码来实现各种功能。③拦截游戏封包。主要有3种方式可以实现游戏封包的拦截：代理服务器方式、应用程序编程接口（Application Programming Interface，API）钩子方式和串行外设接口（Serial Peripheral Interface，SPI）方式。

目前我国存在的外挂中，有90%属于分析并修改游戏数据及代码、拦截游戏封包或者两者混合技术开发的产物。

3. 外挂的法律性质

与"私服"一样，开发非法外挂的行为属于知识产权侵权范畴的侵权行为，侵犯了著作权人的著作权和著作邻接权，情节严重的可以从民事违法行为转化为犯罪行为。

1）非法外挂是侵犯著作修改权的侵权行为

网络游戏的服务器端程序、客户端程序及其运行生成的各种静态和动态数据、指令构成了计算机程序的整体，网络游戏著作权在此意义上受到保护。外挂则是通过影响这一闭合环境运行来实现其功能。

外挂行为侵害的是网络游戏著作权人的权利，具体地讲，侵害的是修改权。修改权首先具有人格性，网络游戏属于智力创作作品，是思想的表达，修改权的规定体现了对人格尊严和人格利益的关怀。

另外，网络游戏所具有的软件功能性使用的事实使软件修改权与《著作权法》规定的其他作品修改权有所不同，即可以许可使用和转让，并有权获得报酬，具有经济属性。可见，修改权是网络游戏著作权人一项重要的权利，兼有精神和经济双重属性，对软件著作权人的权利保护并据此获得合法利益具有重要意义。

《计算机软件保护条例》第八条规定，修改权指对软件进行增补、删节，或者改变指令、语句顺序的权利。从修改权的法定含义来看，外挂修改网络游戏程序的代码、数据，无疑属于增补、删节，或者改变网络游戏程序的指令、语句顺序的情形，构成了修改权侵害。

而对于基本不修改程序代码、数据，挂接到网络游戏运行的外挂，从修改权的法定含义来看，增补是修改行为的一种。所谓增补，第一层含义是对网络游戏本身程序的指令、数据的增加补充；第二层含义是对整体网络游戏组织、结构、功能的破坏。网络游戏是由服务器端程序、客户端程序及相关指令、数据构成的整体，此整体是网络游戏开发者关于软件组织、结构、功能思想的完整表达，是一个闭合的软件环境。外挂的进入修改了这种表达，增补了网络游戏软件的"功能"，即外挂对修改权的第二种侵害形式。当然，这种侵害要构成对著作权人修改权损害才能得到法律上的否定评价，这种评价标准来源于修改权的合理限制。

2）非法外挂是对著作邻接权的侵权行为

邻接权指网络游戏运营商运营网络游戏的合法性来自网络游戏软件的著作权许可使用用，并基于此对网络游戏进行传播。网络游戏软件的著作权许可使用是通过信息网络向公众提供软件。网络游戏运营商获得网络游戏的许可使用权不是发行、出租或者通过信息网络提供软件复制品的权利，更不是一种最终用户的权利，而是一种传播者权利。这种传播是一个投入劳动和资金的过程，网络游戏运营商需要架设服务器端，并在公共网络环境下对用户参与的网络游戏运行过程进行组织、管理、维护，这是网络游戏功能性和商业性运行的要求，也是网络游戏著作权人权利实现的基础。离开了运营商，网络游戏软件实现不了其价值。因此，网络游戏被许可使用人在传播网络游戏过程中扮演了创造劳动成果的角色，与出版者、表演者、录音录像制作者、广播电台、电视台等"邻接权"人相当。

侵害邻接权和侵害修改权所应承担的民事责任不同，法规明确规定了网络游戏著作权人的修改权，而侵害邻接权则没有法律的明确规定。与侵害修改权相比较而言，其内涵和外延没有法律条文予以明晰。因此，一方面应当肯定对邻接权的保护；另一方面应当考虑到邻接权的不确定性，而须加以限制，以维护外挂行为人正常的行为预期。基于此，应当以"故意"作为外挂行为人承担侵权责任的过错要件内容，只有外挂行为人基于故意的心理状态下实施侵害行为的，才能认为其应当承担侵权责任。

4. 外挂的法律制裁

非法外挂的行为因其侵犯了修改权和邻接权，须在民事责任范畴内承担损害赔偿责任。但是如果该行为具有严重的社会危害性和刑事违法性，则应依法承担刑事责任。

首先，从损害赔偿责任的角度而言，目前网络游戏的经营模式主要是"点卡"方式。用户在购买一定金额的"点卡"后登录网络，运行网络游戏运营商提供的客户端程序，在网络游戏的虚拟世界中进行活动。网络游戏运营商根据约定的计费方法定时定期对用户"点卡"上的点数或包月卡上的天数进行扣除。在用户点卡上的金额扣完后，用户需要对"点卡"充值才能继续进行网络游戏。外挂程序的使用一般可以通过不同的方式加速用户的游戏进度，如通过外挂不断补充能量、轻易获取原本需更长游戏时间才能得到的分值、虚拟物品或者轻松晋级等。无疑，网络游戏用户通过外挂程序的使用，打破了网络游戏的平衡设置，省下了"点卡"上的金钱，而这些金钱是正常网络游戏状态下权利人的预期利润。可见，权利人的实际损失是可得利益的未增加，而这种可得利益的未增加是基于外挂行为对修改权和邻接权的侵害，即两者之间具有相当因果关系。

在考虑损害赔偿时，有一些外挂行为是应排除在外的。例如，一些网络游戏需要用户不停地重复动作来增加"能量值"或者"经验值"，如通过不停地点击鼠标来"砍树"，以获得"装备"。模拟点击类外挂可以按照一定的规律向服务器端发送模拟的鼠标点击移动信息，使客户端程序认为用户在操作，从而帮助用户摆脱点击鼠标和敲打键盘的重复工作。这些外挂行为只是外挂程序取代了用户的人工点击操作，虽然从法理上讲侵害了修改权和邻接权，但造成的损害微小。对于外挂行为造成的损害属于"微额"情况的，应当作出不列入损害赔偿的法律评价。

其次，从依法承担刑事责任的角度而言，一般来说，对某一行为是否动用刑罚手段加以规制，需要考查该行为是否具有严重的社会危害性和刑事违法性，二者缺一不可。

非法外挂行为的严重社会危害性可从以下两个方面来认识。第一，从著作权人、运营商和消费者的角度看，外挂的泛滥会导致以下危害后果：服务器核心数据损坏或丢失；增加运行成本；破坏游戏平衡，导致用户流失。第二，从国家信息产业的长远发展看，外挂会增加产业发展成本。外挂的出现对运营商利益的破坏是显而易见的，其必然要花费一定力量遏止和打击外挂行为，而这项工作的投入量非常大，这就会牵制其提高运营能力及技术开发，整个产业的开发能力将因此受到影响；并且因为其所提供的服务质量难以保证，也会引发消费者对整个网络行业的不信任。此外，外挂还会破坏信息网络安全，包括可能安装或携带病毒程序、盗取用户的计算机信息资料、侵犯他人的虚拟财产等，目前已在社会上产生了恶劣影响。

综上所述，有必要对非法外挂行为予以刑法规制。虽然《刑法》分则条文中没有关于规制外挂的直接规定，但不能据此认为对其予以刑罚处罚就当然地违反"罪刑法定原则"。"罪刑法定原则"要求罪和刑都有《刑法》明文规定，如果《刑法》并未明确规定要处罚某一行为，则无论该行为的危害性有多严重，都不能予以刑罚处罚。但是判断某一危害行为是否具有刑事违法性，不能仅仅局限于《刑法》条文字面上有无直接对应的罪名或罪状描述，而应当从行为的实质上分析有无完全符合的犯罪构成。只要某种危害行为齐备了《刑法》规定的某一犯罪的全部构成要件，原则上就应当依此犯罪进行处罚，这样才能既不违背"罪刑法定原则"，又可以充分发挥《刑法》的社会保护功能。

根据《最高人民法院关于审理非法出版物刑事案件具体应用法律若干问题的解释》第十一条规定："违反国家规定，出版、印刷、复制、发行本解释第一条至第十条规定以外的其他严重危害社会秩序和扰乱市场秩序的非法出版物，情节严重的，依照刑法第二百二十五条第(三)项的规定，以非法经营罪定罪处罚。"制作外挂的行为，应属于上述司法解释中所说的违反国家规定，出版、印刷、复制、发行其他严重危害社会秩序和扰乱市场秩序的非法出版物行为。因此，从定罪来看，外挂制作者应当属于触犯非法经营罪的情形。

9.3　网络游戏权利的法律保护制度

9.3.1　加强网络游戏产品内容审查

网络游戏政策法律主要集中于对网络游戏产品的游戏内容和市场准入的规范，其中比较重要的是《文化部关于加强网络游戏产品内容审查工作的通知》，对进口网络游戏产品实行内容审查制度。审查范围包括进口游戏产品版权贸易或运营代理协议(中、外文文本)、原始版权证明书、版权授权书副本或复印件，以及游戏中全部对白、旁白、描述性文字和游戏主题曲、插曲的歌词文本(中、外文文本)在内的多种内容的实质性审查。文化部为此专门设立了进口游戏产品内容审查委员会为常设机构。该通知标志着进口网络游戏的版权授权等知识产权问题已成为主管机关注意的对象，网络游戏市场规范制定进入了新的阶段。

【拓展视频】

9.3.2　网络游戏立法

网络游戏产业的立法要遵循市场主导的原则，在适应市场需求变化、遵循市场规律的同时，加强市场监督，规范市场行为，理顺市场秩序，通过经济杠杆和竞争机制，有效地配置社会各方面的资源，提高经济效益。网络游戏是信息资源开发利用和信息技术应用及信息网络更加紧密结合的产物，在探索、制定和健全网络游戏相关政策法规时，应考虑：①宏观规划与具体产业政策的关系；②划分产业链条与引导投资方向的关系；③文化导向和消费市场培育的关系；④公平秩序与平衡利益的关系。保护消费者就是保护市场，维护消费者的权利就是维护游戏的生存。这应体现在用户数据保护中，体现在用户纠纷解决中。

第9章　网络游戏中的法律问题

9.3.3　网络游戏市场的执法

目前，我国尚没有专门的法律条文对网络游戏类纠纷加以明确规范。但在美国、韩国等地，这一领域的立法工作已被逐渐重视。我国文化部、信息产业部、国家工商行政管理总局、公安部等部门近来展开行动，将外挂的治理纳入整顿规范市场经济秩序和"扫黄"、"打非"的部署，坚决予以打击。但是，也有玩家提出，如今外挂泛滥，大面积打击必然流失大量客户，对游戏市场也有沉重打击。

本 章 小 结

网络游戏就是网络电子游戏，即利用 TCP/IP、IPX、UDP 等协议，通过直接电缆、局域网及广域网等网络中介进行的，显示于不同终端的，供单人或者多人同时或者同步进行的电子游戏。随着网络游戏在我国的进一步发展，与其相关的私设服务器(私服)、外挂程序(外挂)、网络虚拟财产的法律保护及网络游戏立法等相关法律问题日益成为人们关注的焦点问题，亟待进一步予以解决。本章围绕私服、外挂和网络游戏中的虚拟财产这3个热点问题，分别从概念内涵、法律性质及制裁与保护的角度予以进行分析，最后对网络游戏立法等相关法律问题进行了阐述。

经典案例

案例一

《恶魔的幻影》(又名《传奇三代》，又称传奇3)是经新闻出版总署审查批准引进，由中国大百科全书出版社出版，中国广州光通通信发展有限公司(以下简称"光通公司")运营的网络游戏出版物，光通公司是我国内地《恶魔的幻影》游戏的唯一合法运营商。《恶魔的幻影》软件由服务器端程序和客户端程序组成，其软件部分和动画形象部分分别属于我国《著作权法》所保护的计算机软件作品和美术作品。

2004年6月起，被告人谈某未经授权或许可而组织他人与其共同采用跟踪软件动态的方法跟踪《恶魔的幻影》客户端运行，又用 IDA 软件静态分析该客户端，最终用反汇编语言将客户端程序全部反汇编从而获悉《恶魔的幻影》软件的数据结构，在破译《恶魔的幻影》游戏服务器端与客户端之间经过加密的用于通信和交换数据的特定通信协议的基础上，研发出"007传奇3外挂"计算机软件(以下简称"007外挂软件")。007外挂软件在运行时，能绕过客户端程序经加密的静态文件，直接对《恶魔的幻影》客户端程序在内存中的动态表现形式进行修改，并调用《恶魔的幻影》所使用的大量函数，使007外挂软件功能添加到《恶魔的幻影》运行过程之中。即使消费者不再亲自操控游戏，该外挂软件也能使处于在线状态的游戏一直进行下去，从而使该软件的消费者在游戏能力上取得了明显的优势地位，包括更容易、更快地升级或过关等。

之后，谈某又伙同被告人刘某、沈某设立了"007智能外挂网"网站(www.wg1818.com)和"闪电外挂门户"网站(www.wgdoor.com)，上传007外挂软件和《恶魔的幻影》动画形象，向游戏消费者进行宣传并提供下载服务，并向游戏消费者零售和向零售商批发销售007外挂软件点卡，游戏消费者及零售商向其网站上公布的在北京市海淀区、昌平区等银行开设的名为"王亿梅"的账户汇入相应价款后，即可获取点卡。其中，刘某负责外挂软件销售，沈某负责网站日常维护。2005年1月，北京市版权局强行关闭上述网站并将网络服务器查扣之后，谈某等人另行租用网络服务器，在恢复开通"闪电外挂门户"网站的基础上，先后设立"零零发：传奇3智能外挂"网站(www.wg0008.com)和"超人外挂"网站

(www.wg8888.com),继续宣传其陆续研发的"008 传奇 3 外挂"计算机软件(以下简称 008 外挂软件)、"超人传奇 3 外挂"计算机软件,提供上述软件的下载服务,并使用恢复开通的"闪电外挂门户"网站销售上述两种外挂软件的点卡,销售收入仍汇入名为"王亿梅"的账户。2005 年 9 月,谈某、刘某、沈某通过信息网络等方式经营上述外挂软件的金额达人民币 2 817 187.5 元。

针对以上事实,北京市海淀区人民检察院以被告人谈某、刘某、沈某犯侵犯著作权罪向法院提起公诉。

北京市海淀区人民法院经审理后认为,公诉机关指控被告人谈某等人的行为构成侵犯著作权罪有误,现有证据只能证明涉案外挂软件在运行中突破了《恶魔的幻影》游戏软件的技术保护措施并修改数据和调用函数,这一结论并不等同于"复制发行";被告人谈某、刘某、沈某以赢利为目的,未经批准,开展经营性互联网信息服务,违反国家出版管理规定,利用互联网站开展非法互联网出版活动,依照《最高人民法院关于审理非法出版物刑事案件具体应用法律若干问题的解释》第 15 条规定,应以非法经营罪定罪处罚。据此,于 2007 年 2 月 9 日以非法经营罪分别判处谈某有期徒刑 2 年 6 个月,罚金人民币 5 万元;判处刘某有期徒刑 2 年,缓刑 3 年,罚金人民币 3 万元;判处沈某有期徒刑 1 年 6 个月,罚金人民币 3 万元。

一审宣判后,北京市海淀区人民检察院以原判定性错误,导致量刑畸轻为由提出抗诉。北京市人民检察院第一分院支持抗诉,但认为一审判决的定性正确,适用《最高人民法院关于审理非法出版物刑事案件具体应用法律若干问题的解释》第十五条错误,本案涉案外挂程序软件是《最高人民法院关于审理非法出版物刑事案件具体应用法律若干问题的解释》第十一条规定的其他严重危害社会秩序和扰乱市场秩序的非法出版物,被告人的行为构成非法经营罪,因其情节特别严重,应在 5 年以上量刑。

北京市第一中级人民法院经审理后认为,本案涉案的外挂软件不仅存在出版发行的程序违法问题,其内容也被有关规定禁止,属于《最高人民法院关于审理非法出版物刑事案件具体应用法律若干问题的解释》第十一条所规定的严重危害社会秩序和扰乱市场秩序的非法出版物。一审判决定罪准确,但适用法律有误,量刑不当,应予纠正。原审被告人谈某、刘某、沈某违反国家规定,利用互联网站出版发行非法出版物,严重危害社会秩序和扰乱市场秩序,其行为均已构成非法经营罪,且犯罪情节特别严重。谈某为共同犯罪的起意人及主要行为人,在共同犯罪中起主要作用,系主犯;刘某、沈某为销售及网络维护人员,在共同犯罪中起次要作用,系从犯,可对二人依法减轻处罚并宣告缓刑。据此,于 2007 年 8 月 9 日以非法经营罪改判谈某有期徒刑 6 年,罚金人民币 50 万元;改判刘某有期徒刑 3 年,缓刑 4 年,罚金人民币 10 万元;改判沈某有期徒刑 2 年,缓刑 3 年,罚金人民币 10 万元。

(资料来源:于同志. 网络游戏"外挂"的认定与处罚[J]. 政法论丛,2008(6))

案例二

2012 年 8 月,哈尔滨市公安局网安支队在对哈尔滨联通 IDC 机房检查时,发现有多台服务器未按规定到公安机关进行备案。经查,搭建在上述服务器上运行的是一款名为《逐鹿中原》的网络游戏,而该游戏的所有权属于黑龙江省大庆纳奇网络科技有限公司。经过询问,纳奇公司并未授权该服务器运行此游戏。为了将事实查清,哈尔滨市公安局网安支队立即与哈尔滨市版权部门进行了沟通。经中国版权保护中心对上述服务器搭建的网络游戏进行鉴定,发现该私服游戏中的人物设定、人物装备、游戏情节、登录方式等环节高度模仿《逐鹿中原》网络游戏,构成侵犯大庆纳奇网络科技有限公司著作权。

鉴于此案涉嫌侵权情节严重,也为了有效保护地方刚刚成长起来的知识产权企业,哈尔滨市文化和新闻出版局与市网安支队等办案单位立即组成联合专案组,开展案件侦查。最终锁定居住在大庆市大同区的范某有重大嫌疑。侦查员扩大线索,顺藤摸瓜,将 4 名涉案犯罪嫌疑人全部抓获归案,且查明涉案金额近百万元。此案审理中,法院认为,被告人范某和富某以营利为目的,未经许可,经营他人享有著作权的网络游戏,违法所得数额巨大,均已构成侵犯著作权罪。

第9章 网络游戏中的法律问题

自 测 题

一、单项选择题

1. 虚拟财产不包括（　　）。
   A. 虚拟货币　　　　　　　　　　B. 虚拟装备
   C. 虚拟充值点卡　　　　　　　　D. 虚拟动植物
2. "私服"在法律性质上属于（　　）。
   A. 侵犯债权行为　　　　　　　　B. 侵犯物权行为
   C. 侵犯著作权行为　　　　　　　D. 合法行为
3. 保护网络游戏权利的法律措施不包括（　　）。
   A. 加强网络游戏产品内容审查　　B. 网络游戏市场的执法
   C. 网络游戏立法　　　　　　　　D. 设置网络游戏防沉溺机制

二、简答题

1. 网络游戏中的虚拟财产的特征有哪些？
2. 如何对网络游戏中虚拟财产进行保护？
3. 什么是"私服"？"私服"泛滥的原因有哪些？
4. 简要论述外挂的法律性质。

三、论述题

试述网络游戏中虚拟财产的法律属性。

四、案例讨论

甲在一款大型多人在线网络游戏中的账户密码被盗，无法再次登录账号，游戏装备也已丢失。于是甲向该游戏客服申诉，客服经调查认为甲未看管好账户密码而导致装备被盗，因而拒绝恢复其游戏装备。

该游戏客服是否应当恢复甲的游戏装备？为什么？

第10章 电子商务市场秩序规制

教学目标

通过本章内容的学习,掌握组成电子商务市场秩序规制的以下内容:电子商务不正当竞争的法律规制、电子商务的反垄断法律问题、网络广告及其法律规制、电子商务消费者权益的保护及电子商务的行业管理。

教学要求

知识要点	能力要求	相关知识
电子商务不正当竞争的法律规制	(1) 能够正确理解电子商务不正当竞争的特点与种类 (2) 能够正确理解电子商务不正当竞争的法律规制	(1) 不正当竞争的法律内涵 (2) 电子商务不正当竞争的特点 (3) 电子商务中的主体混同行为及其法律规制 (4) 电子商务中的商誉侵权及其法律规制 (5) 电子商务中的域名抢注及其法律规制 (6) 电子商务中的侵犯商业秘密及其法律规制
电子商务的反垄断法律问题	(1) 了解电子商务中的垄断行为 (2) 理解电子商务中滥用市场支配地位、经营者集中和限制竞争的法律规制	(1) 垄断行为的法律内涵 (2) 电子商务中滥用市场支配地位的法律规制 (3) 经营者集中的法律规制 (4) 限制竞争的法律规制
网络广告及其法律规制	(1) 了解网络广告的概念与特点 (2) 理解虚假网络广告及网络广告的不正当竞争	(1) 网络广告的概念及特点 (2) 网络虚假广告的特征及手段 (3) 网络广告的监管
电子商务消费者权益的保护	(1) 了解电子商务消费者权益的特点 (2) 掌握电子商务消费者权益的法律保护	(1) 电子商务消费者的权利 (2) 电子商务中消费者权益受损的主要表现 (3) 电子商务消费者权益的法律保护
电子商务的行业管理	(1) 能够掌握网络服务提供商、网络内容服务提供商和电子商务经营者的管理 (2) 了解我国加入WTO与电子商务市场	(1) 网络服务提供商、网络内容服务提供商和电子商务经营者的管理 (2) 我国加入WTO与电子商务市场

第10章 电子商务市场秩序规制

案例导航

"搜狗"状告"腾讯"不正当竞争

"搜狗"状告"腾讯"不正当竞争——在用户使用QQ拼音输入法时,利用破坏性技术手段阻止了网络用户同时使用"搜狗拼音输入法"软件,同时对网络用户的输入法排列顺序进行人为干预,使"搜狗拼音输入法"的排序位置始终处于"QQ拼音输入法"之后。

北京市第二中级人民法院已立案受理原告北京搜狗信息服务有限公司、北京搜狗科技发展有限公司诉被告深圳市腾讯计算机系统有限公司(以下简称"腾讯公司")、北京奥蓝德信息科技有限公司(以下简称"奥蓝德公司")不正当竞争一案。

原告起诉称,北京搜狗信息服务有限公司系搜狗网站的所有人,北京搜狗科技发展有限公司拥有"搜狗拼音输入法"软件技术的自主知识产权。被告深圳市腾讯计算机系统有限公司在其网站上以"QQ拼音输入法:最快、最准、最干净;占用系统资源最小,利用最好的算法,最少的损耗,达到最优的性能;包含最新最全的流行词汇,在任何场合均最适合的输入法"等文字,进行引人误解的虚假宣传。用户在下载、使用"QQ拼音输入法"软件的同时,腾讯公司采取诱导、欺骗的方法,利用破坏性技术手段直接删除网络用户终端的"搜狗拼音输入法"软件的快捷方式,客观上阻止了网络用户同时使用"搜狗拼音输入法"软件。此外,用户在同时使用上述两种拼音输入法软件时,腾讯公司还利用破坏性技术手段对网络用户的输入法排列顺序进行人为干预,使"搜狗拼音输入法"的排序位置始终处于"QQ拼音输入法"之后。被告北京奥蓝德信息科技有限公司(简称:奥蓝德公司)的网站作为中国最大的软件销售平台之一,在提供"QQ拼音输入法"软件服务的业务中,客观上进一步扩大了被告腾讯公司的侵权行为程度,与被告腾讯公司构成共同侵权。

(资料来源:常佳宁群.搜狗状告腾讯不正当竞争索赔2 051万[EB/OL].
(2009-06-23).[2011-11-08].http://tech.163.com/09/0623/11/5CG601QE000915BF.html)

该案"搜狗"状告"腾讯"不正当竞争的法律问题所涉及的电子商务不正当竞争的法律规制将在10.1节讲述。

10.1 电子商务不正当竞争的法律规制

10.1.1 电子商务不正当竞争的特点与种类

【拓展视频】

根据《反不正当竞争法》第二条第二款的规定,不正当竞争指经营者违反该法规定,损害其他经营者的合法权益,扰乱社会经济秩序的行为。

1. 电子商务不正当竞争的特点

依据《反不正当竞争法》的规定,电子商务中的不正当竞争具有以下4个特点。

1) 电子商务中的不正当竞争行为的主体是参与电子商务的经营者

《反不正当竞争法》规制的不正当竞争,必须是经营者实施的竞争行为,不包括市场上处于消费地位的民事主体;电子商务中的不正当竞争的主体,必须是参与电子商务的经营者,否则难以在电子商务中实施不正当竞争行为;竞争者两个以上,且往往行业相同或相近,在经济利益上有利害关系。

195

2）电子商务中的不正当竞争所侵害的对象主要是同业经营者的利益

只有同业经营者才对市场存在争夺，任何一个经营者对市场的占领或扩大，就意味着其他同业经营者的市场相应被占领或缩小。竞争的目标在于争夺市场，争取交易机会。

3）电子商务中的不正当竞争行为具有违法性

电子商务中的不正当竞争行为违反了《反不正当竞争法》的规定，既包括违反该法的原则规定，也包括违反该法列举的禁止不正当竞争行为的各种具体规定，还包括违反上述市场交易应当遵循原则的规定。这种行为危害了其他参与电子商务的经营者的合法权益，损害了消费者的合法权益，扰乱了正常的电子商务秩序和社会经济秩序等。

4）电子商务中的不正当竞争行为具有跨国性

电子商务中的不正当竞争也是国际性的。在互联网发展早期就有不少境外公司利用国内企业缺乏"电子商务意识"而抢注了大量知名企业的域名，以此来高价强卖给国内的有关企业。据统计，全球大概有2 000个以上的网站未经国际奥林匹克委员会的授权擅自以其名义进行各种商业活动，为自己牟取私利。

2. 电子商务不正当竞争的种类

【拓展案例】

根据《反不正当竞争法》的规定，下列4项属于电子商务不正当竞争行为。

1）电子商务中的主体混同行为

（1）将他人的注册商标、商号、厂商名称或者知名商品特有的名称、包装、装潢移做自己网页的图标，或者将它们设计为自己网页的一部分，足以使人产生混淆，使访问者误以为是该注册商标、商号、厂商名称或者知名商品特有的名称、包装、装潢之权利人的网页，进而达到引诱网络访问者访问其网站的目的。

（2）在自己网页上将他人的注册商标、商号、厂商名称或者知名商品特有的名称、包装、装潢用做链接标志。有些竞争者运用网页的源代码或关键词搭别人的"便车"，将他人的注册商标、商号、厂商名称或者知名商品特有的名称、包装、装潢埋置在自己网页的源代码中，当消费者使用网上引擎查找他人的注册商标、商号、厂商名称或者知名商品特有的名称、包装、装潢时，行为人的网页就会位居搜索结果的前列。

在美国此类的一起案件中，被告在自己网页上未使用"可见"的原告注册商标，但却将原告的注册商标埋置在其网页的关键词中，只要用户以原告注册商标为主题通过搜索引擎查询原告的信息，都被搜索引擎指引到被告的网页。该案最后由法院下永久性禁令禁止被告的此种"埋设"行为。

2）电子商务中的商誉侵权

（1）运用网络广告贬损他人的商誉。如今，因特网日益成为商家发布商务信息、从事广告宣传的首选方式。很多商家利用网络广告从事不正当竞争，随意贬损他人的商品或服务，对自己的商品或服务则言过其实。

（2）论坛及BBS上的商誉侵权。一是市场主体故意捏造、散布虚伪事实，损害竞争对手的商誉；二是匿名的网络诽谤。互联网是一个充分自由的虚拟空间，网上发表的信息难免存在种种问题。有些信息发布者发布信息只图"一吐为快"，而不顾后果，加之网上信息可以是绝对匿名的，因此在网络上随意散布诋毁他人、损害他人商誉的网络诽谤便成为电子商务中的又一顽疾。

3）电子商务中的侵犯商业秘密

网络环境下侵犯商业秘密在构成要件、行为表现方面与传统意义上的侵犯商业秘密并无二致，只是往往要涉及网络技术上的难题。

4）电子商务中的域名抢注

域名成为电子商务中的识别标志，已被广泛地用做一种商业标记，因而承载了很大的商业价值。部分商家基于网站在发展电子商务中的巨大潜力而纷纷将自己的商标、商号甚至擅自将其他知名企业的商标、商号作为自己的域名使用注册，以吸引尽可能多的消费者，扩大自己在网上的知名度。域名与商标的冲突有两种形式：恶意抢注和巧合雷同。域名恶意抢注判断的标准在"恶意"上，表现为抢注的域名使用了他人知名度较高的商标或商号，抢注的目的有牟利性质。在某些情况下，域名注册人并无抢注的恶意，而是出于自身原因使用了某个域名，造成与他人商标或商号的巧合雷同。

10.1.2 电子商务不正当竞争的法律规制

1. 电子商务中主体混同行为的法律规制

竞争者在电子商务中利用主体混同行为进行不正当竞争，主要以他人的注册商标、商号、厂商名称或者知名商品特有的名称、包装、装潢为对象。在我国目前的立法中，制止电子商务中主体混同行为的法律依据主要有《中华人民共和国商标法》（以下简称《商标法》）、《反不正当竞争法》和商号法律制度。

对电子商务中运用他人商标进行不正当竞争的，商标权人可依照《商标法》向工商行政管理机关申诉或向人民法院起诉。我国新修订后的《商标法》第五十二条列举了侵犯注册商标专用权的行为表现，可以规范网络环境下的商标行为，将他人的注册商标移做自己网页的图标，或者将他人的注册商标设计为自己网页的一部分，足以使人产生混淆。"隐形商标侵权"均应理解为《商标法》第五十二条"（五）给他人的注册商标专用权造成其他损害的"行为。

对电子商务中主体混同行为，依照《反不正当竞争法》申诉或起诉，可作为依据的法律规定主要如下。

第五条规定：经营者不得"（一）假冒他人的注册商标；（二）擅自使用知名商品特有的名称、包装、装潢，或者使用与知名商品近似的名称、包装、装潢，造成和他人的知名商品相混淆，使购买者误认为是该知名商品；（三）擅自使用他人的企业名称或者姓名，使人误认为是他人的商品"。

第九条规定："经营者不得利用广告或者其他方法，对商品的质量、制作成分、性能、用途、生产者、有效期限、产地等作引人误解的虚假宣传。"权利人只要能够证明非法经营者擅自使用了自己的商标、商号、知名商品特有的名称、包装、装潢等，并且在电子商务中足以造成混淆，就可以认定行为人违反了公平、诚实信用的原则及公认的商业道德，是一种扰乱市场秩序的不正当竞争行为，可依照《反不正当竞争法》第二十一条追究非法经营者的法律责任。

2. 电子商务中商誉侵权的法律规制

网络环境下的商誉侵权虽然形式各异，但均有两个构成要件，即侵权人捏造、散布虚假事实和具有损害竞争对手商誉的主观目的。网络用户要特别关注网上自己商誉的保护。一方面,可以通过网络技术对自己商誉的载体,如商标、域名、"锚"、网站名称等,进行技术保护,增设技术密码,减少商誉被侵权的概率;另一方面,当自己的商誉被人侵犯后,要敢于拿起法律武器维护自己的商誉权。《反不正当竞争法》第二条的第一款和第十四条均是解决商誉侵权纠纷的起诉依据。

3. 电子商务中商业秘密侵权的法律规制

根据目前我国的立法情况,在网络环境下保护网络用户的商业秘密,可以采纳多种形式,分别依据不同法律。

一方面,网络用户可以通过订立保密合同或在合同中加入保密条款,对商业秘密进行保护。这是人们普遍采用的一种保护方式。当对方违反合同约定,侵犯了自己的商业秘密时,便可依据《合同法》的有关规定要求对方承担违约责任。信息网络对信息贸易的拓展,向网络用户提出了两个问题:在贸易达成后,如何保证受让方在履约期间和协议期满之后的一定时间,不向外泄露商业秘密;若交易未达成,如何保证对方当事人不使用和不向外泄露商业秘密。这是订立保密协议时需要特别注意的。

另一方面,网络用户可以依据《反不正当竞争法》来保护自己的商业秘密。当自己的商业秘密被人侵犯时,权利人可依据《反不正当竞争法》获得民事和行政保护。该法第二十条规定,凡侵犯商业秘密,给其所有人造成损害的,应当承担损害赔偿责任,权利人可向人民法院提起民事诉讼;该法第二十五条规定,违反本法第十条规定侵犯商业秘密的,监督检查部门应当责令停止违法行为,可以根据情节处以1万元以上10万元以下的罚款。此外,我国《刑法》第二百一十九条还专门规定了侵犯商业秘密罪,必要时,这也将成为网络用户保护自己商业秘密的重要依据。

4. 网络主页上域名抢注及商标侵权的法律规制

首先,鉴于目前域名与商标冲突现象日益严重,商标制度与域名制度又存在立法上的错位,要想尽可能减少域名与商标冲突,促进电子商务的发展,第一位的任务便是宣传、鼓励企业尽快上网,注册自己的域名。

其次,当企业的商标或商号与域名发生冲突时,有两种可尝试的办法加以解决。一是通过域名注册机构解决。当发现本企业的商标或商号被他人注册为域名时,商标权人或商号使用人应及时向域名注册机构提出异议。按照《中国互联网域名管理办法》规定,异议提出后,在确认商标权人有商标专用权之日起30日后,域名服务就会自动停止。二是通过司法机关解决。如果企业有一定知名度的商标与他人的域名发生冲突,商标权人认为他人的域名注册足以在实践中与自己的商标发生混淆而令自己受损,确实侵犯了自己的商标权,可以依据《商标法》或《反不正当竞争法》提起诉讼。以这种方式解决冲突只限于知名商标与域名的冲突。

再次,当企业的商标或商号与他人的域名冲突时,与先注册自己知名商标、商号为域名的当事人协商,索回本属于自己的域名。他人不管是恶意抢注,还是巧合雷同,在不能或不便通过其他途径解决冲突时,通过友好协商致使对手无偿或低价转让其域名都是比较明智的。

最后，明确域名的知识产权地位，依法保护域名。网络用户的域名被人侵犯，应当可以依据《反不正当竞争法》有关"假冒""误导"的条款维护自己的权益。如果域名使用人没有注册商标，或者自己的域名与自己注册的商标不一致，应当尽快将自己的域名作为商标申请注册，这样可以用我国比较完善的商标法律制度弥补域名制度的不完善，以充分维护自己的域名。

10.2 电子商务的反垄断法律问题

10.2.1 电子商务中的垄断行为

【拓展视频】

我国在 2008 年实施的《中华人民共和国反垄断法》（以下简称《反垄断法》）第三条规定了该法中的垄断行为包括经营者达成垄断协议、经营者滥用市场支配地位和具有或者可能具有排除、限制竞争效果的经营者集中。

10.2.2 电子商务中滥用市场支配地位的法律规制

经营者在电子商务商品交易市场中，掠夺性定价、过高价格、拒绝交易和搭售这些滥用市场支配在传统市场中出现的垄断行为也都会在电子商务市场中出现。通过技术歧视，卖方可以增加买方的转换成本，如运用买方熟悉的支付手段或者为卖方制定个性化商品、服务等均可达到锁定客户的目的。

市场支配地位在各国学者的定义与各国的反垄断法中并不相同。美国《谢尔曼法》第二条虽然规定了要对垄断行为进行禁止，但是并没有界定这一概念。1992 年，美国《横向兼并指南》使用了市场力量这一概念，认为市场力量对于卖方而言指在一定时期内有利可图地将其价格保持在竞争水平之上的能力，包括只有一个卖方或者占有市场大多数份额的几个卖方。我国台湾地区《公平交易法》第五条这样定义"独占"："事业在特定市场处于无竞争状态，或具有压倒性优势地位，可排除竞争之能力者。"《反垄断法》第十七条规定，该法所称市场支配地位，指经营者在相关市场内具有能够控制商品价格、数量或者其他交易条件，或者能够阻碍、影响其他经营者进入相关市场能力的市场地位。

虽然不同国家法规中对市场支配地位的定义是不同的，有的国家使用"市场优势地位"或者"市场力量"等来命名，但是其核心特征是相同的，即市场支配地位应该是企业具有限制竞争的能力或者地位，若企业具有某种优势，如技术、资金，但是这种优势尚不足以令企业具有限制竞争的能力，则不能认为企业具有市场支配地位。

《反垄断法》第十八条规定，认定经营者具有市场支配地位，应当依据下列因素。

（1）该经营者在相关市场的市场份额，以及相关市场的竞争状况。

（2）该经营者控制销售市场或者原材料采购市场的能力。

（3）该经营者的财力和技术条件。

（4）其他经营者对该经营者在交易上的依赖程度。

（5）其他经营者进入相关市场的难易程度。

（6）与认定该经营者市场支配地位有关的其他因素。

市场份额也称为市场占有率，是各国反垄断法衡量市场优势地位的一个重要指标。例如，《反垄断法》和我国台湾地区的《公平交易法》中都有以一定市场份额作为判断市场优势地位标准的条款。《反垄断法》第十九条规定，有下列情形之一的，可以推定经营者具有市场支配地位。

（1）一个经营者在相关市场的市场份额达到1/2的。

（2）两个经营者在相关市场的市场份额合计达到2/3的。

（3）3个经营者在相关市场的市场份额合计达到3/4的。

有前款第二项、第三项规定的情形，其中有的经营者市场份额不足1/10的，不应当推定该经营者具有市场支配地位。

10.2.3　经营者集中的法律规制

电子商务中出现的经营者集中，可能是电子商务平台企业本身之间的集中行为，也可能是电子商务商品交易市场中经营者的集中。其中，传统企业在电子商务市场中建立合资企业的行为目前较受关注。企业集中或合并的方式有通过签订合同，通过股权、资产、知识产权取得经营控制权等。

经营者集中主要指企业之间的控制，《反垄断法》所关注的是这种控制是否会限制竞争。《反垄断法》第二十条规定，经营者集中包括以下情形。

（1）经营者合并。

（2）经营者通过取得股权或者资产的方式取得对其他经营者的控制权。

（3）经营者通过合同等方式取得对其他经营者的控制权或者能够对其他经营者施加决定性影响。

我国《反垄断法》第四十八条规定，经营者违反该法规定实施集中的，由国务院反垄断执法机构责令停止实施集中、限期处分股份或者资产、限期转让营业及采取其他必要措施恢复到集中前的状态，可以处50万元以下的罚款。

10.2.4　限制竞争的法律规制

在电子商务环境下，网络支配地位难以形成。一些电子商务市场的参与者会制定规则，去排挤其他的竞争者使用或者共同参与B2B交易平台的建立，此时会使交易平台明显具有限制竞争的特征。如果这个交易平台对竞争来说非常必要，就会导致那些被排挤在外的竞争者丧失可能的商业利益。

限制竞争的法律规制是禁止经营者之间达成旨在排除、限制竞争或者实际上具有排除、限制竞争效果的协议、决定或者其他协同一致的行为。

限制竞争与滥用市场优势地位相比，其共同点在于二者都是垄断行为；不同点是，前者是非结构性垄断行为，而后者为结构性垄断行为，后者的实施主体往往为具有优势地位的单个企业，而前者的实施主体为多个不具备优势地位且多数情况下存在竞争关系的企业。相对于企业合并而言，企业合并为试图获得垄断状态，而限制竞争属于垄断行为。

限制竞争协议可分为企业之间的协议、企业团体（如行业协会）的决议、企业之间的协调行为及知识产权许可协议。限制竞争协议包括以下内容。

（1）统一确定、维持或者变更商品的价格，禁止经营者在向其他经营者提供商品时限制其与第三人交易的价格或其他条件。

(2) 限制商品的生产或者销售数量。
(3) 分割销售市场或者原材料采购市场。
(4) 限制购买或者开发新技术、新设备。
(5) 联合抵制交易。
(6) 其他排除、限制竞争的协议。

10.3 网络广告及其法律规制

10.3.1 网络广告的概念与特点

网络广告，是指通过网站、网页、互联网应用程序等互联网媒介，以文字、图片、音频、视频或者其他形式，直接或者间接地推销商品或者服务的商业广告。根据《互联网广告管理暂行办法》的规定，互联网广告一共包括5种类型。

(1) 推销商品或者服务的含有链接的文字、图片或者视频等形式的广告。
(2) 推销商品或者服务的电子邮件广告。
(3) 推销商品或者服务的付费搜索广告。
(4) 推销商品或者服务的商业性展示中的广告，法律、法规和规章规定经营者应当向消费者提供的信息的展示依照其规定。
(5) 其他通过互联网媒介推销商品或者服务的商业广告。

网络广告既具有传统广告的特点，也有自己的优势，具有传统媒体无法比拟的特点。

1. 广泛性

网络广告传播范围比较广，并且内容详尽。传统广告由于受媒体的时间和版面的限制，其内容只能删繁就简，突出重点；而网络广告则基本不受这样的限制，可以将广告做得十分详尽，以满足想进一步详细了解有关情况的用户的需要。形式多样也是网络广告的广泛性的体现。网络广告的表现形式包括动态影像、文字、声音、图像、表格、动画、三维空间、虚拟现实等，它们可以根据广告创意需要进行任意的组合创作，从而有助于最大限度地调动各种艺术表现手段，制作出形式多样、生动活泼、能够激发消费者购买欲望的广告。

2. 交互性

对于网络广告，只要受众对该广告感兴趣，仅需轻按鼠标就能进一步了解更多、更为详细和生动的信息。最能够体现网络传播交互性的是电子商务网站，这类网站对商品分类详细，层次清楚，可以直接在网上进行交易。

3. 实时性

在传统广告媒体上，广告在发版后很难改变，或者说改换广告版面的经济代价太大，因而难以实现。而网络广告则能按照需要及时变更广告内容，包括改错。例如，一则有关电视机促销广告的电视机销售价格变动了，更改价值只需要一两分钟，更改成本可以忽略不计。这样就可以很容易做到经营决策变化与广告变化之间的无延迟。

4. 非强迫性

电视、广播、报纸、户外路牌、霓虹灯广告等都具有强迫性,它们要想方设法转移受众的视觉、听觉,将有关信息塞进受众的头脑。而网络广告却是非强迫性的,它具有类似报纸分类广告的性质,让受众自由查询。受众既可以只看标准,也可以从头到尾浏览;既可以粗略浏览,也可以详细查看,这样就使受众大大节省了时间。

5. 即时互动性

网络广告是一种"推""拉"互动式的信息传播方式。广告主(公司)将相关产品的所有信息组织上网,等待消费者查询或向消费者推荐相关的信息。消费者成为交流的主动方,他们主动、自由地搜寻有用的信息,并可按照自身需求直接向广告主(公司)发出咨询。

6. 视听效果综合性

随着多媒体技术、网络技术及编程技术的提高,网上广告可以集文字、动画、全真图像、声音、三维空间、虚拟现实等为一体,创造出身临其境的感觉,既满足浏览者收集信息的需要,又提供了视觉、听觉的享受,增加了广告的吸引力。

10.3.2 网络虚假广告及网络广告的不正当竞争

1. 网络虚假广告的不正当竞争的特征

1)适当扩大了虚假广告的范围

相对于传统虚假广告仅针对商品或者服务的虚假宣传,许多网络广告制作与发布的目的并不直接表示为传统的商品或传统的服务,而是适当调整商品或服务的内涵和外延。

2)网络环境的虚拟性使广告客体不易识别

由于网络环境的虚拟性,网络的广告信息与客观信息不易区分,从而形成了网络广告行为的泛客观性。网络广告并不一味地追求可识别性,因此无标志的广告并不一定都是虚假的,这就使人们更难以区分真假。

3)认定依据的多元性

网络行为的复杂化和网络规则的多元化,要求人们不能仅以传统的欺骗和误导标准来认定网络广告的虚假性。认定网络虚假广告的依据,不仅包括现有的法律、法规,而且包括网络惯例、行业自律规则等行为规范,同时还应包括网络的公共道德规范和信息安全规范。

2. 网络虚假广告的不正当竞争手段

1)在知名网站上直接投放

在新浪、网易、搜狐、阿里巴巴等国内知名网站上随处可见的广告,有嵌入式的、漂浮式的、弹出式的等,因为相关企业在广告审核上的缺失,导致虚假广告的滋生。

2)经营者自己申请域名,制作网页发布虚假信息

现今在网络上注册一个域名既方便又便宜,找一家网络公司委托制作公司的网页,然后直接挂到网站上,其内容根本不需要审查。企业在网页上杜撰虚假的获奖内容,夸大自

身的实力等,借此吸引客户,使网上交易者信以为真,进而使其经济利益遭受侵害。

3) 利用电子邮件发布

人们在电子邮箱中经常会收到一些广告邮件,这也是网络虚假广告的传播途径。由于通过电子邮件发送广告的成本非常低,而且速度快、覆盖面广,因此吸引了一批靠群发垃圾广告邮件而赢利的运营商,他们为虚假广告的传播提供了便利。

4) 利用关键字通过搜索引擎等链接发布

随着网络技术的发展,虚假广告发布者利用关键字的方式把他人的驰名商标写入自己的网页,当浏览者利用搜索引擎搜索该关键字所属的网站时,该虚假广告的网站和该驰名商标的网站便能一同显现,从而使网络虚假广告的发布者达到宣传的目的。

10.3.3 网络广告的监管

国家工商总局于2016年7月出台《互联网广告管理暂行办法》(以下简称《办法》),自2016年9月1日起施行。《办法》旨在从互联网广告实际出发,落实新《广告法》的各项规定,规范互联网广告活动,保护消费者的合法权益,促进互联网广告健康发展,维护公平竞争的市场经济秩序。

【法律法规】

(1) 按照《办法》的规定,互联网信息服务提供者也有制止发布违法广告的义务。

不同于传统广告,《办法》将互联网广告发布者的行为特征界定为"推送或者展示",并规定能够核对广告内容、决定广告发布的自然人、法人或者其他组织是互联网广告的广告发布者,依法承担《广告法》所规定的预先查验证明文件、核对广告内容的义务。互联网信息服务提供者,实际上并没有参与互联网广告经营活动,但客观上为互联网广告提供了信息服务平台。例如微博、微信、电商平台等平台上的用户作为广告主或者广告发布者所发布的互联网广告,《暂行办法》规定当平台在明知或者应知有其他人利用其信息发布平台发布违法广告时,应当予以制止。

(2) 厘清"广告联盟"各方义务和责任。

"程序化购买"是互联网广告特有的一种经营模式,俗称"广告联盟",可通过信息技术自动完成广告采买及广告投放。广告联盟通常分为"流量平台"(广告位供应方)、"广告主平台"(广告需求方)以及中间的结算方三类。广告主通过结算方实时竞价购买流量平台的广告位,每个环节只有几十到一百毫秒的处理时间。常见的广告联盟有百度联盟、搜狗联盟、淘宝联盟、京东商城销售联盟、广点通联盟等。

《办法》第十三条、第十四条、第十五条规定了程序化购买广告的相关主体及各自的义务,规定程序化购买经营模式中的广告需求方平台,应当履行对互联网广告发布者或者经营者的义务,必须清晰标明广告来源。而其他参与到程序化购买经营模式里的经营者,承担普通的查验合同相对方主体信息、明知或者应知广告违法时予以制止的义务。

(3) 以广告发布者所在地管辖为主,以广告主所在地、广告经营者所在地管辖为辅。

《办法》对互联网广告违法行为的管辖权做了进一步明晰和细化。第十八条结合互联网广告的特征和互联网广告业发展的新趋势,对互联网广告违法行为的管辖权进行了规定:

第一,以广告发布者所在地管辖为主。根据《工商行政管理机关行政处罚程序规定》中确定的广告发布者所在地管辖的原则为基础,《暂行办法》第十八条规定了"对互联网广告违法行为实施行政处罚,由广告发布者所在地工商行政管理部门管辖。广告发布者所在地工商行政管理部门管辖异地广告主、广告经营者有困难的,可以将广告主、广告经营者的违法情况移交广告主、广告经营者所在地工商行政管理部门处理。"

第二,以广告主所在地、广告经营者所在地管辖为辅。考虑到互联网广告发布链条长、广告资源碎片化、广告精准投放带来的不同浏览者同一时间在同一网站上看到的是完全不同的广告等特征,规定:"广告主所在地、广告经营者所在地工商行政管理部门先行发现违法线索或者收到投诉、举报的,也可以进行管辖。"

第三,广告主自行发布广告的,由广告主所在地管辖。在互联网广告中,有海量的互联网广告是由广告主在自设网站或者其拥有合法使用权的互联网媒介上自行发布的,这一部分广告出现违法,由互联网广告的广告主所在地管辖。这样规定的主要考虑是:发现违法线索或者接投诉、举报后,由广告主或者广告经营者所在地管辖,有利于更快断开违法广告链接,形成"一处违法被查,全网清扫干净"的高效监管局面,更具可操作性。

【拓展视频】

(4) 付费搜索广告必须标明"广告"。

《办法》第七条规定,互联网广告应当具有显著的可识别性,标明"广告",使消费者能够辨明其为广告。付费搜索广告如"百度推广"等,除要明确标明"广告"外,还应当与自然搜索结果明确区分。

10.4 电子商务消费者权益的保护

10.4.1 电子商务消费者权益的特点

1. 电子商务消费者的权利

电子商务消费者权益是消费者在电子商务中,尤其是在购买、使用网络商品和接受网络服务时所享有的权利。电子商务消费者所享有的基本权利大致与一般消费者的权利相同。一般而言,电子商务消费者享有下列权利。

1) 知情权

《消保法》第八条规定:"消费者享有知悉其购买、使用的商品或者接受服务的真实情况的权利。"法律赋予消费者知情权,就是要让其明明白白地消费。知情权主要包括3个方面内容:第一,关于商品和服务的基本情况;第二,关于商品的技术状况;第三,关于商品和服务的价格及商品的售后服务情况等。

2) 公平交易权

公平交易指交易双方在交易规程中获得的利益相当,而在消费性的交易中,指消费者获得的商品和服务与其交易支付的货币价值相当。电子商务法赋予了消费者公平交易的权利:消费者在进行网上消费过程中,享有获得公平的交易条件的权利。这种公平的交易条件包括商品质量保障和合理的价格。

3) 自由选择权

《消保法》第九条规定:"消费者享有自主选择商品或者服务的权利。消费者有权自主选择提供商品或者服务的经营者,自主选择商品品种或者服务方式,自主决定购买或者不购买任何一种商品、接受或者不接受任何一项服务。"网上消费重视消费者的主导性,购物意愿掌握在消费者手中,消费者可以根据自己不同的意志择优选取。

4)安全权

安全指没有危险、不受威胁、不出事故的状态,安全权是消费者在购物或消费劳务过程中所享有的人身、财产不受损害的权利。对于网上消费者而言,其安全权主要包括人身安全、财产安全和隐私安全。

5)损害赔偿权

消费者的损害赔偿权,又称为求偿权或索偿权,是消费者在购买、使用商品或者劳务时,因人身和财产受损害而依法取得向经营者要求赔偿的权利。《消保法》第十一条规定:"消费者因购买、使用商品或者接受服务受到人身、财产损害的,享有依法获得赔偿的权利。"网络消费者实施这种权利的前提是,在网络消费过程中对其人身或财产造成了一定的损害。这是利益受损失者所享有的一种救济权,可以通过这种权利的行使给网络消费者的损害带来适当的补偿。

6)受教育权

消费者的受教育权,是《宪法》规定的公民受教育群的重要组成部分,指消费者享有获得有关消费和消费者权益保护的知识,以及获得所需商品和服务的知识和实用技能的权利。与其他消费者权利不同的是,消费者的受教育权既是消费者的一项权利,同时也是消费者的一项义务,其本身包含权利和义务两个方面。在信息时代,网络消费者就更应该充分地把权利和义务结合起来,通过行使受教育权,获得网络消费知识和有关消费者权益保护的知识,不断提高自身的消费知识水平和受保护程度。

2. 电子商务中消费者权益受损的主要表现

1)消费者知情权受损

知情权是消费者所享有的基本权利之一。在网络购物中,消费者既看不到商家,也触摸不到商品。因此,确保经营者所披露的信息真实、可靠就显得尤为重要。在网络购物中,侵害消费者知情权的行为主要表现为,经营者向消费者提供虚假信息或提供的商品信息不完整、经营者发布虚假广告等。具体来看主要有,经营者有意向消费者提供虚假的商品信息,欺骗消费者,如夸大产品性能和功效、以次充好、虚报价格、虚假服务承诺、漫无边际地夸大产品用途等;经营者在网上商店中展示商品时,有意向消费者提供不完整的信息,比较常见的遗漏信息有产品产地、生产日期、保质期、有效期、产品检验合格证明等;经营者采用虚假网络广告,而网络广告是消费者网上购物的主要依据,消费者的购物大多根据广告中所描述的文字和图像等内容进行判断而作出决定,虚假广告会误导消费者。

2)消费者公平交易权受损

公平交易权是《消保法》中规定的消费者所享有的9项权利的重要内容之一。消费者公平交易权受损主要体现为,网络消费欺诈和格式合同条款侵权等,如商品质量、数量、价格与订购时的要求不符;售后服务难以保证;强制要求接受商品等问题。

(1)网络消费欺诈。网络消费欺诈严重地侵害了消费者的合法权益。电子商务的虚拟性特征加之目前我国在线经营者和消费者的交易信用机制不健全,为不法经营者提供了通过网上欺诈行为牟取暴利的机会。网络消费欺诈行为的通常表现:犯罪分子以提供网络商业投资机会为幌子,诱使用户缴纳各种费用;通过网站上的平面媒体或视频广告向消费者发出要约邀请,消费者在缔结合同或寄出货款之后,发现得到的商品与广告推销的根本不符,有的甚至得不到商品。

《民法通则》侵权行为之债和《刑法》中生产销售伪劣产品罪和诈骗罪等法律规定都是用来调整这一类型的违法犯罪活动,但网络消费欺诈因网络用户的不确定性及数据电文的技术性、易篡改性等,使证据的取得难度较大,从而使消费者在网络环境中面临更大的侵权风险。

(2)格式条款侵权。在网上购物过程中,网站一般都定有格式条款,其内容由商家事先制定,给消费者提供的只是"同意"或"不同意"的按钮。这些格式条款,由于内容早已确定,没有合同另一方的意思表示。常见的对消费者不公平的格式条款主要有以下5种:①经营者减轻或免除自己的责任;②加重消费者的责任;③规定消费者在所购买的商品存在瑕疵时,只能要求更换,不得解除合同或减少价款,也不得要求赔偿损失;④规定由系统故障、第三人行为(如网络黑客)等因素产生的风险由消费者负担;⑤经营者约定有利于自己的纠纷解决方式等。总之,这些格式条款的使用剥夺或限制了消费者的合同自由,消费者面对"霸王条款",因为不了解相关知识、无暇细看或者即使发现问题也无法修改格式条款等情形而面临不利的境地。

《消保法》第二十四条规定:"经营者不得以格式合同、通知、声明、店堂告示等方式作出对消费者不公平、不合理的规定,或者减轻、免除其损害消费者合法权益应当承担的民事责任。"目前,网络消费合同中存在大量以格式条款的形式侵犯消费者合法权益的问题。一般来说,消费者面对网络格式合同只有整体接受或拒绝的权利,而没有与经营者协商修改相关条款的权利,因而无法表现消费者的自由意思表示,这违反了契约自由的基本原则。有的经营者通过把不合理条款混杂在其他条款之中,设置在非主页文件框内或者故意用小字、模糊字体,以欺骗或误导消费者,这就违反了商事交易中最重要的诚实信用原则,消费者可以通过向消费者协会投诉、向法院提起诉讼等方式来解决这一问题。

3)消费者退货权及求偿权受损

在网络购物环境下,消费者行使退、换货的权利会遇到许多新问题,具体如下。

(1)难以找到侵权方。经营者为了交易方便或其他原因,有时会提供多个网站和网络名称,并且这些网站往往没有进行注册登记。这就导致经营者在实施侵权行为后,消费者和监管部门难以找到现实中的经营者,使消费者的求偿权难以实现。

(2)侵权证据难以掌握。由于电子数据易于修改,在电子商务中,经营者在发现其侵权行为被追查时,往往利用技术手段修改或毁灭侵权证据,使消费者和监管部门对数据的真实可靠性难以确定,甚至无从取证。

(3)侵权责任难以认定。电子商务涉及多个环节,消费者权益被侵害,往往不是由某个环节造成的,各个环节之间的关联使侵权责任认定的难度增加,影响消费者求偿权的实现。

(4)异地管辖使侵权赔偿难以落实。电子商务打破了地域、时空限制,消费者可以与任何国家的任一商务网站进行电子交易,并无视这个国家文化、法律等方面的差异。在实际交易活动中,有时一笔电子商务可能涉及几个国家和地区,消费者的求偿权就可能受到立法差异、管辖权限等方面的阻碍,而这种跨国纠纷的解决是要花费很高成本的,这就使消费者的求偿权更难以实现。

4）消费者交易安全受损

（1）消费者人身安全权受损。消费者利用网络成为交易的一方当事人，其在网络消费活动过程中的人格权必须得到维护。除了姓名权、肖像权、名誉权等人格权的保护应得到与传统领域中相同的保护外，在电子商务时代，由于网络隐私所能带来的经济利益和黑客技术的发展，对消费者人身安全权构成了侵犯，消费者的隐私受到前所未有的威胁，因此网络环境下的隐私权保护显得尤为重要。

（2）消费者财产安全权受损。电子支付是网络消费发展的关键之一，也是我国电子商务发展的一大关键性瓶颈因素。消费者对采用在线电子支付方式的安全问题一般都心存疑虑。消费者网上支付的银行账号、密码、身份证号码等有关信息被经营者或银行收集后，有意泄露给第三者，将给消费者的财产安全带来极大的风险。黑客和不法分子通过盗窃或非法破解密码等方式，窃取消费者的个人财产，这样的电子犯罪在现实生活中屡见不鲜。甚至一些经营者和银行内部员工利用工作之便，窃取密码进行越权操作，盗用消费者资金。

3. 电子商务消费者权益保护的特点

电子商务消费者权益保护与普通消费者权益保护相比具有以下特点。

1）消费者知情权与公平交易权保护的特殊性

在网络环境下，经营者与消费者之间的信息不对称情况尤为突出。在网上购物时，消费者接触不到商家，无法直接了解产品的性能，只能通过网络广告的宣传。但是网上产品或广告信息的真实性、有效性常常难以得到保障。《合同法》虽然有关于电子合同的规定，但过于简单、过于原则化，难以为消费者的公平交易权提供保护。

2）消费者隐私权保护的特殊性

在网络交易过程中，经营者往往要求交易对方提供很多个人信息，同时也可以利用技术方法获得更多他人的个人信息。因此，对这些信息的再利用便成为网络时代的一个普遍的现象。经营者为了促销商品等目的，未经授权便向网络消费者发送垃圾邮件，影响消费者个人生活安宁，构成侵害网络消费者隐私权的行为，有的甚至将这些信息卖给其他网站以谋取经济利益。

3）消费者损害赔偿权保护的特殊性

在网络消费中，经营者与消费者互不见面，当消费者的利益受损时，经营者与网络服务商各自承担的责任，消费者能否通过直接起诉网络服务商来获得救济，目前国内的案例判决结果不尽统一。目前网络交易中消费者对商家信誉的信心只能寄托于为交易提供服务的第三方，如 CA 认证中心和收款银行。当发生跨国网上交易时，消费者往往不熟悉商家所在国的法律，这使得其损害赔偿权的行使十分困难。

10.4.2 电子商务消费者权益的法律保护

由于网络消费的性质决定了网络消费者权益保护的特殊性，单纯依靠技术和道德约束不能真正保障网络交易安全。传统的法律、法规已不能完全规范和调整这种新的交易行为，建立健全与网络消费相关的法律、法规是保障电子商务消费者权益的根本要求。

【拓展视频】

1. 健全网络交易信用管理法律体系

为了保护电子商务消费者的权益,最迫切的是建立卓有成效的信用管理体系。例如,相关法律、法规应当对进入网络系统的产品或服务的经营者进行规范,对其进行信用等级评定,把好入门这一关。而在交易的过程中,也要规范有关商家的信用信息,进行信用记录等。通过大力培育和发展网络认证中心,完善网络认证标志,确立合理、完善的信息认证规则等,使网络信用的规范法律化、制度化。电子商务信用规范化管理的措施主要有以下6个方面。

(1) 经营许可管理,包括网站级别认证、企业资信状况、储备金管理、信息发布准则、客户信用信息管理。

(2) 信息发布管理,发布信息的范围包括网站的认证级别、自身的信用级别及其变化、商业信息、服务条款、监督机构规定的其他信息。

(3) 电子交易管理,包括信用记录、保证金条款、电子合同管理等。

(4) 内部作业管理,包括建立电子交易信用风险管理部门、制定严密的贸易合约、维护并定期更新信息等。

(5) 服务管理,包括提供比较合理的联系渠道、提供客户可以检查以前订单的能力、制定相关的惩罚机制等。

(6) 清算程序管理等。

2. 完善电子商务消费者权益的相关法律

国家应在现行的《消保法》《反不正当竞争法》《广告法》《合同法》《中华人民共和国产品质量法》等有关法律的基础上,修改现有的《消保法》,在《消保法》中增设"电子商务的权益保护"专章,待时机成熟时再制定专门的"网络消费者权益保护法"。

(1) 应当在《消费者权益保护法》中增加电子商务与消费者权利、义务的条款。例如,网络经营者必须提供真实、完整的商品信息及须承担退货、换货的保障义务。

(2) 在经济法中加入关于电子签名认证机构的条件。目前的认证机构条件过于笼统,可能引起行政自由裁量权过大的问题,并且多个认证机构之间的交叉认证等行为也未纳入法律视野。

(3) 在《刑法》中增加网络犯罪这一新类型。在网络消费中,有一部分人借交易之名盗取消费者账号,进行违法犯罪活动并达到一定程度,普通的罚款、警告已经不能对其有效制约,只有在《刑法》中增加这方面的罪行才能对这类人起到威慑作用。

(4) 加强消费者隐私权的保护。在网络消费中,消费者隐私保护的问题非常突出,需要专门制定特别的规则,加强对消费者隐私权的保护。而如今,我国民法迄今未对隐私权的保护作出特别规定。

(5) 在诉讼法中明确协定管辖制度。由于网络交易的无国界,传统的地域管辖权原则对于网络纠纷案件中管辖权的确定具有滞后性。而协定管辖制度是双方当事人协商由哪个法院进行管辖,这样将有利于争议各方实现自身利益并节约诉讼成本,同时也有利于判决和审判后的顺利执行。

要针对电子商务纠纷发生后很难调查取证、相关证据容易被破坏的特点,从立法上规定行政监管部门要在接受消费者的网上投诉后,及时进行处理,并立即调查取证和固定相关证据。要对行政监管人员的地位、性质、技术配备、工作程序、取证手段、调解程序和罚则加以明确地规范。还要充分考虑立法时与国际电子商务法律的协调,通过与世界各国签订双边或多边协议、参加国际公约等方式,更好地保护我国消费者的合法权益。

10.5 电子商务的行业管理

10.5.1 网络服务提供商、网络内容服务提供商和电子商务经营者的管理

网络服务提供商和网络内容服务提供商是网络运作与管理的重要环节,离开了网络服务提供商和网络内容服务提供商,政府就无法对网络实施有效的管理。这里所说的网络服务提供商、网络内容服务提供商的自律包含两层含义:一是网络服务提供商、网络内容服务提供商自身必须遵守《广告法》和相关法规,抵制不正当竞争行为和虚假、欺骗广告;二是网络服务提供商、网络内容服务提供商应当在经营的范围内,规范所托管的主页,一旦发现违法广告行为,要履行管理人的监管职责。此外,有关行业组织应制定行业规则,对网络广告活动的主体进行自律监管。

电子商务经营者利用网络进行商品和服务的介绍、推销和销售,消费者利用网络购买商品和服务。这一切必然要通过网络服务商的服务才能进行,就其法律地位而言,网络服务商在网络交易中既不是买方也不是卖方,但它不仅提供一个信息通路,还涉及资料的输送信息服务等领域,因此在网络交易中起着重要的作用。因此,明确网络服务商对用户的责任,对保护消费者的权益、促进网络交易的发展具有重要作用。

网络服务提供商对网络与电子商务中隐私权保护的责任,包括以下内容:在用户申请或开始使用服务时告知使用因特网可能带来的对个人权利的危害;告知用户其可以合法使用的降低风险的技术方法;采取适当的步骤和技术保护个人的权利,特别是保证数据的统一性和秘密性,以及网络和基于网络提供的服务的物理和逻辑上的安全;告知用户匿名访问因特网及参加一些活动的权利;不修改或删除用户传送的信息;仅仅为必要的准确、特定和合法的目的收集、处理和存储用户的数据;不为促销目的而使用数据,除非得到用户的许可;对适当使用数据负有责任,必须向用户明确个人权利保护措施;在用户开始使用服务或访问网络服务提供商站点时告知其所采集、处理、存储的信息内容、方式、目的和使用期限;根据用户的要求更正不准确的数据或删除多余的、过时的或不再需要的信息;避免隐蔽地使用数据;向用户提供的信息必须准确,并及时予以更新;在网上公布数据应谨慎。

网络服务商在经营过程中应该提高自身的质量和服务水平,同时应注重对用户要求的满足。随着网络交易的快速发展,消费者对网络服务质量的要求会越来越高。一些不能满足消费者要求的服务商,不仅会输掉市场竞争,而且会损害消费者权益。只有不断提高自身的服务水平和质量,才能让消费者无后顾之忧,充分投入到网络交易中。

网络服务商应加强对用户的身份认证,提高信息加密技术。通过网络平台交易容易隐藏当事人的真实身份,产生网络欺诈及虚假广告,从而对消费者的交易安全带来影响。这就需要网络服务商更加严格地验证当事人的真实身份,以便追究侵害消费者权益当事人的

责任。采用信息的变换或编码,将机密、敏感的消息变成乱码型文字,可以使加密信息不受侵害,保护机密信息,使未经授权者无法得到被隐蔽的消息。

在电子商务持续火热的形势下,网络营销平台与网络营销环境都发生了相应的改变,身处其中的商家也在积极反应,唯一比较空缺的是行业的管理问题。目前,行业管理更多依赖于互联网方面的整治及商家的自律。在缺少系统管理办法的情况下,对电子商务经营者来说既是机会,同时也是考验。经营者应该加强自身修炼,谨慎把握机遇,善加利用。

10.5.2 我国加入WTO与电子商务市场

在经济全球化和全球信息化的浪潮下,蓬勃发展的电子商务对国际贸易产生了巨大的影响。作为国际自由贸易关系支柱的WTO一直对电子商务这一新课题予以了极大的关注。一方面,WTO倡导的贸易自由化对电子商务发展的巨大促进作用;另一方面,电子商务的发展有助于全球贸易自由化。

电子商务可以实现交易全球化:国际贸易凭借国际互联网特有技术及平台优势,突破了传统易货的时空限制,实现了易货渠道全球日夜畅通。电子商务可以实现交易多边化,国际贸易引进电子交易媒介,发挥了其等同于货币的交易功能,打破了"点对点"的简单交互模式,实现了"点对面""多对多"的多边交易。

国际贸易推动了电子商务的发展。WTO关于货物、服务、投资、知识产权保护各领域的规则都与电子商务有关。正是由于电子商务改变了国际贸易的市场环境,被视为国际贸易投资活动中出现的新情况、新问题,因此WTO一直把电子商务纳入谈判的重要议题。加入WTO有利于我国企业凭借电子商务参与国际竞争。电子商务不仅有利于相关企业与国内同行在国内市场的竞争,也有利于与经验丰富、实力雄厚的国外厂商在国际经济大舞台上的竞争。同时,电子商务还是企业应对和避免"反倾销""反补贴"的有效手段。借助最新网络技术迅速介入全球传统买家与网络买家的网上出口,可以避免"反倾销""反补贴"之苦,持续保证公平贸易的开展。

本 章 小 结

电子商务中的不正当竞争,泛指经营者在电子商务中采用各种虚假、欺诈、损人利己等违法手段,损害其他经营者的合法权益,扰乱电子商务秩序的行为,主要包括主体混同行为、商誉侵权、侵犯商业秘密和域名抢注。

电子商务经营者的垄断行为包括经营者达成垄断协议、经营者滥用市场支配地位和具有或者可能排除、限制竞争效果的经营者集中,应当从这3个方面进行法律规制。

虚假网络广告指经营者通过在互联网上发布对产品的质量、制作成分、性能、用途、生产者、企业概况等引人误解的虚假宣传而诱导消费者购买其商品或接受其服务,并从而牟取暴利的商业广告。

网络虚假广告的不正当竞争,还具有以下特征:适当扩大了虚假广告的范围、网络环境的虚拟性使广告客体不易识别、认定依据的多元性。我国网络广告的管理工作应当建立网络交易制度,规范网络监管机构;加强网络管理立法,完善网络管理法律规范;提高执法人员的监管素质,突出对关键领域的重点监管。

第10章 电子商务市场秩序规制

电子商务中消费者权益受损的主要表现为知情权受损、公平交易权受损、消费者交易安全受损。电子商务经营者利用网络进行商品和服务的介绍、推销和销售，消费者利用网络购买商品和服务，要明确网络服务商对用户的责任，以保护消费者的权益，促进网络交易的发展。

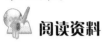

阅读资料

安徽省消费者协会警示五大网购陷阱

安徽省消费者协会（以下简称"省消协"）提示，网络购物要警惕网络购物诈骗、产品质量不过关、夸大宣传、交货延迟和侵犯隐私五大陷阱。

从省消协陆续接到的网络购物投诉看，网络购物诈骗成为消费者投诉一大热点。一些不法分子以网络购物为幌子，对消费者实施诈骗。在交易过程中，不法分子利用木马程序或钓鱼网站等手段非法获取消费者的银行账户信息，盗取钱款。同时，消费者在进行网上购物时往往将自己的个人资料，如姓名、联系方式和住址等，提交给网站。有的网站经营者却将消费者的资料随便散播，对消费者的个人隐私权造成了很大的侵害。

有的网络经营者利用消费者图便宜的心理，在网上出售质量低劣的商品，以次充好，甚至出售假冒产品，严重侵害了消费者的合法权益。有的网络经营者夸大宣传产品的功能、性能，提供虚假的信息欺骗消费者。有的网络经营者在收到货款之后，拖延交货时间。有的经营者在销售时往往承诺对商品的质量提供保证，出售后却对所售的商品不承担"三包"责任或不提供正规的购物发票，致使消费者的权益无法得到保障。

省消协提醒，消费者在网络上购物要选择诚信度高的专业购物网站，要审慎对待网络广告，对商品要进行了解、比较，货比三家。在交易之前，应当认真阅读交易规则及附带合同条款。此类电子证据具有"易修改性"，因此消费者要及时将这些凭证打印保存。对交易之后的单据，如交易确认书、用户名、密码、购物发票等，消费者也应当妥善保存。购买商品时，消费者要索取正规的购物发票。收到商品时，消费者要先验货在确认是自己所购买商品且无损坏后方可签字。

此外，网络购物有多种付款方式，省消协建议选择货到付款和同城交易，或者通过第三方支付平台进行交易，以确保交易安全。网络付款时要注意付款安全，注意保存好自己的证件号码、银行账号和密码，不要随便告诉对方，交易完成后要注意保存交易记录。如果遇到诈骗或非法网站，应保存好相关证据，及时向有关部门举报。

（资料来源：梁昌军. 网络购物纠纷成消费投诉热点：省消协提醒警惕"五大陷阱"［N］.
合肥日报，2011－06－22）

案例分析

猎豹浏览器不正当竞争案

合一信息技术（北京）有限公司（下称合一公司）经营优酷网，主要以两种方式向用户提供视频播放服务，一是"广告＋免费视频"服务；二是向收费注册用户提供无广告的视频服务。合一公司发现猎豹浏览器通过修改并诱导用户修改优酷网参数，过滤优酷网视频广告，遂起诉要求金山网络公司等立即停止不正当竞争行为，并消除影响，赔偿其经济损失及合理开支500万元。

贝壳公司是"猎豹浏览器"官方发布平台"猎豹网站"的经营人，金山安全公司是"猎豹浏览器"的开发者、版权人，金山网络公司既是"猎豹浏览器"的版权人，也是"猎豹网站"的版权人。猎豹浏览器通过技术措施向终端用户提供"广告过滤"功能，当用户打开该功能后访问优酷网站时，合一公司在视频中投放的广告会被过滤。据此,合一公司认为前述三公司通过猎豹浏览器所实施的行为构成不正当竞争,故将三公司诉至法院。在审理过程中,一审法院认为贝壳公司非本案适格被告,二审法院也以"现有证据无法证明贝壳公司在其经营猎豹网站期间向用户提供的"猎豹浏览器"具有过滤优酷网视频广告的功能"为由,未能支持贝壳公司承担侵权责任的主张。

本案争议焦点在于金山安全公司、金山网络公司通过"猎豹浏览器"所实施的过滤优酷网视频广告的行为是否具有不正当性。

"竞争关系"的界定不取决于经营者之间是否存在同业竞争关系,而是要看经营者的经营行为是否会造成彼此经营利益的"此消彼长"。据此,基于具有视频广告过滤功能的浏览器的提供行为,浏览器提供商与视频网站运营商之间产生了法律意义上的"竞争关系"。由于视频网站运营商所采用的"免费视频加广告"的商业模式具有法律可保护的利益,而浏览器提供商的提供具有视频广告过滤功能的浏览器的行为,既破坏了视频网站运营商的正常经营活动,又不当利用了视频网站运营商的经营利益(即用户基础),故其行为构成不正当竞争。

关于被诉行为是否符合"技术中立原则",一审法院认为要看技术使用者是否具有主观过错,二审法院认为该原则并不涉及对技术具体使用行为性质的认定;关于涉案视频广告是否属于"恶意广告",一审法院和二审法院均认为仅从不可关闭的特点即得出涉案视频广告属于"恶意广告"的结论有失偏颇;关于被诉行为是否符合"公共利益",二审法院认为具有视频广告过滤功能的浏览器的应用将改变视频网站的运营模式,最终阻碍该行业的发展,也会损害用户的利益;关于被诉行为是否属于"行业惯例",一审法院和二审法院均认为,目前一些浏览器所具有广告过滤功能均非针对视频广告。故此,对于浏览器提供商的上述主张,法院均未能予以支持。

法院认为:合一公司对其经营的优酷网提供广告加免费视频的商业模式具有可受法律保护的利益。通过"猎豹浏览器"过滤优酷网视频广告的行为具有不正当性。法院经审理作出判决:金山网络公司、金山安全公司赔偿经济损失及合理开支共计30万元等。

(资料来源:节选自(2013)海民初字第13155号;(2014)一中民终字第3283号)

自 测 题

一、单项选择题

1. 下列行为中不属于电子商务不正当竞争行为的是(　　)。
   A. 电子商务中的主体混同行为　　B. 电子商务中的商誉侵权
   C. 电子商务中的侵犯商业秘密　　D. 电子商务中的交货延迟
2. 电子商务消费者享有的权利不包括(　　)。
   A. 知情权　　　　　　　　　　　B. 试用权
   C. 公平交易权　　　　　　　　　D. 损害赔偿权

二、名词解释

1. 不正当竞争
2. 主体混同
3. 垄断行为
4. 经营者集中
5. 网络虚假广告

第 10 章　电子商务市场秩序规制

三、简答题

1. 电子商务中的不正当竞争行为主要有哪些？
2. 在目前我国的立法中，制止电子商务不正当竞争所适用的法律有哪些？举例说明。
3. 网络虚假广告的特点是什么？网络虚假广告的不正当竞争的手段主要有哪些？
4. 电子商务消费者权益受损的主要表现是什么？
5. 如何建立健全与网络消费相关的法律、法规，以保障电子商务消费者权益？

四、案例讨论

1. 自称是"中国最大的电子旅游商务网站""中国领先的宾馆预订""亚洲旅游行业中最大的呼叫中心"的携程旅行网被告上法庭。携程旅行网被指控在机场、火车站散发的会员手册及其网站介绍中含有虚假宣传内容，构成不正当竞争。原告北京黄金假日公司在提交给北京市东城区人民法院的诉状中称，被告登记注册的行业类别是"计算机技术公司"，没有经营互联网信息服务和旅游业务的行业许可证，却利用携程旅行网经营信息服务和旅游业务。同时，被告在散发的"会员手册"中自称"行业内规模最大的统一机票预订系统"，在网站的公司介绍中，称自己为"中国最大的电子旅游商务网站""中国领先的宾馆预订""亚洲旅游行业中最大的呼叫中心"等。为吸引顾客，被告擅自使用"最大的""领先的"等夸大性宣传用语，并自称为"行业内无可争议的领导者"。这是对同业竞争者的排挤，误导了社会公众，构成了不正当竞争。为此，原告要求法院判令被告立即停止上述不正当竞争行为，在媒体上公开赔礼道歉，赔偿原告经济损失 1 万元。

被告辩称，其工商注册登记的经营范围包含网上旅游信息咨询服务，因此，具有在互联网上提供旅游信息咨询服务的资格；此外，携程曾经在 2006 年获得上海市著名商标，并且据数据统计和媒体报道显示，携程旅行网在事实上是国内最大的电子旅游商务网站，并不存在虚假宣传。

（资料来源：李远方. 中国最大电子商务旅游网站被诉不正当竞争[N]. 中国商报，2008 - 02 - 20）

携程旅行网是否进行了虚假宣传？其行为是否违反了《反不正当竞争法》？

2. 中央电视台《经济半小时》栏目曝光由明星代言的 u88、3158、28 这 3 家招商网站涉嫌加盟骗局，明星代言风波再次被掀起。有人认为，明星在代言某种产品时，其言行已经和该产品形成一种权责对等的事实，倘若明知广告的用语和内容是虚假却仍然宣传的，给消费者造成误导，其行为已经构成欺诈，是一种侵权行为。有人认为，在现在的法律框架下，很难追究明星的责任，只能从道德上谴责。一些明星之所以认为自己无须担责，理由是自己既不是产品生产者，也不是广告经营者，因而对广告内容的真实性无须负责；甚至认为，产品质量安全问题是质监部门的责任，与明星代言无关。

（1）明星代言网络虚假广告的行为是否应承担连带责任？
（2）如何监管明星代言网络广告的行为？

第 11 章 电子商务税收法律制度

🔽 教学目标

通过本章内容的学习,了解电子商务税收分的 3 种分类,以及电子商务对现行的税收征管方式造成的冲击及机遇;理解是否对电子商务实行税收优惠、是否对电子商务开征新税的电子商务涉税问题;掌握电子商务税收的特点、原则、管辖权模式;掌握电子商务税务稽查、国际避税、税收规则等相关内容。

🔽 教学要求

知识要点	能力要求	相关知识
电子商务税收概述	(1) 能够正确理解税收及电子税收的基本概念和特点 (2) 能够正确理解电子税收的原则	(1) 电子税收概念和特征 (2) 税收优惠及开征新税问题 (3) 电子税收原则
电子商务的税收征管	(1) 了解电子商务税收管辖权模式 (2) 理解掌握电子商务的税收征管挑战及机遇 (3) 了解电子商务税收税源监控	(1) 电子商务税收管辖权属地主义及属人主义原则 (2) 电子商务的税收征管挑战及机遇 (3) 税务稽查的概念、机构、范围及立案
电子商务的国际税收	(1) 了解国际避税及利用电子商务避税 (2) 理解电子商务的国际税收的法律问题 (3) 掌握我国对电子商务税收规则	(1) 国际避税的类型 (2) 利用电子商务避税 (3) 常设机构的认定、所得的性质及纳税依从性问题 (4) 电子商务企业卖家、个人卖家及服务提供商的税收规则

第 11 章 电子商务税收法律制度

淘宝代购澳门货被控走私　一年偷逃税百万

在淘宝经营澳门手信店，根据订单量去澳门购买并带至内地。店主夫妇、带货人三人共涉嫌偷逃税款近百万元。昨日，珠海市中级人民法院公开审理了这起普通货物走私罪，淘宝店主和代购人员被起诉。

检察机关起诉称，冯某经营两家专门销售澳门手信的淘宝网店，通过代购人王某和卓某从澳门钜记和咀香园饼家购买大量的杏仁饼、花生糖和肉脯等商品，而冯某则根据略高于市场价的汇率折算价和每件 2.5 元和 3 元不等的价格给予两人报酬。淘宝网店则在代购价的基础上，每件增加两元左右出售。

王某负责在拱北口岸澳门一侧寻找即将过境的人，给予每人 20 元左右的报酬让对方帮自己将购买好的手信带到珠海，并且在带运前提前告知王某选好地点取货。被告人卓某主要是自己将商品带到珠海。王某、卓某是 2013 年 2 月开始帮冯某代购的，主要代购钜记和咀香园饼家的商品，而陈某（冯某妻子）于 2013 年 5 月底来到珠海，开始帮助冯某接收走私货物。被告人冯某和陈某将货物放置在住处内，清点无误后支付给王某和卓某费用。

2014 年 1 月 15 日，三人被拱北海关缉私局抓获，同时也查获一批走私食品和各类证据。经计算，被告人冯某、王某和陈某三人分别涉嫌偷逃税款 33 万余元、29 万余元、27 万余元，在审理前被告人冯某已经缴纳偷逃税款 14 万余元。

在检察机关的起诉书中称，走私货物、物品偷逃应缴税额巨大或者有其他严重情节的，处三年以上十年以下有期徒刑，并处偷逃应缴税额一倍以上五倍以下罚金。

（资料来源：《南方都市报》）

该案所涉及的电子商务主体的税收征管法律问题将在 7.2 节讲述。

11.1　电子商务税收概述

11.1.1　电子商务与税收

税收是国家为满足社会公共需要，凭借公共权力，按照法律所规定的标准和程序，参与国民收入分配，强制取得财政收入的一种特定分配方式。它体现了国家与纳税人在征收、纳税的利益分配上的一种特殊关系，是一定社会制度下的一种特定分配关系。税收收入是国家财政收入的最主要来源。

按照商务活动的性质，可以将电子商务税收分为以下 3 类。

（1）以因特网作为交易媒体的实体商品交易，如电子购物、网上市场交易等。这一类商务活动和传统的商务活动在本质上没有大的区别，完全可以也应当按照传统的征税方式进行征税，而不应由于交易方式的变化而让企业承担额外的税赋，或让国家损失大量的税金。

（2）伴随着电子通信手段的进步而发展起来的一些新兴的信息服务业。这类商务活动在商家和消费者之间并不进行任何有形物的交换，而是提供信息的商家通过把信息发布在自己的服务器上等待消费者来查询，或者按照一定的原则和约定把信息定期发送给特定的消费者。虽然这类信息商品的买卖是通过无形的方式，但伴随着信息商品的流转，同时也有现金的流转。这类活动的征税，可以根据现金流量的大小确定一个合适的标准。

（3）数字化信息产品（Digitized Information）。例如，通过因特网销售计算机软件、书籍、音乐、图片、音像资料等。这种交易所得,从计算机软件业兴起后就一直在讨论之中,截至目前,各国还没有达成一致意见。

现行的税收制度是建立在传统的生产、贸易方式的基础之上并与之相对应的。而有别于传统商务的电子商务的出现,已使现行税收制度的一些规定不适用或不完全适用于电子商务,并涉及国际税收关系和国内财政收入等一系列有关税制和税收征管的问题。

目前,各国和国际性组织(主要是电子商务较为发达的美国、日本、欧盟等国家和组织)对电子商务的税收问题进行了深入、广泛的讨论和研究,已有少数国家颁布了一些有关电子商务税收的法规,一些国际性组织(如经济合作与发展组织,Organization for Economic Cooperation and Development,OECD)已就电子商务税务政策形成了框架协议并确立了一些原则。具体而言,电子商务涉及的税收问题主要是,是否对电子商务实行税收优惠,是否对电子商务开征新税,如何对电子商务征税。

1. 关于免征电子商务交易(数字化产品)关税问题

美国首先提出免征通过因特网交易的无形产品(如电子出版物、软件等)的关税。目前,世界上从事电子商务的网络公司中,美国企业约占2/3,世界数字化产品交易中,美国也占主要份额。若免征数字化产品关税,即可使美国企业越过"关税壁垒",长驱直入他国而获利。

欧盟成员国于1998年6月发表了《关于保护增值税收入和促进电子商务发展的报告》,并与美国在免征电子商务(在因特网上销售数字化产品)关税问题上达成一致。但欧盟也迫使美国同意把通过因特网销售的数字化产品视为劳务销售而征收间接税(增值税),并坚持在欧盟成员国内对电子商务交易征收增值税,以保护其成员国的利益。

在发展中国家,电子商务刚刚开展,尚未起步。发展中国家对国际上电子商务税收政策的研究、制定的反应多为密切地关注。发展中国家大多希望、主张对电子商务征收关税,从而设置保护民族产业和维护国家权益的屏障。

2. 关于对电子商务实行税收优惠的问题

1998年10月,美国的《互联网免税法案》(*Internet Tax Freedom Act*)规定:3年内(至2001年)暂不征收(或称为延期征收)国内"网络进入税"(Internet Access Taxes);避免对电子商务多重课税或加以税收歧视;对远程销售的税收问题规定,访问远程销售商站点(该站点的服务器在境外)只被作为确定其具有税收征收的一个因素时,国家、州不能对销售商征税。这样规定,一是避免不必要的税收和税收管制给电子商务造成不利影响,加速本国电子商务的发展(至于州、地方政府财政收入因免征电子商务税收而减少的部分,可通过联邦政府的转移支付予以弥补);二是美国国内的相关法律(美国联邦政府税法与州及地方政府税法、州与州之间的税法不尽一致)、征管手段等尚不统一和完善,难以对电子商务实行公正、有效的监管,因而美国政府制定并坚持对电子商务实行税收优惠政策。

3. 关于是否对电子商务开征新税的问题

1998年,一些国家政府和一些专业人士在联合国会议上提出,除对电子商务交易本身征税外,应新开征"比特(bit,电子信息流量的单位名称)税"。此提案一经提出,即遭到美国、欧盟的反对,均认为对电子商务不应开征新税。目前,世界各国在是否对电子商务

第 11 章 电子商务税收法律制度

开征新税这一问题上的意见已趋于一致,即不同意开征"比特税"。1999 年,联合国开发计划署在其《人类发展报告书》中仍坚持对电子商务征收"比特税",即对每发送 100 个大于 1 万比特的电子邮件,征收 1 美分税款,借此补贴贫穷国家发展网络贸易。其用意是可以理解的,但实际上,对电子商务征收"比特税"存在诸多问题:根据电子信息流量,不能区分有无经营行为(目前,因特网提供一些免费服务),不能区分商品和劳务的价格,不能区分经营的收益。何况,一个网络公司的电子信息流量大,即表明该公司使用通信线路时间长、支付使用通信线路的费用多,而费用中已含有税款。

11.1.2 电子商务税收的特点

和传统税收相比,电子商务税收具有以下特点。

1. 难以确认纳税义务人和征税对象

传统的国际税收制度主要是以属地原则为基础实施税收管辖,通过居住地、常设机构等概念把纳税义务人与纳税人的活动联系起来。在电子商务环境下,无须在固定地点办理成立登记,只要有自己的网址,便可以开展商务活动。外国企业利用互联网在一国开展贸易活动时,很多情况下无须在该国境内设立常设机构,这使一国政府失去了作为收入来源国针对发生与本国的交易进行课税的基础;国内公司同样可以向国外公司提供这样的服务。在这些公司的电子商务中,如何确定纳税主体,如何确定征税对象,变得极为复杂。

2. 难以确定课税对象的性质

在大多数国家,税法对于有形商品的销售、劳务的提供和无形财产的使用都作出了比较严格的区分,并且制定了不同的课税规定。但电子交易将交易对象均转换为"数字化信息"在网上传递,使税务机关难以确认这种以数字形式提供的数据和信息究竟是商品、劳务还是特许权等。

3. 对税收征管带来了困难

传统的税收征管离不开对账簿资料的审查。网上贸易则是通过大量无纸化操作达成交易,账簿、发票均可在计算机中以电子形式填制。而电子凭证易修改,且不留痕迹,税收审计稽查失去了最直接的纸制凭据,无法追踪。网上交易的高度活动性和隐蔽性,不仅严重妨碍了税收当局获取信息的工作,而且使政府无法全面掌握纳税人经济活动的相关信息。

4. 对国家税收管辖权的概念造成冲击

国家税收管辖权的问题是国际税收的核心,目前在世界上大多数国家实行的都是来源地税收管辖权和居民税收管辖权,即就本国居民的全球所得和他国居民来源于本国的收入课税,由此引发的国际重复征税通常以税收协定的方式来免除。而在互联网贸易中心,这两种税收管辖权都面临着严峻的挑战。

11.1.3 电子商务税收的原则

1. 税收中性原则

税收是一种分配方式,从而也是一种资源配置方式。国家征税是将社会资源从纳税人转向政府部门，在这个转移过程中，除了会给纳税人造成相当于纳税税款的负担，还可能对纳税人或社会带来超额负担。

税收中性包含两个最基本的含义：一是国家征税使社会所付出的代价以税款为限，尽可能不给纳税人或社会带来其他的额外损失或负担；二是国家征税应避免对市场经济正常运行的干扰，特别是不能使税收成为超越市场机制而成为资源配置的决定因素。

就世界范围而言，遵循税收中性原则，已成为对电子商务征税的基本共识。美国财政部发表了《全球电子商务选择性的税收政策》的报告，认为税收中性指导电子商务征税的基本原则，不通过开设新的税种或附加来征税，而是修改现有税种，使其适用于电子商务，确保电子商务的发展不会扭曲税收的公平。欧洲委员会也公布了《面对电子商务：欧洲的首选税收方案》的报告，接受了美国人的观点，认为应该努力使现行的税种，特别是增值税，适应电子商务的发展，而不是开征新的税种。

2. 明确各税收要素的内容原则

税收法定主义原则要求税收要素必须由法律明确规定，电子商务对税收要素的影响突出地表现在征税对象和纳税地点的确定上。

就纳税地点而言，现行增值税法律制度主要实行经营地课税原则，即以经营地为纳税地点。然而，高度的流动性使得电子商务能够通过设于任何地点的服务器来履行劳务，难以贯彻经营地课税原则。由于间接税最终由消费者负担，以消费地为纳税地不仅符合国际征税原则的趋势，而且有利于保护我国的税收利益，为此，应逐步修改我国现行增值税的经营地原则，并过渡为以消费地为纳税地点的规定，从而有效解决税收管辖权归属上产生的困惑。

3. 尽量利用既有税收规定原则

运用既有的税收原则来形成对电子商务征税的规则是目前所能找到的形成国际共识的最好方法。在电子商务条件下，贯彻税收法定原则，首先需要解决的问题就是是否开征新税。实际上，对这个问题的争论由来已久，网络经济的发展并不一定要对现有的财政税收政策做根本性改革，而是尽可能让网络经济适应已有的财政税收政策。

4. 坚持国家税收主权的原则

在制定网络商务的税收方案时，既要有利于与国际接轨，又要考虑到维护国家主权和保护国家利益。例如，对于在中国从事网上销售的外国公司，均应要求其在中国注册，中国消费者购买其产品或服务的付款将汇入其在中国财务代理的账户，并以此为依据征收其销售增值税。再如，为了加强对征税的监督，可以考虑对每一个进行网上销售的国内外公司的服务器进行强制性的税务链接、海关链接和银行链接，以保证对网上销售的实时、有效监控，确保国家税收的征稽。

5. 税收公平原则

税收公平原则是税法理论和实践中的又一项极其重要的原则，是国际公认的税法基本原则。根据税收公平原则，在税收法律关系中，所有纳税人的地位都是平等的，因此，税收负担在国民之间的分配也必须公平合理。税收公平原则要求电子商务活动不能因其避税便利而享受比传统商务活动更多的优惠,也不能比传统商务更易避税或逃税。

6. 税收效率原则

税收效率原则指税收要有利于资源的有效配置和经济机制的有效运行,提高税收征管的效率。税收效率原则要求以最少的费用获取最多的税收收入,并利用税收的经济调控作用最大限度地促进经济的发展,或者最大限度地减轻税收对经济发展的障碍。在电子商务交易中,税务部门获取信息和处理信息的能力都得到提高,凭借电子化、信息化的税收稽征工具,税务机关的管理成本也将大大降低,为提高税收效率带来了前所未有的机遇。

11.2 电子商务的税收征管

11.2.1 电子商务税收管辖权模式

税收管辖权指主权国家根据其法律所拥有和行使的征税权力,是国际法公认的国家基本权利。一般而言,主权国家有权按照各自的政治、经济和社会制度,选择最适合本国权益的原则确定和行使其税收管辖权,规定纳税人、课税对象及应征税额,外国无权干涉。

一国行使税收管辖权的范围,在地域上,指该国的领土疆域;在人员上,指该国的所有公民和居民,包括本国人、外国人、双重国籍人、无国籍人和法人。

国际上确定的税收管辖权通常有以下两种。

(1) 属人原则,又称为属人主义,即按纳税人(包括自然人和法人)的国籍、登记注册所在地或者住所、居所和管理机构所在地为标准,确定其税收管辖权。凡属该国的公民和居民(包括自然人和法人),都受该国税收管辖权管辖,对该国负有无限纳税义务。

(2) 属地原则,又称为属地主义,即按照一国的领土疆域范围为标准,确定其税收管辖权。该国领土疆域内的一切人(包括自然人和法人),无论是本国人还是外国人,都受该国税收管辖权管辖,对该国负有有限纳税义务。

在信息网络的环境之中,电子商务税收管辖权的确定有别于传统领域,属地与属人的界定也有别于传统领域。

1. 基于服务器或供应商的管辖权模式(电子商务税收属地主义)

基于服务器或供应商的管辖权模式暗示着税收缴给供应商国家或安装有服务器的国家,该国享有税收管辖权。在这种情况下,观念上的消费者把税及成本价缴给供应商或服务器国家,再由供应商向其所属国或服务器所属国的税务办纳税。实际上,税及成本可能会从消费者银行账户转移到供应商的银行账户上。根据这种模型,消费者可以被认为是供应商国家或服务器国家的纳税者。

2. 基于消费者的管辖权模式(电子商务税收属人主义)

基于消费者的管辖权模式意味着税收收入达到了消费发生国,该国享有税收管辖权。根据这种模式,供应商被认为是消费者国家的进口商,在这种情况下,消费者仅把税款缴给消费者自己国家的税办。另外,真正的价格和税款的支付可能会分别转给供应商的银行账户和税办的账户。这种税收管辖权模式有利于实现本国的税收政策目的，消费者的税收负担也相对合理。

11.2.2 电子商务的税收征管与税源监控

1. 电子商务对现行的税收征管方式造成冲击

1）电子商务税收征管随计算机技术的发展而复杂

互联网上大多数站点都设有镜像站点。镜像站点通常是位于其他国家的计算机，其中存储与原始站点完全相同的信息。采用镜像的目的是避免互联网上"交通阻塞"，使互联网用户访问与之物理位置相对较近的计算机，从而加速信息的交互过程。因此，网络贸易的消费者并不知道是哪个国家的计算机为自己提供了商品或服务。这一特性无疑加大了税务工作的难度。

另外，计算机加密技术的发展，使税收征管工作受到制约。随着计算机加密技术的发展，纳税人可以用超级密码和用户名对自己的商业财务方面的信息实施双重保护，隐匿有关资料，使税务机关难以获取纳税资料，即使获得资料也会模糊，税收征管工作因此而受到制约。

2）电子商务中的交易商品来源具有模糊性

在网络这个独特的环境下，交易的方式采用无纸化，所有买卖双方的合同、作为销售凭证的各种票据都以电子形式存在，交易实体是无形的，交易与匿名支付系统连接，其过程和结果不会留下痕迹作为审计线索。现行税务登记依据的基础是工商登记，但信息网络交易的经营范围是无限的，也不需事先经过工商部门的批准，因此，现行有形贸易的税务登记方法不再适用于电子商务，因为无法确定纳税人的经营情况。

在互联网电子商务中的账簿和凭证是以网上数字信息存在的，并且这种网上凭证的数字化又具有随时被修改而不留痕迹的可能，这将使税收征管失去了可靠的审计基础。由于网上交易的电子化，电子货币、电子发票、网上银行开始取代传统的货币银行、信用卡，现行的税款征收方式与网上交易明显脱节。现行税收征管方式的不适应将导致电子商务征税方面法律责任上的空白地带，对电子商务的征纳税法律责任将无从谈起。现行的税收征管手段，是在手工填报、人工处理的基础上进行的。而电子商务运行模式，无论从交易时间、地点、方式等各个方面都不同于传统贸易的运作模式。此外，由于厂商和客户通过互相进行直接贸易，省略了商业中间环节机构，使商业中介扣缴税款的作用被严重削弱，因而税务机关更加难以开展征管。

3）电子商务税收管辖权的确定

由于因特网的跨地域性远非传统交易的有限，它可以在极其短暂的时间内深入到世界的任何一个甚至多个地区，当一项交易发生时，应由哪个地区的税务机关对它行使税收管辖权便难以确定。随着电子商务规模的不断扩大，这个问题如果不能尽快解决，必然会对销售方面的税收乃至消费行为产生很大的影响。

一般而言，税收管辖权的范围是一个国家政治权力所能达到的范围，各国现行的税收管辖权并不一致，有的实行属地原则，有的实行属人原则，或二者兼而实行。电子商务的出现，使管辖权的问题更加突出，由于网络空间的广泛性和不可追踪性等原因，收入来源难以确定，地域管辖权也难以界定。以美国为首的发达国家要求加强管辖权，发展中国家为了本国利益则侧重于强调地域管辖权。随着电子商务的发展，若不采取积极措施，发达国家和发展中国家关于税收管辖权界定的冲突将会进一步加剧。

4) 应纳税种难以确定

在我国现行税制中，依据提供劳务、特许权使用和商品买卖等销售形式的不同，分别征收营业税和增值税，并对提供劳务、特许权使用和商品买卖等销售形式有明确的界定，从而比较容易确定相应的税种、税目、税率及计税依据。但是在电子商务中，大量的商品和劳务是通过网络传输的无形的数字化产品，这些数字化产品在一定程度上模糊了原为人们普遍接受的产品概念，改变了产品的性质，使商品、劳务和特许权难以区分。因此，税务部门在实际征收管理过程中，会对一项数字化产品交易形式究竟认定为提供劳务、提供特许权使用，还是认定为销售商品，因理解角度的不同而产生较多争议。

5) 常设机构难以界定

常设机构指企业进行全部或部分经营活动的固定营业场所，税收征管部门就是通过常设机构来确定企业经营来源地，并据以征收税款的。但电子商务的出现使非居民可以通过用服务器上的网址来进行销售活动，那么可否判断网址就是该非居民的常设机构呢？此外，非人化的网络供应商作为代理商担任常设机构，从概念上看，这与大多数国际税收协议都将代理商特指为人是不相符的。

6) 偷漏税严重

由于网上交易容易偷漏税，从而造成从事网上交易的公司和非网上交易公司的税负不平衡。网上交易公司税负轻，而非网上交易公司税负重，势必会造成重税负的非网上交易公司积极上网交易，进入网络贸易的"避税区"，从而造成更大的税收流失。电子商务的发展除了虚拟的电子形式在客观上为逃税、偷税提供了天然的便利外，又因为各国都有权就发生在其境内的运输或支付行为征税，所以纳税人大多选择在避税港建立虚拟公司，并通过其进行贸易，或将其作为交货地点，利用避税港的税收优惠政策避税，造成许多公司在经营地微利或亏损生存，而在避税港的利润却居高不下。目前，一些国际避税港甚至在互联网上推出了"避税服务"。今后，跨国公司利用网上贸易操作利润、规避税收的情况将更加难以防范。荷兰国际财政文献局对避税下的定义是，避税指以合法手段减轻税收负担。由于电子商务的高流动性、隐匿性特点，使得税务部门难以取得税收依据。美国财政部有关电子商务的白皮书提出了电子商务中心4个影响征税的特点：①消费者匿名；②制造商隐匿其住所；③税务部门读不到信息，无法掌握电子交易情况；④电子商务本身也可以隐匿。正是由于电子商务的这些特点，企业只要通过交换在互联网上的站点，选择在低税率或免税的国家设立站点，就可以达到避税的目的。

7) 国际税收管辖权的矛盾

地域税收管辖权和居民税收管辖权的冲突是电子商务课税的焦点问题。世界上绝大多数国家(除少数避税港)为维护自身利益，避免财源流失，都同时实行地域管辖权和居民(公民)管辖权，并对由此引起的国际重复征税通常以双边税收协定的方式予以减免。但电子商务的发展，将引起地域税收管辖权的争执。例如，通过互相合作的website(网站)来提供技术服务；通过国际互联网进行千里之外的心理咨询或医疗诊断服务等。但是各国对电子商务交易所得在地域税收管辖权的判定上，出于各自利益，会有很大争议。

有些国家采取居民税收管辖权优先于地域税收管辖权，赞成加强居民税收管辖权。然而，居民税收管辖权也面临着挑战。虽然居民身份通常以公司注册地为标准进行判定，但许多国家还坚持以管理和控制地为标准判定居民身份。大多数国家的公司税法都允许外国公民担任本国公司的董事，还允许董事会在居住国以外召开。诸如电视会议等技术的广泛应用，使以下情况成为可能：管理和控制中心可能存在于多个国家，也可能不存在于任何国家，这使居民税收管辖权形同虚设。

2. 电子商务的发展对税源的监管的机遇和挑战

【拓展知识】

电子商务需要较大幅度地变革传统管理模式，更新管理工具和手段，给税源监管带来以下机遇。

（1）如果将发票或者电子发票作为记账核算、维护消费者权益的凭据，那么消费者索取发票或者电子发票的行为就会大大增加，这就为人们提供了一个加强税源监控的良好的监控点：实行联机实时开票，在此基础上建立发票和交易的交叉比对制度。具体做法是，通过让纳税人直接在税务机关的网上或者通过通信公司与税控设备实时联机，纳税人通过安全身份认证后，可以直接根据自身的权限开具发票，电子形式和纸质形式都可以。税务机关在开具发票的同时获得纳税人的开票信息，进入发票数据库，对获取数据的纳税人在入账或者抵扣时进行交易确认和交叉比对。

（2）随着电子支付手段的普及，银行或者清算系统已经成为非常重要的中介：通过税务机关监控清算系统、银行及其他金融机构的数据来监控税源，分析纳税人的纳税遵从度并采取有效措施。

这两项措施可以有效提升税务机关对税源的监控能力，但是也有一些纳税人不需要发票或者一些银行机构实行离岸结算，从而产生一些管理困境。尤其是如果允许银行实行离岸结算，会产生很多洗钱行为但无法监控。因此，国家法律和国际法律协议范本需要考虑清楚这个问题，而不仅是税收方面的法律问题。挑战当然也很严峻，电子商务产生的虚拟世界与现实物理世界并不是一一对应的，这会降低税务机关对于税源的监控能力。具体而言，存在本章已讨论过的纳税人身份和地址的确认问题、跨境网上金融业务问题、常设机构的确认问题等。因此，在电子商务环境下，税源失控的可能性大大增加。

为迎接网上贸易对现行税制的冲击，税务机关必须加强电子商务的税收对策研究，制定切实可行的电子商务征管措施。

（1）强化备案制度。在电子商务发展初期，就要及时完善税务登记，使电子商务经营者注明电子商务经营范围，责令上网单位将与电子商务有关的材料报送当地税务机关，便于税务机关控制。建立电子货币发送者数字身份证（Digital ID Card）的登记制度，即税务机关根据网络者的资信状况，核发数字式身份证明。然后，要求参与交易者必须在交易中取得对方数字身份证的信息，并向税务机关申报，以确定交易双方的身份及交易的兴趣。

（2）把支付体系作为征管的关键。虽然电子商务交易具有高流动性和隐秘性，但只要有交易就会有货币与物的交换，可以考虑把电子商务建立和使用的支付体系作为稽查、追踪和监控交易行为的手段。

目前，电子商务的支付手段必有信用卡体系、客户账户体系和电子货币体系3种。前两种形式一般需经过银行支付，因此，应实现税务与银行的联网，这样企业在进行贸易向银行划入划出资金时，税务机关可以进行有效监控，从而大大限制偷税、逃税行为的发

第 11 章 电子商务税收法律制度

生。对于电子货币支付体系,在网上建立电子银行,要求从事电子商务的企业和个人在电子银行具有电子户口,在网上完成异地结算、托收等金融业务,在网络上完成缴税业务,实现电子支付。

11.2.3 电子商务的税务稽查

电子商务税务稽查是税收征收管理工作的重要步骤和环节,是税务机关代表国家依法对电子商务纳税人的纳税情况进行检查监督的一种形式。税务稽查的依据是具有各种法律效力的各种税收法律、法规及各种政策规定。

各级税务机关设立的税务稽查机构,应按照各自的管辖范围行使税务稽查职能。各级税务机关应当在所属税务稽查机构建立税务违法案件举报中心,受理公民举报税务违法案件。税务稽查的基本任务:依照国家税收法律、法规,查处税收违法行为,保障税收收入,维护税收秩序,促进依法纳税,保证税法的实施。电子商务税务稽查的范围:包括税务法律、法规、制度等的贯彻执行情况,纳税人生产经营活动及税务活动的合法性,偷、逃、抗、骗、漏税及滞纳情况。

税务稽查对象的立案:税务稽查对象中,经初步判明有以下情形之一的,应当立案查处:偷税、逃避追缴欠税、骗取出口退税、抗税和为纳税人、扣缴义务人非法提供银行账户、发票、证明或者其他方便,导致税收流失的;无上述违法行为,但是查补税额在5 000元至2万元以上的;私自印制、伪造、倒卖、非法代开、虚开发票,非法携带、邮寄、运输或者存放空白发票,伪造、私自制作发票监制章和发票防伪专用品的;税务机关认为需要立案查处的其他情形。

1. 电子商务税务稽查的积极影响

1)有利于税务稽查实现由"有限稽查"向"全面稽查"转换

目前,税务稽查是根据纳税申报表,发票领、用、存情况,各种财务账簿和报表等信息,来确认稽查对象并实施稽查的。企业提供的涉税信息的充分性和可靠性非常有限。实行电子商务后,可以通过互联网获取该企业所属行业信息、货物交易情况、银行支付情况、发票稽核情况及其关联企业情况等,促进稽查约有效实施。同时,稽查人员可随时获取法律、法规、条例等信息,甚至可以网上取证。

2)电子商务推动税务稽查的方法和手段走向现代化

税务机关与银行联网,通过网上银行、电子货币、电子支票来收缴查补税款,加快了税款入库时间。传统的查账将被网上稽查所代替,通过税务机关与电子商务认证中心、网上银行、海关、工商、外事管理局、法院、公安等部门的联网,共同建立专门的电脑税务稽查与监控网络,研制具有网上追踪统计功能的网上稽查软件,查处电子商务中税收违法案件,从而加强了依法治税的手段和力度。

3)有效降低稽查成本,促进了税务稽查部门的廉政建设

电子商务促进了对纳税人实行电脑化、网络化管理,稽查机关可以要求纳税人以电子邮件形式,把电子账册、电子票据等信息发送到稽查部门,实行网上稽查,避免了目前烦琐的实地稽查和调账稽查,避免了与纳税人接触,更加符合税收的简便和最小征收费原则,也促进了廉政建设。

2. 电子商务税务稽查的不利影响

税务机关要进行有效的征管稽查，必须掌握大量有关纳税人应税事实的准确信息，以作为税务机关判断纳税人申报数据准确性的依据。为此，各国税法普遍规定纳税人必须如实记账并保存账簿、记账凭证及其他与纳税有关的资料若干年，以便税务机关实施以账证追踪审计为主要形式的检查，从法律上奠定了税收征管的基础。

（1）在互联网这个独特的环境中，由于订购、支付甚至数字化产品的交付都可通过网上进行，使得无纸化程度越来越高，订单、买卖双方的合同、作为销售凭证的各种票据都以电子形式存在，且电子凭证又可被轻易地修改而不留任何线索、痕迹，导致传统的凭证追踪审计失去基础。

（2）互联网贸易的发展刺激了电子支付系统的完善，联机银行与数字现金的出现，便跨国交易的成本降至与国内成本相当的水平，一些资深银行纷纷在网上开通联机银行业务，开设在国际避税地。

国际避税地又称为国际避税港（Tax Haven，又称为税务天堂或避税乐园），是一国政府或一个地区，为了吸引外国资本流入和引进外国先进技术，对外国人在本国或本地区投资开设的企业不征税，或者只征收远低于其他国家税率的税，从而向外国投资者提供不承担或少承担国际税负的特殊有利场所。联机银行更是成为税收筹划者获取税收保护的工具。

目前，国内银行一直是税务机关的重要信息源，即使税务当局不对纳税人的银行账号进行经常性的检查，潜在的逃税者也会意识到面临的风险。如果信息源为境外等地的银行；则税务当局就很难对支付方的交易进行监控，从而也丧失了对逃税者的一种重要威慑手段。

（3）数字现金的使用也应引起重视。从传统方式看，现金货币在逃税中发挥了重要作用。数字现金不但具有现金货币的特点，而且可以随时随地通过网络进行转账结算，避免了存储、运送大量现金的麻烦，加上数字现金的使用者可采用匿名方式，更加难以追踪。

（4）随着计算机加密技术的成熟，纳税人可以使用加密、授权等多种保护方式掩藏交易信息，税务机关既要严格执行法律对纳税人的知识产权和隐私权的保护规定，又要广泛搜集纳税人的交易资料，管理工作的难度越来越大。美国政府要求执法官员拥有进入每一台计算机的"钥匙"，但即便如此也无济于事。因随着加密技术的发展和广泛应用，只有具有企业的"私人钥匙"才能破解其交易信息，但如果责令企业交出"钥匙"，又将与法律规定的隐私权保护相悖。如何对网上交易进行监管以确保税收收入及时、足额入库，是网上征税的又一难题。

11.3　电子商务的国际税收

11.3.1　电子商务与国际避税

1. 国际避税的类型

国际避税指跨国纳税人利用两个或两个以上的国际的税法和国际税收协定的差别、漏洞、特例和缺陷，规避或减轻其总纳税义务的行为。税收是国家对纳税人（纳税主体）和征税对象（纳税客体）进行的课证。

第 11 章　电子商务税收法律制度

国际避税的基本方式就是跨国纳税人通过借用或滥用有关国家税法、国际税收协定，利用它们的差别、漏洞、特例和缺陷，规避纳税主体和纳税客体的纳税义务，不纳税或少纳税。基本方式和方法主要有以下 4 类。

1）转让定价避税

转让定价方式避税指跨国纳税人人为地压低中国境内公司向境外关联公司销售货物、贷款、服务、租赁和转让无形资产等业务的收入或费用分配标准，或有意提高境外公司向中国境内关联公司销货、贷款、服务等收入或费用分配标准，使中国关联公司的利润减少，转移集中到低税国家（地区）的关联公司。

2）利用国际避税地避税

国际避税地也称为避税港或避税乐园，指一国为吸引外国资本流入、繁荣本国经济、弥补自身资本不足和改善国际收支情况，或引进外国先进技术以提高本国技术水平，在本国或确定范围内，允许外国人在此投资和从事各种经济活动取得收入或拥有财产可以不必纳税或只需支付很少税收的地区。避税最常见、最一般的手法是跨国公司在国际避税地虚设经营机构或场所，转移收入，转移利润，实现避税。

3）滥用国际税收协定避税

国际税收协定是两个或两个以上主权国家为解决国际双重征税问题和调整国家间税收利益分配关系，本着对等原则，经由政府谈判所签订的一种书面协议。为达到消除国际双重征税目的，缔约国间都要作出相应的约束和让步，从而形成缔约国居民适用的优惠条款。目前我国已同 80 多个国家签订税收协定。然而国际避税活动是无孔不入的，一些原本无资格享受某一特定税收协定优惠的非缔约国居民，采取种种巧妙的手法，如通过设置直接的导管公司、直接利用双边关系设置低股权控股公司而享受税收协定待遇，从而减轻其在中国的纳税义务，这种滥用税收协定避税的行为还将随着我国对外开放的扩大而产生。

4）改变居民身份避税

改变居民身份避税主要指跨国纳税人通过跨境迁移，或者在一国境内避免成为该国居民，以改变相关国家的税收管辖权，从而实现规避目标的方式。

2. 利用电子商务避税

电子商务采用数字化电子方式进行商务数据交换和开展商务业务的活动，是在互联网与传统信息技术系统相结合的背景下产生的相互关联的动态商务活动。在实现了书写电子化、信息传递数据化、交易无纸化、支付现代化的同时，也引起了审计环境、审计线索、审计信息的储存介质、审计的技术方法、审计方式等一系列的重大变化。而这些使得国际税收中传统的居民定义、常设机构、属地管辖权等概念无法对其进行有效约束，无法准确区分销售货物、提供劳务或是转让特许权，因而，电子商务给跨国企业的国际避税提供了更安全隐蔽的环境。

随着电子商务的迅速发展，跨国企业利用电子商务的隐蔽性，避免成为常设机构和居民法人，逃避所得税；利用电子商务快速的流动性，虚拟避税地营业，逃避所得税、增值税和消费税；利用电子商务对税基的侵蚀性，隐蔽进出口货物交易和劳务数量，逃避关税。

电子商务交易转让商品更为轻易，更易于跨国公司将利润从一国转移到另一国，因而，各国对电子商务交易中的转让定价问题日益关注。欧美国家和OECD对此进行研究，指出，电子商务并未改变转让定价的性质或带来全新的问题，现行的国际、国内的转让定价准则基本适用于电子商务。但是，由于电子商务摆脱了物理界限的特性，使得税务机关对跨国界交易的追踪、识别、确认的难度明显增加，具体表现如下。

1）转让定价易如反掌

由于关联公司内部局域网的快速发展，各关联成员之间在对待特定商品和劳动力的生产和销售上便有了更广泛的使用空间，关联公司可以充分利用网络传递的手段在各成员之间有目的的调整收入定价和分摊成本费用，从而轻而易举转让定价谋求整个关联集团尽可能大的税收利益。传统交易中对非常情况，税务机关可以使用比较利润法、成本加价法等来进行调整，而网络贸易中，赢利企业通过互联网或内部局域网从事交易，这必然会对传统的正常交易价格带来挑战，特别是随着银行经营的网络化及电子货币和加密技术的广泛应用，纳税人在交易中的定价更为灵活和隐蔽，使对关联企业的转让定价调整很难找到可以参照的正常交易价格。可以想象，这大大增加了反避税工作的难度。

2）国际避税空间越来越宽

由于各国都有权对发生在其境内的运输或支付行为征税，因此纳税人大多选择在避税港建立虚拟公司，并通过其进行贸易，或将其作为交货地点，利用避税港的税收政策避税，造成许多公司在经营地微利或亏损，而在避税港的利润却居高不下，这是传统的国际避税。自从网上交易的出现，随着互联网技术的飞速发展，电子邮件、IP电话、网上传真等技术的进一步普及，无须在避税港设立公司，而只要拥有一台计算机、一个调制解调器和一部电话，就能与国外企业进行商务洽谈和贸易，便能达到避税的目的。

【拓展视频】

11.3.2　电子商务的国际税收的法律问题

近年来，世界各国政府对电子商务涉及的税收问题都在积极探索，OECD中的几个成员国已组成一个专门委员会，以推动电子商务涉税问题的国际研究。

1. 关于常设机构的认定

在国际税法中，对非居民所得进行征税管辖权的划分方面，常设机构是一个重要的概念。如果缔约国一方的居民在缔约国另一方没有维持一个常设机构，那么缔约国另一方将不得对该居民在其国内所取得的营业利润根据收入来源地税收管辖权进行征税，征税权将划归其居住国。反之，如果存在常设机构，那么来源国将对该常设机构所产生的营业利润或其他所得进行征税。在确定是否存在常设机构方面，有以下3项标准。

1）营业场所标准

在OECD（经合组织）和UN（联合国）范本中，常设机构是指一个企业进行全部或部分营业的固定场所。从事电子商务的企业往往是在一国（地）的因特网服务提供商的服务器上租用一个"空间"（即设立一个网址）而进行网上交易，其在服务器所在国（地）既无营业的固定场所，也无人员从事经营。有的企业则是在本国（地）设立网址，或者在第三国（地）设立一个网址。对此，有的国家提出把网址或服务器视为常设机构，对网址或服务器所在国(地)征税,甚至提出对设立在企业所在国和设立在第三国的网址(只要有营业利润)征税。

2)代理人标准

如果一个非居民在一国税收管辖权范围内有一个非独立地位代理人,该非独立地位代理人有权以非居民的名义签订合同,对于这个非独立地位代理为企业进行的任何活动,应认为该非居民企业在该国设有常设机构。关于一个网络服务提供商是否构成非独立地位代理人存在争议,若某网络服务提供商在一国税收管辖权以外,而通过它进行的活动,在该税收管辖权范围内,则不应将它视为常设机构(即非独立地位代理人);如果在一国税收管辖权范围内,网络服务提供商代客户进行活动只是其正常业务的一部分,那么,该网络服务提供商也不成为常设机构(非独立地位代理人);只有当网络服务提供商的活动全部或几乎全部代表某一非居民时,网络服务提供商才应视为常设机构(非独立地位代理人)。

3)活动标准

如果一个人虽没有代表非居民签订合同的权利,但经常在一国税收管辖权范围内为非居民提供货物或商品的库存,并代表该非居民经常从该库存中交付货物或商品。对于这个人的活动,应认为该非居民在一国税收管辖权范围内有常设机构。那么,在一国税收管辖权范围内拥有、控制、维持一台服务器,是否构成常设机构呢? OECD认为,如果企业的业务主要是通过自动设备开展的话,人员的活动被限制于设立、运行、控制和维持这样的设备,可能存在一个常设机构。美国财政部文件认为,电子商务将不构成一个常设机构,因为它不符合常设机构的标准,或是这一标准的例外,在美国税收条约中,一间仓库或储存设施是常设机构的一种例外。计算机或服务器类似于一间仓库或存储设施,在一国税收管辖权范围内存在一台服务器将不构成一个常设机构,因为它不是一个固定的营业场所,也不符合常设机构的标准。

2. 所得的性质

大多数税收条约和有关的国内税法对不同类型的所得有不同的征税规定。但是目前关于所得性质的国际税法概念不能适应电子商务活动。如在有税收协定的情况下,非居民在来源国有营业利润(即出售货物所得),该营业利润只有通过该非居民设在来源国的常设机构所取得时,来源国才有权对此征税。而对非居民在所得来源国取得的特许权使用费和劳务报酬,通常来源国只能对此征收预提税。然而在电子商务时代,随着传送方式的变化,上述3种所得的区别已变得模糊不清,如软件的销售就是一个例子。对服务所得的来源,传统上认为,开展服务要求服务提供者去客户所在地,但目前有许多服务可以通过电子网络来提供,服务者不需要去客户所在地,如网上医疗诊断。

3. 纳税依从性问题

电子商务在纳税依从性上所产生的问题,主要包括电子货币、电子商务参加者身份的确认、中间人的消失和会计记录的保存。

1)电子货币

电子货币(Electronic Money, EM)是一种可转换货币,它已经被数字化、电子化,可以迅速转移,且交易成本低廉,同时,EM是一种系统化货币,可以被储存和追踪,系要求高度的安全性和一个将初始金额装入系统的中间人。有两种 EM 系统，第一种是账户系统，它通常被诸如银行等第三方所维持，这种系统提供一种审计（查账）渠道，可追踪经济活动中的整个现金流向，类似一个查账员；第二种是非账户系统，类似于现金货币，不能被追踪。EM 可以迅速将钱转移到国外，并且成本低廉，从税收的角度看，这种款项转移是不易被监督的，由于技术上的成熟性，EM（特别是非账户系统 EM）通过因特网进行远距离支付，极有可能对税法的执行产生重大的冲击和不利影响，传统的现金逃税是有限的，因为现金交易数额不可能巨大，然而在 EM 中由于交易金额巨大，且隐秘、迅速、不易追踪，因此逃税的可能性空前增加。对电子商务逃税的可能性，一些国家的税务当局正试图通过改变目前的控制手段和发展新技术区追踪 EM 来解决。

2）电子商务参加者身份的确认

对于税务当局来说，这与税法和有关税收条约的执行是至关重要的，如对于一个在网上进行交易的人的身份的确认影响到居民或来源地税收管辖权的适用。目前，经合组织正在寻求一种解决方案：从事电子商务公司发展一种数字身份证（Digital ID），它可以用来确认网上另一个人的身份，DC 由一个受托的中间人签发，他负责确认有关人员的身份并开展适当的背景调查。数字身份证将产生一种痕迹，有利于税务当局追踪并减少网络上的交易商伪造账册的风险。

3）中间人的消失

在电子商务交易中，产品或服务的提供者可以免去中间人（如代理人、批发商、零售商等）直接将产品提供给消费者，这在税收上会导致 3 个方面的结果：①原来分摊在这些中间人身上的税基可能会丧失，从国际角度看，有些国家可能税基增大，有些则可能减少；②中间人消失的结果，将会使税收征管复杂化，原来可以从少数代理人取得巨额的税收，将变成向广大的消费者各自征收小额的税收；③纳税申报和依从性将受到削弱，以前中间人可以提供有关的信息并代扣预提税，国内税务机关可以对他们进行审计，中间人的消失，将使许多无经验的纳税人加入到电子商务中来，这将使税务机关工作量增大。关于中间人消失所产生的问题，美国提出了两种解决方案：一是通过达成国际共识和签订双边税收条约确定对电子商务征收的居民税收管辖权；二是有关利益各方开发一种可用于电子商务的软件或其他装置来进行预提税的征收和其他申报事项。

4）会计记录的保存

在电子商务中从事电子货物销售和服务的纳税人可能不会造出一份书面记录，交易被电子化履行了，这些交易记录可能只是一种电子形式，并且这种电子记录可以被轻易地更改，即使那些从事有形货物销售的纳税人也可能会收到电子订单和签发电子发票，为了将逃税的可能性减到最小，电子记录和有关的文件必须是可查证的。

11.3.3 我国对电子商务税收规则

电子商务也是一种交易方式，按我国现行税法规定，无论是线上还是线下，只要达成了交易就应纳税。

1. 电子商务企业卖家

根据电子媒介是作为传递商品或服务的媒介，还是仅用来处理订单、发布广告和提供辅助性服务的媒介，可以将电子商务分为直接电子商务和间接电子商务两种。一般认为，对于间接电子商务与传统交易的税收征管区别不大，进行间接电子商务的企业卖家仍需与传统企业一样缴纳相关的税收。

我国首例网上交易逃税案的审判结果也表明，这类电子商务企业卖家须按传统税法规定缴纳相关的税收。对于直接电子商务企业卖家是否需和传统企业一样缴纳相关税收，我国税法还未有明确规定。直接电子商务企业在销售电子软件、电子图书等无形商品时，到底是把它归为销售货物还是归为提供服务也存在争议。

2. 电子商务个人卖家

按照现有法规，个人以赢利为目的销售全新的商品需要缴税。现行传统个体商户销售货物的增值税起征点为月销售额 2 000～5 000 元不等，具体参照各个省市的规定，增值税税率为 4%，如果参照这一标准，网上个体商户月销售额超过 5 000 元的也应缴纳增值税。

在商务部发布的《关于网上交易的指导意见（暂行）》中，对于网上交易参与方作出如下规定：法律规定从事商品和服务交易须具备相应资质，应当经过工商管理机关和其他主管部门审批。然而在目前的工商登记法规中，并没有对"网上交易"这一领域进行规定，但原则上网上交易是需要办理营业执照的。既然从事网上交易需在工商部门注册登记和办理营业执照，则电子商务个人卖家也应按规定缴纳增值税。然而在现实中，由于对网上个体商户的监管存在较大困难，监管成本较高，收益也不是很可观，因此一般网上个体商户都不会缴纳税收。

3. 电子商务服务提供企业

电子商务服务提供企业可分为平台服务提供企业和辅助服务提供企业。后者包括为买卖双方提供身份认证、信用评估、网络广告发布、网络营销、网上支付、物流配送、交易保险等辅助服务的企业。

在我国，目前多数从事电子商务的企业都注册于各地的高新技术园区，这些企业大都拥有高新技术企业证书，其营业执照上限定的营业范围很广。这些企业被认定为生产制造企业、商业企业还是服务企业，将直接决定其税负情况。在企业所得税方面，高新技术企业、生产制造型的外商投资企业可享受减免税优惠，而服务性企业则通常适用营业税。那么，被定性为什么样的企业就成为关键问题。因此，电子商务企业在设立时，就可以通过缩减营业范围，使自己被认定为理想的企业性质。

由此可见，虽然我国当前没有专门的电子商务税法，但根据当前的法律规定，从事电子商务的企业和传统企业是一样需缴纳相关税收的，而从事电子商务的个人卖家如果其完成的交易达到一定的数额，也应缴纳相关税收。

在流转税方面，根据法律，如果每次交易不超过 200 元，一个月累计不超过 2 000 元，不需要缴纳增值税。对于 B2B 和 B2C 交易，由于出售商品一方本身就是一个企业实体，电子商务不过是为其提供了新的销售平台，因而应按照国家现行税法纳税，生产经营型企业应缴纳 17% 的增值税。对于 C2C 交易，由于成本低是目前吸引个人从事网上业务的主要因素，淘宝网的 100 多万户卖家中个人卖家超过了 99%，这对促进就业起了很大的积极作用，因而为鼓励该新兴行业的发展，可借鉴国外经验暂缓征税，但要有所准备，如果征税，一般买进卖出的店家应缴纳4%的增值税，二手物品的买卖可减半征收或不收税。

总体而言，我国的网络税收规制的制定困难重重。网络购物税收立法目前尚无国际先例，我国立法尚无太多可借鉴的条例。而且，目前网上交易大多都不经过工商登记，让税务机关对于网上交易无法有效征税。

国务院办公厅在2005年出台的《关于加快我国电子商务发展的若干意见》明确提出，要"加快研究制定电子商务税费优惠政策，加强电子商务税费管理"。而国家发改委、国务院信息化工作办公室2007年6月25日联合发布的我国首部电子商务发展规划——电子商务发展"十一五"规划也指出，相关部门需研究制定包括网上交易税收征管在内的多方面的电子商务法律法规。

目前，国家税务总局正会同有关部门共同调研电子商务税收征管问题，进而着手修订税收征管法。国家税务总局有关部门表示，将拟从确立完整的纳税人权利体系、建立电子商务的税收征管法律框架、健全法律责任制度、完善税收征管程序制度设计、对行政协助设置相应的法律责任规定以及科学界定税收管辖权等方面入手，争取立法机关和有关部门的支持，积极推进税收征管法的修订与完善。

业内建议征税可通过平台服务商代扣代缴。可以准许通过淘宝网、拍拍网、阿里巴巴网等网络销售平台服务商，提供税收代扣代缴的服务来对网上交易行为进行税收工作。以淘宝网、拍拍网为例，每笔超过200元，单月超过2 000元时可按照国家相关法律，自动扣除4%的增值税，扣除后由运营平台统一交纳到税务部门，同时授权运营平台可以出具C2C用户的纳税证明文件。

本 章 小 结

电子商务涉及的税收问题，主要包括是否对电子商务实行税收优惠，是否对电子商务开征新税，如何对电子商务征税。

电子商务税收主要遵循以下原则：税收中性原则、明确各税收要素的内容原则、尽量利用既有税收规定原则、坚持国家税收主权的原则、税收公平原则和税收效率原则。

电子商务税务稽查是税收征收管理工作的重要步骤和环节，是税务机关代表国家依法对电子商务纳税人的纳税情况进行检查监督的一种形式。

国际避税指跨国纳税人利用两个或两个以上的国际的税法和国际税收协定的差别、漏洞、特例和缺陷，规避或减轻其总纳税义务的行为。税收是国家对纳税人（纳税主体）和征税对象（纳税客体）进行的课证。

国际避税的基本方式是跨国纳税人通过借用或滥用有关国家税法、国际税收协定，利用它们的差别、漏洞、特例和缺陷，规避纳税主体和纳税客体的纳税义务，不纳税或少纳税。

 经典案例

电商平台虚开增值税发票案

D商城是一家大型B2C电商企业，税务稽查部门在一起发票协查中，发现有些涉案发票来自D商

第 11 章　电子商务税收法律制度

城。根据《增值税暂行条例》第九条规定，纳税人购进货物或者应税劳务，取得的增值税扣税凭证不符合法律、行政法规或者国务院税务主管部门有关规定的，其进项税额不得从销项税额中抵扣。稽查人员通过检查，排除了 D 商城恶意虚开的嫌疑，但发现交易中存在许多疑点，推测不法分子可能利用电商管理制度缺失，套取、虚开增值税专用发票。于是，对电商平台受票企业展开专项检查。

稽查人员采取手段，迅速锁定了涉税疑点突出的 10 家受票单位，瞄准一家车行展开试点检查。该车行的进项发票大都来自 D 商城，但对应的货物却被送往了另一家电器公司。在车行实地查看时，发现其经营的车辆是一款进口的豪华房车，车厢内确实安装着不少小屏幕液晶彩电。但是，该车行的进项发票中显示的货品都是 50 英寸以上的大屏幕彩电，两者明显不符。车行负责人承认虚收 D 商城的增值税专用发票。经确认，他共虚收 300 多份 D 商城的发票，涉及增值税税额 100 多万元。

在对其余 9 户疑点企业实施检查后，确认这些企业均虚收来自 D 商城的增值税专用发票。

在检查受票单位的同时，追查开票中间人也取得了重大进展。多家受票单位指向了同一位中间人——陈某。陈某是专为个人消费者从 D 商城代购商品的网店店主，为了维护大客户的生意，他主动把个人消费者代购的金额计算到几个大客户的头上，为它们从 D 商城开具增值税专用发票。陈某涉及的开票金额并不大，但类似陈某这样的开票中间人绝非个案。稽查人员很找到了开票金额更大的中间人——灌输泰州的张某。

据调查，张某每人从 D 商声码采购上亿元的货物，每次购货开票的企业名称都不同。在警方的支持下，张某已被缉捕。目前已有 10 多家企业被查实通过张某虚收了 D 商城、Y 网等大型电商企业的增值税专用发票。

自　测　题

一、单项选择题

1. 在信息网络的环境中，电子商务税收管辖权模式不包括（　　　）。
    A. 基于消费者所在地的管辖权模式
    B. 基于消费行为发生地的管辖权模式
    C. 基于服务器所在地的管辖权模式
    D. 基于供应商转移交付地的管辖权模式
2. 非法国际避税的类型不包括（　　　）。
    A. 合理使用国际税收协定避税
    B. 转让定价避税
    C. 利用国际避税地避税
    D. 改变居民身份避税

二、名词解释

1. 税收
2. 税收中性
3. 税收管辖权
4. 电子商务税务稽查
5. 国际避税
6. 国际避税地

三、简答题

1. 目前各国对电子商务涉及的税收问题争论的核心问题是什么？
2. 电子商务税收的特点有哪些？
3. 电子商务税收主要遵循哪些原则？
4. 国际上对电子商务税收管辖权模式通常有哪些？
5. 什么是国际避税？为什么电子商务给跨国企业的国际避税提供了更安全隐蔽的环境？

四、案例讨论

我国某公司利用跨国电子商务平台和全球范围内包括美国、加拿大、韩国等在内的十余个国家的中介服务商，采取开设隐匿的网上银行存款账户，由速递公司代收，香港货物中转，转存货款等方式隐瞒资金流向，隐藏真实的销售收入。

请使用税收管辖权理论分析，该公司的偷逃税款的行为的有权管辖地有哪些？该案应当适用哪国法律进行规制？为什么？

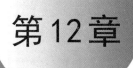

第12章 电子商务安全法律制度

教学目标

通过本章内容的学习,了解电子商务网络和交易方面存在的威胁以及采取的主要技术措施,掌握立法、行政法规及行政规章3个层面电子商务安全的法律制度建设的相关内容,掌握计算机信息系统安全保护制度、国际联网安全保护管理制度、通信网络安全防护管理制度以及信息保密管理制度及其相关内容。

教学要求

知识要点	能力要求	相关知识
电子商务安全概述	(1) 了解电子商务安全存在的问题 (2) 了解电子商务安全的主要技术措施 (3) 能够正确理解我国电子商务安全的法律制度建设	(1) 网络安全方面的安全威胁 (2) 电子交易方面的安全威胁 (3) 电子商务安全主要协议标准 (4) 电子商务安全的主要技术 (5) 电子商务安全相关立法 (6) 电子商务安全相关行政规章 (7) 我国电子商务安全相关行政法规
计算机信息系统安全保护制度	掌握计算机信息系统安全法律制度相关内容	(1) 计算机信息系统安全的行政管理机构 (2) 计算机信息系统安全的等级保护 (3) 计算机信息系统安全专用产品的销售许可证制度 (4) 计算机信息系统安全的行政法律责任
国际联网安全保护管理制度	能够正确理解《计算机信息网络国际联网安全保护管理办法》的相关规定	(1) 使用计算机联网的禁止性规定 (2) 互联网接入单位的安全职责 (3) 联网安全的法律责任
通信网络安全防护管理制度	能够正确理解《通信网络安全防护管理办法》的相关规定	(1) 通信网络单元的分级保护制度 (2) 通信网络安全检查制度
信息保密管理制度	掌握计算机系统保密及互联网保密管理相关制度	(1) 计算机信息系统保密管理制度 (2) 互联网保密管理制度

 **案例导航**

5·19 DNS 服务中断事件

分布式拒绝服务(Distributed Deny of Service, DDoS)攻击是一种很难被彻底解决的电子商务网站安全问题,其危害较大,往往可造成网站访问延时甚至瘫痪,已成为目前互联网上黑客经常采用的攻击手段。

中国较近一次大的 DDoS 攻击事件发生在 2009 年 5 月 19 日。当天晚上 21 时起,中国内地使用电信网络服务的网民发现,网页打不开,QQ、MSN 等即时通信工具掉线,无法在网络上收听、收看音、视频等情况。到 5 月 20 日上午,各地网络基本恢复了正常,但还有不少网民反映网速比平时慢了许多,一些网页不能正常打开。5 月 20 日,中国电信作出了回应,称此次网络堵塞是由一个名为"暴风影音"的客户端软件存在缺陷所引发。受暴风影音软件存在的设计缺陷及免费智能 DNS 软件 DNSPod 的不健壮性影响,黑客通过僵尸网络控制下的 DDoS 攻击,致使我国江苏、安徽、广西、海南、甘肃、浙江等省在内的 23 个省出现罕见的断网故障。

公安机关随即组织江苏、浙江、广东等地公安部门开展调查。于 7 月 6 日将犯罪嫌疑人抓获,并一举控制其他 3 名同伙,还有一名同伙于 8 月 27 日落网。5 名"80 后"犯罪嫌疑人都是浙江人,且都只有初中文化。

小兵初中毕业后在父亲的棉花厂帮忙,后决定投资私服,拉上小卿和小豹,投资了 28 万元,租用了 81 台私服,专门用来攻击其他私服。他们又在网上认识了小强。小强在浙江东阳经营一家网络公司,也是初中毕业,为了显示自己的能力,他让手下员工小刚赶制了一套网上攻击的方法,通过 QQ 传给小卿。5 月 18 日晚 7 点左右,小卿开始用 30 多台服务器试着发起攻击,就是短短的 20 多分钟,造成了大面积 DNS 服务中断。

小刚直接攻击私服网站的"首脑"——DNSPod 服务器。DNSPod 是一个免费域名,主要为国内众多网站提供域名解析服务,其中包括暴风影音等知名网站。小卿他们选择攻击对象的时候,表面是几家游戏网站的私服,可他们万万没想到这几家网站和暴风影音是同一个 DNSPod 服务器。一旦 DNSPod 受攻击瘫痪,其他私服都会受损。

从本质上来说未发生断网,网络本身是畅通无阻的,大面积中断的是 DNS 服务,故该事件的准确表述应为"5·19 DNS 服务中断事件"即"5·19 断网事件"。"5·19 断网事件"是综合了多种因素后产生的结果,其起因是一私人游戏服务器(简称私服)的所有者攻击竞争对手的游戏服务器未果,转而攻击为对手的游戏服务器提供免费动态 DNS 解析服务的 DNSPod 网站(www.dnspod.cn)。在互联网中,越是由基础服务的安全产生的威胁,其影响力越大,范围越广。作为互联网基础服务的 DNS,每天有海量的域名解析信息产生,其个体的安全性已经直接影响着互联网的安全。

该事件最初是由私服拥有者的互相攻击造成的,当时并没有想故意破坏计算机信息系统,虽然他们主观上没有破坏全国性网络的意图,但是客观上导致 DNS 大面积服务器中断的事实,仍然要依法承担相应的法律责任。而之所以造成如此大的影响,其中暴风影音扮演着非常重要的中间人角色。正由于暴风影音软件的行为,无意间绑架了大量的安装该软件的用户,使他们成为发动对电信 DNS 服务器攻击的傀儡机。从此事件中我们看到,除了各大软件商必须自律之外,相应职能部门也应该加强对软件或功能的管理和监督。

常州市天宁区法院经审理认为,小卿等人的行为已经构成破坏计算机信息系统罪,属共同犯罪。最终判决:小卿有期徒刑 1 年 3 个月,小强有期徒刑 10 个月,小刚有期徒刑 8 个月,小兵有期徒刑 1 年,小豹有期徒刑 1 年。

(资料来源:5 月 19 日大陆 DNS 大规模故障始末[EB/OL]. (2009-05-20).
[2011-10-28]. http://www.ickt.net/post/1287.html)

第 12 章 电子商务安全法律制度

该案所涉及的故意破坏计算机信息系统的相关法律问题将在本章及第 13 章讲述。

12.1 电子商务安全概述

电子商务的发展颠覆了传统商业模式，深刻改变了人们的消费观念和行为，然而电子商务的安全性问题目前仍然是阻碍电子商务发展的最重要瓶颈之一，研究和分析电子商务安全的法律问题，也成为目前我国电子商务法律领域的关注焦点。

12.1.1 电子商务安全存在的问题

1. 网络安全方面的安全威胁

1）服务器的安全问题

电子商务服务器是电子商务的核心，安装了大量与电子商务有关的软件，存储了大量商家信息，并且服务器上的数据库里有电子商务活动过程中的一些保密数据。因此，服务器特别容易受到安全的威胁，并且一旦出现安全问题，造成的后果也是非常严重。尤其是在云计算服务的环境之中，服务器的安全性问题显得尤为重要。

2）网络信息的安全问题

（1）信息的截获和窃取。如果没有采用加密措施或加密强度不够，攻击者可能通过互联网、公共电话网、搭线、电磁波辐射范围内安装截收装置或在数据包通过的网关和路由器上截获数据等方式，获取输的机密信息，或通过对信息流量和流向、通信频度和长度等参数的分析，推出有用信息，如消费者的银行账号、密码及企业的商业机密等。

（2）信息的篡改。攻击者熟悉了网络信息格式以后，通过各种技术方法和手段对网络传输的信息进行中途修改，并发往目的地，从而破坏信息的完整性。

（3）信息假冒。攻击者掌握了网络信息数据规律或解密了商务信息以后，可以假冒合法用户或发送假冒信息来欺骗其他用户。

3）网络安全中的病毒问题

互联网的出现为电脑病毒的传播提供了最好的媒介，病毒和僵尸木马直接以互联网作为自己的传播途径，如何在电子商务领域有效防范病毒也是一个十分紧迫的问题。

2. 电子商务交易方面的安全威胁

1）交易身份的不确定

电子商务是一种全球各地广泛的商业贸易活动在开放的网络环境下，基于浏览器/服务器应用方式，在买卖双方未谋面的情况下进行各种商贸活动，实现消费者的网上购物、商户之间的网上交易和在线电子支付以及各种商务活动、交易活动、金融活动和相关的综合服务活动。正是基于这个特点攻击者可以通过非法的手段获取合法用户的身份信息，仿冒合法用户的身份与他人进行交易。

2）交易协议安全性问题

企业和用户在电子交易过程中的数据是以数据包的形式来传送的，恶意攻击者很容易对某个电子商务网站展开数据包拦截，甚至对数据包进行修改和假冒。TCP/IP 协议是建立在可信的环境之下，缺乏相应的安全机制，这种基于地址的协议本身就会泄露口令，根本没有考虑安全问题；TCP/IP 协议是完全公开的，其远程访问的功能使许多攻击者无须到现场就能够得手，连接的主机基于互相信任的原则使网络更加不安全。

12.1.2 电子商务安全的主要技术措施

1. 电子商务安全的主要协议标准

1）安全超文本传输协议

安全超文本传输协议（Secure Hypertext Transfer Protocol，S-HTTP）依靠密钥对的加密，保障 Web 站点间的交易信息传输的安全性。

2）安全套接层协议

安全套接层协议（Secure Sockets Layer，SSL）是由 Netscape 公司提出的安全交易协议，提供加密、认证服务和报文的完整性，被用于 Netscape Communicator 和 Microsoft IE 浏览器，以完成需要的安全交易操作。

3）安全交易技术协议

安全交易技术协议（Secure Transaction Technology，STT）由 Microsoft 公司提出，STT 将认证和解密在浏览器中分离开，用以提高安全控制能力。Microsoft 在 Internet Explorer 中采用这一技术。

4）安全电子交易协议

安全电子交易协议（Secure Electronic Transaction，SET）向基于信用卡进行电子化交易的应用提供了实现安全措施的规则。它是由 Visa 国际组织和万事达组织共同制定的一个能保证通过开放网络（包括 Internet）进行安全资金支付的技术标准。参与该标准研究的还有微软公司、IBM 公司、Netscape 公司、RSA 公司等。SET 主要由 3 个文件组成，分别是 SET 业务描述、SET 程序员指南和 SET 协议描述。它涵盖了信用卡在电子商务交易中的交易协定、信息保密、资料完整及数据认证、数据签名等，规范明确的主要目标是保障付款安全，确定应用之互通性，并使全球市场接受。

所有这些安全交易标准中，SET 标准以推广利用信用卡支付网上交易，而广受各界瞩目，它已成为网上交易安全通信协议的工业标准。

2. 电子商务安全的主要技术

1）数据加密技术

对数据进行加密是电子商务系统最基本的信息安全防范措施。其原理是利用加密算法将信息明文转换成按一定加密规则生成的密文后进行传输，从而保证数据的保密性。使用数据加密技术可以解决信息本身的保密性要求。数据加密技术可分为对称密钥加密和非对称密钥加密。

对称密钥加密（Secret Key Encryption）。对称密钥加密也叫秘密/专用密钥加密，即发送和接收数据的双方必须使用相同的密钥对明文进行加密和解密运算。它的优点是加密、解密速度快，适合于对大量数据进行加密，能够保证数据的机密性和完整性；缺点是当用户数量大时，分配和管理密钥就相当困难。

非对称密钥加密（Public Key Encryption）。非对称密钥加密也叫公开密钥加密，它主要指每个人都有一对唯一对应的密钥：公钥和私钥，公钥对外公开，私钥由个人秘密保存，用其中一把密钥来加密，就只能用另一把密钥来解密。非对称密钥加密算法的优点是易于分配和管理，缺点是算法复杂，加密速度慢。

复杂加密技术。由于上述两种加密技术各有长短，目前比较普遍的做法是将两种技术进行集成。例如信息发送方使用对称密钥对信息进行加密，生成的密文后再用接收方的公钥加密对称密钥生成数字信封，然后将密文和数字信封同时发送给接收方，接收方按相反方向解密后得到明文。

2）数字签名技术

数字签名是通过特定密码运算生成一系列符号及代码组成电子密码进行签名，来代替书写签名或印章，对于这种电子式的签名还可进行技术验证，其验证的准确度是一般手工签名和图章的验证所无法比拟的。数字签名技术可以保证信息传送的完整性和不可抵赖性。

3）认证机构和数字证书

由于电子商务中的交易一般不会有使用者面对面进行，所以对交易双方身份的认定是保障电子商务交易安全的前提。认证机构是一个公立可信的第三方，用以证实交易双方的身份，数字证书是由认证机构签名的包括公开密钥拥有者身份信息以及公开密钥的文件。在交易支付过程中，参与方必须利用认证中心签发的数字证书来证明自己的身份。

4）虚拟专用网

虚拟专用网（Virtual Private Network，VPN）是用于因特网交易的一种专用网络，它可以在两个系统之间建立安全的信道（或隧道），用于电子数据交换。它与信用卡交易和客户发送订单交易不同，因为在 VPN 中，双方的数据通信量要大得多，而且通信的双方彼此都很熟悉。这意味着可以使用复杂的专用加密和认证技术，只要通信的双方默认即可，没有必要为所有的 VPN 进行统一的加密和认证。现有的或正在开发的数据隧道系统可以进一步增加 VPN 的安全性，因而能够保证数据的保密性和可用性。

12.1.3　我国电子商务安全的法律制度建设

1. 我国电子商务安全的相关立法

1988 年第七届全国人民代表大会常务委员会第三次会议通过的《中华人民共和国保守国家秘密法》在第三章第十七条中第一次提出："采用电子信息等技术存取、处理、传递国家秘密的办法，由国家保密工作部门会同中央有关机关规定。"

1997 年《刑法》及随后的修正案增加了计算机犯罪的罪名，包括非法侵入计算机系统罪、破坏计算机系统功能罪、破坏计算机系统数据程序罪，以及制作、传播计算机破坏程序罪等。对违反国家规定，侵入或者非法控制国家事务、国防建设、尖端科学技术领域的计算机信息系统；对计算机信息系统功能进行删除、修改、增加、干扰，造成计算机信息系统不能正常运行；对计算机信息系统中存储、处理或者传输的数据和应用程序进行删除、修改、增加的操作；提供专门用于侵入、非法控制计算机信息系统的程序、工具；侵入前款规定以外的计算机信息系统或者采用其他技术手段；故意制作、传播计算机病毒等破坏性程序，影响计算机系统正常运行等情形予以明确，从刑事法律角度维护了国家及民用计算机的信息安全。2011 年《最高人民法院、最高人民检察院关于办理危害计算机信息系统安全刑事案件应用法律若干问题的解释》对办理危害计算机信息系统安全刑事案件的法律适用予以细化和规范。

【推荐文章】

2004年我国制定了《电子签名法》,这是我国电子商务交易安全保护和信息领域的第一部专门法律。该法确定了电子签名的法律效力、规范了电子签名交易行为,为维护电子商务交易安全提供了法律的保障。

与此同时,统一的《网络安全法》(草案)三审稿,也经提请十二届全国人民代表大会常务委员会会议审议,落地在即。

2. 我国电子商务安全的相关行政法规

【拓展视频】

行政法规的制定主体是我国的中央政府,调整对象一般是行政管理领域带有普遍性、全局性、原则性以及意义重大的问题。依我国《行政诉讼法》规定,行政法规是人民法院进行行政审判的重要依据,这肯定了行政法规对于行政审判活动的绝对约束力。

1991年,国务院颁布《计算机软件保护条例》,其是为了保护计算机软件设计人的权益,调整计算机软件在开发、传播和使用中发生的利益关系,鼓励计算机软件的开发与流通,促进计算机应用事业的发展,依照《著作权法》的规定而制定的。这是我国颁布的第一个有关计算机保护的行政。

1994年,国务院颁布《计算机信息系统安全保护条例》旨在保护计算机信息系统的安全,促进计算机的应用和发展,保障社会主义现代化建设的顺利进行,规定计算机信息系统的安全保护,应当保障计算机及其相关的和配套的设备、设施(含网络)的安全,运行环境的安全,保障信息的安全,保障计算机功能的正常发挥,以维护计算机信息系统的安全运行。

除此以外,《电信条例》《互联网上网服务营业场所管理条例》和《信息网络传播权保护条例》也在一定程度上对于信息安全的保障起到规范作用。

3. 我国电子商务安全的相关行政规章

行政规章的制定主体或是中央政府的组成部分,或是地方政府。国务院部、委制定的规章;省、自治区、直辖市人民政府制定的规章;省、自治区的人民政府所在地的市和经国务院批准的较大的市人民政府制定的规章都属于行政规章范畴。行政规章对于行政审判活动则不具有绝对的约束力,只是人民法院在行政审判活动中的一种参照。

从20世纪80年代开始,立法主体多样,形式多样的信息及电子商务安全行政规章进入了公众视野。1981年,公安部开始成立计算机安全监察机构,并着手制定有关计算机安全方面的法律法规和规章制度。随后,出现了大量的相关规章:《计算机软件著作权登记办法》《军队通用计算机系统使用安全要求》《中国Internet域名注册管理办法》《计算机信息网络国际联网管理规定》《中国互联网络域名注册实施细则》《计算机信息网络国际联网安全保护管理办法》《电子认证服务管理办法》《电子认证服务密码管理办法》《中国人民银行个人信用信息基础数据库暂行办法》《互联网电子邮件服务管理办法》《北京市网络管理办法》等。由于我国电子商务安全相关立法和行政法规依然不够健全,因此大量存在的行政规章就具有"准法"的性质,对相关领域的立法也具有前导意义。

第12章 电子商务安全法律制度

12.2 计算机信息系统安全保护制度

为了保护计算机信息系统的安全，促进计算机的应用和发展，保障社会主义现代化建设的顺利进行，1994年国务院颁布了《计算机信息系统安全保护条例》，从中央政府颁布的行政法规层面首次对计算机信息系统的安全应用提供法律保障。

根据《计算机信息系统安全保护条例》的规定，计算机信息系统的安全保护，应当保障计算机及其相关的和配套的设备、设施（含网络）的安全，运行环境的安全，保障信息的安全，保障计算机功能的正常发挥，以维护计算机信息系统的安全运行。

12.2.1 计算机信息系统安全的行政管理机构

计算机信息系统安全的主管部门是公安部，公安部下设网络安全保卫局，负责全国计算机信息系统安全保护工作。国家安全部、国家保密局和国务院其他有关部门，在国务院规定的职责范围内做好计算机信息系统安全保护的有关工作，重点维护国家事务、经济建设、国防建设、尖端科学技术等重要领域的计算机信息系统的安全。任何组织或者个人，不得利用计算机信息系统从事危害国家利益、集体利益和公民合法利益的活动，不得危害计算机信息系统的安全。

12.2.2 计算机信息系统安全的等级保护

计算机信息系统实行安全等级保护。公安部会同国家保密局、国家密码管理局、国务院信息化工作办公室制定了《信息安全等级保护管理办法》。信息安全等级保护管理办法规定，信息系统的安全保护等级分为以下5级。

第一级，信息系统受到破坏后，会对公民、法人和其他组织的合法权益造成损害，但不损害国家安全、社会秩序和公共利益。

第二级，信息系统受到破坏后，会对公民、法人和其他组织的合法权益产生严重损害，或者对社会秩序和公共利益造成损害，但不损害国家安全。

第三级，信息系统受到破坏后，会对社会秩序和公共利益造成严重损害，或者对国家安全造成损害。

第四级，信息系统受到破坏后，会对社会秩序和公共利益造成特别严重损害，或者对国家安全造成严重损害。

第五级，信息系统受到破坏后，会对国家安全造成特别严重损害。

信息系统运营、使用单位依据本办法和相关技术标准对信息系统进行保护，国家有关信息安全监管部门对其信息安全等级保护工作进行监督管理。

第一级信息系统运营、使用单位应当依据国家有关管理规范和技术标准进行保护。

第二级信息系统运营、使用单位应当依据国家有关管理规范和技术标准进行保护。国家信息安全监管部门对该级信息系统信息安全等级保护工作进行指导。

第三级信息系统运营、使用单位应当依据国家有关管理规范和技术标准进行保护。国家信息安全监管部门对该级信息系统信息安全等级保护工作进行监督、检查。

第四级信息系统运营、使用单位应当依据国家有关管理规范、技术标准和业务专门需求进行保护。国家信息安全监管部门对该级信息系统信息安全等级保护工作进行强制监督、检查。

第五级信息系统运营、使用单位应当依据国家管理规范、技术标准和业务特殊安全需求进行保护。国家指定专门部门对该级信息系统信息安全等级保护工作进行专门监督、检查。

计算机信息系统的使用单位应当建立健全安全管理制度，负责本单位计算机信息系统的安全保护工作。对计算机信息系统中发生的案件，有关使用单位应当在24小时内向当地县级以上人民政府公安机关报告。对计算机病毒和危害社会公共安全的其他有害数据的防治研究工作，由公安部归口管理。

12.2.3 计算机信息系统安全专用产品的销售许可证制度

【法律法规】

国家对计算机信息系统安全专用产品的销售实行许可证制度。根据公安部《计算机信息系统安全专用产品检测和销售许可证管理办法》的规定，安全专用产品的生产者在其产品进入市场销售之前，必须申领《计算机信息系统安全专用产品销售许可证》。

安全专用产品的生产者申领销售许可证，应当向公安部计算机管理监察部门提交以下材料。

（1）营业执照（复印件）。

（2）安全专用产品检测结果报告。

（3）防治计算机病毒的安全专用产品须提交公安机关颁发的计算机病毒防治研究的备案证明。

安全专用产品的生产者申领销售许可证，必须对其产品进行安全功能检测和认定。安全专用产品的生产者应当向经公安部计算机管理监察部门批准的检测机构申请安全功能检测。对在国内生产的安全专用产品，由其生产者负责送交检测；对境外生产在国内销售的安全专用产品，由国外生产者指定的国内具有法人资格的企业或单位负责送交检测。当安全专用产品的安全功能发生改变时，安全专用产品应当进行重新检测。检测机构收到检测申请、样品及其他有关材料后，应当按照安全专用产品的功能说明，检测其是否具有计算机信息系统安全保护功能。检测机构应当及时检测，并将检测报告报送公安部计算机管理监察部门备案。

送交安全专用产品检测时，应当向检测机构提交以下材料。

（1）安全专用产品的安全功能检测申请。

（2）营业执照（复印件）。

（3）样品。

（4）产品功能及性能的中文说明。

（5）证明产品功能及性能的有关材料。

（6）采用密码技术的安全专用产品必须提交国家密码管理部门的审批文件。

（7）根据有关规定需要提交的其他材料。

公安部计算机管理监察部门负责销售许可证的审批颁发工作和安全专用产品安全功能检测机构（以下简称"检测机构"）的审批工作，地（市）级以上人民政府公安机关负责销售许可证的监督检查工作。经省级以上技术监督行政主管部门或者其授权的部门考核合格的检测机构，可以向公安部计算机管理监察部门提出承担安全专用产品检测任务的申请。公安部计算机管理监察部门对提出申请的检测机构的检测条件和能力进行审查，经审查合格的，批准其承担安全专用产品检测任务。公安部计算机管理监察部门对承担检测任务的检测机构每年至少进行一次监督检查。被取消检测资格的检测机构，两年后方准许重新申请承担安全专用产品的检测任务。

检测机构应当履行下列职责。

（1）严格执行公安部计算机管理监察部门下达的检测任务。

（2）按照标准格式填写安全专用产品检测报告。

（3）出具检测结果报告。

（4）接受公安部计算机管理监察部门对检测过程的监督及查阅检测机构内部验证和审核试验的原始测试记录。

（5）保守检测产品的技术秘密，并不得非法占有他人科技成果。

（6）不得从事与检测产品有关的开发和对外咨询业务。

12.2.4　计算机信息系统安全的行政法律责任

根据《计算机信息系统安全保护条例》的规定，有下列行为之一的，由公安机关处以警告或者停机整顿。

（1）违反计算机信息系统安全等级保护制度，危害计算机信息系统安全的。

（2）违反计算机信息系统国际联网备案制度的。

（3）不按照规定时间报告计算机信息系统中发生的案件的。

（4）接到公安机关要求改进安全状况的通知后，在限期内拒不改进的。

（5）有危害计算机信息系统安全的其他行为的。

故意输入计算机病毒及其他有害数据危害计算机信息系统安全的，或者未经许可出售计算机信息系统安全专用产品的，由公安机关处以警告或者对个人处以 5 000 元以下的罚款、对单位处以 15 000 元以下的罚款；有违法所得的，除予以没收外，可以处以违法所得 1～3 倍的罚款。

构成违反治安管理行为的，依照《中华人民共和国治安管理处罚法》的有关规定处罚；构成犯罪的，依法追究刑事责任。

当事人对公安机关依照本条例所作出的具体行政行为不服的，可以依法申请行政复议或者提起行政诉讼。

12.3　国际联网安全保护管理制度

为了规范电信市场秩序，维护电信用户和电信业务经营者的合法权益，保障电信网络和信息的安全，促进电信业的健康发展，2000 年国务院颁布了《中华人民共和国电信条例》，对电信网络的网络安全及电信消费者、经营者的网络安全提供行政法律保障。

根据《计算机信息系统安全保护条例》和《电信条例》等行政法规的规定，1997 年公安部制定了《计算机信息网络国际联网安全保护管理办法》，该办法规定，任何单位和个人不得利用国际联网危害国家安全、泄露国家秘密，不得侵犯国家的、社会的、集体的利益和公民的合法权益，不得从事违法犯罪活动。用户的通信自由和通信秘密受法律保护。任何单位和个人不得违反法律规定，利用国际联网侵犯用户的通信自由和通信秘密。

任何单位和个人不得利用国际联网制作、复制、查阅和传播下列信息。

（1）煽动抗拒、破坏宪法和法律、行政法规实施的。

（2）煽动颠覆国家政权，推翻社会主义制度的。

（3）煽动分裂国家、破坏国家统一的。

（4）煽动民族仇恨、民族歧视，破坏民族团结的。

（5）捏造或者歪曲事实，散布谣言，扰乱社会秩序的。

（6）宣扬封建迷信、淫秽、色情、赌博、暴力、凶杀、恐怖，教唆犯罪的。

（7）公然侮辱他人或者捏造事实诽谤他人的。

（8）损害国家机关信誉的。

（9）其他违反宪法和法律、行政法规的。

任何单位和个人不得从事下列危害计算机信息网络安全的活动。

（1）未经允许，进入计算机信息网络或者使用计算机信息网络资源的。

（2）未经允许，对计算机信息网络功能进行删除、修改或者增加的。

（3）未经允许，对计算机信息网络中存储、处理或者传输的数据和应用程序进行删除、修改或者增加的。

（4）故意制作、传播计算机病毒等破坏性程序的。

（5）其他危害计算机信息网络安全的。

从事国际联网业务的单位和个人应当接受公安机关的安全监督、检查和指导，如实向公安机关提供有关安全保护的信息、资料及数据文件，协助公安机关查处通过国际联网的计算机信息网络的违法犯罪行为。国际出入口信道提供单位、互联单位的主管部门或者主管单位，应当依照法律和国家有关规定负责国际出入口信道、所属互联网络的安全保护管理工作。

互联单位、接入单位及使用计算机信息网络国际联网的法人和其他组织应当履行下列安全保护职责。

（1）负责本网络的安全保护管理工作，建立健全安全保护管理制度。

（2）落实安全保护技术措施，保障本网络的运行安全和信息安全。

（3）负责对本网络用户的安全教育和培训。

（4）对委托发布信息的单位和个人进行登记，并对所提供的信息内容按照本办法第五条进行审核。

（5）建立计算机信息网络电子公告系统的用户登记和信息管理制度。

有下列行为之一的，由公安机关责令限期改正，给予警告，有违法所得的，没收违法所得；在规定的限期内未改正的，对单位的主管负责人员和其他直接责任人员可以并处5 000元以下的罚款，对单位可以并处15 000元以下的罚款；情节严重的，并可以给予6个月以内的停止联网、停机整顿的处罚，必要时可以建议原发证、审批机构吊销经营许可证或者取消联网资格。

（1）未建立安全保护管理制度的。

(2) 未采取安全技术保护措施的。
(3) 未对网络用户进行安全教育和培训的。
(4) 未提供安全保护管理所需信息、资料及数据文件,或者所提供内容不真实的。
(5) 对委托其发布的信息内容未进行审核或者对委托单位和个人未进行登记的。
(6) 未建立电子公告系统的用户登记和信息管理制度的。
(7) 未按照国家有关规定,删除网络地址、目录或者关闭服务器的。
(8) 未建立公用账号使用登记制度的。
(9) 转借、转让用户账号的。

12.4 通信网络安全防护管理制度

随着我国国民经济和社会信息化的快速发展,经济社会运行对通信网络的依赖度不断提高,通信网络已成为国家关键基础设施,通信网络安全的战略地位日益突出。近年来,通信网络面临的内外部安全威胁不断增多,网络中断、信息窃取、网页篡改等安全事件频发,网络安全整体形势日趋严峻。在安全防护(即预防保护)、网络运行、事件应急处置等通信网络安全管理环节中,安全防护是保障通信网络安全的第一道关口,对于防范网络安全事件的发生、及时消除安全隐患具有重要的意义。因此,2010 年工业和信息化部发布了《通信网络安全防护管理办法》,对通信网络的安全防护予以规定。

根据《通信网络安全防护管理办法》的规定,工业和信息化部负责全国通信网络安全防护工作的统一指导、协调和检查,组织建立健全通信网络安全防护体系,制定通信行业相关标准;各省、自治区、直辖市通信管理局依据本办法的规定,对本行政区域内的通信网络安全防护工作进行指导、协调和检查。

12.4.1 通信网络单元的分级保护制度

通信网络安全防护工作坚持积极防御、综合防范、分级保护的原则。工业和信息化部与通信管理局应当组织专家对通信网络单元的分级情况进行评审,按照各通信网络单元遭到破坏后可能对国家安全、经济运行、社会秩序、公众利益的危害程度,由低到高分别划分为一级、二级、三级、四级、五级。

通信网络运行单位应当在通信网络定级评审通过后 30 日内,将通信网络单元的划分和定级情况按照以下规定向电信管理机构备案。

(1) 基础电信业务经营者集团公司向工业和信息化部申请办理其直接管理的通信网络单元的备案;基础电信业务经营者各省(自治区、直辖市)子公司、分公司向当地通信管理局申请办理其负责管理的通信网络单元的备案。

(2) 增值电信业务经营者向作出电信业务经营许可决定的电信管理机构备案。

(3) 互联网域名服务提供者向工业和信息化部备案。

通信网络运行单位办理通信网络单元备案,应当提交以下信息。

(1) 通信网络单元的名称、级别和主要功能。

(2) 通信网络单元责任单位的名称和联系方式。

(3) 通信网络单元主要负责人的姓名和联系方式。

（4）通信网络单元的拓扑架构、网络边界、主要软硬件及型号和关键设施位置。

（5）电信管理机构要求提交的涉及通信网络安全的其他信息。

通信网络运行单位应当落实与通信网络单元级别相适应的安全防护措施，三级及三级以上通信网络单元应当每年进行一次符合性评测；二级通信网络单元应当每两年进行一次符合性评测。

通信网络运行单位组织应当按照以下规定对通信网络单元进行安全风险评估，及时消除重大网络安全隐患：三级及三级以上通信网络单元应当每年进行一次安全风险评估；二级通信网络单元应当每两年进行一次安全风险评估。国家重大活动举办前，通信网络单元应当按照电信管理机构的要求进行安全风险评估。

12.4.2 通信网络安全检查制度

《通信网络安全防护管理办法》规定，电信管理机构应当对通信网络运行单位开展通信网络安全防护工作的情况进行检查。电信管理机构可以采取以下检查措施。

（1）查阅通信网络运行单位的符合性评测报告和风险评估报告。

（2）查阅通信网络运行单位有关网络安全防护的文档和工作记录。

（3）向通信网络运行单位工作人员询问了解有关情况。

（4）查验通信网络运行单位的有关设施。

（5）对通信网络进行技术性分析和测试。

（6）法律、行政法规规定的其他检查措施。

电信管理机构可以委托专业机构开展通信网络安全检查活动。通信网络运行单位应当配合电信管理机构及其委托的专业机构开展检查活动，对于检查中发现的重大网络安全隐患，应当及时整改。电信管理机构对通信网络安全防护工作进行检查，不得影响通信网络的正常运行，不得收取任何费用，不得要求接受检查的单位购买指定品牌或者指定单位的安全软件、设备或者其他产品。电信管理机构及其委托的专业机构的工作人员对于检查工作中获悉的国家秘密、商业秘密和个人隐私，有保密的义务。

12.5 信息保密管理制度

根据《中华人民共和国保守国家秘密法》，为保护计算机信息系统处理的国家秘密安全，为了加强计算机信息系统国际联网的保密管理，国家保密局分别制定了《计算机信息系统保密管理暂行规定》和《计算机信息系统国际联网保密管理规定》。

12.5.1 计算机信息系统保密管理制度

1. 涉密系统

根据《计算机信息系统保密管理暂行规定》的规定，规划和建设计算机信息系统，应当同步规划落实相应的保密设施。

计算机信息系统的研制、安装和使用，必须符合保密要求。计算机信息系统应当采取有效的保密措施，配置合格的保密专用设备，防泄密、防窃密。所采取的保密措施应与所处理信息的密级要求相一致。计算机信息系统联网应当采取系统访问控制、数据保护和系统安全保密监控管理等技术措施。计算机信息系统的访问应当按照权限控制，不得进行越权操作。未采取技术安全保密措施的数据库不得联网。

2. 涉密信息

涉密信息和数据必须按照保密规定进行采集、存储、处理、传递、使用和销毁。计算机信息系统存储、处理、传递、输出的涉密信息要有相应的密级标识，密级标识不能与正文分离。国家秘密信息不得在与国际网络联网的计算机信息系统中存储、处理、传递。

3. 涉密媒体

存储国家秘密信息的计算机媒体，应按所存储信息的最高密级标明密级，并按相应密级的文件进行管理。存储在计算机信息系统内的国家秘密信息应当采取保护措施。存储过国家秘密信息的计算机媒体不能降低密级使用。不再使用的媒体应及时销毁。存储过国家秘密信息的计算机媒体的维修应保证所存储的国家秘密信息不被泄露。计算机信息系统打印输出的涉密文件，应当按相应密级的文件进行管理。

4. 涉密场所

涉密信息处理场所应当按照国家的有关规定，与境外机构驻地、人员住所保持相应的安全距离。涉密信息处理场所应当根据涉密程度和有关规定设立控制区，未经管理机关批准无关人员不得进入。涉密信息处理场所应当定期或者根据需要进行保密技术检查。计算机信息系统应采取相应的防电磁信息泄露的保密措施。计算机信息系统的其他物理安全要求应符合国家有关保密标准。

5. 系统管理

计算机信息系统的保密管理应实行领导负责制，由使用计算机信息系统的单位的主管领导负责本单位的计算机信息系统的保密工作，并指定有关机构和人员具体承办。各单位的保密工作机构协助本单位的领导对计算机信息系统的保密工作进行指导、协调、监督和检查。计算机信息系统的使用单位应根据系统所处理的信息涉密等级和重要性制定相应的管理制度。各级保密部门应依照有关法规和标准对本地区的计算机信息系统进行保密技术检查。计算机信息系统的系统安全保密管理人员应经过严格审查，定期进行考核，并保持相对稳定。各单位保密工作机构应对计算机信息系统的工作人员进行上岗前的保密培训，并定期进行保密教育和检查。任何单位和个人发现计算机信息系统泄密后，应及时采取补救措施，并按有关规定及时向上级报告。

12.5.2 联网保密管理制度

根据《计算机信息系统国际联网保密管理规定》的规定，计算机信息系统国际联网的保密管理，实行控制源头、归口管理、分级负责、突出重点、有利发展的原则。国家保密工作部门主管全国计算机信息系统国际联网的保密工作。县级以上地方各级保密工作部门，主管本行政区域内计算机信息系统国际联网的保密工作。中央国家机关在其职权范围内，主管或指导本系统计算机信息系统国际联网的保密工作。

1. 保密制度

涉及国家秘密的计算机信息系统,不得直接或间接地与国际互联网或其他公共信息网络相连接,必须实行物理隔离。涉及国家秘密的信息,包括在对外交往与合作中经审查、批准与境外特定对象合法交换的国家秘密信息,不得在国际联网的计算机信息系统中存储、处理、传递。

联网信息的保密管理坚持"谁上网谁负责"的原则。凡向国际联网的站点提供或发布信息,必须经过保密审查批准。保密审批实行部门管理,有关单位应当根据国家保密法规,建立健全上网信息保密审批领导责任制。提供信息的单位应当按照一定的工作程序,健全信息保密审批制度。

凡以提供网上信息服务为目的而采集的信息,除在其他新闻媒体上已公开发表的,组织者在上网发布前,应当征得提供信息单位的同意;凡对网上信息进行扩充或更新,应当认真执行信息保密审核制度。

凡在网上开设电子公告系统、聊天室、网络新闻组的单位和用户,应由相应的保密工作机构审批,明确保密要求和责任。任何单位和个人不得在电子公告系统、聊天室、网络新闻组上发布、谈论和传播国家秘密信息。面向社会开放的电子公告系统、聊天室、网络新闻组,开办人或其上级主管部门应认真履行保密义务,建立完善的管理制度,加强监督检查。发现有涉密信息,应及时采取措施,并报告当地保密工作部门。

用户使用电子函件进行网上信息交流,应当遵守国家有关保密规定,不得利用电子函件传递、转发或抄送国家秘密信息。互联单位、接入单位对其管理的邮件服务器的用户,应当明确保密要求,完善管理制度。

互联单位和接入单位,应当把保密教育作为国际联网技术培训的重要内容。互联单位与接入单位、接入单位与用户所签订的协议和用户守则中,应当明确规定遵守国家保密法律,不得泄露国家秘密信息的条款。

2. 保密监督

各级保密工作部门应当有相应机构或人员负责计算机信息系统国际联网的保密管理工作,应当督促互联单位、接入单位及用户建立健全信息保密管理制度,监督、检查国际联网保密管理制度规定的执行情况。对于没有建立信息保密管理制度或责任不明、措施不力、管理混乱,存在明显威胁国家秘密信息安全隐患的部门或单位,保密工作部门应责令其进行整改,整改后仍不符合保密要求的,应当督促其停止国际联网。

各级保密工作部门,应当加强计算机信息系统国际联网的保密检查,依法查处各种泄密行为。互联单位、接入单位和用户,应当接受并配合保密工作部门实施的保密监督检查,协助保密工作部门查处利用国际联网泄露国家秘密的违法行为,并根据保密工作部门的要求,删除网上涉及国家秘密的信息。互联单位、接入单位和用户,发现国家秘密泄露或可能泄露情况时,应当立即向保密工作部门或机构报告。

各级保密工作部门和机构接到举报或检查发现网上有泄密情况时,应当立即组织查处,并督促有关部门及时采取补救措施,监督有关单位限期删除网上涉及国家秘密的信息。

第 12 章　电子商务安全法律制度

本 章 小 结

电子商务在网络安全和交易安全方面存在诸多威胁，应采取安全超文本传输协议、安全套接层协议、安全交易技术协议和安全电子交易协议等技术协议标准，以及数据加密技术、数字签名技术、认证机构和数字证书及虚拟专用网等技术措施予以技术解决。为维护电子商务安全，我国颁布了《电子签名法》《计算机信息系统安全保护条例》《计算机软件保护条例》《通信网络安全防护管理办法》《计算机信息系统保密管理暂行规定》和《计算机信息系统国际联网保密管理规定》等一系列法律、行政法规和行政规章，引之为依据，目前已经形成计算机信息系统安全保护制度、国际联网安全保护管理制度、通信网络安全防护管理制度及信息保密管理制度等系统性制度对电子商务安全问题予以法律及规范解决。

经典案例

公安部公布打击黑客十大典型案例

1. "饭客网络"系列黑客教学网站案

2010年4月，湖北省鄂州市公安机关先后打击整治了"饭客网络""甲壳虫"两个涉嫌提供侵入、非法控制计算机信息系统工具程序的黑客网站，抓获7名犯罪嫌疑人。经查，犯罪嫌疑人盛某于2009年建立"饭客网络"黑客网站，依靠大量发布网络攻击和入侵方面的广告牟利。初步统计发现，"饭客网络"黑客网站的注册会员超过4万名。嫌疑人吕某于2009年开办"甲壳虫"黑客网站，以黑客培训、提供专用黑客工具下载等方式吸收会员注册。截至案发，"甲壳虫"黑客网站共吸收注册会员3万余名，其中，收费会员达500余名。经查，吕某非法获利20余万元。

2. "华夏黑客联盟"黑客教学网站案

2010年8月，湖北省麻城市公安机关侦破"华夏黑客联盟"网站提供侵入非法控制计算机信息系统程序工具案，抓获3名犯罪嫌疑人。经查，犯罪嫌疑人石某于2006年创办"华夏黑客联盟"网站，并雇用他人从事网站的客服工作。截至案发，"华夏黑客联盟"网站总计招收会员近万名，其中，收费VIP会员达600余名，网站非法牟利36余万元。

3. "南域黑鹰红客基地"案

2010年6月，河南省周口市公安机关对涉嫌组织网络违法犯罪活动的重点黑客网站"南域黑鹰红客基地"进行调查，抓获违法犯罪嫌疑人张某。经查，该网站涉嫌网上有偿培训黑客技术、提供网络攻击破坏软件下载、交流网络攻击破坏技术等违法犯罪活动。

4. 非法提供盗窃程序案

2010年7月，北京市公安机关在侦破一起网络诈骗案件时，发现犯罪分子使用黑客病毒程序盗窃网民QQ账号密码，并冒充用户实施网络诈骗。专案组抓获为网络诈骗团伙制作、销售木马病毒的5名犯罪嫌疑人。现查明该团伙累计销售木马126人次，涉案金额达40万元。

5. "棋幽网络"网站提供非法程序案

2010年7月，广东省惠州市公安机关网安部门侦破"棋幽网络"网站提供非法程序案，抓获犯罪嫌疑人2名。"棋幽网络"网站涉嫌制作"棋M特别修改VIP版""棋幽MRAT远控"等黑客软件，且供会员下载使用，并提供修改木马病毒程序服务。部分不法分子利用其"免杀"服务，通过控制"肉鸡"和在网站"挂马"，进行DDoS攻击和盗取游戏账号。

6. "Hack Roots" 网站提供非法程序案

2010年6月,安徽省巢湖市公安机关成功侦破"Hack Roots"网站提供非法控制计算机信息系统工具案,打掉了一个跨京、浙等6个省市,集制作、维护、销售黑客攻击破坏工具和黑客教学于一体的犯罪团伙,抓获犯罪嫌疑人4名。截至案发,该网站发展会员1 700余名,获利数十万元。

7. 南宁电信积分被盗窃案

2010年4月,广西壮族自治区南宁市公安机关侦破一起盗窃网民电信积分案,抓获犯罪嫌疑人5名,涉案金额达20余万元。经查,该团伙通过黑客软件获取中国电信广西分公司用户对应的IP地址,并破解用户的电信账号和密码,然后登录中国电信广西分公司的网站礼品兑换空间兑换游戏点卡,以低价出售获利。

8. "暴力木马"盗窃虚拟财产案

2010年3月,江苏省淮安市公安机关发现该市有5 000余名游戏玩家受"暴力木马"感染,网民的大量游戏金币及装备被盗。经缜密侦查,抓获孟某等犯罪嫌疑人7名。经查,该犯罪团伙组织体系严密,形成了地下产业链条。其中,木马作者孟某先后将"箱子"租给48名一级代理,获利7万余元。

9. 制作传播盗号木马病毒程序案

2010年6月,江苏省徐州市公安机关发现,有人在网上贩卖专门盗取腾讯公司DNF(地下城与勇士)游戏账号、密码的盗号木马。经侦查,先后抓捕8名犯罪嫌疑人。该犯罪团伙分为"木马作者""木马代理"和"洗信人"3个级别。其中,犯罪嫌疑人廖某伙同布某、彭某开发了"生命"木马,共获利人民币20余万元。

10. 宁波网吧被DDoS攻击案

2010年5月,浙江省宁波市某网吧遭到DDoS攻击。6月,宁波市公安机关抓获犯罪嫌疑人尹某,摧毁一个控制了一万余台计算机的互联网僵尸网络。经查,尹某利用"135抓鸡软件"在互联网上抓取大量"肉鸡"组成僵尸网络,并远程控制租用的服务器对目标进行攻击,以对网吧业主实施敲诈勒索。

(资料来源:黄庆畅. 公安部公布打击黑客十大典型案例[EB/OL]. (2011-05-08). [2011-12-03].
http://society.people.com.cn/GB/8217/211158/13634262.html)

自 测 题

一、单项选择题

1. 电子商务安全的主要协议标准不包括( )。
   A. 对称密钥加密　　　　　　　　　B. 安全交易技术协议
   C. 安全电子交易协议　　　　　　　D. 安全套接层协议
2. 我国通信网络单元的分级保护制度包括( )等级。
   A. 2个　　　　　B. 3个　　　　　C. 4个　　　　　D. 5个
3. 联网信息的保密管理坚持( )的原则。
   A. 谁利用谁负责　　　　　　　　　B. 谁上网谁负责
   C. 谁审批谁负责　　　　　　　　　D. 谁下载谁负责

二、名词解释

1. 安全电子交易协议
2. 非对称密钥加密
3. 安全专用产品销售许可证

第 12 章　电子商务安全法律制度

4. 联网保密管理制度

三、简答题

1. 目前，我国电子商务安全存在哪些威胁？
2. 我国计算机信息系统安全的行政法律责任有哪些？
3. 互联单位、接入单位等应当履行的安全保护职责有哪些？

四、案例讨论

据中国反钓鱼网站联盟报道，经此联盟秘书处认定并处理的"钓鱼网站"域名中，腾讯网、淘宝网、中国工商银行官方网站位列网络钓鱼对象的前3位。有的受害人成立了维权联盟，设立了专门的网站，要求网络钓鱼对象予以赔偿损失。

请讨论，网络钓鱼对象是否应当承担相应的责任，为什么？

第 13 章　网　络　犯　罪

🡲 教学目标

通过本章内容的学习，掌握网络犯罪的概念，以及以网络为内容的犯罪和以网络为工具的犯罪的含义及区别；理解并掌握非法侵入计算机信息系统罪的刑法规定及修正案的补充规定，以及破坏计算机信息系统罪的刑法规定及两高对于破坏计算机信息系统罪犯罪后果认定的司法解释；掌握经济类、信息传播类、非法占有信息类、知识产权类工具型网络犯罪及其所包括的罪名；了解病毒软件、网络犯罪技术、黑客技术及企业云计算和移动网络等方面网络犯罪的发展趋势。

🡲 教学要求

知识要点	能力要求	相关知识
网络犯罪概述	(1) 能够掌握犯罪和网络犯罪的基本概念 (2) 能够正确理解以网络为内容的犯罪和以网络为工具的犯罪的含义及区别 (3) 理解网络犯罪刑法规制的必要性 (4) 掌握网络犯罪的现状特点及构成	(1) 犯罪和网络犯罪的概念 (2) 以网络为内容的犯罪的概念及类型 (3) 以网络为工具的犯罪的概念及特征 (4) 网络犯罪刑法规制的必要性 (5) 网络犯罪的现状特点 (6) 网络犯罪的构成
以网络为对象内容的网络犯罪形态	(1) 理解并掌握非法侵入计算机信息系统罪的刑法规定及修正案的补充规定 (2) 理解并掌握破坏计算机信息系统罪的刑法规定及要件构成 (3) 掌握两高对于破坏计算机信息系统罪犯罪后果认定的司法解释 (4) 了解对于《刑法》第二百八十五、第二百八十六条共同犯罪的认定	(1)《刑法》第二百八十五条的规定 (2)《刑法修正案（七）》对《刑法》第二百八十五条的补充规定 (3)《刑法》第二百八十六条的规定 (4) 破坏计算机信息系统罪的客观要件 (5) 两高对于破坏计算机信息系统罪犯罪后果认定的司法解释 (6) 两高对于刑法第二百八十五、第二百八十六条共同犯罪的认定

第13章 网络犯罪

续表

知识要点	能力要求	相关知识
以网络为工具的网络犯罪形态	(1) 掌握经济类工具型网络犯罪所包括的罪名 (2) 了解信息传播类工具型网络犯罪所包括的罪名 (3) 了解非法占有信息类工具型网络犯罪所包括的罪名 (4) 掌握知识产权类工具型网络犯罪所包括的罪名	(1) 盗窃罪、诈骗类罪、贪污、职务侵占罪、敲诈勒索罪、洗钱罪等 (2) 编造并传播证券交易虚假信息罪、诱骗投资者买卖证券、期货合约罪、损害商业信誉、商品信誉罪、煽动分裂国家罪、煽动颠覆国家政权罪等 (3) 为境外窃取、刺探、收买、提供国家秘密、情报罪、非法获取国家秘密罪、非法获取军事秘密罪等侵犯商业秘密罪 (4) 侵犯著作权罪、销售侵权复制品罪等
网络犯罪的发展趋势	了解病毒软件、网络犯罪技术、黑客技术以及企业云计算和移动网络等方面网络犯罪的发展趋势	(1) 病毒软件从单一功能向复合功能方向发展 (2) 病毒将向全球化蔓延 (3) 网络犯罪技术更新换代 (4) 黑客窃取社交网站的用户信息用以攻击机构 (5) 云计算SaaS企业层软件运营方便病毒攻击企业应用 (6) 网络犯罪侵入移动网络

 **案例导航**

"免费派送礼品"诈骗案

"北京来电"从聊城市某小区打出。

"喂,您好,这里是北京市电视购物公司,我是工号为3号的客服代表,恭喜您中奖了!"李女士正在家中看电视,用手机接到了一个区号为010的陌生女子的来电,对方自称是北京电视购物网站的客服人员。李女士告诉对方自己没有在上面买过东西,客服人员说:"因网站在搞庆祝活动,所以号码是随机抽取的。因为您中了奖,所以公司免费赠送一套价值1 900元的某品牌的化妆品和一部价值1 000余元的手机。您不用担心,这些奖品全都是免费的。"对方在电话中反复向李女士强调免费一事,称如果李女士同意将地址提供给他们,他们马上将奖品寄出。由于这些奖品价值3 000多元,公司向快递公司申请了保值寄送,因此328元的邮资需要李女士来支付。328元的邮资与3 000多元的奖品比起来,李女士觉得不贵,便高兴地答应了。

没多久,李女士收到了对方寄来的货物,打开一看,让她没想到的是,手机竟然是模型,而化妆品也是假冒的。"当时就感觉被骗了!"李女士说。她立即给对方打电话,对方关机。

聊城市警方根据群众举报,先后端掉两个以"电话推销"或者"网络推销"为幌子,以"免费派送礼品、只需付几百元邮费"为手段实施诈骗的犯罪窝点,抓获15名涉案成员,当场查获大量作案工具。经查,受骗群众达700余人,涉案总价值20余万元。两个团伙首先在互联网上非法购买客户资料,自2011年10月以来,在某小区单元楼内租用民房,招聘10余名话务员,冒充北京电视购物公司(虚构)工作人员，用区号显示为 010 的北京座机的网络电话，给全国各地的客户打电话，以"免费派送礼品"为由，诱骗客户。

（资料来源：电信诈骗案件多发，1 至 5 月聊城侦破 600 起［EB/OL］. (2012-06-05).
［2012-07-30］. http：//xinwen. lcxw. cn/xinwen/2012-06-05/4997. html）

该案所涉及的犯罪情节将在 13.3 节讲述。

13.1 网络犯罪概述

13.1.1 犯罪和网络犯罪的概念

1. 犯罪的概念

"犯罪"是刑法学中的基本概念之一。《刑法》第十三条规定："一切危害国家主权、领土完整和安全，分裂国家、颠覆人民民主专政的政权和推翻社会主义制度，破坏社会秩序和经济秩序，侵犯国有财产或者劳动群众集体所有的财产，侵犯公民私人所有的财产，侵犯公民的人身权利、民主权利和其他权利，以及其他危害社会的行为，依照法律应当受刑罚处罚的，都是犯罪，但是情节显著轻微危害不大的，不认为是犯罪。"

这一规定明确了犯罪的基本法律特征，即社会危害性、刑事违法性和刑罚惩罚性，并且这 3 个特征必须同时具备，缺一不可。

2. 网络犯罪的概念

网络上的违法行为可能造成客观现实的侵害后果，有必要将其纳入《刑法》调整的范畴。2001 年，欧洲理事会通过的《网络犯罪公约》(Convention on Cybercrime)是针对网络犯罪的第一个国际公约，其主要目标是寻求打击网络犯罪的共同的刑事政策，特别是建立适应网络犯罪的法律体系和国际协助。

根据该公约的定义，网络犯罪又称为计算机犯罪，指"危害计算机系统、网络和计算机数据的机密性、完整性和可用性，以及对这些系统、网络和数据进行滥用的行为。"这一定义包括了以网络为工具的犯罪和以网络为内容的犯罪两个方面，是目前国际公认的网络犯罪概念。

国内学者一般将以网络为对象内容的犯罪作为网络犯罪的狭义概念，又称之为纯正的网络犯罪；将包括以网络为工具的犯罪作为广义网络犯罪概念的范畴，又称之为不纯正的网络犯罪。

1）以网络为对象内容的犯罪

以网络为对象内容的犯罪指利用计算机网络，通过修改电子数据，达到破坏计算机系统、篡改计算机数据、危害网络安全管理秩序等非法目的。《刑法》规定的侵犯计算机信息系统安全的网络犯罪就是典型的纯正网络犯罪。

以网络为对象内容的犯罪所侵害的客体是国家对计算机网络的安全管理秩序。其犯罪实现方式有两种：一种是通过黑客程序侵入计算机网络信息系统；另一种是通过篡改数据达到破坏计算机网络信息系统。

这两种犯罪实现方式既可能是独立的犯罪目的，也可能形成手段与目的的牵连犯，即

第13章 网络犯罪

以黑客程序侵入重要的计算机网络信息系统,通过篡改数据达到破坏该系统的目的。

2) 以网络为工具的犯罪

以网络为工具的犯罪就是利用或者针对信息网络实施的不同种类的犯罪。这种犯罪类型以信息网络为平台,将传统意义上的犯罪模式,以计算机网络工具实现,如网上赌博、网上传播淫秽物品及网上诈骗等。

以网络为工具的犯罪与传统类型的犯罪相比,其具有以下特点。

(1) 实施犯罪的主体具有科技性。犯罪主体能够利用技术侵入网络中的计算机系统,或者利用网络的漏洞实施盗窃、诈骗。

(2) 犯罪行为更为隐蔽。个体无法预料犯罪行为的发生,犯罪主体也隐蔽于虚拟空间的保护之中。

(3) 社会危害性更为严重。个人人身及财产权利、社会和国家安全等都是工具型网络犯罪的侵犯对象。

(4) 跨国犯罪频发。网络缩短了世界的距离,但网络给人类带来资讯便捷的同时,也让犯罪呈现出无国界的状态。犯罪分子不再受地域的限制,只要拥有一台连接到互联网上的计算机,无论身在何方,都能达到犯罪目的。

案例 13-1

犯罪嫌疑人杨某,其在某网吧上网时发现该网吧服务器的漏洞,并多次利用该网吧服务器的漏洞,修改网吧计算机网络服务器系统中的上网卡账户数据,为其同学徐某、陈某、韦某等人在该网吧增加上网账号上的金额数据,以达到不向该网吧缴费而上网的目的。其行为在被该网吧发现时,杨某先后盗用网吧上网费共计人民币 4 373.6 元。检察机关对该案审查后,认为杨某盗用他人上网费用,数额已达到较大起点,根据《刑法》第二百六十四条之规定,其行为构成盗窃罪,但由于考虑杨某作案时属未成年人,且其情节较轻,主观恶性较小,决定对其作出不予批捕决定,并联合相关单位及杨某家属对杨某实施帮教。

13.1.2 网络犯罪刑法规制的必要性

网络犯罪具有一般刑事犯罪不具备的特征,这使其社会危害性更为严重,主要体现在以下 5 个方面。

(1) 网络传输的瞬间扩展性导致犯罪影响的无限扩大。现实社会的一般犯罪行为,主要发生在特定关系人和特定地点,具有一定的范围和地域限制。这类犯罪行为,在实施过程中,容易为人所察觉,其危害后果也仅限于特定人和特定范围,因此有一定的可预期性和可预防性。但在计算机网络所创造的虚拟空间里,行为人可以在任何时间、任何地点上网作案。

(2) 网络犯罪行为的隐蔽性和后果的不可预期。传统犯罪行为,往往其犯罪分子有具体的目标和固定的手段,人们通过亲身体验或耳闻目睹,也能从中吸取教训,防患于未然。而网络犯罪具有很强的隐蔽性,系统和网络日益庞大的扩展,给侦查过程带来了极大的挑战。与传统犯罪手段相比,网络犯罪所造成的客观危害更加严重。

(3) 网络高科技为犯罪分子提供了更为便利的作案工具。传统刑事犯罪的犯罪分子在实施危害行为时,往往要付出一定的犯罪成本,如作案工具、选择作案时间和相应的环境限制。而网络高科技为犯罪分子提供了更为便利的工具,虚拟的网络环境解除了作案时间和环境的限制因素，遍地皆是的黑客工具更是创造了网络犯罪的低廉成本。

（4）海量的网络信息成为诱发行为人犯罪的重要原因。网络泛滥的淫秽、暴力信息仅仅依靠技术监管，无法清除殆尽。青少年处于人生创造力和想象力的巅峰，但由于人生观和是非观的初步形成，无法对海量的网络信息去伪存真，一旦接触上述不良信息，极易被误导，给其健康成长蒙上一层阴影。另外，网络媒介为犯罪嫌疑人寻觅或者诱导同伙提供了极大的途径便利。

（5）网络无国界导致跨地域、跨国界犯罪的增多。网络在拉近各国距离的同时，也让更多的跨地域、跨国界网络犯罪发生，这加大了网络犯罪刑事追究的难度，使犯罪分子可以利用各国法律的监管漏洞，在作案后从容逃避，给网络犯罪提供了滋生的土壤。

13.1.3 网络犯罪的现状及构成特征

1. 网络犯罪的现状

据报道，安全厂商赛门铁克公司发布的一项名为《诺顿网络犯罪2011》的报告指出，2010年全球有4.31亿名成年人成了网络犯罪的牺牲者，而全球网络犯罪所造成的损失金额已超过全球大麻、可卡因和海洛因黑市交易的总额。网络犯罪在全球范围内的蔓延已经严重威胁到世界各国的国家及公共安全和公民人身财产安全。

2012年7月，我国国务院下发的《国务院关于大力推进信息化发展和切实保障信息安全的若干意见》专门强调，要求加大对网络违法犯罪活动的打击力度，进一步完善监管体制，充实监管力量，加强对基础信息网络安全工作的指导和监督管理。打击网络犯罪，加强网络信息安全监管将成为近期推进信息化发展需解决的重点问题，并在相当长的时间内将伴随我国信息化及信息安全发展的进程。

目前我国网络犯罪呈现出以下特征。

（1）隐蔽性强。实施网络犯罪，其犯罪行为不受时间、地点的限制，没有案发现场，没有目击证人，行为实施和后果出现的时间和地点都可以是分离的，其成员之间大多是以虚拟的身份进行联系，要发现和侦破十分困难。

（2）犯罪空间跨度大。犯罪行为人只要通过联网的计算机便可以在计算机的终端与整个网络合成一体，实施犯罪行为，犯罪波及面甚至可以覆盖整个网络，危害多个地区甚至国家的计算机系统。

（3）上下游犯罪交织。此类犯罪往往形成复杂的利益链条，行为人侵入或破坏计算机信息系统多为获取某种不正当利益，且大多是为诈骗、盗窃等下游犯罪做准备。

（4）犯罪后果危害严重。此类犯罪不但会造成经济损失，而且会对正常的社会管理秩序和国家安全造成危害。

2. 网络犯罪的构成特征

1）犯罪主体

犯罪主体指实施危害社会的行为、依法应当负刑事责任的自然人和单位。

网络犯罪的主体应是一般主体，既可以是自然人，也可以是法人。从网络犯罪的具体表现来看，犯罪主体具有多样性，各种年龄、各种职业的人都可以进行网络犯罪，对社会所造成的危害都相差不大。

第 13 章 网络犯罪

一般来讲，进行网络犯罪的主体必须是具有一定计算机专业知识水平的行为人，但是不能认为具有计算机专业知识的人就是特殊的主体。另外，网络的发展给企业进行商务及经济活动带来了新的生机，特别是在信息收集利用、金融信息公开、网络商务交易等领域，企业法人作为主体的网络犯罪呈现出多发态势。

2）犯罪的主观方面

犯罪的主观方面指犯罪主体对自己的危害行为及其危害的结果所抱的心理态度，包括罪过（即犯罪的故意或者犯罪的过失）及犯罪的目的和动机这几种因素。

网络犯罪在主观方面表现为故意。因为在这类犯罪中，犯罪行为人进入系统以前，需要通过输入设备输入指令或者利用技术手段突破系统的安全保护屏障，利用计算机信息网络实施危害社会的行为，破坏网络管理秩序。这表明犯罪主体具有明显的犯罪故意，并且这种故意常常是直接的。即使是为了显示自己能力的侵入系统的犯罪，行为人也具备明显的"非要侵入不可"等的念头，显示了极强的主观故意。

3）犯罪客体

网络犯罪的客体指网络犯罪所侵害的社会关系，这种社会关系应当属于《刑法》的保护范畴。

由于计算机网络犯罪是以犯罪的手段和对象，不是以犯罪的同类课题为标准而划分的犯罪类型，因此计算机网络犯罪侵害的客体具有多样性。计算机网络犯罪一方面会对计算机系统的管理秩序造成严重破坏；另一方面往往会直接严重危害到其他社会利益。计算机网络犯罪侵犯的是复杂客体，即计算机犯罪是对两种或者两种以上直接客体进行侵害的行为。例如，在非法侵入计算机系统犯罪中，一方面侵犯了计算机系统所有人的排他性的权益，如所有权、使用权和处置权；另一方面又扰乱、侵害甚至破坏了国家计算机信息管理秩序，同时还有可能对受害人的计算机系统当中数据所涉及的第三人的权益造成危害。进行计算机犯罪，必然要违反国家的管理规定，从而破坏这种管理秩序。这是计算机网络犯罪在客观方面的显著特征。

4）犯罪的客观方面

犯罪客观方面是刑法所规定的、说明行为对刑法所保护的社会关系造成侵害的客观外在事实特征，表现为非法侵入计算机信息系统及破坏计算机信息系统等以网络为对象内容的网络犯罪行为，以及经济类、信息传播类、非法占有信息类、知识产权类等工具型网络犯罪行为。

13.2 以网络为对象内容的网络犯罪形态

13.2.1 非法侵入计算机信息系统罪

1. 《刑法》第二百八十五条的规定

《刑法》第二百八十五条规定："违反国家规定，侵入国家事务、国防建设、尖端科学技术领域的计算机信息系统的，处三年以下有期徒刑或者拘役。"

非法侵入计算机信息系统罪，指违反国家规定，侵入国家重点保护的 3 种领域（即国家事务、国防建设和尖端科学技术领域）的计算机信息系统的行为。按照这一法条规定，只有非法侵入了上述3种属于国家重点保护的计算机信息系统,才能构成非法侵入计算机信息系统罪。

《刑法》条文中对非法侵入的手段并没有列举,而实践中非法侵入的方式可包括以下3种。

(1) 无授权的用户采取非法获取密码、冒用他人授权等手段擅自侵入受保护的计算机信息系统。

(2) 有限授权用户擅自扩大授权范围,侵入受保护的计算机信息系统。

(3) 用户通过网络采取漏洞扫描、端口窃听等技术,非法获取受保护计算机系统的用户名和密码,侵入该系统。

2. 《中华人民共和国刑法修正案(七)》对《刑法》第二百八十五条的补充规定

在《中华人民共和国刑法修正案(七)》(以下简称《刑法修正案(七)》)颁布之前,根据《刑法》第二百八十五条侵入罪量刑的案例甚少,原因在于第二百八十五条限制了侵入的对象为国家重点保护的3种计算机信息系统,这3种计算机信息系统处于国家严密的防控之下,以之为犯罪对象的犯罪行为虽然是最恶劣的非法侵入计算机信息系统犯罪,但是在数量上仅占该种类型犯罪的一小部分。而与之相反的是侵入一般国家事务和民间计算机系统的行为频频发生,在短时间内通过网络在数以千万计的计算机系统爆发,造成的系统损坏、数据丢失给社会公众的利益造成了严重损失。

因此《刑法修正案(七)》颁布后,在原二百八十五条的基础上,新增了两款。

除原文作为第一款外,第二款规定:"违反国家规定,侵入前款规定以外的计算机信息系统或者采用其他技术手段,获取该计算机信息系统中存储、处理或者传输的数据,或者对该计算机信息系统实施非法控制,情节严重的,处三年以下有期徒刑或者拘役,并处或者单处罚金;情节特别严重的,处三年以上七年以下有期徒刑,并处罚金。"

第三款规定:"提供专门用于侵入、非法控制计算机信息系统的程序、工具,或者明知他人实施侵入、非法控制计算机信息系统的违法犯罪行为而为其提供程序、工具,情节严重的,依照前款的规定处罚。"

上述新增两款,主要增加了两个计算机犯罪罪名,这在《最高人民法院、最高人民检察院关于执行〈中华人民共和国刑法〉确定罪名的补充规定(四)》中将之确定为:非法获取计算机信息系统数据罪、非法控制计算机信息系统罪和提供侵入、非法控制计算机信息系统程序、工具罪。其目的是,除将侵入国家重点保护的3种领域作为构成要件之外,对将保护范畴扩大到针对普通计算机信息系统的侵入做有效保护,与此同时,对恶意提供黑客工具下载的行为进行惩治。这两款规定的出台,对《刑法》第二百八十五条进行了必要的延伸和补漏。

13.2.2 破坏计算机信息系统罪

1. 《刑法》第二百八十六条的规定

【拓展案例】

《刑法》第二百八十六条规定如下。

违反国家规定,对计算机信息系统功能进行删除、修改、增加、干扰,造成计算机信息系统不能正常运行,后果严重的,处5年以下有期徒刑或者拘役;后果特别严重的,处5年以上有期徒刑。

第 13 章 网络犯罪

违反国家规定，对计算机信息系统中存储、处理或者传输的数据和应用程序进行删除、修改、增加的操作，后果严重的，依照前款的规定处罚。

故意制作、传播计算机病毒等破坏性程序，影响计算机系统正常运行，后果严重的，依照第一款的规定处罚。

根据《刑法》第二百八十六条的3款规定，破坏计算机信息系统罪指违反国家规定，犯罪嫌疑人故意对计算机信息系统功能或计算机信息系统中存储、处理或者传输的数据和应用程序进行破坏，或者故意制作、传播计算机病毒等破坏性程序，影响计算机系统正常运行，后果严重的行为。

2. 破坏计算机信息系统罪的客观要件

1）破坏计算机信息系统功能

根据《刑法》第二百八十六条第一款的规定，破坏计算机信息系统功能即对计算机信息系统功能进行删除、修改、增加、干扰，造成计算机信息系统不能正常运行。

所谓计算机信息系统，指由计算机及其相关的和配套的设备、设施（含网络）构成的，按照一定的应用目标和规则对信息进行采集、加工、存储、传输、检索等处理的人机系统。其功能多种多样，如进行文件编辑、采集、加工、存储、打印、传输、检索或者绘图、显像、游戏等，可用于不同行业、不同目标。同行业、不同目标的计算机系统，其具体功能又会有所差别，如航空铁路售票、气象形势分析、预测、图书、报刊管理、企业经营管理等。无论用于何种行业或者用于何种目标，只要对其功能进行破坏即可构成本罪。

破坏计算机信息系统的方法，包括对功能进行删除、修改、增加、干扰等具体行为。其中，删除指将计算机信息系统应有的功能加以取消，既可以是取消其中的一项，也可以是取消其中的几项或者全部；修改指将计算机信息系统的功能部分或者全部地进行改变，或者将原程序用另一种程序加以替代，改变其功能；增加指通过增加磁记录等手段为计算机信息系统添加其原本没有的功能；至于干扰，则是通过一定手段，如输入一个新的程序，干扰原程序，以影响计算机系统正常运行，行使其功能。

2）破坏计算机信息系统中存储、处理或者传输的数据和应用程序

对计算机信息系统的数据、应用程序进行破坏，指通过输入删除、修改、增加的操作指令对计算机信息系统中存储、处理或者传输的数据和应用程序进行破坏的行为。

3）故意制作、传播计算机病毒等破坏性程序，影响计算机系统正常运行

根据自2011年9月1日起施行的《最高人民法院、最高人民检察院关于办理危害计算机信息系统安全刑事案件应用法律若干问题的解释》（以下简称《解释》）第五条的规定，计算机病毒等破坏性程序应当包括以下3种。

（1）能够通过网络、存储介质、文件等媒介，将自身的部分、全部或者变种进行复制、传播，并破坏计算机系统功能、数据或者应用程序的。

（2）能够在预先设定条件下自动触发，并破坏计算机系统功能、数据或者应用程序的。

（3）其他专门设计用于破坏计算机系统功能、数据或者应用程序的程序。

所谓制作，指创制、发明、设计、编造破坏性程序或者获悉技术制作破坏性程序的行为。所谓传播，指通过计算机信息系统含网络输入、输出计算机病毒等破坏性程序，以及

将已输入的破坏性程序软件加以派送、散发等的行为。

3. 最高人民法院、最高人民检察院对于该罪名犯罪后果认定的司法解释

《刑法》第二百八十六条对于破坏计算机信息系统罪仅作出定性规定，其中，3款中都出现的"后果严重"和"后果特别严重"，需要配套的司法解释予以定量确定。

《解释》着重对《刑法》第二百八十六条中的"后果严重"和"后果特别严重"进行明确解释，以便于司法操作。

1）破坏计算机信息系统功能、数据或者应用程序"后果严重"及"后果特别严重"的认定

《解释》第四条规定如下。

破坏计算机信息系统功能、数据或者应用程序，具有下列情形之一的，应当认定为《刑法》第二百八十六条第1款和第2款规定的"后果严重"。

（1）造成10台以上计算机信息系统的主要软件或者硬件不能正常运行的。

（2）对20台以上计算机信息系统中存储、处理或者传输的数据进行删除、修改、增加操作的。

（3）违法所得5 000元以上或者造成经济损失10 000元以上的。

（4）造成为100台以上计算机信息系统提供域名解析、身份认证、计费等基础服务或者为1万名以上用户提供服务的计算机信息系统不能正常运行累计一小时以上的。

（5）造成其他严重后果的。

实施前款规定行为，具有下列情形之一的，应当认定为破坏计算机信息系统"后果特别严重"。

（1）数量或者数额达到前款第（1）项至第（3）项规定标准5倍以上的。

（2）造成为500台以上计算机信息系统提供域名解析、身份认证、计费等基础服务或者为5万名以上用户提供服务的计算机信息系统不能正常运行累计一小时以上的。

（3）破坏国家机关或者金融、电信、交通、教育、医疗、能源等领域提供公共服务的计算机信息系统的功能、数据或者应用程序，致使生产、生活受到严重影响或者造成恶劣社会影响的。

（4）造成其他特别严重后果的。

2）故意制作、传播计算机病毒等破坏性程序"后果严重"及"后果特别严重"的认定

《解释》第六条规定如下。

故意制作、传播计算机病毒等破坏性程序，影响计算机系统正常运行，具有下列情形之一的，应当认定为《刑法》第二百八十六条第三款规定的"后果严重"。

（1）制作、提供、传输第五条第（1）项规定的程序，导致该程序通过网络、存储介质、文件等媒介传播的。

（2）造成20台以上计算机系统被植入第五条第（2）、（3）项规定的程序的。

（3）提供计算机病毒等破坏性程序10人次以上的。

（4）违法所得5 000元以上或者造成经济损失10 000元以上的。

（5）造成其他严重后果的。

实施前款规定行为,具有下列情形之一的,应当认定为破坏计算机信息系统"后果特别严重"。

(1) 制作、提供、传输第五条第(1)项规定的程序,导致该程序通过网络、存储介质、文件等媒介传播,致使生产、生活受到严重影响或者造成恶劣社会影响的。

(2) 数量或者数额达到前款第(2)项至第(4)项规定标准5倍以上的。

(3) 造成其他特别严重后果的。

4.《刑法》第二百八十五条、第二百八十六条共同犯罪的认定

《解释》第九条规定如下。

明知他人实施《刑法》第二百八十五条、第二百八十六条规定的行为,具有下列情形之一的,应当认定为共同犯罪,依照《刑法》第二百八十五条、第二百八十六的规定处罚。

(1) 为其提供用于破坏计算机信息系统功能、数据或者应用程序的程序、工具,违法所得5 000元以上或者提供10人次以上的。

(2) 为其提供互联网接入、服务器托管、网络存储空间、通信传输通道、费用结算、交易服务、广告服务、技术培训、技术支持等帮助,违法所得5 000元以上的。

(3) 通过委托推广软件、投放广告等方式向其提供资金5 000元以上的。

实施前款规定行为,数量或者数额达到前款规定标准5倍以上的,应当认定为《刑法》第二百八十五条、第二百八十六条规定的"情节特别严重"或者"后果特别严重"。

13.2.3　出售或者非法提供公民个人信息罪

2015年《刑法》修正案(九)中,对刑法第二百五十三条之一进行了修改,规定:

"违反国家有关规定,向他人出售或者提供公民个人信息,情节严重的,处三年以下有期徒刑或者拘役,并处或者单处罚金;情节特别严重的,处三年以上七年以下有期徒刑,并处罚金。"

"违反国家有关规定,将在履行职责或者提供服务过程中获得的公民个人信息,出售或者提供给他人的,依照前款的规定从重处罚。"

"窃取或者以其他方法非法获取公民个人信息的,依照第一款的规定处罚。"

"单位犯前三款罪的,对单位判处罚金,并对其直接负责的主管人员和其他直接责任人员,依照各该款的规定处罚。"

13.3　以网络为工具的网络犯罪形态

13.3.1　经济类工具型网络犯罪

经济类工具型网络犯罪具体包括以下5种。

(1) 盗窃罪,即以非法占有为目的,通过网络秘密窃取他人以数字形式体现的财物,盗用他人的网络服务、网络设备、线路,数额较大或多次实施盗窃的行为。

(2) 诈骗罪,即以非法占有为目的,通过网络信息系统虚构事实或者隐瞒真相,骗取数额较大的公私财物(包括以数字形式体现的财物),数额较大的行为。

【法律法规】

《刑法》修正案(九)中又对利用信息网络实施诈骗等犯罪行为进行更加明确而严厉的规定:"利用信息网络实施下列行为之一,情节严重的,处三年以下有期徒刑或者拘役,并处或者单处罚金:(一)设立用于实施诈骗、传授犯罪方法、制作或者销售违禁物品、管制物品等违法犯罪活动的网站、通信群组的;(二)发布有关制作或者销售毒品、枪支、淫秽物品等违禁物品、管制物品或者其他违法犯罪信息的;(三)为实施诈骗等违法犯罪活动发布信息的。"规定"单位犯前款罪的,对单位判处罚金,并对其直接负责的主管人员和其他直接责任人员,依照第一款的规定处罚。""有前两款行为,同时构成其他犯罪的,依照处罚较重的规定定罪处罚。

(3)贪污、职务侵占罪,即具有特定身份的人员,利用职务或者业务上的方便,通过网络侵吞、窃取、骗取或者以其他手段非法占有以数字形式体现的公共财物或单位财物。

(4)敲诈勒索罪,即以非法占有为目的,通过网络发出威胁或者要挟的指令,强索数额较大的公私财物(包括以数字形式体现的财物)的行为。

(5)洗钱罪,即明知是毒品犯罪、黑社会性质的组织犯罪、走私犯罪的违法所得及其产生的收益,而通过电子银行及其他的电子资金划拨形式,在网络中掩饰、隐瞒其来源和性质的行为。

案例 13-2

云南省大理市人民法院开庭审理迪庆藏族自治州首例网络诈骗案

李某某,云南省迪庆藏族自治州维西县人,家住大理市下关镇;李某,大理市人,家住大理市下关镇。两人在互联网上经人指点学会使用"淘宝钓鱼程序"后,于2011年1月10日至5月,先后多次在淘宝网上发布低价出售苹果手机、诺基亚N8手机、HTC G10手机、索尼照相机等虚假商品信息,并预留自己的QQ号码等信息,等待被害人上钩。两人实施网络诈骗的主要方式是使用"淘宝钓鱼程序"生成虚假的购买链接,再通过QQ、阿里旺旺等聊天工具发送给购买者,并让其付款,而该虚假链接指向的地址实为一个点卡交易平台,页面与真实的淘宝网支付页面做得极为相似。购买者一旦使用李某某和李某提供的虚假链接进行付款,现金将会直接汇入两人在该交易平台的账户内。如果购买者有所怀疑,李某某和李某会通过淘宝网找到一家信用较高的出售点卡等虚拟物品的网络店铺,然后将网址发给购买者以取得信任,并称该店铺是其女友所开,自己是瞒着女友出售商品,让购买者不要与该店店主联系,直接购买与虚假商品等值的点卡,并充值到其指定的网络游戏账户上来冲抵货款。一旦购买者充值后,两人便从网络上消失,无法联系。李某某和李某用上述方式先后实施诈骗10余起,骗取人民币17 985.2元。2011年5月18日,公安机关在大理市下关镇吉苍路的一家网吧内将李某某和李某抓获。

法院经审理认为,被告人李某某、李某以非法占有为目的,利用互联网发布虚假信息诈骗他人钱财,其行为已构成诈骗罪,且数额较大。鉴于被告人李某某、李某能如实供述自己的犯罪事实,且认罪态度较好,对两被告人可酌情从轻处罚。根据被告人李某某、李某犯罪的事实、性质、情节及对社会的危害程度,遂依照《刑法》判决被告人李某某、李某利用"淘宝钓鱼程序"实施诈骗,分别判处有期徒刑1年6个月、并处罚金5 000元。

(资料来源:赵子忠. 两被告利用"淘宝钓鱼程序"诈骗获刑[N]. 大理日报,2012-05-29(B1))

13.3.2 信息传播类工具型网络犯罪

信息传播类工具型网络犯罪具体包括以下16种。

第13章 网络犯罪

（1）煽动分裂国家罪。即在网上发布煽动分裂国家、破坏国家统一的言论，情节严重的行为。

（2）煽动颠覆国家政权罪。即在网上以造谣、诽谤或者其他方式煽动颠覆国家政权、推翻社会主义制度的言论，情节严重的行为。

（3）侮辱罪。即在网上公开散布贬低他人人格，破坏他人名誉的言论，情节严重的行为。

（4）诽谤罪。即故意捏造并在网上公开散布某种事实，损坏他人人格、破坏他人名誉，情节严重的行为。

【法律法规】

（5）煽动暴力抗拒法律实施罪。即通过网络发布煽动群众使用暴力抗拒国家法律、行政法规实施的言论，情节严重的行为。

（6）传授犯罪方法罪。即通过网络向他人传授犯罪方法的行为。

（7）制作、复制、出版、贩卖、传播淫秽物品牟利罪。即以牟利为目的，在网上制作、复制、出版、贩卖、传播淫秽物品的行为。

（8）传播淫秽物品罪。即在网上传播淫秽书刊、影片、音像、图片或者其他淫秽物品，情节严重的行为。

（9）战时造谣扰乱军心罪。指在战时，通过网络造谣惑众，扰乱军心的行为。

（10）煽动军人逃离部队罪。指在网上散布唆使、鼓动现役军人逃离部队的言论，情节严重的行为。

（11）战时造谣惑众罪。指军职人员在战时通过网络造谣惑众，动摇军心的行为。

（12）编造并传播证券交易虚假信息罪。指在网上编造并传播影响证券、期货交易的虚假信息，扰乱证券、期货交易市场，造成严重后果的行为。

（13）诱骗投资者买卖证券、期货合约罪。指证券交易所、期货交易所、证券公司、期货经纪公司的从业人员、证券业协会、期货业协会或者证券、期货管理监督部门的工作人员，故意在网上提供虚假信息或者伪造、变造、销毁交易记录，诱骗投资者买卖证券、期货合约，造成严重后果的行为。

（14）损害商业信誉、商品信誉罪。指违反反不正当竞争管理法规，在网上捏造并散布虚假事实，损害他人的商业信誉、商品信誉，给他人造成重大损失或者有其他严重情节的行为。

（15）虚假广告罪。指广告主、广告经营者、广告发布者违反规定，在网上对商品和服务做虚假广告宣传，情节严重的行为。

（16）煽动民族仇恨、民族歧视罪。即在网上散布具有民族仇恨、民族歧视的言论，情节严重的行为。

 案例13-3

自2009年10月4日起，天涯等社区网上流传着一个帖子："家住山东蓬莱的姜女士花1.2万多元买了一个康姿百德保健床垫，回家使用了几天，姜女士感觉床垫没有效果，血压没有下降不说，反倒升高了。7月2日，她去找商店要求退货，但遭到拒绝，遂来到蓬莱市工商局12315指挥中心进行申诉。"而蓬莱工商局证实，从未接到姜姓女士的举报，也没有查处过康姿百德公司。

经审查查明，鲁某曾是康姿百德公司的经销商，后因在经营上发生分歧，双方停止了合作关系。在2006年，鲁某自己成立了北京中佰康磁性床上用品有限责任公司，生产同类床垫产品，在市场上销售。自2009年10月以来，网上出现的"康姿百德骗子床垫血压不降反升，12315提醒您防止被忽悠"等众多帖子，都是中佰康磁性床上用品有限责任公司董事长鲁某指使公司职员王某提供的。王某与石家庄铁道学院四方学院的学生易某联系，后由易某及其哥哥通过百度贴吧、天涯论坛和网易博客等20多个网站，散布了这些"严重损害秦皇岛康姿百德高新技术开发有限公司商业信誉、商品声誉的各类文章"，致使康姿百德公司遭受直接经济损失120余万元。

经法院审理认定，4名被告均犯损害商业信誉、商品声誉罪。判决被告人鲁某有期徒刑一年零两个月并处罚金1万元，王某有期徒刑一年并处罚金5 000元。易某及其哥哥均被判处有期徒刑10个月，并处罚金2 000元。

（资料来源：庄庆鸿，鄢光哲.4名青年发帖诋毁商家荣誉首遭刑事追诉[N].中国青年报，2010－04－08）

13.3.3 非法占有信息类工具型网络犯罪

非法占有信息类工具型网络犯罪具体包括以下8种。

（1）为境外窃取、刺探、收买、提供国家秘密、情报罪，指为境外的机构、组织、人员窃取、刺探、收买、提供网络中的国家秘密、情报的行为。

（2）非法获取国家秘密罪，即通过网络，以窃取、刺探的方法，非法获取国家秘密的行为。

（3）非法获取军事秘密罪，即通过网络，以窃取、刺探的方法，非法获取军事秘密的行为。

（4）为境外窃取、刺探、收买、非法提供军事秘密罪，指为境外的机构、组织、人员通过网络窃取、刺探、收买、非法提供军事秘密的行为。

（5）故意泄露军事秘密罪，即违反保守国家秘密法规，故意在网络中泄露国家军事秘密，情节严重的行为。

（6）过失泄露军事秘密罪，即违反保守国家秘密法规，过失导致在网络中泄露国家军事秘密，情节严重的行为。

（7）私自开拆、隐匿、毁弃邮件、电报罪，指邮政工作人员私自开拆、隐匿或毁弃他人电子邮件的行为。

（8）侵犯通信自由罪，指非法打开他人电子信箱，偷阅、隐匿、毁弃他人电子邮件，情节严重的行为。

案例 13－4

张某，27岁，大学生村官。早在2006年，张某还在太原上大学时，就听说拿到高考试题和答案可以赚钱。后来，张某在网上查到相关信息，先找到白某(忻州某大学大二学生，被判有期徒刑1年3个月)，又找到高中同学史某(在逃)共谋此事。2008年5月，张某经人介绍到武汉买了笔式接收设备45套、信息发射设备4套、无线摄像传输微型机1套。后将该笔式接收设备通过李某(在逃)卖给五寨县高考学生10套，卖给保德县考生10套，卖给神池县考生20套，剩余5套张某自留备用。期间通过出卖作弊设备，张某获利6 800元。

接着，张某又与郝某(晋中某大学大二学生，被判有期徒刑1年缓刑1年)、刘某(大专文化，无业，被判有期徒刑1年缓刑1年)、杨某(31岁，山西某大学音乐课教师，被判有期徒刑1年3个月缓刑1年6个月)、冯某(山西某大学法学院大二学生，被判有期徒刑10个月缓刑1年)联系共谋作弊之事。同时，张某卖给郭某(神池县某中学党支部书记，被判有期徒刑1年3个月缓刑1年6个月)作弊笔20支，郭某让其学校老师张某(神池县某中学政治老师,被判有期徒刑8个月缓刑8个月)联系购笔学生,张某很快联系到9名考生,另有8名考生听到信息后自动加入到作弊行列。郭某共转手倒卖作弊笔17套,非法获利10 700元。

侯某,神池县某中学政治课教师,在明知张某、郭某实施高考舞弊,非法获取国家秘密的情况下,提供自己所住楼房上的阁楼供张某等人发射高考试题答案。在郭某付其200元费用时,侯某没有收,因提供作案场所被判免予刑罚。

2008年6月7日,高考期间,史某通过手机信息、网上传输等手段,从辽宁"孟某"处获取2008年高考试题"答案"传输给张某(张某付费2 000元);张某传输给白某,同时传给考生韦某(在逃)等。白某传输给杨某(杨某付费8 000元)、张某、郝某、冯某、刘某。

作弊者都没有想到,就在高考的第一天,公安、无线电监测部门在动态监测中发现"异常电波",很快确认电波源头正是作案所在的阁楼,可谓"抓了个现行"。张某也因犯非法获取国家秘密罪,被判处有期徒刑2年。

(资料来源:本案高考作弊者为何构成非法获取国家秘密罪[EB/OL]. (2010 - 03 - 01).
[2012 - 03 - 07]. http: //www.zhicong.com/Case/detail.asp? id = 1312)

13.3.4 知识产权类工具型网络犯罪

知识产权类工具型网络犯罪具体包括以下3种。

(1) **侵犯著作权罪**。指以营利为目的,未经著作权人或与著作权有关的权益人的许可,在网上复制发行其作品;出版他人享有专有出版权的图书;未经录音录像制作者许可,在网上复制发行其制作的音像制品;在网上制售假冒他人署名的美术作品,违法所得数额较大或有其他严重情节的行为。

(2) **销售侵权复制品罪**。指以营利为目的,在网上销售明知是侵犯他人著作权的复制品,违法所得数额较大的行为。

(3) **侵犯商业秘密罪**。指违反国家商业秘密保护法规,通过网络窃取他人商业秘密,或在网上披露、使用或者允许他人使用以非法手段获得的商业秘密,或者违反约定、违反保守商业秘密的协议,在网上披露、使用或者允许他人使用自己所掌握的商业秘密,给商业秘密权利人造成重大损失的行为。

案例 13 - 5

2006年12月至2008年8月,被告单位成都共软网络科技有限公司(以下简称"成都共软公司")为赢利,由被告人孙某指示被告人张某和洪某、梁某合作,未经微软公司的许可,复制微软Windows XP计算机软件后制作多款"番茄花园"版软件,并以修改浏览器主页、默认搜索页面、捆绑其他公司软件等形式在"番茄花园"版软件中分别加载百度时代网络技术(北京)有限公司等多家单位的商业插件,通过互联网在"番茄花园"网站、"热度"网站发布,供公众下载。其中,被告人洪某负责制作的番茄花园WINXP SP3 V.3300等8款安装版和免激活累计被下载71 583次,被告人梁某负责制作的番茄花园WINXP SP2 V6.2、LEI NLITE XP SP3 V1.0 美化版累计被下载8 018次,郑某(另案处理)负责制作的番茄花园Ghost XP SP3 V1.0、Ghost XP SP3 V1.1、Ghost XP SP3 V1.2版累计被下载117 308次。被告单位成都共软公司从百度时代网络技术(北京)有限公司等多家单位获取非法所得计人民币2 924 287.09元。2009年6月3日,江苏省苏州市虎丘区人民检察院向苏州市虎丘区人民法院提起公诉。虎丘区人民法院经审理,认为被告单位成都共软公司、被告人孙某、张某、洪某、梁某的行为均已构成侵犯著作权罪。鉴于被告人张某系自首、被告人梁某系从犯,遂判处被告单位罚金人民币8 772 861.27元,违法所得计人民币 2 924 287.09 元予以没收；判处被告人孙某有期徒刑 3 年 6 个月，并处罚金人民币 100 万元；判处被告人张某有期徒刑 2 年，并处罚金人民币 10 万元；判处被告人洪某有期徒刑 3 年 6 个月，并处罚金人民币 100 万元；判处被告人梁某有期徒刑 2 年，并处罚金人民币 10 万元。

（资料来源：苏州市虎丘区人民法院(2009)虎初刑知字第 0001 号）

13.4　网络犯罪的发展趋势

网络犯罪肆虐全球，波及所有行业，目前呈现定点攻击、有组织犯罪的趋势。具体表现如下。

1. 病毒软件从单一功能向复合功能方向发展

例如，ZeuS 和 Spyeye 等病毒将涵盖各种攻击领域，并非针对金融机构的病毒将添加金融机构攻击功能，也可以进行网上银行犯罪，犯罪分子掌握一种病毒就可以对包括金融领域的全信息领域发动攻击，从而具有极强的威胁性。

2. 电脑病毒将向全球化蔓延

病毒软件零售和重新包装均将跨越国界，形成区域化甚至全球化的病毒泛滥。也就是说，为攻击某一点的病毒代码经改进后将改变攻击区域甚至攻击多国，将极少有国家能够幸免。

3. 网络犯罪技术更新换代，网络犯罪破坏性随之升级

网络犯罪最终是要入侵用户的计算机，潜藏很长时间。因此病毒软件将能够改良入侵技术，隐藏恶意程序或模拟其他程序。一旦失败且未被受攻击的组织或个人发现，黑客将开发病毒攻击并摧毁现有防护。

4. 黑客窃取社交网站的用户信息用以攻击机构

黑客深知社交网站的用户信息极易被窃取，因此会深入研究所窃取的个人信息用于攻击企业。若企业使用密码问题来找回密码，黑客就能够窃取密码问题，进行密码重置后"合法"使用账户，窃取该机构数据。

5. 云计算 SaaS 企业层软件运营方便病毒攻击企业应用

许多机构为节省开支，纷纷转向软件即服务（Software as a Service，SaaS）软件运营，SaaS 软件运营主要为企业搭建信息化所需要的所有网络基础设施及软件、硬件运作平台，并负责所有前期的实施、后期的维护等一系列服务，企业无须购买软硬件、建设机房、招聘 IT 人员，即可通过互联网使用信息系统，企业根据实际需要，从 SaaS 提供商租赁软件服务。但是 SaaS 潜在的安全问题将使得使用它的企业面临更加严重的安全风险，成为网络犯罪分子的攻击对象。

6. 网络犯罪侵入移动网络

随着智能手机和平板式计算机等移动终端的市场份额不断扩大，针对智能手机的网络犯罪也日益猖獗。智能手机储存了大量重要的个人信息，包括电子邮件账户信息、社交网

第 13 章 网络犯罪

络信息、财务信息、网络搜索内容、浏览网站内容和用户所处位置等。与传统电脑的使用相比，由于使用者防范网络风险的意识不强，智能手机和平板式计算机等移动装置正成为网络犯罪分子瞄准的新目标。例如，针对美国谷歌公司安卓（Android）系统、诺基亚智能手机使用的塞班（Symbian）操作系统、苹果手机使用的由苹果公司开发的手持设备操作系统(Iphone Operation System，iOS）的恶意软件均呈爆发式增长。

【拓展视频】

本 章 小 结

国内学者一般将以网络为对象内容的犯罪作为网络犯罪的狭义概念，又称之为纯正的网络犯罪；将包括以网络为工具的犯罪作为广义网络犯罪概念的范畴，又称之为不纯正的网络犯罪。以网络为对象内容的犯罪形态包括非法侵入计算机信息系统罪和破坏计算机信息系统罪，主要由《刑法》第二百八十五条、第二百八十六条，及其修正案和司法解释予以调整。以网络为工具的犯罪包括经济类、信息传播类、非法占有信息类、知识产权类工具型网络犯罪及其所包括的罪名。在病毒软件、网络犯罪技术、黑客技术及企业云计算和移动网络等方面网络犯罪呈现出定点攻击、有组织犯罪的发展趋势。

经典案例

"熊猫烧香"病毒破坏计算机信息系统案

案情介绍

2006年12月初，我国互联网上大规模爆发"熊猫烧香"病毒及其变种，该病毒通过多种方式进行传播，并将感染的所有程序文件改成熊猫举着3根香的模样。截至案发，已有数百万名个人、网吧及企业局域网用户遭受感染和破坏，遍及山西、河北、辽宁、广东、湖北、北京、上海、天津等多个省市。

李某于2006年10月开始制作计算机病毒"熊猫烧香"，并请雷某对该病毒提修改建议。雷某认为，该病毒会修改被感染文件的图标，且没有隐藏病毒进程，容易被发现，建议李某从这两个方面对该病毒程序进行修改。李某按照雷某的建议修改了病毒程序，由于其技术原因，修改后的病毒虽然不改变别人的图标，但还是使图标变模糊，隐藏病毒进程问题也没有解决。2007年1月，雷某自己对该病毒源代码进行修改，仍未解决上述两个问题。

2006年12月初，李某在互联网上叫卖该病毒，同时也请王某及其他网友帮助出售该病毒。随着病毒的出售和赠送给网友，"熊猫烧香"病毒迅速在互联网上传播，从而使自动链接李某个人网站 www.krvkr.com 的流量大幅度上升。王某得知此情形后，主动提出为李某卖"流量"，并联系张某购买李某网站的"流量"，所得收入由其和李某平分。为了提高访问李某网站的速度、减少网络拥堵，王某和李某商量后，由王某化名董磊为李某的网站在南昌锋讯网络科技有限公司租用了一个2G内存、100M独享线路的服务器，租金由李某、王某每月各负担800元。张某购买李某网站的流量后，先后将9个游戏木马挂在李某的网站上，盗取自动链接李某网站游戏玩家的"游戏信封"，并将盗取的"游戏信封"进行拆封、转卖，从而获取利益。

2006年12月至2007年2月，李某共获利145 149元，王某共获利8万元，张某共获利1.2万元。由于"熊猫烧香"病毒的传播感染，影响了山西、河北、辽宁、广东、湖北、北京、上海、天津等省市的众多单位和个人计算机系统的正常运行。2007年2月2日，李某将其网站关闭，之后再未开启该网站。

2007年2月4日、5日、7日，被告人李某、王某、张某、雷某分别被仙桃市公安局抓获归案。李某、王某、张某归案后退出所得全部赃款。李某交出"熊猫烧香"病毒专杀工具。

湖北省仙桃市人民检察院认定被告人李某、雷某故意制作计算机病毒，故意传播计算机病毒，影响了众多计算机系统正常运行，后果严重，其行为涉嫌破坏计算机信息系统罪，应负相关法律责任。

被告编写的网络程序"熊猫烧香"，入侵个人计算机、感染门户网站，对互联网用户安全造成了严重破坏，但是已退还所有赃款并且在拘留所内编写了针对"熊猫烧香"的杀毒软件，这种行为在客观上缩小了其犯罪结果造成的影响，应该属于立功表现，应当适当减刑。

案例分析

被告人李某、雷某故意制作计算机病毒，被告人李某、王某、张某故意传播计算机病毒，影响了众多计算机系统正常运行，后果严重，其行为均已构成破坏计算机信息系统罪，应负刑事责任。被告人李某在共同犯罪中起主要作用，是本案主犯，应当按照其所参与的全部犯罪处罚；同时，被告人李某有立功表现，依法可以从轻处罚。被告人王某、张某、雷某在共同犯罪中起次要作用，是本案从犯，应当从轻处罚。4位被告人认罪态度较好，有悔罪表现，且被告人李某、王某、张某能退出所得全部赃款，依法可以酌情从轻处罚。被告人李某犯破坏计算机信息系统罪，判处有期徒刑4年；被告人王某犯破坏计算机信息系统罪，判处有期徒刑2年6个月；被告人张某犯破坏计算机信息系统罪，判处有期徒刑2年；被告人雷某犯破坏计算机信息系统罪，判处有期徒刑1年。

(资料来源：方政军．"熊猫烧香"病毒案告破[EB/OL]．(2009－09－30)．[2012－04－06]．http://news.qq.com/a/20090930/001815.htm)

自　测　题

一、单项选择题

1. 以网络为工具的犯罪包括（　　）。
    A. 通过信息网络为平台的犯罪
    B. 通过黑客程序侵入计算机网络信息系统的犯罪
    C. 通过篡改数据达到破坏计算机网络信息系统的犯罪
    D. 通过黑客程序侵入计算机网络信息系统及通过篡改数据达到破坏计算机网络信息系统的犯罪

2. 经修订后的《刑法》第二百八十五条不包括（　　）。
    A. 非法侵入计算机信息系统罪　　B. 非法获取计算机数据罪
    C. 故意制作、传播计算机病毒罪　　D. 非法控制计算机信息系统罪

3. 《刑法》第二百八十六条规定："违反国家规定，对计算机信息系统功能进行删除、修改、增加、干扰，造成计算机信息系统不能正常运行，后果严重的，处五年以下有期徒刑或者拘役；后果特别严重的，处五年以上有期徒刑。违反国家规定，对计算机信息系统中存储、处理或者传输的数据和应用程序进行删除、修改、增加的操作，后果严重的，依照前款的规定处罚。"其中，（　　）情形应认定为"后果严重"。
    A. 造成20台以上计算机信息系统的主要软件或者硬件不能正常运行的
    B. 对10台以上计算机信息系统中存储、处理或者传输的数据进行删除、修改、增加操作的

第13章 网络犯罪

C. 违法所得5 000元以上或者造成经济损失10 000元以上的
D. 造成为50台以上计算机信息系统提供域名解析、身份认证、计费等基础服务

二、名词解释

1. 犯罪
2. 网络犯罪
3. 以网络为对象内容的犯罪
4. 犯罪的主观方面
5. 非法侵入计算机信息系统罪

三、简答题

1. 网络犯罪的构成特征有哪些？
2. 简述破坏计算机信息系统罪的客观要件。
3. 知识产权类工具型网络犯罪具体包括哪些罪名？
4. 简述网络犯罪的发展趋势。

四、案例讨论

被告人吕某入侵中国公众多媒体通信网广州主机（以下简称"广州主机"）和蓝天BBS主机，在广东省中山图书馆多媒体阅览室及自己家中上网，利用从互联网上获取的方法攻击广州主机。在成功入侵该主机系统并取得最高权限后，开设了两个具有最高权限的账号和一个普通用户账号，以便长期占有该主机系统的控制权，进行修改、增加、删除等一系列非法操作。公诉人认为其行为已触犯《刑法》第二百八十六条第一、第二款的规定，构成破坏计算机信息系统罪。

被告人吕某当庭辩称，自己修改广州主机的root（最高权限）密码，是经过该主机的网络管理员同意的，不是非法修改；自己入侵广州主机和蓝天主机，目的是要尝试进入别人主机的方法是否可行，从中学习如何保障网络安全，并非从事破坏活动。吕某的辩护人称，被告人吕某没有对计算机信息系统的功能、数据和应用程序进行破坏，其入侵行为没有使计算机信息系统无法正常运行，没有产生严重后果，起诉书指控的罪名不能成立，应当宣告吕某无罪。

（案例来源：佚名. 吕薛文破坏计算机信息系统案［EB/OL］.（2010 – 05 – 20）.［2012 – 03 – 03］. http：//www.148com.com/html/589/105020.html）

根据以上案例讨论以下问题：
（1）破坏计算机信息系统罪的犯罪构成有哪些？
（2）本案中吕某是否触犯该罪名？法院应当如何判决？

第14章 电子证据

教学目标

本章融合《民事诉讼法》及《刑事诉讼法》着力解决电子商务环境中的电子证据问题,主要包括电子证据的概述、电子证据的收集、电子证据的审查、证据规则及电子证据的保全等主要内容。通过教学使学生掌握电子商务环境下电子证据的概念、法律地位、收集、审查及保全的程序法律知识。

教学要求

知识要点	能力要求	相关知识
电子证据概述	(1) 能够掌握电子证据的概念和法律地位 (2) 能够了解电子证据的分类	(1) 电子证据的概念 (2) 电子证据法律地位的争论 (3) 电子证据作为独立证据 (4) 电子证据的5种分类
电子证据的收集	(1) 了解电子证据收集的困境 (2) 了解电子取证的要点 (3) 掌握电子证据收集的原则	(1) 电子证据收集的概念 (2) 电子取证的要点 (3) 电子证据收集的4项原则
电子证据的审查	(1) 掌握电子证据相关性的审查 (2) 掌握电子证据客观性的审查 (3) 掌握对电子证据合法性的审查 (4) 了解电子证据的审查方法	(1) 电子证据相关性审查要点 (2) 电子证据的来源、收集、传送和保存的方法,以及内容审查 (3) 电子证据主体及程序合法性审查 (4) 庭审质证、技术检查、科学鉴定、对比印证及模拟验证审查方法
证据规则	(1) 理解采纳证据规则 (2) 理解采信证据规则	(1) 采纳证据的主要规则:非法证据排除、传闻证据排除、意见证据排除、品格证据及有限采纳规则 (2) 采信证据的主要规则:证明力优先、补强证据、心证公开
电子证据的保全	(1) 掌握电子证据保全及其意义 (2) 理解电子证据保全原则 (3) 掌握电子证据保全的措施	(1) 电子证据保全的概念及其意义 (2) 电子证据保全的4项原则 (3) 法院保全、证据保全公证、网络公正保全和电子文档管理措施

第 14 章　电子证据

电子邮件证据认证纠纷案

2003 年 7 月，甲工具制造有限公司(以下简称"甲公司")与乙电子商务有限公司(以下简称"乙公司")签订电子商务服务合同一份，约定：乙公司为甲公司安装其拥有自主版权的 IteMS20001.0 版国际贸易电子商务系统软件一套，在安装后一年之内最少为甲公司提供 5 个有效国际商务渠道。乙公司对甲公司利用其软件与商情获得的成交业务，按不同情形收取费用，最高不超过 50 万元。如果在一年之内，乙公司未能完成提供有效国际商务渠道的义务，则无条件退还甲公司首期付款 5 万元并支付违约金。合同签订后，乙公司在甲公司处安装了软件平台，并代替甲公司操作该系统。2004 年 10 月，甲公司以乙公司违约，未能提供有效国际商务渠道为由起诉至法院，要求解除合同，返还已付款项并支付违约金。乙公司在举证期限内提供了海外客户对甲公司产品询盘的 4 份电子邮件(打印文件)，以此证明乙公司为甲公司建立的交易平台已取得业务进展，至于最终没有能够成交，是由于甲公司提供给外商的样品不符合要求。

法院一审认为，电子邮件的资料为只读文件，除网络服务提供商外，一般外人很难更改，遂认定了电子邮件证据的效力。

甲公司不服判决并上诉。

法院二审认为，乙公司提供的电子邮件只是打印件，对乙公司将该电子邮件从计算机上提取的过程是否客观和真实无法确认，而乙公司又拒绝当庭用储存该电子邮件的计算机通过互联网现场演示，故否认了 4 份电子邮件的证据效力。

(资料来源：佚名．从本案看电子证据的认证[EB/OL]．(2009-08-15)．[2011-08-09]．http：//news.9ask.cn/flal/mfal/msssfal/200908/223248.html)

该案关于数据电文形式证据的法律问题将在本章系统讲述。

14.1　电子证据概述

电子信息的存在与取得方式的飞跃使证据学研究乃至证据立法面临诸多考验。在证据信息化的大趋势下，以计算机及其网络为依托的电子证据在证明案件事实的过程中起着越来越重要的作用。

人们对电子证据的逐步关注，不仅源于证据的表现形态以数据电文的形式全新展现出来，还源于人们在司法及诉讼实践中遇到的诸多障碍和困难，电子证据无论是其归属类别，还是对其取证实践抑或是其发挥证明力的证据规则，都与目前在司法实践中普遍运用的证据有很大不同，具体有以下表现。

(1) 在证据理论上，确定电子证据的证据类型归属，确定电子证据究竟是属于一种新的证据类型，还是从属于传统的证据类型，抑或是传统证据新的表现形式。

(2) 电子证据取证的技术手段和取证程序之间的矛盾解决。电子证据作为以数据电文形式存在的证据，对其正确、完整、及时地提取需要一定的技术手段。但由于其证明力的发挥以发现证据存在为前提，以确保其真实性为基点，而对于证据真实性的渴求与对其隐蔽性的揭示冲动必然导致技术手段的过度使用，从而突破传统取证程序的限制，可能对公民的合法权益(如隐私权)造成侵害。对于这种电子证据在取证上存在的矛盾应在发现真实的手段与提取证据的程序正当性之间的平衡中予以解决。

（3）判断电子证据证明力证据规则的缺失。由于以数据电文形式存在的电子证据在真实性上存在的突出问题，造成即使取得电子证据后也不能充分发挥其证明能力。这主要是由于现行法律中原有证据规则先天的不完善，同时对于电子证据这种新形式的证据的审查判断也没有建立相应的认证规则。

14.1.1 电子证据的概念

对于一种新生事物的内涵及外延的概念界定，不同的学者往往会给出不同的定义，对于概念界定分歧的由浅至深的探讨过程，表现在语言表述上，就是越来越接近事物外在形态的本质表征的过程。电子证据的概念界定也符合这一特点。

从国内对电子证据的定义来看，大致包括等同式定义法、功能式定义法、形式定义法、扩张式定义法等。

世界上第一部单独为电子证据制定的立法文件——加拿大《统一电子证据法》，对电子证据的定义通过对"数据""电子记录""电子记录系统"3个术语的定义对电子证据进行界定。该法第一条(a)款规定"数据"指数据或概念的任何形式的表述。并在评注中进一步指出"数据"的定义确保该法适用于保存在电子记录中的无论是数字、事实还是思想的任何形式的信息。该法第一条(b)款规定，"电子记录"指保存在计算机系统或其他类似装置的任何媒介上，能够被个人和计算机系统及其他类似装置浏览或察觉的数据。在该法第一条(c)款中规定，"电子记录系统"包括数据被保存或记录的计算机或其他类似装置，以及有关电子记录记录和保存的程序，即产生电子记录的系统通常包括所有记录或电子记录如何被生成和保存的程序，包括物理或电子的入口控制、安全属性、检验规则、保留或毁坏日期表。该法使记录保持系统的可靠性与证明特定记录的真实性相关。电子记录系统也被认为是电子证据的一部分，这个定义是比较科学的。

在此之前，联合国国际贸易法委员会1996年通过的《电子商务示范法》中的有关条文中也体现了对电子证据内涵的认识和倾向。联合国国际贸易法委员会通过的《示范法》第5条规定："不得仅仅以某项信息采用数据电文形式为理由而否定其法律效力、有效性和可执行性。"可以推知，《示范法》中被认为是可接受的证据形式的数据电文、电传、传真信息就是其对电子证据的内涵的界定。

从广义上讲，电子证据可囊括所有通过电子手段（由模拟信号或数字信号系统支撑的）产生的证明材料。不过，从我国诉讼法所规定的证据体系及认知、研究的便利的角度出发，从狭义上理解电子证据更为适宜，即电子证据是通过计算机进行交易或其他行为的过程中留存在计算机及其他类似装置中的或以计算机可读的形式存在的电子记录，以及产生电子记录的计算机及类似装置的真实性的事实。

就目前而言，电子证据可涵盖保存在计算机或其他类似装置中的电子数据；保存在可移动的电磁或光学的介质上的电子数据（如早期计算机中使用的磁带，以及人们现在经常使用的软盘、可读性光盘）；电子邮件；电子数据交换中的信息；音轨（类似CD的格式）；数字化图画和录像（如储存在MPEG、JPEG、GIF格式中的数据）；数字化音频文件（如储存在MP3、WAV或其他格式中的电子数据）；语音邮件等形式的证据。

第 14 章　电子证据

14.1.2　电子证据的法律地位

目前在电子证据研究过程中,争论最为激烈的问题之一是电子证据的法律地位问题,即电子证据应归于现有证据种类中的哪一类,电子证据是否要作为一种单独的证据种类而存在的问题。我国学者先后提出了"视听资料说""书证说""物证说""鉴定结论说""混合证据说"和"独立证据说"等观点。

1. 视听资料说

电子证据属于视听资料的一种,在早期几乎为通说,且至今仍为大多数学者所接受,这与视听资料的历史成因有一定的关系。在我国第一部诉讼法,即 1979 年的《中华人民共和国刑事诉讼法》中,没有将视听资料作为一种独立的证据,但是后来为了解决录音、录像等新型证据材料的归类问题,在 1982 年的《中华人民共和国民事诉讼法(试行)》中首次规定了视听资料这一新的证据种类,并把录音、录像、计算机存储资料等划归其中。这也就是为什么目前仍有许多学者支持将电子证据视为视听资料的一种的主要原因。

另外,有学者还总结了几点理由予以支持。例如,电子证据如同视听资料皆可显示为"可读形式",因而也是"可视"的;视听资料与电子证据在存在形式上有相似之处;存储的视听资料及电子证据均需借助一定的工具或以一定的手段转化为其他形式后才能被人们直接感知;两者的正本与副本均没有区别等。

针对视听资料说,也有学者予以反对。其理由大致如下:将电子证据中文字的"可视"和视听资料中的"可视"混合在一起没有充分的理由;将电子证据视为视听资料不利于电子证据在诉讼中充分发挥证据的作用,因为视听资料是间接证据等。

有学者认为上述观点存在片面与不足。依照前者在电子商务活动中,当事人通过 E-mail、电子数据交换方式而签订的电子合同属于连续的声像来发挥证明作用的视听资料,显然有些牵强;对于后者,简单依据《民事诉讼法》第六十九条就断定"视听资料系间接证据,故主张电子证据系视听资料将面临重大法律障碍",显然过于轻率。

也有学者认为,将电子证据归入视听资料的范畴,无疑是削足适履,并不符合联合国国际贸易法委员会通过的《示范法》的精神;倘若按此主张立法,我国在司法实践中将会碰到许多与各国不相吻合、不相适用的法律问题。

2. 书证说

书证,指以文字、图画、符号等表达的思想内容来证明案件事实的资料。其与电子证据的相同之处就在于两者都以表达的思想内容来证明案件的事实情况。基于这一相同点,有学者提出了"电子证据系书证",该观点在国外的立法实践论证和国内众多学者的推波助澜下,其声势已盖过"视听资料说",并似乎已被多数学者接受。

支持者提出了大致如下理由:普通的书证与电子证据的记录方式不同、记载内容的介质也不同,却具有相同的功能,即均能记录完全的内容;电子证据通常也是以其代表的内容来说明案件中的某一问题,且必须输出、打印到纸上(当然也可显示在屏幕上),才能被人们看见、利用,因而具有书证的特点;《合同法》第十一条规定,"书面形式是指合同书、信件和数据电文(包括电报、电传、传真、电子数据交换和电子邮件)等可以有形地表现所载内容的形式",据此也可以推断出电子证据系书证的一种;各国立法上尝试的功能等同法亦在填平传统书面形式与电子证据之间的鸿沟。

针对书证说,有学者提出了反对意见:外国法律文件的规定,不能成为在我国进行简单类比、类推的当然理由;书面形式并不等同于书证,某一事物若属于书面形式则不一定得出其就是书证;主张电子证据应归为书证很难解决法律对书证"原件"的要求问题;功能等同法并不能解决电子证据的定性问题;"书证说"难以圆满回答计算机声像资料、网络电子聊天资料的证明机制问题。

3. 物证说

在我国,主张电子证据系物证的学者不多。有学者指出,物证有狭义物证与广义物证之分。狭义物证是以其存放的地点、外部特征及物证特性等起证明作用的物品和物质痕迹。广义的物证指一切实物证据。电子证据属于广义物证的范围。也有人指出,电子证据在不需要鉴定的情况下属于书证,但有时也可能需要鉴别其真伪,故也可能成为物证。

4. 鉴定结论说

将电子证据归为鉴定结论,是极少数学者的看法。它主要是从转换的角度得出的结论。例如,有的学者认为:"如果法院或诉讼当事人对电子数据的可信性有怀疑,可以由法院指定专家进行鉴定,辨明其真伪,然后由法院确定其能否作为认定事实的根据。"

对此,反对者认为:"根据我国法律的规定,鉴定是具有专门知识或专门技能的人,接受委托或聘请,对案件中某些专门性问题进行分析、判断的一种诉讼活动,其得出的结论意见即鉴定结论。鉴定的目的是解决案件中某些关系是否存在、某些事实或现象的真伪、某些事实的有无、某些事实的程度及某些事实的因果等,而这些需要鉴定的关系、事实或现象等通常已是可采用的证据,只是还需要以鉴定的方式判断其是否可采信。在电子证据被许可采用之前,是不存在对可信度进行判断的问题的。换言之,只有在电子证据已被采用的前提下,才需要专家就其真伪进行分析判断,才需要法院依据专家的鉴定结论确定其是否能作为认定事实的根据。因此,鉴定结论说有其不妥之处。"

5. 混合证据说

混合证据说认为电子证据是若干传统证据的组合,而非独立的一种新型证据,也非传统证据中的一种。有学者将电子证据分为4类,即书证、视听资料、勘验检查笔录和鉴定结论证据。另有学者认为:"在我国一时还难以通过证据立法对证据的'七分法'进行修正的情况下,将其分别归为电子物证、电子书证、电子视听资料、电子证人证言、电子当事人陈述、关于电子证据的鉴定结论及电子勘验检查笔录无疑是最合理的选择。"

6. 独立证据说

鉴于电子证据种类划分的复杂性和其本身的特殊性,并参考国外的电子证据立法,有学者提出,将电子证据作为一种独立的证据种类,以适应电子证据在司法中日趋增长的新形势。

有学者从有利于电子商务法律环境的角度出发,提出:"电子证据显然有其自身区别于其他证据的显著特征,其外在表现形式亦是多媒体的,几乎涵盖了所有的传统证据类型，将其归为哪一类传统证据都不合适。而所有电子证据均是以数据电讯为交易手段的，以商事交易的现实需要来说，完全有理由将其作为一种新类型证据来对待，确立起电子证据自身统一的收集、审查、判断规则，为电子商务关系的法律调整提供一个完整的法律平台。"

但是，反对者也提出了自己的观点，有学者认为："电子证据同7种传统的证据相比，并未创造一种全新的证明机制，如果说有所不同则仅是外在形式的不同。'独立证据说'虽然在一定程度上是为了强调电子证据的重要性，但难免有过于轻率之嫌。"

现在，有越来越多的学者的支持在立法上把电子证据作为一种独立的证据类型来对待，这在2011年《中华人民共和国民事诉讼法修正案（草案）》中得到了立法支持。《中华人民共和国民事诉讼法修正案（草案）》在第六十三条证据类型中首次将"电子证据"作为独立的证据类型予以明确。支持独立证据说的学者有以下理由。

（1）将电子证据作为一种独立的证据类型符合现行证据分类方法。我国现行证据分类方法主要根据各种证据的不同特性。电子证据虽然与其他现有证据有共通之处，但更多地表现出不同之处，如电子证据的高科技性、隐蔽性、复合性等，并且由于上述特点才是电子证据的本质特征，所有这些特征都无法被现行证据类型所涵盖。

（2）电子证据作为独立证据种类具有现实的需要性。将电子证据作为独立的证据种类，有利于建立一套适合电子证据自身特点的证据统一收集、审查、判断规则，以满足此类司法实践的需要。例如，在电子证据的审查、判断中，法官就需要依法指派或聘请具有专门计算机方面知识的人士对电子证据真实性进行鉴定，依据鉴定结论作出判断，而在其他证据的审查、判断中，专家鉴定证据并不是必需的。

（3）将电子证据作为一种独立的证据类型能较好地解决与现行证据制度的冲突。无论是将证据归入视听资料，还是归入书证，都会产生诸如"原件与复制件""直接证据与间接证据""无纸化与有纸化"等方面的冲突。而将电子证据作为独立的一种证据，就能很好地化解上述问题，并且这种方法在立法技术上也相应简便，仅需对中国现行证据类型清单中加列"电子证据"一项，再辅之以一些电子证据专门认证规则，就能达到很好的效果。

（4）将电子证据作为一种独立的证据类型符合我国入世后法律的国际接轨的客观要求。《示范法》虽然仅是法律草案，没有国际法的效力，但因该机构在世界范围内的权威性，《示范法》实际上已成为各国电子商务立法的示范文本，其规定在很多国家实际上已被国内法转化为有法律约束力的法律条文。"经济全球化"的客观要求是法律的全球化，这一点在电子商活动中表现得更加明显。因此，参照《示范法》的规定来制定我国的电子证据法律制度，实际上是为了与国际惯例接轨的需要。

14.1.3 电子证据的分类

1. 以电子证据存储的系统为标准进行分类

（1）存储在计算机系统中的电子证据。指存储于计算机系统之中，即数据是人为输入或者计算机系统自动生成的，采用电磁技术或者光存储等现代计算机存储技术存储于计算机的存储介质上，并且能够通过计算机真实、形象地再现其记录内容的一类电子证据。

（2）存储在类似计算机系统中的电子证据。电子数据除了可以记录在计算机系统中，还可以存储在其他类似计算机系统之中。例如，数码照相机所照的照片在转储入计算机之前，就是以数字的形式存储在照相机的存储卡之中的；手机短信也是存储在计算机系统之外的。在民事诉讼的很多案件中，这些证据对于事实的认定起到了关键的作用，但仔细追究起来，它们又很难被归入传统的7种证据形式之中，并且这种数据除了存储方式与上述第一类电子证据有差别外，其他特征几无二致。因此，此类证据也应归入电子证据之列。

2. 以电子证据表现形式不同为标准进行分类

（1）文本证据。指通过计算机文件处理系统形成的文件来证明案件事实的证据。文本证据由文字、标点、表格、各种符号或其他编码文本组成。在民事诉讼中，不同类型的文字处理软件生成的文件不能兼容（如 Word 和 WPS），使用不同代码规则形成的文件也不能直接读取。所有这些软件、系统、代码连同文本内容一起，构成了文本证据的基本要素。

（2）图形证据。指由计算机专门的软件系统辅助设计或辅助制造的图形数据来证明案件事实的证据。通过图形，人们可以直观地了解非连续性数据间的关系，使复杂的信息变得生动明晰。

（3）数据库证据。指由计算机内的数据库来证明案件事实的证据。数据库是由若干原始数据记录所组成的文件。数据库系统的功能是输入和存储数据、查询记录及按照指令输出结果，它具有很高的信息价值。

（4）程序文件证据。指由计算机内的程序文件来证明案件事实的证据。计算机是进行人机交流的工具，软件就是由若干个程序文件组成的。在民事诉讼中，许多案件事实是靠程序文件来证明的。

【拓展视频】

（5）"多媒体"证据。指通过集合了文本、影像、图片、声音、图画等多种形式的复合媒体文件，来证明案件事实的证据。多媒体通常经过扫描识别、视频捕捉、音频录入等综合编辑而成。在民事诉讼中比较形象、直观，使人一目了然。

3. 以电子证据形成过程中所处的环境为标准进行分类

（1）数据电文证据。指数据电文正文本身即记载法律关系发生、变更与灭失的数据，如电子邮件、电子数据交换的正文。

（2）附属信息证据。指对数据电文生成、存储、传递、修改、增删而引起的记录，如电子系统的日志记录、电子文件的属性信息等，其作用主要在于证明电子数据的真实性，即证明某份电子数据是由哪一个计算机系统在何时生成的、由哪一个计算机系统在何时存储在何种介质上、由哪一个计算机系统或 IP 地址在何时发送的，以及后来又经过哪一个计算机系统或 IP 地址发出的指令而进行过修改或增删等。

（3）系统环境证据。指数据电文运行所处的硬件和软件环境，即某一电子数据在生成、存储、传递、修改、增删的过程中所依靠的电子设备环境，尤其是硬件或软件的名称和版本。

这3种证据在民事诉讼中所起的证明作用是不同的。数据电文证据主要用于证明法律关系或待证事实，它是主要证据；附属信息证据主要用于证明数据电文证据的真实可靠，它和用于证明传统证据保管环节的证据一样，必须构成一个完整的证明锁链，表明每项数据电文证据自形成直到获取、最后到被提交法庭，每一个环节都是有据可查的，也构成一个证据保管链条；系统环境证据则主要用于在庭审或鉴定时显示数据电文的证据，以确保该数据电文证据以其原始面目展现在人们的面前。

4. 以电子证据运行系统环境为标准进行分类

（1）封闭系统中的电子证据。所谓"封闭系统"，可以概括为由独立的某一台计算机组成的计算机系统不向外界开放，用户相对固定，即使多台计算机同时介入数据交换过程，借助监测手段也可以迅速跟踪查明电子证据的来源。典型的"封闭式环境"有银行内部管理系统，银行系统的员工一般都固定自己的终端计算机来进行内部网络数据交换。这时，判定哪一台计算机实施了违规操作非常简便，难的问题便是确认"人"的问题，即通过传统查证方法查找"行为人"。

（2）开放系统中的电子证据。"开放系统"可概括为由多台计算机组成的区域网、城域网和校园网络系统，其特点是证据来源不确定。

（3）双系统中的电子证据。"双系统"则是"封闭系统"与"开放系统"的合称，并不是说某个计算机系统有时是封闭系统，有时又变成了开放系统。如果某种电子证据不仅经常在"封闭系统"中出现，也经常在"开放系统"中出现，那么可将这种电子证据称为"双系统中的电子证据"。常见的有电子数据交换证据与电子签名等。传统的电子数据交换是在一个封闭的计算机系统进行的，故传统电子数据交换主要属于封闭系统中的电子证据；而现代的电子数据交换则多是在因特网上进行的，故现代电子数据交换基本属于开放系统中的电子证据，俗称开放电子数据交换。电子签名现在主要用于对因特网上的商务文件进行审核确认的目的，同时也有用于封闭计算机网络，甚至单一计算机的，如对数码照片通过电子签名方式进行确认以防止伪造等。将这些电子证据单列为"双系统中的电子证据"进行研究，有利于进行个体比较，寻找差异与共性。

5. 以电子证据形成的方式为标准进行分类

（1）电子设备生成证据。指完全由计算机或类似设备自动生成的证据。这一种电子证据的最大特点是，它是完全基于计算机等设备的内部命令运行的，其中没有掺杂人的任何意志。例如，平时人们凭信用卡在 ATM 上取款时，ATM 对所输入密码是否正确、取款的时间与数额等的记录，即属此类。如果把相关的计算机等设备比喻成一个证人，那么该证据就是基于该证人本身的知情而得出的，因此它根本不发生英美法系所说的传闻问题。

（2）电子设备存储证据。指纯粹由计算机等设备录制人类的信息而得来的证据，如对他人的电话交谈进行秘密录音得来的证据，又如由人将有关合同条文输入计算机形成的证据等。在这一过程中，如果把相关的计算机等设备也比喻成一个证人，那么此证据就是由该证人"道听途说"而来，故它必须通过英美法系的传闻证据规则的检验。当然，这种"道听途说"相比真正证人的"道听途说"而言，要可靠一些，不会掺杂行为人的主观好恶。对此类证据证明力大小的判断，除了要考虑计算机等设备的准确性外，还要考虑录入时是否发生了影响录入准确性的因素等。

（3）电子设备混成证据。即计算机存储兼生成证据，指由计算机等设备录制人类的信息后，再根据内部指令自动运行而得来的证据。例如，财务人员将收支各项明细输入计算机后,计算机再自动计算收支总额,最后得出当天、当次的收支明细表及账面余额等,即属此类证据。由于这类证据兼有上述两种证据的性质,因此对其可采性和证明力的认定均要复杂得多。

14.2 电子证据的收集

1. 收集电子证据面临的困难

收集证据是诉讼的首要环节。只有收集到确实、充分的证据,才能使自己居于有利的诉讼地位。在我国,实际上司法机关对电子证据的调查取证面临以下困难。

(1) 法官缺乏计算机知识和技能是调查取证的现实难点。在现阶段中,只有少数人员能解释程序设计语言指令、读懂计算机存储的信息。因此,可能出现不具备计算机知识的审判人员收集不到证据,甚至收集之后也会因各种防不胜防的原因而破坏这些重要的证据。

(2) 技术上的难题。技术取证与反取证总是相伴而生的,有的当事人比较精通计算机,他们会对收集电子证据工作设置一定的障碍,采取一定的技术手段将数据加密或隐藏,或将非法数据转化为合法的形式,无形中加大了证据收集的难度。

(3) 当事人的权益问题。计算机系统中不可避免地储存了诸如商业秘密、个人隐私之类的内容,法官在调查取证的同时,必然要深入了解有关计算机系统的内部资料,这样当事人为了维护自己的利益,就会有意对司法机关的调查取证工作加以阻碍。

(4) 计算机国际互联网给调查取证带来巨大的困难。计算机技术的发展,使人们的信息交流跨越时空,加快了交流的速度,加大了信息量。尤其是在目前网络化情况下,收集和提取计算机中的电子证据更加困难。

2. 收集电子证据要考虑的问题

目前的侦查实践中,在计算机电子证据的取证过程中,主要需要考虑以下3个问题。

(1) 计算机电子证据的收集主体。鉴于电子证据易于删改和隐蔽性强的特点,对其进行收集必须由国家司法机关认可的专业技术人员进行,而非任何人员(包括一般办案人员)都可进行。这里的专业技术人员指专业技术部门中能胜任具体案件办理、具有相关电子知识和电子技术的人员。

(2) 电子证据收集的取证权力。根据《刑事诉讼法》的规定,侦查部门有权检查、复制和调取与案件有关的一切资料,从而为传统的侦查取证提供了有力的法律支持。但对于计算机取证过程中所采用的一些取证方式和实施的一些取证行为是否符合法律规定,是否需要有相应的授权和许可,还应该尽快明确。

(3) 电子证据的证明力。一般来讲,与案件事实存在直接的、内在联系的证据,其证明效力较强;反之,则较弱。由于计算机证据容易被伪造、篡改,并且被伪造、篡改后不留痕迹,再加上计算机证据由于人为的原因或环境和技术条件的影响容易出错,故习惯将计算机证据归入间接证据。从目前的侦查取证来看,计算机取证也是处在辅助取证的地位,主要的作用是获取与案件相关的线索,起辅助证明作用。

3. 收集电子证据应遵循的原则

（1）合法性原则。合法性原则指证据的收集要依照法律规定的程序和方法进行，这不仅关系到能否收集到客观、充分的证据，而且关系到公民的人身权利和民主权利能否得到保障，同时也关系到该种电子证据能否被采用。证据调查人员在收集电子证据的过程中，不得使用欺骗、引诱等非法手段，在收集电子证据时，要严格依照法律规定的手续、步骤进行，对于涉及国家秘密、商业秘密、个人隐私的内容应当保密。

（2）适时原则。适时原则一是及时，二是同时。及时指要把握关键时机，将最能证明案件真实情况的场景或人物的言行记录下来；或将有关电子证据收集起来，以免时过境迁，再难取得有力的证据。同时指电子证据的形成要与案件事实的发生同时进行，既不能事先制作，也不能事后补做。否则将违反证据的真实性而不能被采用。

（3）真实原则。真实原则要求收集电子证据必须实事求是，既要客观，又要全面。所谓客观，指证据调查人员在收集电子证据时，要尊重客观事实，而不能先入为主、随意取舍，更不能用伪造或编辑等手段弄虚作假、歪曲事实，收集的证据要求内容连贯、前后衔接，而不能断断续续、前后矛盾。所谓全面，指证据调查人员要尽可能地收集一切能够反映案件情况的电子证据。从范围上看，既要收集能证明案件主要事实的电子证据，也要收集能证明案件次要事实的证据；从内容上看，既要收集有利于原告的电子证据，也要收集不利于原告的电子证据。只有坚持客观性，才能做到全面性；同时，只有坚持全面性，才能保证客观性。只有客观、全面地收集，才可能获得真实、可靠的电子证据。

（4）科学原则。科学原则首先体现在电子证据的收集必须通过具备一定科技知识或操作技能的人使用科学技术设备才能得以进行；还体现在收集电子证据需要科学的方法。收集证据要求认真仔细，如收集的声音、图像要清晰可辨，如果模糊不清，就不能作为证据使用。

14.3　电子证据的审查

【拓展案例】

电子证据的认定实际上是对电子证据的证明力大小进行认定或者审查。证据的证明力即证据的证明价值，指由法官对证据的可信性和关联性加以审查所产生的对案件事实的证明效力。证据的证明力反映了某项证据与案件主要事实之间的关系，同时也反映了某项证据对待证事实产生证明作用的效果。

2012年修正的《刑事诉讼法》第四十八条规定，证据必须经过查证属实，才能作为定案的根据。审查判断证据，指对于已收集到的各种证据材料，进行分析研究、审查判断、鉴别真伪，以确定各个证据有无证明力和证明力大小，对于整个案件作出合乎实际的结论。电子证据极容易被篡改、伪造，且难以被识破，难以恢复，因此对电子证据更应加强审查认定。对电子证据的审查认定应当从相关性、客观性、合法性3个方面进行。

14.3.1 电子证据相关性的审查

所谓证据的相关性审查,主要指对电子证据与案件事实之间有无内在联系方面的审查。一个电子证据必须与案件的某一事实有某种联系、能够证明案件的真实情况,才能起到证据作用,否则就没有证据价值,也不能被称为证据。审查电子证据的相关性应考虑以下两个方面。

1. 审查电子证据与案件事实有无客观联系

法官判断电子证据与案件事实是否具有相关性,主要考虑以下 3 个问题。
(1) 电子证据是否能够证明案件某一方面的问题。
(2) 该问题是否为案件事实争议的问题。
(3) 该电子证据对争议问题的解决是否有实际或实质性的意义。

2. 审查电子证据与案件事实联系的方式、性质、联系的紧密程度和确定程度

证据的证明力决定于证据同案件事实的客观内在联系及联系的紧密程度。电子证据与案件联系一般表现为以下两种状况。
(1) 作为电子证据的事实与案件中待证明事实部分或全部相合。这种证据的证明力较大。
(2) 证据虽与待证明事实不重合,即不是案件的组成部分,但与案件待证明事实有直接或间接的联系,能够为待证明事实提供证明情况。这种证据的证明力则相对较小。

14.3.2 电子证据客观性的审查

电子证据客观性审查的主要目的是对证据的真实性,即是否符合案件的实际情况进行审查,以确定该证据是否被篡改过,是否具有证据价值。联合国国际贸易法委员会《示范法》第 9 条第(2)款规定:"对于数据电文为形式的信息,应给予应有的证据力。在评估一项数据电文的证据力时,应考虑到生成、存储或传递该数据电文的办法的可靠性,保持信息完整性的办法的可靠性,用以鉴别发端人的办法,以及任何其他相关因素。"基于这一原则,应从以下 3 个方面对电子证据的客观性进行审查。

1. 审查电子证据的来源

(1) 明确电子证据是在有关事实的行为发生时留下的,还是以后专为诉讼目的而形成的。电子证据所反映的内容是否真实可靠,有无伪造和删改的可能。
(2) 查明电子证据的提供者。一般而言,如果电子证据是当事人自行收集的,应慎重审查其真实性。如果电子证据的收集方是有较高信用的第三方,如承担支付结算业务的银行、电子数据交换中心、合法的电子商务认证中心或公证机构收集的,就应当赋予较强的证明力。

2. 审查电子证据的收集、传送和保存的方法

(1) 查明电子证据生成的软件、硬件设备是否稳定、可靠,网络状况是否稳定,是否感染病毒。
(2) 查明传递、接送电子数据的技术手段或方法是否科学、可靠,传递电子数据"中间人"(如网络运营商)是否公正、独立。

（3）查明电子证据是如何存储的，存储方法是否科学，存储介质是否可靠，存储时是否加密等。这些客观因素对电子证据的生成、传送和保存有重要作用，任何差错都可能使电子信息面目全非，从而大大削弱电子证据的证明力。

3. 审查电子证据的内容

充分利用先进的计算机数据分析技术与软件，判断电子证据是否真实、可靠，有无剪裁、拼凑、伪造、篡改等。对于前后不一致、自相矛盾或不合情理的电子证据应该谨慎对待，不可轻信。

14.3.3 电子证据合法性的审查

所谓证据的合法性，又称为有效性和法律性，指审判机关可采用的证据必须是符合法律规定的根据或材料。任何证据的取得都必须遵循合法原则，凡是违反法定程序收集的证据，在诉讼过程中都不能作为认定事实的依据。电子证据的取得也是如此。总结中外诉讼法的有关规定，应从两个方面审查证据是否合法。

1. 审查取得电子证据的主体是否合法

我国《刑事诉讼法》第五十条规定："审判人员、检察人员、侦察人员必须依照法定程序，收集能够证实犯罪嫌疑人、被告人有罪或者无罪、犯罪情节轻重的各种证据。"当然在法律的许可范围内，被害人、自诉人、犯罪嫌疑人、被告人、证人、辩护人、律师都可以向法院提供证据。不同主体收集的证据，其真实可靠性往往不同，法定主体获得的电子证据，其证明力要大得多。

2. 审查电子证据的收集、提取、保存是否符合法定程序和方式

我国《刑事诉讼法》对于收集证据的程序、方法做了具体的规定，取得证据必须遵循法定程序，这样才能保证证据的合法性与司法行为的有效性。违背法定程序和要求所取得的证据是无效的，不能作为证据使用。将合法性视为电子证据审查的必要条件，能更好地从程序上、法律上避免主观性。

对电子证据收集、提取、保存的合法性审查内容主要如下：司法机关在提取电子证据的过程中是否遵守了法律的有关规定；司法机关以秘密方式提取电子证据时是否经过授权，是否符合法定的秘密取证程序；提取电子证据的方法是否科学、可靠；证据提取者在决定对电子数据进行重组、取舍时，所依据的标准是什么，所采用的方法是否科学、可靠等。

在电子证据的合法性审查中会遇到一些因欠缺证据合法性要件而不具备法律效力的证据，被称为"瑕疵证据"。对于"瑕疵证据"的处理要慎重，如有可能，应该首先考虑通过犯罪嫌疑人认可、补充侦察等方式重新获得其法律效力。如果条件不允许，则应权衡利弊，综合判断，将采用该证据得来的不利后果与其具有的证明价值进行比较，从而实现最佳取舍。只有通过规范与电子证据收集、勘验检查、检验鉴定和审查判断的法定程序，以及提高执法者的法律、计算机水平，来保证电子证据的收集、提取、保存的合法性，才能尽量减少"瑕疵证据"的产生，提高诉讼效率。

14.3.4 电子证据的审查方法

鉴于电子证据容易被篡改,为准确界定案件事实,通常对电子证据可以采取以下审查方法。

1. 庭审质证

《最高人民法院关于执行〈中华人民共和国刑事诉讼法〉若干问题的解释》第五十八条规定:"证据必须经过当庭出示、辨认、质证等法庭调查程序查证属实,否则不能作为定案的根据。"因此,法庭质证是审查证据必须遵守的法定诉讼程序,也是审查证据的重要方法,对电子证据也是如此。除了法律规定,涉及国家秘密、商业秘密等原因外,在法庭审理阶段,应当尽可能地将相关的电子证据在法庭上借助多媒体设备出示、播音或播放,认真听取提供人对证据情况的介绍,并征询控辩双方的意见,从而作出正确的判断。不宜当庭出示的上述电子证据也应当在庭审中释明原因。

2. 技术检查

比起普通证据,电子证据往往具有一定的技术性。因而,对其审查判断就必须由具有一定网络知识的人员进行检查,主要是运用科学技术知识及先进的科技设备对获得的电子证据和形成过程进行检查验证,如检验电子介质的分辨率、记录载体与运行设备的性能、电子数据生成的日期与原始提取记录是否吻合等。

3. 科学鉴定

电子数据是以电磁或光子信号等物理形式存在于各种存储介质中,因而容易被改动或删除,而这单凭普通人的感官感觉无法辨明真伪,必须有专门人员进行鉴定。因为电子证据能够反映出案件发生全过程或部分动态过程,作案人无论有多么高明的伪造手段,终究不能面面俱到,往往难逃利用科技设备所做的鉴定。例如,鉴定某一时段(刻)互联网上某网页的真伪,可以利用网络截屏来鉴别;鉴别录像资料中的画面有无利用录像编辑机重新编辑,就可以通过高能分辨仪予以鉴核;看录音磁带是原始生成还是剪辑合成,可以利用音素分辨仪进行鉴定等。

4. 对比印证

任何证据的真实性,都不是靠自己证明自己,而是要依赖于其他证据进行佐证。对于运用电子获取的录音、录像、网页截屏、电子数据等资料进行审查,检验其是否科学,同样也应当同其他证据进行对照。经过对照能够互相印证,并能排除合理怀疑的证据才能作为证据使用。否则若存在矛盾,则需要找出矛盾之所在,再对全案证据进行认真梳理审核后方能作出最后评断。

5. 模拟验证

电子证据具有一定的脆弱性,往往稍纵即逝。在司法实践中,对电子证据也很难固定,而有些电子证据却对定案起着决定性作用。鉴于此,可以通过模拟场景和掌握的案发时的条件进行检测,促使电子证据"再现",从而有效地认定案件事实。

14.4 证据规则

14.4.1 采纳证据规则

采纳证据主要包括以下5个规则。

1. 非法证据排除规则

非法证据即违反法律规定收集或提取的证据。如何对待非法证据，世界各国在立法上或司法实践中有不同的做法。我国现行的《刑事诉讼法》仅对取证方法作出了禁止性规定而没有就非法证据排除问题作出明确规定，换言之，只是列举了一些非法证据而没有规定是否排除。虽然最高人民法院和最高人民检察院的有关司法解释就非法证据排除问题作出了补充规定，但是仍然不够具体明确。

2. 传闻证据排除规则

传闻证据排除规则是英美法系国家的重要证据规则，并且在一些大陆法系国家中也有类似的规定。目前，我国的法律还没有就传闻证据规则作出具体的规定，只是在学理上有所阐述。根据传闻证据规则，证人在法庭以外所作出的陈述一般都不能在诉讼中采纳为证据，可以采纳的情况属于传闻证据排除规则的例外。设立传闻证据排除规则的理由主要在于：第一，传闻证据有误传或失实的风险，可能影响司法的实体公正；第二，采纳传闻证据实际上剥夺了对方当事人的质证权，会影响司法的程序公正。在目前我国证人出庭率极低的状况下，设立传闻证据排除规则具有重大的现实意义。

3. 意见证据排除规则

意见证据排除规则的基本要求是，证人只能向司法机关陈述其知晓或了解的案件事实情况，不能对案件事实进行推测、分析和评价，不能提供个人对案件情况的意见。换言之，带有意见性质的证人证言一般不能采纳为诉讼中的证据。确立意见证据排除规则的理由主要有两个：其一，普通证人没有提出结论性意见的专门知识，其意见往往带有主观片面性，可能干扰或影响法官或陪审员对案件事实的正确判断；其二，对于案件中一般事实问题的认定不需要专门知识，法官或陪审员完全有能力自己作出判断，无须证人提供意见。然而，在有些情况下，意见证言是不易排除或不宜排除的，因此，意见证据排除规则也有例外。

4. 品格证据规则

所谓品格证据，指能够证明一个人的品行、性格、行为习惯等特征的证据。品格证据既包括良好品格的证据，也包括不良品格的证据。诉讼活动中使用的品格证据一般涉及以下内容：第一，关于某人在工作单位或社会上的名声的证据；第二，关于某人特定的行为方式或社会交往方式的证据；第三，关于某人以前有劣迹或前科的证据。

5. 有限采纳规则

证据的"有限采纳规则"又称为证据的"部分可采性规则"，是英美法系国家证据法中关于证据可采性的一个重要规则。按照这个规则，某些言词或实物证据只能为某个限定的目的而被采纳为证据。例如，某证人先前的矛盾性陈述可以用来对该证人进行质疑，但是不能用来认定案件事实；某证据可以采用，但是只能针对一方当事人而不能针对另一方当事人。在英美法系国家的司法实践中，"有限采纳"的证据多用于对证人的质疑，包括证明某证人身上存在感觉缺陷，证明某证人的精神状态有问题，证明某证人以前曾经作出过与其法庭证言相矛盾的陈述等。

14.4.2 采信证据规则

采信证据主要包括以下规则。

1. 补强证据规则

补强证据规则指法律明确规定某些种类的证据对案件事实的证明力不足，不能单独作为证明案件事实的根据，必须还有其他证据佐证，因此又称为佐证规则。

2. 证明力优先规则

证明力优先规则指司法人员在对证明同一案件事实但相互矛盾的证据进行审查认定时应该遵循的优先采信规则。根据有关的司法证明理论和司法实践经验，证明力优先规则可以包括以下内容：第一，原生证据的证明力大于派生证据的证明力；第二，直接证据的证明力大于间接证据的证明力；第三，经过公证的书证的证明力大于其他书证的证明力；第四，按照有关程序保存在国家机关档案中的书证的证明力大于其他书证的证明力；第五，物证及其鉴定结论的证明力大于其他言词证据的证明力；第六，与案件当事人没有亲友关系和利害关系的证人证言的证明力大于有上述关系的证人证言的证明力。司法人员在具体案件中比较两个证据的证明力时，必须注意证明对象和证据内容的一致性。

3. 心证公开规则

法官在决定是否采信证据时必须享有一定的自由裁量权，即所谓的"自由心证"。所谓心证公开，即法官认证的结论和理由应当向当事人乃至社会公开。心证公开可以有两种表现方式：其一是在法庭审判中的公开，即通过法官的当庭认证等活动表现出来的心证公开；其二是在判决文书中的公开，即通过法官在判决文书中说明采信证据的理由所表现出来的心证公开。由于对证据的真实性和证明力的评断与认定往往在庭审之后进行，因此判决文书中的公开实际上是心证公开的主要方式。

14.5 电子证据的保全

14.5.1 电子证据保全的概念及意义

证据保全指在证据可能灭失或以后难以取得的情况下，法院根据申请人的申请或依职权，对证据加以固定和保护的制度。

电子证据的保全是证据保全中的一种，指对于可能灭失或者以后难以提取的电子证据，人民法院、公证机关及其他有义务保全的机关或组织根据当事人的申请或者主动依职权或义务采取一定的措施先行加以固定和保护的行为。

诉讼是以证据为基础展开的。依据有关证据，当事人和法院才能够了解或查明案件真相，明确争议的原因，正确、合理地解决纠纷。然而，从纠纷的发生到开庭审理必然有一段时间间隔，在这段时间内，某些证据由于自然原因或人为原因，可能会灭失或者到开庭时难以取得。为了防止出现这类情况给当事人的举证和法院的审理带来困难，保障当事人的合法权益，《民事诉讼法》规定了证据保全制度。在出现证据可能灭失或以后难以取得的情况下，法院通过对证据的固定和保护，可以避免在开庭审理时，由于证据的灭失或难以取得给案件的审理带来的困难，以维护当事人的合法权益。

14.5.2 电子证据保全的原则

1. 合法性原则

电子证据的合法性要求：证据方法的合法性和证据程序的合法性。法律应当对电子证据的证据方法和程序做必要的规定。由于电子证据的特殊特征，即很容易暴露个人的隐私等，因此在电子证据的保全过程中，合法性显得尤为重要。与此同时，合法性原则也保证技术的充分应用且受到一定的限制。

2. 效率成本原则

诉讼的目的在于解决纠纷，在能够解决纠纷的基础上，要尽量减少诉讼成本、提高效率。由于电子证据具有特殊的属性，因此在保全电子证据的过程中，效率和成本都是十分重要的问题。要注意成本和效率的有机结合，防止得不偿失。尤其是时间效率，电子证据具有较强的时间性，及时保全是电子证据自身的内在要求。另外，及时性原则也是举证时限的要求，逾期不举证则应承担证据失效的法律后果。

3. 完整性原则

完整性是考查电子证据证明力的一个特殊指标。完整性包括电子证据本身的完整性和电子证据所依赖的计算机系统的完整性。电子证据本身的完整性，指数据的内容保持完整并且未被改动。电子证据所依赖的计算机系统的完整性，主要表现为：第一，记录该数据的系统必须处于正常的运行状态；第二，在正常运行状态下，系统对相关过程必须有完整的记录；第三，该数据记录必须是在相关活动的当时或即后制作的。计算机系统的完整性实际上同电子证据的完整性密切相关，前者是为了保证后者而设置的一项标准。

4. 最小破坏原则

一般情况下，保全电子证据需要较高的专业技术，在保全过程中很容易破坏原来的数据和系统。最小破坏原则要求在保全电子证据的过程中，不能对原来的设备及系统进行任何改动和破坏，以保证电子证据的原始性，并能够使保全的证据与原始资料相互印证。

14.5.3 电子证据保全的措施

1. 法院保全

法院保全指由法院进行的保全，是狭义的保全，以申请人难以取得证据或证据可能灭失为前提。法院保全措施,一般是法院根据申请人的申请而采取的。但在法院认为必要时,也可以由法院依职权主动采取证据保全措施。申请采取证据保全措施的人,一般是当事人,但在某些情况下,也可以是利害关系人。

法院保全措施不仅可以在起诉时或法院受理诉讼后、开庭审理前采取,也可以在起诉前采取。在前一种情况下,法院既可以根据申请人的申请采取,也可以在认为必要时,依职权主动采取。在后一种情况下,申请人既可以向有管辖权的法院提出,也可以向被保全证据所在地的公证机关提出,但此时,无论是法院,还是公证机关,都只能根据申请人的申请采取保全措施,不能依职权主动采取证据保全措施。

向法院提出证据保全申请,应当提交书面申请状,该申请状应当载明以下内容。

(1) 当事人及其基本情况。

(2) 申请保全证据的具体内容、范围、所在地点。

(3) 请求保全的证据能够证明的对象。

(4) 申请的理由,包括证据可能灭失或者以后难以取得,且当事人及其诉讼代理人因客观原因不能自行收集的具体说明。

保全证据的范围,应当限于申请人申请的范围。申请人申请诉前保全证据可能涉及被申请人财产损失的,法院可以责令申请人提供相应的担保。

法院收到申请后,如果认为符合采取证据保全措施条件的,应裁定采取证据保全措施;如果认为不符合条件的,应裁定驳回。申请人在法院采取保全证据的措施后 15 日内不起诉的,法院应当解除裁定采取的措施。

2. 证据保全公证

证据保全公证指公证机关对于与申请人权益有关的日后可能灭失或难以取得的证据依法进行收存和固定以保持证据的真实性和证明力的活动。我国《民事诉讼法》第六十五条第二款、第六十七条及《最高人民法院关于民事诉讼证据的若干规定》第九条第六款、第七十七条作出了相应的规定。由此可见,经过公证所取得的证据可以为法院直接作为认定案件事实的根据,具有更优越的法律效力。相对于法院保全而言,对电子证据进行公证保全具有更大的优越性,公证保全可以使电子证据的合法性、真实性、关联性和完整性得到保障,使电子证据具有预决的证据能力和证明力。

向公证机关提出保全申请,应当提交公证申请表。该公证申请表应当包括以下内容。

(1) 申请证据保全的目的和理由。

(2) 申请证据保全的种类、名称、地点和现存状况。

(3) 证据保全的方式。

(4) 其他应当说明的内容。

3. 网络公正保全

网络公证,指由特定的网络公证机构,利用计算机和互联网技术,对互联网上的电子身份、电子交易行为、数据文件等提供增强的认证和证明及证据保全等的公证行为。也有人称这种公证机构和系统为"公正的第三方"。这种公证方法的公证人员不和申请人见面,而是借助网络平台,从网上接受并审查当事人的委托。

第 14 章 电子证据

我国已经出台了一整套适合我国网络公证的办证方案,此方案包括3个部分。

(1) 以 CA 公证审核的审核程序为基础解决身份确认,包括资格、信用等。

(2) 网上证据(电子合同、交易记录、电子文件、审核记录等)备份。

(3) Escrow(第三方托管)网上提存服务。

其中,网络公证的数据保全服务,是网络公证的核心项目。

4. 电子档案管理

电子文件具有很多档案学的特征,如信息的高科技性、信息量大及信息种类多元化、信息与载体的可分离性、信息对系统的依赖性。对于同一个来源、同一全宗内的电子文件,是一个不可分散的有机整体;同时,不同来源、不同全宗的文件不能混淆。电子档案管理有利于维护电子文件的完整,并且操作简单,程序简单,可以保证证据的完整性和真实性。

本 章 小 结

本章主要包括电子证据的概述、电子证据的收集、电子证据的审查、证据规则及电子证据的保全等主要内容。分别从电子证据的概念、电子证据的法律地位和电子证据的分类3个方面进行概述。电子取证需注意收集主体、取证权力及电子证据的证明力等要点,电子证据收集的基本原则包括合法性原则、适时原则、真实原则和科学原则。电子证据的审查包括电子证据相关性的审查、客观性的审查和合法性的审查,电子证据的审查方法包括庭审质证、技术检查、科学鉴定、对比印证及模拟验证审查方法。采信证据的主要规则是:证明力优先、补强证据、心证公开;采纳证据的主要规则是:非法证据排除、传闻证据排除、意见证据排除、品格证据及有限采纳规则。电子证据的保全是证据保全中的一种,是指对于可能灭失或者以后难以提取的电子证据,人民法院、公证机关及其他有义务保全的机关或组织根据当事人的申请或者主动依职权或义务采取一定的措施先行加以固定和保护的行为。电子证据保全原则包括合法性原则、效率成本原则、完整性原则和最小破坏原则。电子证据保全的措施包括法院保全、证据保全公证、网络公正保全和电子文档管理,以及 ESCROW 网上提存服务。

经典案例

伪造电子邮件证据案

案情介绍

被告庄某是原告厦门精通科技实业有限公司(以下简称"精通公司")的原首席执行官(Chief Executive Officer, CEO),被告姚某是该公司的原首席信息官(Chief Information Officer, CIO)。自 2000 年 7 月到 2001 年 7 月在精通公司任职的一年内,庄、姚二人以个人名义向精通公司借款,总计人民币 15 万元。2002 年 7 月,精通公司要求庄、姚归还上述借款,但二人一直未还,精通公司遂将二人起诉至法院,要求其归还借款。庄某承认向精通公司借款的事实,但声称此笔款项是精通公司支付其并购风云网的款项,而不是其个人借款。为了证明这一点,庄某向法院提供了一封经过公证的采集自其个人笔记本式计算机的电子邮件来说明此款项不是个人借款。而精通公司则向法院提供了庄、姚二人借款借据的原件，并认为借据原件显示此款项为被告二人的个人借款，二人负有归还的义务。

该案经过了区、市两级法院的审理。

案例分析

一审法院在审理后作出判决，认为：在没有相反证据的情况下，被告庄某提供的电子邮件的真实性可以认定，并且证明力大于书证原件，因此判决原告败诉。

一审结束后，精通公司查找了3年前保存完好的公司所有往来电子邮件，发现当时并没有被告提供的这封所谓的电子邮件，这才知道这封电子邮件是杜撰出来的。于是，精通公司马上向厦门市中级人民法院(以下简称"厦门市中院")提起上诉，并在厦门市中院二审过程中当场模拟了内容可公证的和原电子邮件证据内容完全相反的电子邮件，以此来证明被告提供的电子邮件内容是虚假的。

厦门市中院经审理后认为，就像庄某本人所认可的事实那样，电子邮件是可以被修改的，庄某所提供的笔记本式计算机中的电子邮件虽然经过了公证机关的公证，但只是公证了当时其所提供的笔记本式计算机中的电子邮箱的现状，并没有对该电子邮件的发送时间和发送来源进行公证。因此，单凭这一电子邮件且存在被修改这一技术问题的事实，其证明力明显低于借条这一原始凭证。而从庄某、姚某在借款之后所出具的借据、收条和《仲裁反申请书》中的数据，结合并购协议的约定分析，均不包括本案所涉及的15万元的款项。精通公司认为该款项系庄某个人借款，事实清楚，证据充分，原判对此认定有误，导致判决结果错误，应予改判。由此，厦门市中院判决精通公司胜诉，要求庄、姚二人应于判决生效之日起返还精通公司借款人民币15万元及逾期利息。

(资料来源：林维真. 国内首例"电子邮件"证据官司在厦审结[EB/OL]. (2004-11-03). [2011-10-02] . http：//www.qzwb.com/gb/content/2003-12/26/content_1094541.htm)

自 测 题

一、单项选择题

1. 采纳证据规则不包括（　　）。
   A. 非法证据排除规则　　　　　　　B. 传闻证据排除规则
   C. 意见证据排除规则　　　　　　　D. 证明力优先规则
2. 电子证据保全的措施不包括（　　）。
   A. 法院保全　　　　　　　　　　　B. 账户信息提存
   C. 证据保全公证　　　　　　　　　D. 网络公正保全

二、名词解释

1. 电子证据
2. 心证公开规则
3. 非法证据排除规则
4. 电子证据的保全

三、简答题

1. 电子证据包括哪些种类？
2. 电子证据的收集原则有哪些？
3. 电子证据审查的主要内容有哪些？

4. 如何进行电子证据合法性的审查?

四、案例讨论

2006年11月,浙江某服饰有限公司(以下简称"甲公司")接到美国加利福尼亚州某服饰有限公司(以下简称"乙公司")的一封电子邮件,要求订购价值200美元的饰品。甲公司很快回复表同意,并要求对方先支付50%的货款,其余的50%货款待货到后一周内付清。乙公司表示同意,很快汇来100美元,甲公司按时发货。货到后,乙公司很快汇出余款。后来又做了几笔货款金额为几千美元的生意,乙公司付款也比较及时,双方逐渐建立了互相信任的关系。到了2007年上半年,乙公司订货量加大,由每笔几千美元上升到几万美元。2007年3月乙公司要求订购价值2.6万美元的货物,并要求货到付款。甲公司认为乙公司信誉较好,其网站做得也很好,还能进入该网站与客户实时聊天,就同意了货到付款的条件。货物是根据乙公司的要求,直接发给了乙公司的客户,到了付款截止日期,乙公司并不支付货款,推诿货还未卖出,后又以资金紧张为借口,拖延付款时间。甲公司认为2.6万美元数目不大,就等了一段时间,还经常进入乙公司的网站与其联系,包括催收货款。结果,乙公司不久后关闭了自己的网站,甲公司无法进入该网站与其沟通,电话、传真也无人接听。通过查找,甲公司发现乙公司又新建了网站,继续通过网络从我国多个厂家进口货物,并且经营的货物品种很多,还在不断地欺诈我国其他出口企业。甲公司想通过法律手段追讨货款,但他们苦于没有证据,步履维艰。

(资料来源:吕西萍. 论电子邮件的证据效力:以一起国际电子商务合同纠纷为例[J]. 当代经济,2008(6))

根据案例讨论以下问题:

(1) 本案中电子邮件和公司网站上所载的数据电文信息具有哪种证明力?

(2) 试分析电子邮件证据的法律性质。

第15章 电子商务诉讼管辖及非诉纠纷解决

教学目标

通过本章内容的学习,应掌握电子商务诉讼管辖及电子商务的非诉纠纷解决机制的相关内容;掌握管辖及管辖权的概念、传统诉讼管辖权的确立原则;理解电子商务环境下传统诉讼管辖理论面临的困境;了解几种管辖权的新理论理解在电子商务环境下诉讼管辖权的重构;掌握ODR的服务内容;处理争议的类型及效果;理解ODR面临的主要法律问题及我国发展ODR争议解决模式的必要性及存在的问题。

教学要求

知识要点	能力要求	相关知识
电子商务诉讼管辖	(1) 能够掌握诉讼管辖及诉讼管辖权的概念 (2) 能够掌握传统诉讼管辖权的确立原则 (3) 理解电子商务环境下传统诉讼管辖理论面临的困境 (4) 了解几种管辖权的新理论 (5) 理解在电子商务环境下诉讼管辖权的重构	(1) 管辖及管辖权的概念 (2) 传统诉讼管辖权地域管辖、国籍管辖及意思自治原则 (3) 电子商务环境对管辖权"地域""行为"及"联系"基础的挑战 (4) 管辖权的新理论:第四国际空间理论、新主权论、技术优先管辖论及原告所在地法院管辖论 (5) 电子商务环境下诉讼管辖权的重构
电子商务的非诉纠纷解决机制	(1) 了解ODR的发展回顾 (2) 掌握ODR的服务内容 (3) 掌握处理争议的类型及效果 (4) 理解ODR面临的主要法律问题 (5) 理解我国发展ODR争议解决模式的必要性及存在的问题	(1) ODR的概念及范畴 (2) ODR的发展历程 (3) 在线协商、在线调解、在线仲裁及在线申诉 (4) 处理争议的类型及效果 (5) ODR面临的管辖权、实体法律适用、在线仲裁裁决的承认和执行、解决争议效果及安全性和保密性问题 (6) 我国发展ODR争议解决模式的必要性及存在的问题

第15章 电子商务诉讼管辖及非诉纠纷解决

 案例导航

著作权纠纷案

原告中国国际电视总公司指控被告重庆新图多媒体发展有限公司复制生产、广州市鸿翔影视有限公司总经销、北京科文剑桥图书有限公司销售的《三国演义》DVD侵犯其著作权。根据原告在位于北京市西城区的北京市第二公证处向北京科文剑桥图书有限公司的当当网的订购,某快递公司将《三国演义》DVD一套及盖有北京科文剑桥图书有限公司发票专用章的发票送到北京市第二公证处。原告向北京市第二公证处所在地的北京市第一中级人民法院提起诉讼。广州市鸿翔影视有限公司以本案的侵权行为地不在北京为由提出管辖异议。

北京市第一中级人民法院认为:原告在位于北京市西城区的北京市第二公证处通过互联网购买了由被告北京科文剑桥图书有限公司销售的侵权产品,可以认定北京科文剑桥图书有限公司在属于本院管辖的区域内实施了侵权行为,故本院对此案有管辖权。北京市高级人民法院以被控侵权的销售行为发生在北京市西城区,故北京市第一中级人民法院有管辖权为由维持了一审裁定。

2003年12月公布的《最高人民法院关于审理涉及计算机网络著作权纠纷案件适用法律若干问题的解释》第一条规定:"网络著作权侵权纠纷案件由侵权行为地或者被告住所地人民法院管辖。侵权行为地包括实施被诉侵权行为的网络服务器、计算机终端等设备所在地。对难以确定侵权行为地和被告住所地的,原告发现侵权内容的计算机终端等设备所在地可以视为侵权行为地。"

被告北京科文剑桥图书有限公司在其当当网上通过电子商务实施经营。其业务的具体方式是,由用户在网上订购,然后由北京科文剑桥图书有限公司将所订购货物送到用户指定的地点。从北京科文剑桥图书有限公司在其当当网上接受订购到将货物送达用户的行为都是电子商务行为的一部分。因此,可以认定,北京科文剑桥图书有限公司在北京市第二公证处所在的北京市西城区实施了销售涉案DVD的行为。

(案例来源:陈锦川.2005年北京市高级人民法院著作权案例要点及评析[J].中国版权,2006(5))

该案所涉及的诉讼管辖问题将在15.1节讲述。

15.1 电子商务诉讼管辖

15.1.1 概述

无论是传统纠纷,还是电子商务争端,诉讼都是最基本的法律救济途径。而一旦进入诉讼程序之后,哪些法院具有管辖权就是首先要考虑的问题。管辖权涵盖了司法机关的一切作为,也是法院与司法人员审理案件权力的来源。除非法院具有管辖权,否则其所做的决定将无法律上的效力。

管辖指一国的各级法院之间及同级人民法院之间,或者不同国家法院之间受理案件的权限和分工。

管辖权与管辖不同。管辖权,指法院对案件进行审理和裁判的权力或权限,即对该案有权行使审判的权力。管辖权法院要对案件具有管辖权,必须同时满足两个条件:法院对所涉案件具有"标的物管辖权",即法院具有审理该类型的案件的权力;同时,法院还需对案件当事人具有"个人管辖权",即法院具有对诉讼中涉及的当事人作出影响其权利义务的裁决的权力。管辖权还是主权国家的基本权利之一,即国家对其领域内的一切人和物进行管辖的权利。

15.1.2 传统诉讼管辖权的相关规定

长期以来，确立管辖权的原则都是由各国的国内法和国际私法加以规定的，具体如下。

1. 地域管辖原则

根据管辖权与纠纷涉及的主体、客体和内容的空间联系的具体表现形式不同，管辖权涉及的地域主要有当事人住所地、经常居住地、主要营业所在地、诉讼标的所在地、行为地(包括行为发生地和行为结果地)。以下介绍其中几种。

(1) 当事人住所地。住所是当事人固定的居住场所，其日常生活起居多发生于此地，对此地的影响也不言而喻。从方便送达和便于取证的角度出发，被告住所地被多数国家认为是首要的管辖基础。德国、瑞士、荷兰、日本等传统大陆法系国家均采用此原则。我国也不例外，《民事诉讼法》第二十二条第一款即规定："对公民提起的民事诉讼，由被告住所地人民法院管辖。"

不过，当事人住所地并非仅指被告住所地，还应包括原告住所地。原告住所地作为管辖基础也被有些国家在特殊情形下采用，这主要是从便于诉讼的角度考虑，我国《民事诉讼法》第二十三条也规定了4种情况可由原告住所地人民法院管辖。

(2) 引起纠纷的行为的发生地。由引起纠纷的行为的发生地的法院管辖，不仅方便双方当事人的诉讼，而且有利于及时保存证据，便于公正、及时地解决纠纷。这一原则主要用来解决因行为方式而产生的管辖权冲突问题，以构成法律关系的法律行为作为对象。这一原则来源于"场所支配行为"这一古老的习惯法规则，其作用由最初产生时的可以解决行为方式要件发展为可以解决不同性质的行为实质要件，具体包括合同的缔结地、合同的履行地、侵权行为的发生地、侵权行为的结果地、婚姻关系的缔结地等。

(3) 诉讼标的物和争议的财产所在地。诉讼标的就是诉讼当事人争议的财产。标的物和争议的财产所在地是双方当事人讼争的标的物和财产所在的地方。诉讼标的处于一国领域内的事实是各国行使管辖权的重要基础，并且诉讼标的物和财产往往还与诉讼中有关制度的实施密不可分(如诉讼保全、判决的执行)。因此，以争议的标的物和财产所在地确定地域管辖，是很可以理解的。

2. 国籍管辖原则

国籍管辖原则即把当事人(原告、被告均可)的国籍作为确定法院管辖权的基础。国籍是个人隶属于一个国家的一种法律资格，是个人与这个国家稳定的法律联系，是个人享有该国保护的法律依据。在现代社会中，自然人、法人、航空器、船舶都应具有且只能具有一个国籍。由1804年拿破仑法典创立的以法国为代表的拉丁法系各国一般都是根据当事人的国籍来确定国内法院的管辖权，包括以《法国民法典》为蓝本的一些欧洲国家，如比利时、荷兰、卢森堡、西班牙、葡萄牙等基本上采取以国籍确定管辖权的原则。过度扩张国籍管辖会与管辖权的国际协调原则产生冲突，把本国法院的管辖权凌驾于别国主权之上，对外国人采取歧视态度，容易受到其他国家的批评。

第15章 电子商务诉讼管辖及非诉纠纷解决

3. 意思自治原则

在两种情况下,当事人的意志可以成为管辖基础。一种是双方当事人达成协议,把他们之间的争议提交某一国法院审理,该国法院便可行使管辖权。美国《标准法院选择法》第2节规定了州法院受理当事人协议提交案件的4个条件。英国法院对这种案件则没有自由裁量的余地,必须行使管辖权。我国《民事诉讼法》也规定,涉外合同或者涉外财产权益纠纷的当事人,可以用书面协议选择与争议有实际联系的地点的法院管辖。另一种是被告接受管辖。一国法院对接受管辖的被告享有管辖权,这是国际上普遍承认的原则。1958年订于海牙的《国际有体动产买卖协议管辖权公约》第三条规定,如果被告到某缔约国的某法院出庭应诉,应被视为已接受法院的管辖。此外,被告人提出答辩状、通过律师出庭辩护、提出反诉等行为也被视为对管辖的接受。

综上所述,可以看出,当事人的住所、国籍、财产所在地、行为所在地及意志均可以成为某国法院对涉外民商事案件的管辖基础。在这些管辖基础当中,都有一个明确的特点,即可确定性与相对稳定性。在网络中,由于其全球性及管理的分散性,造成一个难以克服的问题,即管辖基础的难以确定性及对传统管辖权的挑战。

【拓展视频】

15.1.3 电子商务环境下传统诉讼管辖理论面临的困境

从诉讼法角度看,管辖权基础指一国法院有权审理民商案件的根据。由于国际上还未形成普遍接受的管辖权原则,因此各国主要以国内法的形式分别规定各自法院的管辖权,当事人的国籍、住所、协议、财产地等联系因素作为管辖权基础在立法与实践中应用得非常普遍。但是由于因特网的出现,网络空间的虚拟性、全球化、非中心化打破了主权疆域的界限,使法院的管辖权面临诸多困境。以地域、行为和联系为基础的管辖权标准,要想适用于电子商务案件中,则需要进行变革和重新定位。

1. 使以"地域"为基础的管辖权标准动摇

网络对司法管辖权最大的冲击来自它对地域管辖的挑战。在现实的国际社会中,一旦人们跨越国界时,便能意识到各地域的法律并不相同,也较容易知道在不同的法律环境下如何遵守当地的法律。但是,网络使人们通常在并不知道或不可能知道对方所处地理位置的情况下相互传递信息和进行交往。在互联网环境下,某一次具体的网上活动可能是多方的,网络交易的双方当事人可能位于不同的国家,而接收或传送双方信息的服务器则可能在另一个国家,活动者分处于不同国家和管辖区域之内。这种随机性和全球性使几乎任何一次网上活动都可能是跨国的。

网络空间本身无边界可言,它是一个全球性系统,无法和物理空间一样被分割成许多区域,不具有与物理空间一一对应的关系。网络空间中的活动者,根本无视网络外地理边界的存在,一旦上网,对自己所进入和访问的网址是明确的,但对该网址所对应的司法管辖区域则难以查明和预见。判断网上活动发生的具体地点和确切范围已经很困难,将其对应到某一特定司法区域之内就更加困难。这种情况不仅影响司法管辖权的确定,而且会产生大量的管辖权冲突。

此外,在网络案件中,被告与法院地的地域联系因素可能很少。也就是说,被告有可能不是法院地国家的国民,或在法院地国无住所,或在法院地国无可供扣押的财产,甚至被告从未在法院地出现过。因此在诸如此类的网络案件中,如果只是通过网络所构筑的超越一国界限的虚拟世界中的某些虚拟因素,显然无法成为国际私法上的管辖权根据。同时,在国际民事诉讼中涉及的管辖权问题,也很难援用传统的管辖权规则加以确定,从而为法院在确定管辖权问题上带来困难与挑战。

2. 使以"行为"为基础的管辖权标准陷入困境

以"行为"为基础的管辖即行为地管辖,这种管辖主要基于被告人在法院地所实施的行为,如"侵权行为地""商业活动地"等。

就行为而言,一方面,网上行为的非单一性加大了确定管辖法院的难度。例如,一个位于A国的甲在网上发表了一篇诽谤在B国的乙的文章,严重损害了乙的名誉。毫无疑问,甲的行为构成了侵权。但该文章是通过位于C国的服务器发送到互联网上的,世界各地包括B国在内的任何人随时都可能读到这篇诽谤性文章。在这种情况下,何为侵权行为地、何为损害发生地、哪个国家的法院具有管辖权?如果以传统的侵权行为地为依据来确定管辖权,那么任何一个国家都可以对其行使司法管辖权,这显然是不合适的。

另一方面,网上行为的"数字化"不仅改变了传统的行为方式,同时也为国家的管辖权提供了一个新的对象。例如,电子商务的出现,使人们可以在网上进行合同谈判和电子付款。如果涉及的产品是软件、照片、电影、音乐、小说等数据信息,还可以在网上交货。电子商务的发展带来了一种新型的无形"货物"——信息产品。由于这种货物或服务是靠字节在不同传输路径的流动来实现的,并且是不可视的,因此对这类产品或服务的规范会产生一些变化。这些信息本身就具有一定的经济价值,可被视为一种新型的财产类型。例如,在知识产权领域,针对域名和商标之间的冲突,域名的商业价值就得以突显。有学者甚至认为,域名可以被当做一种新型的"可被执行的财产"。这种新型财产类型的出现,使传统管辖权的行使对象也相应地发生变化。具体来讲,网络空间中的信息及其服务,将成为法院管辖的一种新对象。

3. 使以"联系"为基础的管辖权标准发生分歧

以"联系"为基础的管辖权指只要所涉及的人、事或者物与法院地有合理的或有意义的联系,行为地法院就有管辖权。这种联系一方面给予法院在涉外民事管辖权问题上广泛的裁量权;另一方面又试图对法院管辖权的行使予以一定的限制。在美国,"联系"说被用做判定法院管辖是否正当的一个基本标准。在以网络为基础的联系中,何种程度的联系足以使法院具有管辖权?例如,在网上制作一个网页是否可以被认为与任何可以看到该网页的国家或者地区发生了"联系"?在网上刊登广告的行为可否被视为与其所接触到的地方有商业关系?在司法实践中,众说纷纭,标准不一。

15.1.4 对几种管辖权新理论的评述

由于网络空间的全球性、虚拟性和网络管理的非中心化,传统的地域管辖原则受到了前所未有的挑战,理论界不断演化出了第四国际空间理论、新主权论、技术优先管辖论、原告所在地法院管辖论等理论。

第 15 章　电子商务诉讼管辖及非诉纠纷解决

1. 第四国际空间理论

第四国际空间理论又称为管辖权相对论，是以美国斯坦福大学 Darrel Menthe 博士为代表提出的，其主要观点认为，网络类似于南极洲、太空和公海这三大国际空间之外的第四国际空间，因此应该在此领域内建立不同于传统规则的新的管辖权确定原则。通过比较与类推，他得出"网络空间也应该接受默认的国际惯例，即类似支配其他3个国际空间的惯例"，通过制定相应的特定制度的条约来解决司法管辖权的问题。任何国家都可以管辖并将其法律适用于网络空间的任何人和任何活动，其程度方式与该人或该活动进入主权国家可以控制的网络空间的程度和方式相适应。网络空间内争端的当事人可以通过网络的联系在相关的法院出庭，法院的判决也可以通过网络的手段加以执行。

第四国际空间理论抓住了虚拟环境的无国界、非中心化等特点，提出了问题的根本解决只能通过制定相应的国际条约，通过国际协调来解决。这无疑是非常正确的，但是网络管辖权相对论又希望以技术为标准来解决网络技术本身带来的困境，将各国对作为整个网络空间的管辖权的大小由各个国家接触和控制网络的范围来决定，这无疑是以经济实力为后盾的"技术霸权"的体现，是符合发达国家的利益的，但却是对其他技术落后国家司法主权的一种剥夺。

2. 新主权论

新主权论又称为网络自治论，主要观点为，对于网络争议，应该摆脱传统的地域管辖的观念，承认网络虚拟空间就是一个特殊的地域，并承认在网络世界与现实世界中存在一个法律上十分重要的边界；若要进入网络的地域，必须通过屏幕或密码，一旦进入网络的虚拟世界，则应适用网络世界的网络法，而不再适用现实中各国不同的法律。网络成员间的纠纷由网络服务提供商以仲裁者的身份来裁决，并由网络服务提供商来执行。网络空间将成为一个全球的新的市民社会，它有自己的组织形式、价值标准，完全脱离政府而拥有自治的权力，其最终趋势是发展为网络大同世界。

新主权论的反对者考虑到网络空间的新颖性和自治独立性，对现实的国家权力持怀疑和防范的态度，担心国家权力的介入会妨碍网络的自由发展，试图以网络的自律性管理来替代传统的法律管辖，以自我的判断和裁决来代替国家的判决和救济。从维护网络发展的角度来看，这种理论是有价值的，但是所谓的"网络法"只是行业道德和技术标准的混合物。行业道德和技术标准尽管可能在一定的程度上影响法律，但永远不能替代法律。同样，自律管理也无法替代公力救济。"网络大同世界"的观点只是现实世界中人们的"大同世界"观念的网络化而已，过于理想化。

3. 技术优先管辖论

技术优先管辖论主要认为，在国内的管辖中，由于网络发展的不平衡性，一些大城市的网络发展明显快于其他地方，我国一些发达地区的网络技术比较先进，有能力处理有关的技术问题，因此应当由这些城市和地区优先管辖案件。该理论在网络初期发展中可能有方便审理、加快提高审判水平的优点，但从根本上看是不利于网络的进一步发展的，同时也有失公平、公正，同样不可取。

4. 原告所在地法院管辖论

原告所在地法院管辖论认为，对于网络侵权案件，由于侵权行为地难以确定，因此不宜也不能按照侵权行为地原则决定对案件的管辖权；另外，以被告住所地确定管辖虽然可行却不合理，因为在网络侵权案件中，被告往往与原告相距甚远，如果生硬地适用"原告就被告"的原则，将给受害人寻求司法救济制造障碍，不利于保护受害者的正当权益。因此，对网络侵权纠纷，应当且只能由原告所在地法院管辖。

15.1.5　管辖权的重构

1. 协议管辖得到国际社会的一致认可

当事人协议选择解决争议的法院在传统的商事领域得到了国际社会的一致认可，在电子商务领域也得到了普遍的认同。美国的《统一计算机信息交易法》(*Uniform Computer Information Transactions Act*，UCITA)第110条肯定了当事人选择法院的权利，欧盟的《关于在民事及商事领域的司法管辖以及相互承认及执行裁决的条例》也没有改变1968年《布鲁塞尔公约》有关协议管辖的规定。另外，在海牙国际私法会议的日内瓦和渥太华会议上，各国也对当事人协议选择管辖法院达成了一致意见。

协议管辖作为意思自治原则在司法管辖权中的扩张，不仅体现了对当事人的尊重，而且可以减少管辖权冲突。承认当事人协议选择管辖法院的权利，实际上是允许当事人根据案件所涉及的各方面情况，选择在其看来最合适、最方便的法院来处理案件，这样就排除了与案件有关的其他国家的法院管辖权。另外，协议管辖有利于实现诉讼公平和提高诉讼效率。协议管辖融合了原、被告双方的意志，可以防止原告单方面挑选法院，即防止因原告的故意设计而给被告造成的不必要的负担和困难。协议管辖还可消除管辖权、程序规则及其他问题的不确定性，从而大大提高通过诉讼解决争议的效率。但各国为了防止意思自治泛滥而可能产生的弊端，都在立法和实践中对其进行一定的限制。UCITA第110条排除了当事人的选择不合理、不公平时协议管辖的效力。欧盟不仅排除了当事人选择不公平时协议管辖的效力，而且要求当事人的选择要有书面证明。

2. 管辖权本位主义再度扩张

在国际民商事领域，各国从本国利益出发，竞相扩大本国法院的管辖权。在新兴的电子商务领域，管辖权本位主义再度扩张，主要表现在以下3个方面。

第一，采用弹性管辖权标准来主张本国法院的管辖权。在近年的电子商务案件中，弹性管辖权标准得到了最大限度地推广。尤其是在美国，"最低限度联系"标准以其灵活性、包容性和软性特征，使得美国法院不必拘泥于传统的硬性规则，而是根据具体案情作出符合网络案件特性和本国需要的管辖权判断，并进而形成了一些判例和规则。在权衡"最低限度联系"标准时，网址的特性（交互性或被动性）、管辖地所在州与争议的利害关系的深浅甚至访问网址的数量等都将构成美国法院行使管辖权的重要因素。

另外，弹性管辖权标准在海牙国际私法会议的讨论中也得到了响应，一些委员在确定侵权行为管辖权问题上就认为，应该考虑重力中心说和最密切联系原则。

第二，在B2C合同中，各国都侧重于对本国消费者的保护，消费者住所地这一管辖标

第15章 电子商务诉讼管辖及非诉纠纷解决

准得到了许多国家的首肯。实际上,无论是电子商务比较发达的美国,还是相对落后的欧盟,都十分强调对本国消费者的保护。

第三,传统属地管辖权标准含义的多样化。由于网络空间所具有的独特性,许多传统的管辖权标准的含义将发生变化。例如,就合同签订地而言,可能被理解为信息发出地、信息收到地、信息所经过的网络服务提供商所在地;而信息发出(收到)地又可以被理解为发出(收到)信息的计算机所在地、发出(收到)信息者的住所地、发出(收到)信息的网址所在地等。某个管辖权标准如此多样化的含义在传统的冲突法中是很难想象的,而在现在的司法实践中却成为现实。

于2006年11月修正的《最高人民法院关于审理涉及计算机网络著作权纠纷案件适用法律若干问题的解释》就力图使"侵权行为地"的含义尽量广泛,其第一条规定:"网络著作权侵权纠纷案件由侵权行为地或者被告住所地人民法院管辖。侵权行为地包括实施被诉侵权行为的网络服务器、计算机终端等设备所在地。对难以确定侵权行为地和被告住所地的,原告发现侵权内容的计算机终端等设备所在地可以视为侵权行为地。"

从这一规定可以看出:网络著作权侵权纠纷案件的管辖仍应按照《民事诉讼法》关于侵权案件管辖的基本规则;侵权行为地包括实施被诉侵权行为的网络服务器、计算机终端等设备所在地;不排除以侵权结果地为管辖因素,即发现侵权内容的计算机终端等设备所在地可以视为侵权行为地,但适用的前提是侵权行为地和被告住所地难以确定。这里需要特别注意的是关于侵权行为地的规定。该规定虽然指出实施被诉侵权行为的网络服务器、计算机终端等设备所在地为侵权行为地,但并不排除除此之外还存在其他的侵权行为地的可能,因此不能认为网络著作权侵权行为地仅指实施被诉侵权行为的网络服务器、计算机终端等设备所在地,是否存在其他的侵权行为地,应根据个案情况确定。

2011年1月,最高人民法院、最高人民检察院和公安部联合印发的《关于办理侵犯知识产权刑事案件适用法律若干问题的意见》关于侵犯知识产权犯罪案件的管辖问题也将侵犯知识产权犯罪案件的犯罪地进行了扩展,规定:"侵犯知识产权犯罪案件的犯罪地,包括侵权产品制造地、储存地、运输地、销售地,传播侵权作品、销售侵权产品的网站服务器所在地、网络接入地、网站建立者或者管理者所在地,侵权作品上传者所在地,权利人受到实际侵害的犯罪结果发生地。"

3. 许多新的管辖权标准将得以确立

由于网络空间所具有的与物理空间所不同的特性,一些新的管辖权连接因素将可能因此而产生。例如,有学者就认为,在没有统一的有关因特网的国际法的情况下,各国在理论上可以对处于其领土上的网址及这些网址的内容适用其本国法。另外,网址、服务器所在地等连接因素已在美国的司法实践得以运用。一般来说,一个新的事物的产生总会对所涉及的规则、制度带来一些新的变化,因网络和电子商务的出现而产生的新的管辖权标准,也具有一定的必然性。

15.2 电子商务的非诉纠纷解决机制

随着互联网的飞速发展,网络中形形色色的争议也急骤增多。网络空间具有全球性、虚拟性、管理的非中心化和高度的自治性等特点,网络空间争议的解决也因此而具有不同于离线争议的特殊要求，效率、成本和便利性成为网络空间争议解决方式的首要价值因素。而地域的遥远、语言和文化的差异、法律适用的艰难、管辖权确定的复杂性和判决承认和执行等问题是传统诉讼在解决日益增长的网络空间争议过程中所面临的主要障碍，这些问题也将大大增加在线交易成本。于是人们开始考虑用对法院诉讼的替代性争议解决方法(Alternative Dispute Resolution，ADR)来为在线争议提供更快、更方便、费用更低廉的解决方案，且这种替代性争议解决机制也应是网络化的、高效的，以及可以实现与电子商务对接的。互联网既是争议产生的渊源地，也应是争议解决的归宿地。ADR在互联网环境下利用互联网提供的各种手段进行时就被称为在线争议解决机制(Online Dispute Resolution，ODR)，ADR解决离线争议的原则和法律也基本适用于在线争议。

ODR指利用互联网进行全部或主要程序的各种争议解决方式的总称，主要包括在线仲裁(Online Arbitration)、在线调解(Online Mediation)和在线和解(Online Negotiation)等方式。仅利用网络技术实现文件管理功能，程序的其他部分仍用传统离线方式进行，不属于ODR范畴。ODR将网络资源充分引入争议解决方法中来，网络资源具有3种新的因素，即利用全球任何地方的人力资源、计算机处理程序及实现信息交流传播的电子速率传输，这就使ODR可以在任何国家、聘用任何国籍的仲裁员或者调解员、通过任何语言解决争议，具有快速、费用低廉、便利等网络空间争议解决所必需的各类重要价值因素。在网络虚拟世界，ODR对于建立互联网中的信赖关系是非常必要的，有利于实现双赢的争议解决方式，越来越受到国际组织和世界各国的重视。

15.2.1 ODR的发展回顾

在2000年以前，网络科技使用于纠纷解决程序之上仅止于电子邮件、在线聊天室或远距离视频会议的使用。学者对于在线解决争议机制，称之为Online ADR，很少有人将其称为ODR。我国学者对此问题的认识更是持续到2000年以后。此时的ADR与ODR根本没有本质的区别，因为网络科技对于ADR的功能，就如同电话、传真对于ADR的功能。这一观念是在2001年美国学者Ethan Katsh在提出了第四方的概念后发生了重大改变。在2003年前后，我国内地学者在探讨这一问题时也开始认识到ODR的独立性。这里的第四方，指协助争议当事人及仲裁人或调解人解决纠纷的网络科技。第四方概念的产生使得ODR里当事人间的关系不同于ADR的三角关系，而成为一种四方形或矩形的架构，ODR四方形架构的提出使我们重视网络科技在纷争解决程序里的功用，让我们很严肃地去思考怎么样利用网络科技来加速纠纷的解决。

网络科技给我们提供了一个虚拟的空间，在虚拟空间里，我们可以设置网站，利用网站提供纠纷解决的服务，这个服务是24小时在线开放，当事人在任何时候、任何地点，只要有上网的设备，都可以找到解决纠纷的相关信息。虚拟空间的出现，对于ODR的独立是最重要的关键点，当事人在这里可以进行任何与信息交换有关的活动或行为，对于纠纷解决必要的信息，可以通过网站快速及便利地交换，网站里可以建构不同的信息互动模式，使所有当事人进行更有效率的互动，网站空间更可以轻易地分割，做各种不同目的的使用。虚拟空间的特性，使当事人之间能够不受空间及时间的限制，把争议的解决带离于实体世界之外，避免了时间及空间所带来的不便，可以进行更有效率的互动，形成及影响纠纷解决提供的方式。

第 15 章 电子商务诉讼管辖及非诉纠纷解决

早期大部分出现的 ODR 网站大都分布在北美洲地区，而之后欧洲及亚洲地区亦开始发展 ODR 相关网站。依据澳大利亚司法部在 2003 年委托澳洲墨尔本大学国际争议解决中心对提供 ODR 服务的网站进行数据收集及分析所得结果显示，1996 年以来提供 ODR 服务的网站有 43 个在美国，欧洲有 20 个，4 个分布在加拿大，澳大利亚第一个 ODR 出现在 2002 年。中国通过依托中国电子商务法律网、中国电子商务政策法律委员会，已于 2004 年 6 月成立了第一个专门的在线争议解决机构"中国在线争议解决中心"，并开通了网站 http：//www.odr.com.cn。与此同时，中国国际经济贸易仲裁委员会（贸仲委）网上争议解决中心也开通网站 http：//www.odr.org.cn/，提供域名和网址争议的在线仲裁及非诉解决服务。

15.2.2 ODR 的服务内容

1. 在线协商

在线协商是利用网络环境进行协商。此种方式是不可缺少的服务，虽然争议当事人可以很方便地自行通过电子邮件、MSN、电子聊天室、电子论坛及远距离视频等进行争议解决的讨论，但是现行 ODR 网站除了提供争议双方程序通知及管理的服务外，还会使用一些类似于沟通工具的计算机程序及加密软件供争议当事人进入使用，提供给纠纷当事人更机密、更安全且更便利的协商环境，如 SquareTrade 所使用的协商软件。SquareTrade 提供一个虚拟的空间，并附上一些在线工具给 eBay 的使用者进行争议的直接协商。任何一个在 eBay 的网站上找到 SquareTrade 的链接，然后向其申请在线协商服务，SquareTrade 受理其申请后，便会通知他方当事人参加协商，如果双方同意以协商的方式解决争议，SquareTrade 便会安排事件，提供虚拟空间，给予密码通知双方当事人进入虚拟空间。利用在线工具进行线上协商，争议双方当事人可以利用精心设计的网页及程序实现充分的沟通。

2. 在线调解

在线调解服务网站依照其电脑程序自动化的程度，可以分为以下 3 类。第一，完全自动化程序的在线调解。在线调解服务网站，如 Cyber-Settle 和 Settlement Online，它们的调解程序完全是以在线环境方式进行的，并且是完全针对金额方面的单纯争议，通过电脑程序自动化的辅助，完全没有自然的调解人的介入就可以达成争议的解决。第二，有调解人介入的半自动化在线调解。Smart Settle 利用其设计的与众不同的在线调解程序及功能十分强大的计算机软件，使其所提供的在线调解服务可以让中立的调解人通过网络加入调解。它使用多阶段的过滤筛选的调解程序，即混用在线协商、自动化调解程序以及专业有经验的调解人介入的半自动化程序，使得争议获得迅速而有效的解决。第三，利用在线调解并混用传统沟通方法以解决网络上及非网络上争议的网站。有些提供在线调解服务的公司，如 Internet Neutral、Square Trade 等都已经在网络上设立网站，利用网络科技去加速纠纷解决。这些网站资讯交换的渠道是来自电子邮件、聊天室、视频会议等。通常网站受理了申请人的在线申请，填写一些电子表格，表格内会有系统使当事人表明争议情形及可接受的结果范围，这些信息会转给非常有经验的在线调解人。在线调解人分析了申请人所填写的资讯后，会利用在线工具通知争议相对人是否愿意进行在线调解。如果其愿意，那么他会填写网站准备好的格式化调查争议表格，传送给网站及在线调解人。有了这些资料，在线调解人可以迅速了解双方当事人的冲突所在,并可以快速地整理争议甚至即刻解决。

3. 在线仲裁

关于在线仲裁的问题,目前有影响的是虚拟仲裁人计划与网域名称争议解决办法统一政策。第一,虚拟仲裁人。这是一个早期的在线仲裁实验性计划,在 1996 年,主要由美国仲裁协会、国家自动化资讯研究中心以及虚拟法学会合作设置的。其最初的目的在于为提供连线服务中与客户间的纠纷提供解决途径,其主要是在申请及答辩格式化电子书面填写完全并传送给虚拟仲裁人,由其决定受理后 72 小时作出仲裁判断,提供迅速及最终的纠纷解决方案。但目前此种方式受理的案件很少。第二,网域名称争议解决方法统一政策。网域名称的注册由网际网路名称与号码分配组织(Internet Corporation for Assigned Names and Numbers, ICANN)所掌管,而 ICANN 对于网域名称的注册申请不进行实体审查并采用申请在先的取得方式常常导致纠纷的发生,大量此类纠纷十分需要迅速、经济及便利的纠纷解决机制,世界知识产权组织根据美国商务部所颁布的关于网域名称及网址的管理白皮书,自 1998 年进行了相关问题的研究,并于 1999 年 8 月及 10 月公布"网域名称争议解决方法统一政策"及"网域名称争议解决方法统一政策规则"作为解决网域名称注册争议的准则,并规定将网址争议交由经 IACNN 认可的机构进行仲裁。其中,IACNN 选用了在线仲裁,这被证明是第一个成功的、超国家的 ODR 系统。目前,获得 IACNN 认可的机构有 4 个,分别是纽约的 CPR Institute、我国香港的香港国际仲裁中心(Hong Kong International Arbitration Center, HKIAC)、美国明尼苏达州的国家仲裁论坛(National Arbitration Forum, NAF)、日内瓦的世界知识产权组织仲裁与调解中心。

【拓展视频】

4. 在线申诉

在线申诉被很多非营利性机构,如政府机关、消费者保护团体所采用,这些非营利性机构常常会制定某种电子商务公平交易准则或者是消费者隐私保护政策,对于同意采用及遵守其所制定的公平交易准则及消费者隐私保护政策的在线商店或者公司,可以在其交易网页内放置认可遵守公平交易的标志,以获得消费者的青睐。比较著名的是美国商业促进会(Central Better Business Bureau, CBBB)将其申诉服务延伸至网络上所设置的 BBB online Program 发展在线申诉服务的网络商家,可以在其网页内挂上及标示 BBB online 的认证标志,提升消费者的信任,BBB online 对于其会员网站,也就是网页上有 BBB online 的认证标志的网络商家,如果与消费者发生纠纷,消费者可以向 BBB online 这个网站填写电子化表格提出申诉,BBB online 在受理消费者的申诉后,就开始调查该交易网站是否遵守 BBB online 所制定公正交易准则,以及隐私权保护政策。

15.2.3 处理争议的类型及效果

现行 ODR 所处理争议事件的类型主要有家事争议、网域名称注册争议、消费者争议及保险理赔争议等,而近两年 ODR 网站则关注于提供在线甚至非在线消费者争议事件之解决服务。解决在线所发生的争议,当然是 ODR 出现及发展之主要动力所在。许多 ODR 网站之设立,主要是针对解决因在线活动所产生的争议,如 Square Trade 主要是针对 eBay

第 15 章 电子商务诉讼管辖及非诉纠纷解决

拍卖市场所产生的争议，IRIS Médiation 是对于因特网联机服务所发生的纷争，eBay 系用于解决电子商务争议，但是也有许多 ODR 网站兼提供非在线争议解决服务，甚至专注于提供非在线争议的解决，譬如保险理赔争议的解决。在 1996 年以来的 ODR 网站里，有 33 个网站针对在线及非在线争议，提供解决争议的服务，有 21 个仅对于在线争议，提供解决争议服务，而有 23 个是对于非在线的争议，提供解决争议服务。值得注意的是，实时的争议解决服务，是建立网络交易信心的关键，基于这样的需求及认识，提供消费者争议处理的服务，成为近来 ODR 服务里最主要的领域。总的来说，使用 ODR 解决争议，也可以获得非常高的成功率，如 SquareTrade 有高达 85% 的案件可以通过直接协商程序解决，其余的未达成解决合意的案件，SquareTrade 还提供调解人或仲裁人协助争议的解决，Web Assured 在所属会员申请解决争议的案件中，可以获得 95% 成功率，IRIS Médiation 在其运作的第一年，就达成了 87% 的成功率，以上可知，ODR 的使用可以非常有效地解决争议。

15.2.4 ODR 面临的主要法律问题

由于 ODR 是由 ADR 演化而来的，ODR 会产生若干与 ADR 相同的问题；与此同时，由于网络自身的一些特性，ODR 也会产生一些新的法律问题，归纳起来主要有以下 5 点。

1. 管辖权问题

传统的 ADR 中，无论是仲裁还是调解，它们的管辖权基础都是当事人对解决争议方式所达成的合意。ODR 的主要手段正是仲裁和调解，因此，ODR 的管辖权理所当然来源于当事人的同意。与传统 ADR 不同的是，ODR 管辖权条款一般可分为两个层次：一是在线销售商和 ODR 网络服务提供商签订的管辖协议；二是在线销售商和消费者之间选择 ODR 的协议，这两个协议结合起来构成了 ODR 管辖权的来源。著名的 Square Trade 网站即实行一种网站徽章程序的电子商务自律规范。而世界最大的网上销售商 Amazon.com 利用 ODR 解决争议的管辖权选择条款是这样规定的："由于你以任何方式访问 Amazon.com 或通过 Amazon.com 购买商品所产生的争议将被提交到 SquareTrade.com 进行在线仲裁，除非在某种程度上，你侵犯了或可能会对 Amazon.com 的知识产权进行侵犯，Amazon.com 将在华盛顿地区的任何州法院或联邦法院起诉，你须同意这些法院的排他性管辖权。根据本协议提起的仲裁将根据美国仲裁协会现行的仲裁规则进行仲裁。"从以上两个例子可以看出，与其他的电子合同条款相同，ODR 的管辖权选择条款一般也是格式条款，消费者只能被动地表示同意或不同意，从这个角度来看，在线销售商对 ODR 模式的采用起主导作用；另外，ODR 解决争议的范围也并非针对所有的网上民商事争议，主要还是用来解决 B2C 的电子合同所产生的争议，当争议涉及侵犯知识产权问题时，用户倾向由法院行使排他性管辖权。从本质上讲，ODR 的管辖权来源与传统的 ADR 相比并无二致，都是来源于当事人双方的合意，只是由于它们面临的环境不同，合意的表现形式有些差别。

再如，www.asia-steel.com 的 ODR 条款是这样拟订的："交易会员之间或交易会员与服务会员之间的争议和投诉将根据交易条例迅速解决。除非会员间已有合约，所有会员间的争议应通过友好协商和谈判迅速解决，如不能解决，将通过如下途径之一寻求解决：①网上综合调解机制（由 iChinalaw.com 赞助）；②网上协调（由 iChinalaw.com 赞助）；③网上仲裁（由 iChinalaw.com 赞助），如会员选择诉讼方式，本公司的服务会员 iChinalaw

亦可提供法律中介服务。"从该条款可以看出，会员之间产生争议时，www.asia-steel.com 要求利用其提供的 ODR 服务来解决争议，由于争议双方当事人都是 www.asia-steel.com 的用户，只要他们成为网站的会员，自然就视为接受上述 ODR 管辖条款。这样的管辖权无疑是合格的。

2. 实体法律适用问题

有的学者认为，采用 ODR 模式可以避免当事人因法律适用问题产生分歧，因为可以直接适用商人法来解决争议。商人法由体现于或源于国际公约、贸易惯例、习惯以及公平、有效和合理交易之概念中的统一法所构成。它广泛适用于中世纪地中海的航海者和商人之间，成为商人自治解决其争议的一个有效手段。一般认为，商人法具有 4 个显著的特征：①它超越国界，普遍适用于各国商人；②它不是由专业法官来掌握而是由商人自己选出来的法官来掌管的；③它的程序较为简单，而且不拘泥于形式；④它强调按公平合理的原则来处理案件。因为商人法来源于商人自身交往形成的习惯和惯例，并把公平作为解决争议的首要原则，所以对于同样具有民间性并注重平衡当事人之间利益的 ODR 模式具有重要意义。随着国际贸易的发展，商人习惯法在国际商事交易中的适用，不仅是必要的，也是可能的。

尤其是在解决国际民商事争议的实践上，商人习惯法的适用是大势所趋。在国际商事仲裁领域最有影响的巴黎国际商事仲裁院从 1998 年 1 月 1 日起实施的仲裁规则第 17 条绕过了法律冲突规则，而由仲裁庭直接决定它认为应当适用的准据法。这里所使用的法律规则，显然是广义上的法律规则，特别是商人习惯法。而一些国际商事仲裁规则中的按照公平合理原则解决争议的规定显然也是指商人习惯法。

网络空间也是一个具有独特习惯和惯例的社区，随着各国加强网络立法，网络社区正逐渐形成一些统一的具有网络法性质的习惯和惯例，并有可能缔结网络方面的国际公约。我们认为，传统的商人法一方面可以继续适用于现代的电子交易中；另一方面，ODR 模式也可选择适用某些产生于网络社区的新的习惯和惯例去解决争议。

有的学者认为，ODR 既然是由 ADR 演化而来，ODR 的法律适用就可以照搬 ADR 的做法，即 ODR 适用的准据法由双方当事人确定，该种做法在目前占统治地位。尤其是在国际商事仲裁实践中，意思自治原则成为公认的处理各国法律冲突的基本原则。例如，1961 年《欧洲国际商事仲裁公约》第 7 条第 1 款对此做了明确规定："当事人可以通过协议自行决定仲裁员解决争议所适用的实体法"，按各国国际私法普遍认可的当事人意思自治原则，当事人可以选择仲裁适用的法律。但在许多情况下，当事人可能难以就应适用的准据法达成合意，在这种情况下，只能由仲裁庭决定应当适用的准据法。这时会出现一个问题：仲裁员决定的准据法可能是仲裁地法，而在 ODR 模式下，仲裁地乃至调解地都是空缺的。而且，即使当事人根据意思自治原则确定了解决争议的准据法，实践中可能会因为当事人自由选择的准据法并不包含 ODR 实际所需的一切规则。在此情况下，根据国际私法理论，仲裁地法将作为第二位的准据法在解决争议时发挥作用。对于这个问题，我国有的学者提出可以用意思自治原则和最密切联系原则来确定仲裁地。另有人提出以提供服务的计算机所在地为仲裁地的主张，即所谓的"lex loci sever"。考虑到互联网的基本技术特征，它可以认为是一种弱性连接因素，但依此确定仲裁地是不妥的。因为当事人对仲裁

第15章　电子商务诉讼管辖及非诉纠纷解决

地有明确的意思表示时还好说，如果没有明确表示依最密切联系原则确定仲裁地，仲裁庭应从诸多有联系的场所中择定仲裁地，考虑案件与该仲裁地是否有最密切、最重要的关系。另外，企业和用户之间的电子商务合同模式（B2C）由于涉及消费者权利保护，法律选择条款的有效性常常是有争议的。

在电子商务时代，各国一方面大力促进电子商务的发展；另一方面，致力于消费者权益的保护。例如，OECD的消费者政策委员会起草的一份指南指出，在考虑是否需要对现有法律框架进行修改时，"各国政府应当寻求确保该框架中企业和消费者之间的公平，方便电子商务，使消费者享有不低于其他商业形式所提供的保护水平，使消费者切实享有公平及时的争议解决和无不当的成本和负担的救济"。欧盟亦持类似观点。由此可见，当事人意思自治原则在电子商务中的适用范围是很有限的。调解和仲裁以其灵活性和自治性，允许仲裁员/调解员经双方当事人授权，在认为适用严格的法律规则会导致不公平结果或者不能解决争议的情况下，不依严格的法律规则，可以适用国际商人法甚至依抽象的公平标准去解决争议，这在很大程度上可以避免法律选择时准据法的落空。但是，一旦当事人选择了确定的准据法，只要该准据法不违反仲裁地的强制性规则，仲裁员/调解员就应当尊重当事人的意思自治，而不能罔顾当事人的意思表示，直接去适用某一法律；如果当事人既未选择实体法律，相关的国际商人法也不存在时，可以适当考虑适用仲裁地法；仲裁地以当事人的明示选择为准，如果没有选择，仲裁庭可依最密切联系原则确定。

3. 在线仲裁裁决的承认和执行问题

在线仲裁是ODR中比较正式的纠纷解决方式。对通过交涉、调解不能解决的争议，可使用在线仲裁。对于ODR处理结果的执行问题，各国尚无统一作法。在美国，如果当事人同意接受在线仲裁裁决的约束，法院通常会依据美国宪法中的完全诚信条款（the Full Faith and Credit Clause）执行该裁决。由于ODR只是ADR在网络环境下的一种发展，在线仲裁裁决在美国获得像一般仲裁裁决那样的执行力是不困难的。

有的学者认为，网上仲裁裁决一般只对争议双方有拘束力，而无司法执行力。因此，严格说来，它不同于传统的经济仲裁或国际商事仲裁，因为它目前还不能被《承认和执行外国仲裁裁决公约》（以下简称《纽约公约》）所容纳。虽然《纽约公约》要求仲裁协议是书面的，提交法院的仲裁裁决必须是经适当认证的原件或复印件并附以同样方式提交的仲裁协议才是可执行的，但以网络通信方式出具的仲裁协议（包括仲裁协议和合同中的仲裁条款）和裁决应该能为法院所接受。因为，网络通信文件是否符合《纽约公约》第2条第2款的书面要求，实质上是一个公约条款的解释问题。为适应网上国际商事仲裁的实践，应当对该条款的书面要求作扩大解释。《纽约公约》第2条第2款包含了两种书面协议形式，一种是合同中的仲裁条款或双方签字的协议书；另一种是包含在互换信件或电报中的仲裁协议。十分清楚的是，《纽约公约》将包含在互换信件或电报中的协议方式规定进去就是为了适应国际贸易中以信件、电报方式缔结合同的实践，其意图在于尽量增加达成仲裁协议的可能性而不是相反。考虑到当时的通信技术情况——电报是商业通信最快捷的方式，它代表了当时投入商业应用的最现代化的通信技术，应该说，法律起草者们不排除以未来更先进的技术手段缔结协议的可能性。实质上，随着技术的发展，法律制定者在定义"书面"时已经越来越多地考虑技术发展趋向。所以，ODR中网上仲裁裁决的承认与执行完全可以根据《纽约公约》得到实施;另外,即使网上仲裁不为《纽约公约》所容纳,也不能否认其仲裁性质,因为它在本质上与传统各国的仲裁制度是一致的,只是形式和手段不同而已。另外,以业界自律为基础的运行机制也是保障ODR裁决得以执行的重要手段。目前,在网络空间提供各种选择性纠纷解决服务的几乎都是私人性的非营利机构。大量的企业通过网站徽章(Web Seals)、信任标记(Trustmark)、网上商业行为规范(Code of Online Business Practices)等业界自律机制,自愿将自己与消费者之间的争议交ODR服务者处理,并承诺执行ODR的处理结果,如果当事人不执行处理结果的话,可能会受到来自业界的制裁。例如,若干ISPS可能联合起来采取措施以促进ODR处理结果的执行,不执行ODR处理结果的当事人会被他们一起封杀,使之无法从事电子商务,而不能进行电子商务活动的当事人在经济全球化竞争中将处于劣势。这种措施在实践中已经被采用了,如ebay.cn将会对不执行ODR处理结果的用户施以制裁。如果用户拒不执行处理结果,他可能受到ebay.cn两次警告;两次警告后如果仍未执行处理结果,将被暂停用户资格30天;30天期满后如果还未执行的话,该用户资格将被永久终止,也即该当事人将永远不能通过ebay.cn进行任何活动。当然,如果该用户对处罚不服,可以填一个表格向ebay.cn申诉。因此,ODR处理结果的承认和执行并非不可解决的问题。

4. ODR模式解决争议的效果问题

以鼠标对鼠标(Mouse to Mouse)的争议解决方式(ODR)在解决争议时能否起到面对面(Face to Face)的ADR的效果,学者们有不同看法。有些学者认为,当事人通过电子手段进行的信息交流不可能替代面对面的交谈,调解员实际上也不可能将其在现实空间所具有的调解技巧应用于网络空间。另外,因为双方当事人提交的意见可以随时反复查看,加上缺乏面对面的交流,电子邮件和讨论板的非人身性可能使当事人之间产生更深的敌意。在网络空间中,由于不能运用视觉效果、语言效果和肢体语言等物理手段,调解员如何在当事人之间建立信任也是个难题,尤其在当事人之间具有不同文化背景时,这个问题表现得更加突出。例如,在一个当事人分属中美两国的争议中,能否协调好两国当事人在文化心理上的差异对调解成败至关重要。美国文化看重个人权益,强调个体权利的重要性并常把诉讼看做维护自身利益的手段;而我国更重集体和谐性,一般把诉讼视为万不得已才使用的救济方式。所以,我国商人在争议发生时更愿意和对方友好协商,而不愿公开与对方当事人进行诉讼对抗。即使不得不向对方主张自身权益,一般也采取较缓和的方式,以尽力维持双方的合作关系。因此,虽然ODR有许多便利之处,但缺少了调解员和当事人可资利用的日常商务活动中所蕴含的文化信息。从这个角度来看,在线交流所传递的信息很容易被曲解,可能会使当事人之间的分歧进一步扩大。文化上的细微差别在现实中尚且很难把握,想依靠网络媒介圆满解决跨国争议当然就更加困难。对于这个问题,并无较好的解决办法。不过,对从事ODR的调解员/仲裁员加以培训可使他们在从事业务时更熟练的掌控争议解决进程,尽量减少误判。

5. ODR的安全性和保密性问题

要使ODR为人们广泛接受,必须由政府和私人部门合作制定官方标准保障信息的安全性和保密性,才能保证消费者能信任该争议解决方式。安全性和保密性是ADR固有的特性，ODR 作为 ADR 的发展同样必须具备这两种特性。在 ODR 中，当事人应当明确他和调解员/仲裁员之间所交流的信息应该保密，如果没有一方当事人明示的同意，调解员/仲裁员也不能将他所知悉的信息泄露给另一方当事人。在传统 ADR 中，可以采取某些限制来保障信息的安全性和保密性，如可以把当事人提交的文档锁在柜子里并当面贴封或者调解时把当事人分隔在不同的房间，由调解员居中传达意见，消弭分歧，最终实现和解而不至于泄露当事人的商业秘密。然而，在网络空间，当事人提交的争议请求、答辩意见以及证据等都可能被无数次的拷贝并可以在数分钟内在全世界范围内散发，网络黑客病毒等也会威胁到信息安全。这些问题对商业信息的安全性和保密性提出了很大的挑战，其解决有赖于网络安全技术的进一步突破，不断加强信息安全保障。例如，Squaretrade.com 就为用户提供了免费加密的电子邮件软件以及有密码保护的聊天室和讨论板等。

15.2.5 我国发展 ODR 争议解决模式的必要性及存在的问题

在我国，替代性争议解决机制（ADR）有悠久的历史传统，并在社会文化中存在对它的价值认同，并非完全是西方商人社会的"舶来品"。在 1949 年前我国农村地区，因民间山林、水利、农田、家事等纠纷，多先约定共同请一位当地声望较高的士绅在一个中立的第三方家中，在听取双方完全陈述并作查证与调解之后，作出裁断意见，绝大多数事端即可得平息，裁断意见也能被自觉履行。

然而，近年来，随着对法治的崇尚，调解之类的传统解决纠纷方式开始受到冷遇甚至否定。但是，在全球电子商务环境下，以地域和国家主权概念为基础的司法机制，在解决迅速发展的电子商务所引起的大量纠纷面前，不得不面临一系列复杂的法律、经济问题。这一系列问题在发展 B2C 模式电子商务中，显得尤为突出。在 B2C 模式下，商家面对的是全球的消费者。因此，其间发生的纠纷可能牵涉多国的法律，不同法域的管辖，完全陌生环境下的诉讼，以及远远超出交易本身的费用和时间。这一切将极大影响 B2C 电子商务中消费者和企业进行全球电子商务的信心。在这种情况下，发展一种适合电子商务发展的争议解决模式刻不容缓。从电子商务全球化的特征以及我国已经加入 WTO 的背景来看，我国企业要走向世界，面对全球统一市场和消费者，必然要走电子商务的道路，无论是新兴的网络公司，还是传统企业莫不如此。因此，我国必须给全球消费者提供便宜、公正、方便的争议解决途径，保护消费者的利益，不得不向传统的调解和仲裁等替代性争议解决机制回归，可以说，ODR 是我国发展电子商务必须面对的问题。

在我国，ADR 主要有两种形式，即调解和仲裁。从目前来看，最有可能与国际流行的 ODR 接轨的是与仲裁相结合的调解，即把网上仲裁和网上调解结合起来解决争议。但这在我国可能会遇到一个难以克服的法律障碍：《中华人民共和国仲裁法》（以下简称《仲裁法》）上只规定了机构仲裁，而没有规定临时仲裁。这不能不说是立法上的一个缺憾。现实中许多从事 ODR 业务的网络服务商严格来说并不能算作仲裁机构，如果当事人通过我国非仲裁机构的网站解决争议的话，裁决可能不会得到承认和执行。当然，《纽约公约》中规定的承认与执行外国仲裁裁决既包括常设仲裁机构作出的仲裁裁决，也包括临时仲裁庭作出的仲裁裁决。我国法院执行的外国仲裁裁决也包括由临时仲裁庭作出的裁决。所以，在《纽约公约》框架内的外国临时仲裁裁决可以在我国得到承认和执行，这显然不能满足大量的非涉外电子商务的需要，也造成了中外当事人之间的不平等。因为如果外国当事人与中国当事人就某一民商事纠纷约定在国外由某国外的 ODR 网络服务商进行调解和仲裁，在调解不成功的情况下需要作出仲裁裁决，该裁决毫无疑问是临时仲裁裁决，倘若该临时仲裁裁决按照约定的仲裁规则作出了中方败诉的裁决，如果中方当事人未能自动执行这一在《纽约公约》缔约国境内作出的裁决，则外方当事人即可依照《纽约公约》向中方当事人所在地的中级人民法院申请强制执行该裁决。中国法院应当依据《纽约公约》的规定进行审查，如果裁决不存在其第五条规定的情形，法院就应该承认该裁决的效力，并予以强制执行。

另外，如果当事人约定在中国由某个 ODR 网络服务商进行临时仲裁，作出了外方败诉的裁决，则外方当事人既可以根据我国仲裁法的规定，以当事人在仲裁协议中没有约定仲裁机构为由，向裁决地中级人民法院申请撤销该裁决，也可以在中方当事人向该外方当事人所在地法院申请执行该裁决时提出抗辩：根据裁决地法——《仲裁法》第十八条关于当事人在仲裁协议中没有约定仲裁机构为由，该仲裁协议无效，而根据无效仲裁协议作出的仲裁裁决不能得到执行地法院的承认和执行。可见，根据我国目前的仲裁法，ODR 解决争议之便利很难为中外当事人所共享，我国当事人既难以从事 ODR 业务，又难以利用 ODR 解决跨国电子商务争议。这对我国企业参与全球竞争无疑非常不利。

对这个问题，通过以下两种途径来解决。

（1）在我国仲裁法律制度中确立临时仲裁制度，承认中立的、私人纠纷解决企业存在和发展，并允许他们通过业界自律手段来增强自己解决纠纷的能力，并由人民法院保障 ODR 处理结果能够得到执行，这种方法可以随着电子商务的发展而逐渐显示威力。

（2）在我国可由仲裁机构开展 ODR 服务，即开展网上仲裁和调解。例如，中国国际经济贸易仲裁委员会成立了"域名争议解决中心"，目前已获得国内外域名管理机构的授权，作为域名争议解决机构，以"网上仲裁"的方式，负责解决中文域名争议、通用网址争议、国际通用顶级域名争议。这种方式可以避开现有法律障碍，因为当事人在仲裁协议中选择了常设仲裁机构，只是调解和仲裁在网上进行而已，但这显然不是一个最终的解决办法，因为这使得当事人的选择范围大大地缩小了，有众多技术完善的网络服务商提供的 ODR 服务不能被选择。因此，为了完善我国国际仲裁的法律制度，就应当在对《仲裁法》进行修订时，规定临时仲裁的法律制度。当然，我国对临时仲裁没有规定，可能有其他的考虑，如仲裁解决争议的方法尚未深入人心，仲裁员的素质也有待进一步提高等。然而，从促进我国 ODR 事业的发展和中外当事人对等的角度出发，我国法律应当规定临时仲裁的法律制度。

【拓展知识】

总之，在电子商务环境下，ODR 是一种便宜、高效、公正的纠纷解决机制，它对电子商务的发展，构筑一个使消费者充满信心的电子商务平台具有重要意义。我国在新经济发展日新月异之际，应积极采取对策，培育自己的在线争议解决机制。

本 章 小 结

管辖指一国的各级法院之间以及同级人民法院之间，或者不同国家法院之间受理案件的权限和分工。管辖权，指法院对案件进行审理和裁判的权力或权限，即对该案有权行使

第15章 电子商务诉讼管辖及非诉纠纷解决

审判的权力。传统确立诉讼管辖权的基本原则包括地域管辖、国籍管辖及意思自治原则,在电子商务环境下对管辖权"地域""行为"及"联系"的基础产生挑战,从而催生了第四国际空间理论、新主权论、技术优先管辖论及原告所在地法院管辖论等管辖权的新理论,因而电子商务环境下的诉讼管辖权需要进行重构以适应信息网络时代诉讼管辖权争议的解决。ODR是对法院诉讼的替代性争议解决方法,指利用互联网进行全部或主要程序的各种争议解决方式的总称,主要包括在线协商、在线调解、在线仲裁及在线申诉等方式。与此同时,ODR也面临着管辖权、实体法律适用、在线仲裁裁决的承认和执行、解决争议效果及安全性和保密性等方面的问题。我国也需提供便宜、公正、方便的争议解决途径,向传统的调解和仲裁等替代性争议解决机制回归。

经典案例

案例一 网络侵权案件的管辖确定

案情介绍

国内首起对网络纠纷管辖提出异议的案件是瑞得(集团)公司诉宜宾市翠屏区东方信息服务有限公司(以下简称"东方公司")案。

原、被告均在互联网上拥有自己的网站。1998年年底,原告发现被告网站的主页在内容结构、色彩、图案、版式、文字描述等方面均与原告主页相同或类似,原告以被告侵犯其著作权和商业秘密为由向北京市海淀区人民法院起诉。后被告提出管辖权异议,认为北京市海淀区既非侵权行为地又非被告住所所在地,对本案无管辖权。海淀区法院裁定管辖权异议理由不能成立,予以驳回。

东方公司不服,向北京市第一中级人民法院提起上诉,称:①任何因特网用户(包括东方公司在内)在访问或"接触"瑞得公司的主页时,没有而且也不可能在存储有该主页的服务器上进行任何复制行为,因此北京不是侵权行为发生地。②原审法院认定北京市海淀区为侵权结果发生地证据不足,上诉人注意到被上诉人并未向法院提供因特网用户在北京市海淀区通过因特网访问或接触到上诉人主页的客观证据,未能证明何人、何地、通过何种方式在该区访问了上诉人的主页。

案例分析

因特网上的网页及其他信息是能够被复制的,而在因特网上进行访问或复制必须同时具备两个条件:①使用终端计算机;②通过因特网进入存有相关内容的服务器。因此,因特网上的复制既涉及被访问者的服务器,又涉及访问者的终端计算机,服务器所在地及终端计算机所在地均可视为复制行为的行为地。

北京市第一中级人民法院经审查认为,根据《民事诉讼法》第二十九条规定,因侵权行为提起的诉讼,当事人有权选择由侵权行为地或被告住所在地人民法院管辖。如果侵权行为地有多个时,当事人仍有选择管辖法院的权利。就本案而言,瑞得公司指控东方公司涉嫌通过因特网接触并复制其网页主页,制作了与其主页相似、会误导其他访问者的网页。其选择服务器所在地的北京市海淀区人民法院起诉东方公司侵权并无不当。因此裁定驳回上诉,维持原裁定。

(资料来源:陈钧.浅议网络侵权案件的管辖确定[EB/OL].(2002-06-12).[2012-02-03].
http://old.chinacourt.org/html/article/200206/12/4585.shtml)

案例二 在线解决网上争议

案情介绍

2004年12月,申请人yingtao0835@tom.com将其与被申请人wujianguo75@hotmail.com在易趣购买英语书纠纷一案提交China ODR解决,China ODR向被申请人发出电子邮件,被申请人回复同意接受调解,中国在线争议解决中心受理了此案并指令 dolphin@95700.com 担任调解员。

在调解过程中，申请人诉称其自被申请人处以 14 元的价格购买了一本英语工具书，被申请人将货物描述为新书，而申请人收到货物后发现书有一定的折痕，认为是旧书。申请人主张卖家关于该书的描述属于欺诈性的误导行为，要求退货。调解人要求申请人提供相关证据，后申请人提供了一幅该书封面的扫描照片证明该书有折痕。被申请人辩称该书为其 2004 年 2 月购买但一直没有使用过，属于新书范畴，不同意退货。

调解员在调解室中向双方解释了我国《合同法》第五十四条的相关规定，并认定本案中被申请人确实存在某种程度的欺诈，虽然申请人的意思表示也存在一定的瑕疵：该书的出售价格为定价的 5 折，申请人应该有所警惕物品可能存在一定的问题。按照法律的规定双方的买卖关系可以撤销，但是撤销买卖合同对双方均不利。申请人购买该书的主要目的是为了学习，而该书封面的少量折痕并未影响其正常的使用价值。调解人提出了被申请人退回 4 元书款的调解方案，双方当事人于 2004 年 12 月 16 日接受了这一方案。

案例分析

本案以匿名解决纠纷，仅仅 8 天时间便审结此案。在纠纷解决程序上，ODR 比司法程序更具有随意性，双方当事人在 8 天时间中可随时登录聊天室补充证据，相互辩论并出示证据。在诉讼费用上，本案为免费提供调解，双方当事人均未支付费用，当事人选择在线争端解决程序解决纠纷，避免了在法庭诉讼中诉讼成本(民事案件的最低诉讼收费为 50 元)与诉讼标的(14 元)的不成比例，极大地节省了双方的人力、物力、财力和时间。同时，最后调解的达成也维持了双方当事人友好合作的商业关系。

（资料来源：李征. 传统法律难解网络纠纷，在线可解决网上争议[N]. 中国经营报，2006-02-05）

自　测　题

一、单项选择题

1. 地域管辖原则不包括(　　)。
   A. 当事人住所地　　　　　　　　B. 引起纠纷的行为的发生地
   C. 争议的财产所在地　　　　　　D. 当事人的国籍注册地
2. ODR 的服务内容不包括(　　)。
   A. 在线申诉　　　　　　　　　　B. 在线调解
   C. 在线仲裁　　　　　　　　　　D. 在线诉讼

二、名词解释

1. 管辖
2. 国籍管辖原则
3. 侵权行为地
4. 在线争议解决机制

三、简答题

1. 电子商务环境下传统诉讼管辖理论面临的困境有哪些？
2. 简述地域管辖原则的具体表现形式。
3. 简述我国建立在线争议解决机制面临的主要法律问题。

第 15 章 电子商务诉讼管辖及非诉纠纷解决

四、案例讨论

2002 年 6 月,原告王某在被告上海某网络公司经营的网络游戏《传奇》中分别注册了 linkai9876 和 131577 两个游戏账号。原告为两个账号花费了大量的时间和精力,并耗巨资从其他玩家手中购买了诸多的极品装备。2005 年 8 月 16 日,原告在家中登录账户时,发现部分装备及武器丢失。为此,原告向被告咨询,方得知自己丢失的装备和武器系被告以被盗为理由查封。后原告与被告多次协商,均未果。同年 9 月 26 日,原告以被告侵犯其网络财产权属为由,请求原告所在地法院判令被告返还原告 linkai9876 和 131577 两个游戏账号中被被告查封的武器装备,并由被告在其网站上向原告公开赔礼道歉、恢复名誉。

被告收到诉状后,在答辩期间对管辖权提出异议,认为原、被告签署的《最终用户使用许可协议》已约定与该协议有关的争议均由被告所在地的人民法院管辖,故本案应移送至被告所在地法院审理。

(资料来源:佚名. 因游戏《传奇》引发的纠纷[EB/OL]. (2007-01-11). [2012-06-07].
　　　　　　http://www.fafawang.com/forum.php? mod = viewthread&tid = 18898)

根据案例讨论以下问题:

(1) 如何正确理解网络虚拟财产侵权行为地?
(2) 本案的管辖权异议应当如何解决?

参 考 文 献

[1] 张楚. 电子商务法初论[M]. 北京：中国政法大学出版社，2000.
[2] 齐爱民. 电子商务法原论[M]. 武汉：武汉大学出版社，2010.
[3] 杨坚争. 电子商务法教程[M]. 2版. 北京：高等教育出版社，2007.
[4] 周庆山. 信息法[M]. 北京：中国人民大学出版社，2003.
[5] 周庆山. 电子商务法概论[M]. 沈阳：辽宁教育出版社，2005.
[6] 秦成德. 电子商务法[M]. 北京：中国铁道出版社，2010.
[7] 秦成德，王汝林. 电子商务法高级教程[M]. 北京：对外经济贸易大学出版社，2010.
[8] 秦成德. 电子商务法[M]. 北京：科学出版社，2007.
[9] 秦成德. 电子商务法学[M]. 北京：电子工业出版社，2010.
[10] 李瑞. 电子商务法[M]. 北京：北京大学出版社，2008.
[11] 孟琪. 物流法概论[M]. 上海：上海财经大学出版社，2004.
[12] 王峰. 物流法律法规知识[M]. 北京：北京理工大学出版社，2007.
[13] 张越今. 网络安全与计算机犯罪勘查技术学[M]. 北京：清华大学出版社，2003.
[14] 彭礼堂，饶传平. 网络隐私权的属性：从传统人格权到资讯自决权[J]. 法学评论，2006(1).
[15] 齐爱民. 个人信息保护法研究[J]. 河北法学，2008(4).
[16] 陈红. 个人信息保护的法律问题研究[J]. 浙江学刊，2008(3).
[17] 洪海林. 个人信息的民法保护研究[D]. 重庆：西南政法大学，2007.
[18] 王全弟，赵丽梅. 论网络空间个人隐私权的法律保护[J]. 法学论坛，2002(2).
[19] 沈木珠. 网络名誉侵权与我国名誉权保护制度的完善[J]. 法学杂志，2008(6).
[20] 李丹茹. 网络实名知识产权侵权问题初探[J]. 法制与社会，2007(2).
[21] 蒋坡. 论网络游戏"私服"的法律制裁[J]. 政治与法律，2006(3).
[22] 张书琴. 网游"私服"侵权的刑事规制[J]. 法治论丛，2007(5).
[23] 于同志. 网络游戏"外挂"的认定与处罚[J]. 政法论丛，2008(6).
[24] 刘师群. 计算机软件外挂刑事立案起点与罪名确定[J]. 法制与社会，2008(5).
[25] 寿步，等. 外挂程序的定义特征和分类[J]. 电子知识产权，2005(8).
[26] 詹毅. 网络游戏外挂行为的法理分析[J]. 法治论丛，2007(1).
[27] 陈晓燕，孙霖婧. 网络游戏虚拟财产的法律保护[J]. 知识经济，2008(2).
[28] 王秀梅. 网络游戏虚拟物交易规范系列研究之一：交易客体论[J]. 科技与法律，2007(3).
[29] 丁添. 网络游戏虚拟财产的法益分析[D]. 北京：中国社会科学院研究生院，2011.
[30] 童德华，齐文远. 工具型网络犯罪的类别与司法适用[A]. 中国法学会刑法学研究会学术年会论文集，2004.
[31] 张凯. 电子证据研究[D]. 北京：中国政法大学，2006.
[32] 常怡，王健. 论电子证据的独立地位[J]. 法学论坛，2004(6).
[33] 何家弘. 证据的审查与认定原理论纲[J]. 法学家，2008(3).
[34] 张凯. 证据制度的完善思路与网络虚拟社会的和谐：以电子证据规则为视角[J]. 河南师范大学学报：哲学社会科学版，2007(5).
[35] 吕西萍. 论电子邮件的证据效力：以一起国际电子商务合同纠纷为例[J]. 当代经济，2008(6).
[36] 陈锦川. 2005年北京市高级人民法院著作权案例要点及评析[J]. 中国版权，2006(5).
[37] 邹晓美，高泉. 第三方物流合同法律关系与法律适用[J]. 中国流通经济，2007(4).

北京大学出版社本科电子商务与信息管理类教材(已出版)

序号	标准书号	书 名	主编	定价
1	7-301-12349-2	网络营销	谷宝华	30.00
2	7-301-12351-5	数据库技术及应用教程(SQL Server版)	郭建校	34.00
3	7-301-17475-3	电子商务概论(第2版)	庞大莲	42.00
4	7-301-12348-5	管理信息系统	张彩虹	36.00
5	7-301-26122-4	电子商务概论(第2版)	李洪心	40.00
6	7-301-12323-2	管理信息系统实用教程	李 松	35.00
7	7-301-14306-3	电子商务法	李 瑞	26.00
8	7-301-14313-1	数据仓库与数据挖掘	廖开际	28.00
9	7-301-12350-8	电子商务模拟与实验	喻光继	22.00
10	7-301-14455-8	ERP原理与应用教程	温雅丽	34.00
11	7-301-14080-2	电子商务原理及应用	孙 睿	36.00
12	7-301-15212-6	管理信息系统理论与应用	吴 忠	30.00
13	7-301-15284-3	网络营销实务	李蔚田	42.00
14	7-301-15474-8	电子商务实务	仲 岩	28.00
15	7-301-15480-9	电子商务网站建设	臧良运	32.00
16	7-301-24930-7	网络金融与电子支付(第2版)	李蔚田	45.00
17	7-301-23803-5	网络营销(第2版)	王宏伟	36.00
18	7-301-16557-7	网络信息采集与编辑	范生万	24.00
19	7-301-16596-6	电子商务案例分析	曹彩杰	28.00
20	7-301-26220-7	电子商务概论(第2版)	杨雪雁	45.00
21	7-301-05364-5	电子商务英语	覃 正	30.00
22	7-301-16911-7	网络支付与结算	徐 勇	34.00
23	7-301-17044-1	网上支付与安全	帅青红	32.00
24	7-301-16621-5	企业信息化实务	张志荣	42.00
25	7-301-17246-9	电子化国际贸易	李辉作	28.00
26	7-301-17671-9	商务智能与数据挖掘	张公让	38.00
27	7-301-19472-0	管理信息系统教程	赵天唯	42.00
28	7-301-15163-1	电子政务	原忠虎	38.00
29	7-301-19899-5	商务智能	汪 楠	40.00
30	7-301-19978-7	电子商务与现代企业管理	吴菊华	40.00
31	7-301-20098-8	电子商务物流管理	王小宁	42.00
32	7-301-20485-6	管理信息系统实用教程	周贺来	42.00
33	7-301-21044-4	电子商务概论	苗 淼	28.00
34	7-301-21245-5	管理信息系统实务教程	魏厚清	34.00
35	7-301-22125-9	网络营销	程 虹	38.00
36	7-301-22122-8	电子证券与投资分析	张德存	38.00
37	7-301-22118-1	数字图书馆	奉国和	30.00
38	7-301-22350-5	电子商务安全	蔡志文	49.00
39	7-301-28616-6	电子商务法(第2版)	郭 鹏	45.00
40	7-301-22393-2	ERP沙盘模拟教程	周 菁	26.00
41	7-301-22779-4	移动商务理论与实践	柯 林	43.00
42	7-301-23071-8	电子商务项目教程	芦 阳	45.00
43	7-301-23735-9	ERP原理及应用	朱宝慧	43.00
44	7-301-25277-2	电子商务理论与实务	谭玲玲	40.00
45	7-301-23558-4	新编电子商务	田 华	48.00
46	7-301-25555-1	网络营销服务及案例分析	陈晴光	54.00
47	7-301-27516-0	网络营销:创业导向	樊建锋	36.00

如您需要更多教学资源如电子课件、电子样章、习题答案等,请登录北京大学出版社第六事业部官网www.pup6.cn搜索下载。

如您需要浏览更多专业教材,请扫下面的二维码,关注北京大学出版社第六事业部官方微信(微信号:pup6book),随时查询专业教材、浏览教材目录、内容简介等信息,并可在线申请纸质样书用于教学。

感谢您使用我们的教材,欢迎您随时与我们联系,我们将及时做好全方位的服务。联系方式:010-62750667、63940984@163.com、pup_6@163.com、lihu80@163.com,欢迎来电来信。客户服务QQ号:1292552107,欢迎随时咨询。